언어와 언어학

김미령 지음

∑ 시그마프레스

언어와 언어학

발행일 | 2021년 9월 15일 1쇄 발행
　　　　 2024년 7월 5일 2쇄 발행

지은이 | 김미령
발행인 | 강학경
발행처 | (주)시그마프레스
디자인 | 김은경
편　 집 | 이호선

등록번호 | 제10-2642호
주소 | 서울특별시 영등포구 양평로 22길 21 선유도코오롱디지털타워 A401~402호
전자우편 | sigma@spress.co.kr
홈페이지 | http://www.sigmapress.co.kr
전화 | (02)323-4845, (02)2062-5184~8
팩스 | (02)323-4197

ISBN | 979-11-6226-354-9

To my family

Donghyun Bae

and

Youngseo Bae

머리말

"언어는 우리의 삶과 매우 밀접하게 연관되어 있다. 언어학은 언어에 대한 깊이
있는 지식을 제공함으로써 세상을 이해하도록 돕는다."

언어는 우리 삶의 일부이다. 일상생활에서 우리의 생각을 언어로 표현하고, 누군
가에게 감정을 표현하고, 의견을 전달하는 매개체로 언어라는 수단을 사용한다. 매
일같이 사용하는 언어지만 정작 언어에 대해 "언어가 무엇인지?" 또는 "언어에 대해
무엇을 알고 있는지?"에 대해 설명하기는 쉽지 않다.

이 책은 언어와 언어학에 대한 기본적인 개념과 지식을 누구나 이해할 수 있도록
쉽게 풀어놓았다. 언어와 언어학이 무엇인지에 대한 질문에서 출발해서, 언어를 말
하는 사람이면 누구나 가지고 있는 언어적인 지식에 속할 뿐만 아니라 언어학의 근
간을 이루는 음성학, 음운론, 형태론, 통사론, 의미론, 화용론, 언어 습득, 그리고 심
리언어학과 신경언어학을 각 장별로 다루었다. 마지막 장에서는 언어학 관련 학문
인 인류언어학, 사회언어학, 전산언어학, 코퍼스언어학, 응용언어학, 언어병리학 등
에 대해 간략히 살펴보았고, 언어학을 공부함으로써 어떤 일에 종사할 수 있는지(언
어교육자, 언어치료사와 청능사, 언어공학자, 언어학자 등)를 기술하였다. 그리고 각
장별로 핵심 용어를 복습할 수 있도록 개념 복습 문제와 개념을 잘 이해했는지 점검
할 수 있는 연습문제, 대학교 언어학 시험이나 자격증 시험 등에 대비할 수 있도록
실전 모의고사도 제공하였다.

언어학에서 꼭 알아야 할 개념을 최대한 제공함으로써, 언어와 언어학에 관심 있
는 일반인들을 위한 교양서로, 대학에서 언어학을 처음 수강하는 학생들을 위한 기

초 입문서로, 그리고 한국어 교육, 영어 교육, 언어공학, 언어병리학 등을 전공하는 학생들을 위한 필독서로 활용할 수 있다.

필자는 20년 넘게 국내외 대학교에서 '언어학'을 가르쳐 온 교수로서 두꺼운 영어 원서를 읽으며 어렵게 언어학을 공부해야 하는 학생들이 늘 안타까웠다. 그 안타까움이 누구나 쉽게 접근할 수 있는 언어학 입문서 집필로 이어졌다. 벌써 오래전에 집필해야 했음에도 불구하고 차일피일 미루다보니 이제서야 탈고를 하게 되었다.

기존의 언어학 관련 영어 및 한국어판 책과 이 책의 차이점은 다음과 같다. 첫째, 언어와 언어학에 대해 누구나 궁금해 할 수 있는 개념들을 질문과 대답의 형식으로 설명하였다. 둘째, 새로운 개념을 제대로 이해했는지를 점검하기 위해 다양한 연습문제와 실전 모의고사를 제공하였다. 셋째, 생소한 개념의 이해를 돕기 위해 한국어와 영어를 함께 제공하였다. 언어학적 개념을 담은 표현 대부분이 영어에서 출발하기 때문에 영어 표현을 함께 공부해야 학자마다 서로 다르게 번역했더라도 영어 표현을 보고 올바르게 이해할 수 있다. 넷째, 가능한 한 다양한 언어로 예시를 제공하였다. 언어학은 하나의 언어만을 설명하는 것이 아니라 여러 언어에서 나타나는 현상을 동일한 개념으로 설명할 수 있기 때문이다. 마지막으로 각 장별로 중요한 개념을 '정리하기'를 통해 요약하였다. 이 책을 접하는 누구든지 언어학을 쉽고 재미있게 접근해서 언어학이 우리의 삶에 얼마나 유용한 학문인지를 깨닫는 데 조금이나마 도움이 되길 바라는 마음이다.

이 책에는 필자가 살아오면서 언어학과 어떻게 깊은 인연을 맺었는가에서부터 미국 앤아버에 있는 미시간대학교에서 언어학 박사를 받기까지 관련되는 장에서 기술하였다. 어린 시절에 막연히 "나는 선생님이 될 거야"라는 꿈으로, 생활기록부의 장래 희망란에 '교사', '교수'라고 막연하게 적곤 했다. 교사가 되려는 희망으로 사범대학에 입학했지만, 학부에서 통사론을 처음 접하면서 언어학에 깊이 흥미를 느끼게 되었고, 그때 언어학 공부가 너무 재미있어져서 공부를 계속하고자 결심하고 대학원에 진학했다. 막연했던 장래희망이 학부에서 언어학 수업을 들으면서 어느 순간 꼭 하고 싶은 희망으로 바뀐 셈이다. 이 책을 읽는 독자 중에서도 이 책으로 언어학을 공부하는 중에 특정 분야에 매력을 느껴 계속 공부하고 싶은 마음이 생긴다면 그것으로 나는 이 책을 집필한 소기의 목적을 달성하게 되는 것이다. 학부 시절에는 그렇게 어려워했던 음성학이었는데, 음성학 분야로 박사를 받았다. 독자 여러분도 지금

당장 언어학이 재미없고 힘들더라도 인내심을 갖고 꾸준히 도전하는 것이 필요하다.

이 책을 접하는 독자들 또한 자신이 모르고 지나갔던 꿈을 언어학을 공부하면서 키우기를 희망한다. 특히 100세 시대에 나이에 상관없이 언제든지 제2, 제3의 인생을 새롭게 도전할 수 있는 꿈을 계속 꿀 수 있어야 한다. 100세가 넘어서도 강연을 하신 교수님이 계신가 하면 80세의 나이에 중학교 졸업장을 취득하신 분도 있다. 뭔가를 배우고 도전하는 것만큼 인생에서 아름다운 모습은 없다. 간혹 70대 어르신들도 필자의 수업을 듣는데, 그분들이 어렵고 생소한 언어학 개념을 이해하려고 애쓰실 때만큼 멋지고 아름다운 모습은 없는 것 같다.

지금 이 순간에도 자신의 꿈에 도전하는 모든 분께 희망과 응원을 보낸다. 아무쪼록 이 책이 새로운 꿈과 소망을 싹트게 하고, 작은 지혜와 격려의 선물이 되기를 바라며, 이 책을 읽는 모든 독자에게 행운과 행복이 함께 하기를 기원한다.

이 책이 나오기까지 항상 변함없이 격려와 지지를 아낌없이 보내준 나의 사랑하는 가족 남편 동현과 딸 영서에게 고맙고, 이 책의 출판을 기꺼이 허락해주신 (주)시그마프레스 강학경 사장님과 보이지 않게 모든 집필 과정을 책임지신 김은실 차장님 이하 편집부 직원 여러분께도 깊이 감사드린다.

2021년 7월
저자 김미령

차례

1 0 언어학 연계 분야와 적용

부록 : 실전모의고사 제1~4회

언어는 우리 삶의 모든 부분에 중대한 영향을 미친다. 그것은 우리의 생각에 말과 음성을, 우리의 감정에 표현을 제공한다. 그것은 풍부하고 다양한 인간 고유의 능력이다.

Language files, 2016

언어학 :
언어의 연구

- 언어와 언어학이 무엇인지 정의할 수 있다.
- 언어학의 하위 분야를 이해할 수 있다.
- 언어에 대해 무엇을 알고 있는지 깨달을 수 있다.
- 진정한 언어의 속성이 무엇인지 말할 수 있다.

🗨 **시작하기**

1. 언어란 무엇인가?
2. 언어학이란 무엇인가?
3. 언어학은 왜 공부해야 하는가?
4. 언어학을 구성하는 주요한 하위 분야는?
5. 우리는 언어에 대해 무엇을 알고 있는가?

인종, 언어, 그리고 문화

전 세계에는 여러 다양한 인종들이 살고 있다. 무수히 많은 인종의 수만큼이나 그들의 언어와 문화 또한 가지각색의 다채로운 색깔을 보유하고 있다. 일반적으로 인류학자들은 인종, 언어, 문화라는 세 가지 척도로 인간을 연구한다. 인류언어학자 사피어(Edward Sapir, 1884~1939)는 그의 저서 언어(*Language*, 1921)를 통해 이들 세 가지에 대해 다음과 같이 진술하였다.

> "언어는 그것을 말하는 사람들이 지닌 신체적 특징으로 구별되는 집단인 인종과
> 사회적으로 물려받은 관습과 신념의 집합인 문화와 더불어 함께 공존한다."

사피어는 언어와 인종 그리고 문화는 분리할 수 없을 만큼 서로 밀접한 연관성을 지니고 있다고 하였다. 언어는 일정한 환경을 가지며, 언어를 말하는 사람들은 한 집단 또는 여러 집단의 종족에 속하며, 그들의 삶을 결정하는 관습이나 믿음을 사회적으로 전승하기 위한 자기들만의 문화를 지닌다고 하였다.

언어란 좁은 의미로는 사람들이 자신들의 머릿속에 있는 생각을 다른 사람에게 나타내는 일종의 체계이다. 언어로 의사소통하기 위해서는 소리를 사용할 수도 있고, 기호를 사용할 수도 있고 또는 동작을 사용할 수도 있다. 더 나아가 언어는 개개인, 지역사회, 국가에서 우리가 누구인가를 표현하는 매개체이다. 문화는 역동적인 사회제도와 행동, 믿음, 지식, 태도와 가치의 공유된 양식이다. 문화는 언어가 발전되는 환경을 제공하며, 그들이 어떻게 사용되고 해석되는지에 중요한 영향을 미친다. 일례로, 유럽이나 아시아 문화에서 '좋은 날(good day)'은 '화창하게 햇볕이 있는 날"을 말하지만, 아프리카 문화에서 '좋은 날'은 '비오는 날'을 지칭한다. 동일한 '좋은(good)'이라는 단어지만 문화에 따라 서로 다른 것을 가리킨다. 언어를 사용함으로써 해당 문화와 인종을 이해할 수 있다.

현존하는 언어는 대략 7,000개

국제 언어기구인 SIL에 따르면 지구상에 살아있는 언어는 약 7,117개라고 한다(2021년 1월 발췌). 'SIL'이란 말은 원래 'Summer Institute of Linguistics'을 가리켰으나, 현재는 'SIL International'로 사용되는 국제 언어기구를 의미한다(www.sil.org). 새로운

언어가 생겨나거나 사멸함에 따라 언어의 수는 얼마든지 변할 수 있다. SIL은 각 언어에 해당하는 이름과 언어 정보 그리고 어족을 제공할 뿐 아니라, 각 지역별로 어떤 언어들이 사용되고 있고 또는 어떤 언어들은 사라질 위험에 처해있는지를 세계 지도(그림 1-1)로 보여주며, 언어에 대한 정보를 계속해서 업데이트한다.

　SIL 전문가에 따르면 세계 인구의 90% 이상이 100개 정도의 언어만을 사용하는 반면, 나머지 10%만이 6,000개의 언어를 사용하고 있다고 전한다. 중국어처럼 10억 명이 넘는 인구가 말하는 언어도 있지만, 맹크스어처럼 단 몇 사람만이 사용하는 언어도 존재한다. 언어 전문가들은 전체 언어의 절반 이상이 금세기를 지나면서 사라질 것이라고 예측하고 있다.

음성언어 vs. 문자언어

보통 '언어'라고 말할 때, 일반적으로 음성으로 표현되는 **음성언어** 또는 **구어**(spoken language)를 의미한다. 앞서 언급한 7,000여 개에 달하는 언어는 모두 구어를 가리키며, 그중에서 약 3,900개(56%) 정도는 문자가 없이 구어만을 가진다. 문자를 사용하는 문화에서조차도 자신들의 문자 체계(writing system)를 배우지 못한 문맹(illiterate)이 있으며, 말은 할 줄 알면서 글을 모르는 사람이 매우 많다. 구어는 문자로 표현되는 **문자언어** 또는 **문어**(written language)와 구분된다. 말은 글이 생기기 훨씬 이전부터 존재했으며, 글이 없이 말만 있는 언어는 있지만, 말 없이 글만 사용하는 언어는 없다. 일례로 일찍이 세종대왕이 한글을 만들기 전까지 고유한 우리 문자 없이 한국어를 사용했다.

모국어 vs. 외국어

인간은 타고나면서 누구나 언어를 구사할 수 있는 능력을 가지고 태어난다. 태어난 후 자신의 부모로부터 습득한 언어를 **제1언어**(first language) 또는 **모국어**(native language, mother tongue)라고 한다. 이외에도 학습을 통해 구사할 수 있는 **외국어**(foreign language)로서 제2언어(second language) 또는 제3언어(third language)가 있다. 세상에서 가장 많은 화자(speaker)를 지닌 언어는 10억 명이 넘는 중국어이다. 중국어 다음으로 8억 명의 화자를 가진 영어이다. 8억 명 중 70%가 넘는 5억 이상이 제2언어 화자에 속한다. 이런 숫자는 전 세계 언어 중에서 영어가 모국어 다음으로 중요한 언어임을 시사한다. 수천 개 언어들 중에서 인간이 평생 살면서 사용할 수 있는 언어는 고작해야 한두 개에 불과하다. 그 언어가 바로 모국어와 영어인 셈이다. 놀라운 사실은 무수히 많은 서로 다른 언어들이 언어학이란 커다란 하나의 범주에서 포괄적으로 다룰 수 있다는 점이다.

언어의 정의

언어를 간단히 정의 내리기는 쉽지 않다. 언어의 사전적 정의는 "음성 또는 문자를 수단으로 하여 사람의 사상이나 감정을 표현하고 의사를 전달하는 수단과 체계"이다. 언어에 대한 정의는 시대에 따라 또는 학자에 따라 조금씩 다를 수 있다. 오하이오주립대학교에서 발간한 **언어파일**(*Language Files*, 2016)에서는 "언어란 인간에게만 허용되며 인간으로 하여금 의미 있는 발화를 구사하고 이해하게 하는 추상적인 인지체계이다"라고 정의하였다. 언어는 우리의 삶과 아주 밀접하게 연관되어져 있으며 매일의 삶 속에서 우리의 생각을 언어로 표현하고, 누군가에게 감정을 표현하고, 의견을 전달하는 매개체로 언어라는 수단을 사용한다.

단어 'language'의 어원

언어라는 의미인 영어 단어 'language'의 어원을 살펴보자. 언어는 본래 '혀, 말, 언어'라는 의미인 인도 게르만 **공통 조어**(Proto-Indo-European)인 *dngweh에서 파생되어, 라틴어 'lingua'를 거쳐, 프랑스 고어인 'langue'라는 말에서 차용되어, 현재 'language'라는 단어로 정착되었다. 언어는 말(speech)이란 단어와 흔히 바꿔 쓰기도 하지만, 차이가 존재한다. 말은 소리를 내어 귀로 들을 수 있는 음성언어에 국한되지만, 'language'는 음성 대신 손으로 의사소통이 가능한 수화언어(sign language)까지 포함한다.

언어는 한편으로 추상적이고, 다른 한편으로 구체적이다. 일반적으로 인간이 언어를 사용한다고 할 때, 이때 언어는 어떤 개별 언어 능력을 말하지 않고 인간이 지닌 보편적이고 추상적인 언어 능력을 지칭한다. 이때 언어는 영어로 'language'라고 하며 문법적으로 셀 수 없는 불가산명사이므로 관사를 붙이지 않는다.

Language touches every part of our lives.

하지만 한국어나 영어 그리고 중국어 등 어떤 개별적인 언어를 지칭하여 구체적으로 사용될 때는 가산명사로 관사 'a language'와 복수형 'languages'의 사용이 가능하다.

I can speak two **languages**, Korean and English.

인간에게 고유한 의사소통 수단

언어는 인류를 다른 동물과 구별하는 가장 중요한 특징이다. 인간과 가장 유사한 영장류인 침팬지를 비롯해서 원숭이나 개 등을 대상으로 언어를 학습시킨 많은 실험결과에 의해서도 언어 능력은 오로지 인간만이 사용할 수 있는 유일한 능력임이 증명되었다. 개들이 서로를 향해 짓는 모습을 보고 개가 말을 한다거나 언어를 사용한다고 하지 않는다. 인간만이 유일하게 사용할 수 있는 의사소통의 도구인 말을 가리켜 '언어'라고 할 수 있기 때문이다. 동물들에게도 서로를 이해하거나 의미를 전달하는 의사소통 체계는 물론 존재한다. 하지만 동물들의 의사소통 체계는 인간의 의사소통 체계에 비해 훨씬 더 단순하다. 인간에게는 배우지 않은 표현을 이해하고 말할 수 있는 생산성(창조성)과 시공간을 초월한 것에 대해 말할 수 있는 능력이 있는 반면에, 동물에게는 그런 능력을 찾아볼 수 없다. 인간의 언어 체계는 말로 다 설명할 수 없을 만큼 매우 복잡하고 추상적인 인지 체계다.

언어는 끊임없이 변화한다. 시간의 흐름에 따라 여러 가지 변수로 생성되거나 변화하거나 소멸하는 특성을 가진다. 어떤 특정 사건을 계기로 무수히 많은 새로운 단어가 갑자기 생겨나기도 하고, 자음이나 모음이 변화하기도 하고, 화자의 수가 급격하게 줄어듦에 따라 언어가 사멸하기도 한다. 시대별로 언어를 비교해 보면 쉽게 잘 알 수 있다. 예를 들어, 고대나 중세 시대에 사용했던 많은 단어나 문장들을 지금은 더 이상 사용하지 않는다. 요즈음 부모들은 자녀들과의 의사소통을 힘들다고 한다. 너무 많은 줄임말과 부모들이 알지 못하는 신조어를 사용하기 때문이다. 세대 간 서로 다른 언어의 사용은 언어가 끊임없이 변화하는 특성을 고스란히 보여준다.

언어학이란

언어는 의사소통을 담당하는 복잡하고 추상적인 체계이다. **언어학**(linguistics 또는 philology)은 인간의 언어를 연구하는 학문이다. 언어와 관련된 현상은 물론 언어가 어떤 원리로 발생하고 변화하며 쓰이는지를 연구한다. 언어학은 일반적으로 인문학의 범주에 속하지만, 과학으로 분류해야 한다는 논쟁이 있어왔다. 실제 언어학의 일부 분야는 연구하는 내용이 관찰이나 실험을 요할 뿐만 아니라, 학문적인 유사성도 수학이나 자연과학 또는 신경과학에 가깝다. 이런 이유로 언어학을 '언어를 과학적으로 연구하는 학문'이라고도 한다. 더 구체적으로 말하자면, 인간이 '어떻게' 언어를 구사할 수 있는지, 언어에 대해 무엇을 알고 있는지, 즉 인간이 소유한 '언어 능력'을 연구하는 학문이라고 할 수 있다. 특히 관찰, 가설 설정 및 수정, 설명으로 구성된 언어학의 방법론은 과학에서 사용하는 방법론과 매우 유사하다.

언어와 관련된 어떤 연구 분야이든지 간에 이들을 언어학이란 큰 범주에 포함하고, 언어학을 전문적으로 공부하고, 언어의 구조와 사용을 연구하는 사람을 가리켜 **언어학자**(linguist 또는 philologist)라고 한다. 언어학은 인간이 사용하는 언어의 기능과 본질을 과학적으로 연구함으로써 인간이 가지고 있는 문법과 같은 의식적 또는 무의식적 지식을 체계화·규칙화하는 것에 그 본질적인 목적이 있다.

언어학의 목표

언어학은 인간 언어에 관한 폭넓은 이해를 목표로 삼는다. 단순히 말하거나 쓰는 것 이상으로, 언어에 대해 그동안 알지 못한 지식을 깨닫게 한다. 대부분의 사람들은 자신이 언어를 유창하게 구사하면서도 정작 해당 언어나 언어학에 대해 무엇을 알고 있는지조차 알지 못한다. 언어학을 공부함으로써 그동안 깨닫지 못한 많은 새로운 사실을 알 수 있다. 언어학의 구체적인 목표를 몇 가지로 정리하면 다음과 같다.

- 언어적인 믿음과 태도를 갖게 한다. 많은 사람이 언어적이지 못한 믿음을 갖고 있다. 예를 들어, '글이 말보다 더 완벽하다'라거나 '여성이 남성보다 더 말을 잘 한다'라고 믿는다. 모두 언어적이지 못한 잘못된 믿음이다.
- 언어 체계가 지닌 다양성은 물론 근본적인 유사성을 깨달을 수 있다. 동일한 언어를 말하면서도 개인적인 차이가 크다는 것을 알 수 있으며, 차이들에서 유사점을 찾을 수 있다.
- 언어가 지닌 여러 가지 측면, 예를 들어 말소리나 단어, 문장, 그리고 의미 등을 깊이 있게 이해할 수 있다. 이들은 언어학의 하위 분야를 이루는 기본 구성요소들이다.
- 언어학적 분석을 위한 도구나 기술을 이해하고, 언어의 구성 원리를 발견할 수 있다.
- 언어를 연구하는 데 필요한 기본 개념과 친해질 수 있다.

일반언어학과 개별언어학

언어학과 관련된 또 다른 오해는 언어학과 별개로 영어학 또는 국어학이라는 독립적인 학문의 범주가 있다고 여기는 것이다. 마치 나무만 보고 숲을 보지 못하는 격이다. 언어학이란 언어 자체에 대한 학문이며, 인간의 언어에 보편적인 사실들을 다루는 것을 **일반언어학**(general linguistics)이라고 한다. 보통 언어학이라고 할 때 일반언어학을 의미한다. 일반언어학의 탄생과 발전은 미국이나 유럽을 중심으로 만들어졌다. **개별언어학**(particular linguistics)이란 흔히 국어학, 영어학, 중국어학, 프랑스어학 등으로 불리며, 특정 언어에 해당하는 언어 자료만을 집중적으로 다룰 때 부르는 명칭이다. 개별언어학은 언어학의 하위 학문이라고 볼 수 있으며, 동시에 언어학 연구를 위한 자료의 토대가 된다. 어떤 언어이든지 모두 언어학이라는 큰 범주 안에서 연구하고 논의할 수 있다. 전 세계의 모든 언어를 언어학이라는 하나의 학문 범주에서 분석하고 설명할 수 있다는 사실은 매우 놀랍고 경이롭다. 이런 이유로 언어학을 공부할 때, 한 번도 들어보지도 못한 모킬리즈어(Mokilese), 신디어(Sindhi), 토토낙어(Totonac) 등 다양한 언어 자료를 접할 수 있다. 모든 언어 자료는 해당 언어를 모르더라도 의미를 이해할 수 있도록, 음성기호와 의미가 함께 제공된다. 따라서 한국어를 모르는 미국인 언어학자도 한국어를 연구할 수 있다.

언어학자 vs. 다중 언어화자

언어학을 공부한다거나 언어학자라고 할 때, 가장 많이 듣는 질문 중 하나가 "언어를 몇 개나 말할 수 있으세요?"이다. 언어학이 무엇을 공부하는지, 언어학자가 무엇을 연구하는지 잘 알지 못하는 비언어적 태도가 담긴 질문이다. 여러 개의 언어를 유창하게 말할 수 있는 사람은 언어학자가 아니라 **다중 언어화자**(polyglot)라고 하기 때문이다. 다만 언어학자는 7,000여 개에 달하는 언어 중 무언이든지 연구할 수 있다. 일반인에게는 놀랍겠지만 여러 언어를 구사하지 못해도 얼마든지 연구할 수 있으므로, 여러 개 언어를 유창하게 구사할 필요는 없다. 하지만 다중 언어화자이면서 동시에 언어학자인 사람도 물론 있을 것이다.

언어학을 전공하려면

또 다른 질문은 "언어학자가 되기 위해서 무엇을 공부해야 하나요?"이다. 언어학자가 되기 위해서 언어학의 모든 분야나 이론을 깊이 있게 다 알아야 할 필요는 없다. 언어학에는 아주 많은 분야가 포함되어있기 때문이다. 학부에서 이수하는 언어학 개론을 통해 언어학의 기초를 이루는 분야와 관련 연계 분야에 대한 지식을 획득할 수 있다. 전공을 할 경우에는 배운 여러 분야 중에서 한 가지를 선택할 수 있다.

필자는 학부 시절에 언어학 개론을 처음 접했다. 새롭고 흥미로운 학문인지라 아주 재미있게 열심히 공부했다. 비록 개론이지만 언어학의 기초적인 하위 분야를 공부하기 때문에, 이때 어떤 분야가 재미있어 공부를 계속 하고 싶다면 대학원에 진학하는 것이다. 석사나 박사를 할 때는 이들 분야 중에서 하나를 택해서 깊이 있게 공부를 하게 된다. 이해를 돕자면, 필자는 학부에서 언어학의 하위 분야인 통사론을 공부하는 동안 평면적인 문장을 위계적인 수형도(tree diagram)로 그려내는 통사론의 매력에 푹 빠져서 공부를 계속 해보기로 결심했다. 하지만 석사를 할 때는 몬테규의 형식 의미론(Montague's Formal Semantics)에 매력을 느꼈고, 박사를 할 때는 말소리 생성과 인지(speech production and perception)에 호감을 가져 실험음성학 (experimental phonetics)을 전공하고 그 분야로 박사논문을 제출했다. 필자처럼 언어학의 여러 분야를 두루 전공하는 경우는 매우 드물며, 대부분은 언어학 중 하나의 분야만을 학부에서 택하고, 동일한 분야로 석사와 박사과정도 공부하기 마련이다. 결론적으로 언어학자라고 해서 이 책에서 소개되는 언어학의 모든 분야를 전문가처럼 다 잘할 필요는 없다. 필자의 언어학에 대한 관심과 언어학자가 되기까지의 짧은 경험담이 언어학 공부를 시작하는 데 도움이 되었길 바란다.

국내 vs. 국외 언어학과

언어를 연구하는 중요한 기능에도 불구하고, 국내에 '언어학'이란 명칭을 가진 독립적인 학과가 있는 대학교는 손에 꼽을 정도이다. 주된 이유는 취업률이다. 언어학은 인문학에 속하는 기초적인 학문으로 언어학과를 졸업한 후에 어떤 직종으로 취업해야 할지 정해지지 않는다. 다행히 과거에 비해 언어와 관련된 직업에 응용할 수 있어 취업문이 더 확대되었다고 볼 수 있지만, 여전히 어려운 실정이다. 이로 인해 국내 대학교에서는 일반적으로 문학과 어학을 따로 분리하지 않고, 영어영문학 또는 국어국문학 전공처럼, 먼저 목표 언어를 선정해놓고, 동일한 학과 내에서 어학과 문학을 함께 다루고 있다. 대학원 과정도 마찬가지이다.

국내 대학과 달리 미국이나 유럽 대학에서는 문학과 어학이 철저히 독립된 학과로 존재한다. 특히 어학의 경우 분석하려는 언어가 무엇이든지 상관없이 '언어학'이라는 전공에서 다룬다. 즉, 한국에서처럼 국어학, 영어학과의 구분이 없다. 외국에서 언어학을 공부할 경우, 전공하는 학생들이 전 세계에서 온 학생들로 이루어져 국제적이다. 필자가 미시간대학교 언어학과 박사과정 재학시절에 함께 공부한 친구들은 힌디어, 태국어, 프랑스어, 스페인어, 그리스어, 일본어, 브라질어 등의 모국어 화자들이었다. 그들로부터 직접 모국어를 접할 수 있어서 해당 언어를 더 재미있게 공부할 수 있었다. 필자는 할 수만 있다면 언어학은 개별 언어학과로 분리되기보다는 언어학과에서 서로 다른 언어들을 함께 비교하면서 다루는 게 더 적절하다고 생각한다.

왜 언어학을 공부해야 하는가

필자는 대학에서 수십 년간 언어학을 가르치는 동안 학생들로부터 "언어학을 왜 공부해야 하는지?", "공부하면 무엇이 유익한지?"에 대한 질문을 수없이 받았다. 언어학 공부를 시작하기 전에 이들 질문에 대해 답을 찾아보는 것이 필요하다.

첫째, 언어학은 인간이 매일같이 사용하는 언어의 본질을 이해하고, 인간이 가진 언어 능력이 무엇인지를 깨닫게 하는 도구이다. 우리는 매일 누군가와 대화를 나눈다. 말을 하지 않고 하루를 보내는 일은 거의 없다. 우리가 가지고 있는 대부분의 생각을 문장으로 바꿔, 목소리로 전달하고, 우리의 감정을 말로 표현하는 게 바로 언어이다. 언어는 우리 삶과 함께 한다. 하지만 매일같이 사용하면서도 언어에 대해 구체적으로 무엇을 알고 있는지 모른다. 한국어를 유창하게 구사하면서도 정작 한국어에 대해 무엇을 알고 있는지 말하기 어렵다. 언어학은 모국어에 대해 무엇을 알고 있는지에 대한 구체적인 지식을 제공한다.

둘째, 언어학은 다양한 직업에서 활용할 수 있는 언어이론의 기초를 제공한다. 예를 들어, 언어 장애에 대한 진단과 치료를 연구하는 언어병리학 분야에서는 언어재활사가 되거나 언어 청각 장애를 진단하고 치료하는 청능사가 되기 위해서 언어학의 핵심 분야인 음성학, 음운론, 형태론 등을 선수과목으로 요구한다.

셋째 언어학은 학제 간 연구 분야이다. 교육학, 심리학, 사회학, 정치학, 법학 등을 비롯해 인간의 심리, 뇌, 언어인지, 컴퓨터, 문화, 언어변화 등과 연계하는 또 다른 학문 분야를 생성해낸다. 그 외 분야들로 한국어 교육, 언어공학, 음성공학, 의사소통, 외국어 학습, 작문, 인류학, 민담, 외국어, 문학 등을 공부하는 데 언어학적 지식은 매우 유용하다(제10장 참조).

마지막으로, 언어학은 모국어 습득뿐 아니라 외국어 학습을 이해하는 데 유용하다. 인간은 태어나서 부모 또는 돌보는 사람으로부터 적어도 하나의 언어(즉, 모국어)를 습득하기 마련이다. 인간에게 모국어를 습득하는 능력은 타고난 인간의 능력으로 해당 언어에 정상적으로 노출되고, 후천적인 학습을 통해 완전한 언어 습득이 가능하게 된다(Chomsky, 1957). 인간에게 모국어로만 의사소통했던 과거와는 달리, 모국어 외에 제2외국어 또는 제3외국어를 필요로 하는 세상이 되었다. 언어학은 모국어 습득은 물론 외국어 습득을 수월하게 돕는다.

지금은 인터넷이 지배하는 세상이다. 인터넷으로 지구 반대편에 살고 있는 사람들이 무엇을 하는지 바로 알 수 있다. 전 세계인들이 인터넷에서 사용하는 공용어는 바로 영어이다. 영어는 모국어 화자(약 3억 4,000명)보다는 외국인 화자(약 5~10억 명)

에 의해 더 많이 사용되어 소위 **국제어**(international or global language)로 통한다. 언어는 힘이다. 영어는 이제 영어권 화자들만의 언어가 아닌 전 세계인들의 언어로 굳건히 자리매김하고 있다. 심지어는 한국식 영어(Konglish), 중국식 영어(Chinglish), 일본식 영어(Janglish), 인도식 영어(Hinglish) 등의 용어도 존재한다. 영어의 강력한 힘은 다른 나라의 사람들로 하여금 글로벌 언어인 영어로 대화하도록 유도하고 있다. 모국어 외 영어가 필수적인 언어로 자리 잡으면서 영어와 모국어를 유창하게 할 수 있는 이중 언어 사용자(bilinguals)나 또는 세 가지 또는 네 가지 언어를 동시에 구사할 수 있는 삼중(trilinguals) 또는 다중 언어 사용자들(multilinguals)이 필요한 세상이 되었다. 이런 세상에서 언어학은 필수적인 학문으로 자리매김하고 있다.

언어학은 모국어에 대한 이해는 물론 영어와 다른 언어를 학습하고 가르치는 데 실용적인 정보와 지식을 제공한다. 예를 들어, 한국인 영어 학습자들은 1음절인 'strike'를 5음절인 '스트라이크'로 발음을 한다. 왜 그럴까? 한국어 음절에는 영어처럼 'str-'라는 3개의 자음 연속체를 허용하지 않기 때문에 자음과 자음 사이에 모음 '으'를 넣어 한국식으로 발음하기 때문이다. 그러나 언어학을 공부하면 이러한 발음 오류나 또는 문법 오류들을 줄일 수 있다.

언어학은 또한 한국어를 가르치는 교수자에게도 유익하다. 한국어와 영어의 발음 또는 문법적인 차이를 이해하여 쉽게 가르칠 수 있기 때문이다. 언어학적 지식으로 언어 간 차이를 알게 되면 어떤 언어를 가르쳐도 매우 유용하게 활용할 수 있다.

시대별 언어학과 언어학자

언어학은 고대 그리스 시대에서 지금에 이르기까지 수많은 언어학자들의 연구와 이론으로 계속해서 발전해 왔다. 시대별로 중요한 공헌을 한 언어학자와 언어 연구의 흐름을 살펴보자.

시대별로 살펴본 언어학의 흐름

먼저, 기원전 4세기경에 고대 인도의 산스크리트 문법을 정리하고 완성한 언어학의 아버지라 불리는 **파니니**(Pāṇini)를 들 수 있다. 당시 문법은 19세기 유럽의 학자들이 차용했을 정도로 문법의 간결성과 섬세함이 매우 탁월했다. 고대 시대의 언어 연구는 플라톤, 아리스토텔레스, 스토아학파를 중심으로 주로 철학자들에 의해 언어에 대한 지적 호기심을 충족시키는 목적과 외국어의 습득을 위한 실용적 목적으로 이루어졌다.

중세 시대의 언어에 관한 연구는 고대 로마 시대의 전통을 이어받아 라틴어 문법을 교육의 도구로 중시하였고, 13세기와 14세기에는 언어에 대한 정신적인 호기심을 바탕으로 하는 **내성문법**(speculative grammar)이 출현하였다. 이때부터 문법은 언어를 인간의 정신과 연결하기 시작했고, 인간의 모든 언어들에 보편적으로 존재하는 **보편문법**(universal grammar, UG)과 **언어 보편소**(linguistic universals)에 관한 이론을 추구하였다. 이런 스토아학파와 내성문법으로 이어지는 언어 연구의 전통은 이후 촘스키(Noam Chomsky)로부터 출발한 현대 언어학이 이어받았다. 중세에서 르네상스로 넘어오면서 세계의 여러 언어들이 유럽에 알려짐에 따라 19세기에는 언어들을 그 특성에 따라 분류하는 **언어 유형론**(language typology)이 등장하였다. **훔볼트**(Wilhelm von Humboldt, 1767~1835)를 비롯한 독일의 언어학자들이 세계의 여러 언어들을 **고립어, 교착어, 굴절어**의 세 부류로 구분하였는데, 이러한 분류는 지금까지도 유효하다(제4장 형태론 참조).

르네상스 이후 18세기 말부터 **역사비교언어학** 또는 비교언어학 연구가 시작되었다. **비교언어학**(comparative linguistics)은 같은 기원을 가진 언어들의 관련성과 더불어 시간이 지남에 따라 일어나는 언어의 변화를 다루는 학문이다. 역사언어학의 한 분야이며, 언어는 계속해서 변화하므로 역사언어학에서는 공통의 조어에서 갈라진 여러 언어의 계통을 연구하여, 고대 조어를 재구성하기도 하는 데 같은 조어에서 갈라진 여러 언어들을 통틀어 한 어족(language family)이라고 한다. 예를 들어, 인도와 유럽의 여러 언어들 사이의 친족 관계를 밝히고, 그 언어들의 조상의 형식을 추정하여 재구성(reconstruction)하고자 하는 연구가 바로 비교언어학이다. 역사비교언어학은 언어학을 독립된 학문으로 만들어준 계기가 되었고, 19세기 전반에 걸쳐 왕성하게 이루어졌다.

구조주의 언어학

구조주의 언어학(structural linguistics)은 소쉬르(Ferdinand de Saussure, 1857~1913)에 의해 시작되어 20세기 전반에 걸쳐 언어학계를 지배했던 언어 철학 및 언어 연구

방법론을 말한다. 귀납적이고 객관적인 발견의 절차에 따라서 언어 현상의 배후에서 구조를 발견하여, 그것을 체계적으로 기술하려는 언어학이다. 소쉬르는 근대 언어학의 태두로 촘스키와 더불어 언어학의 발전에 큰 공헌을 한 인물이다. 언어의 연구 대상을 직접적으로 관찰 가능한 언어 데이터에 한정하여 객관주의의 입장을 취하며, 주관적인 의미 기준에 입각한 실리주의의 방법론을 적극 배제한다. 귀납적인 발견의 절차에 입각하여, 먼저 음성에서 음소를 추출하고, 이에 입각해서 형태소, 다음에 구 구조 그리고 최종적으로 문법을 추출한다는 보텀업(bottom-up)의 분석 방법을 취한다. 과거에 중요시된 언어 기술보다 언어 구조를 중시함으로써 20세기 언어학을 구조주의 언어학이라 부른다.

랑그 vs. 파롤

페르디낭 드 소쉬르

소쉬르가 현대 언어학에 미친 중요한 공헌들 중의 하나는 최초로 언어를 두 가지 측면인 **랑그**(langue)와 **파롤**(parole)로 구분한 것이다. 언어를 인간이 가지는 하나의 거대한 의사소통 시스템으로 보고 사회 구성원들이 공유하는 언어 체계는 랑그로, 언어를 개개인이 지닌 사적인 체계로 보고, 개인의 구체적인 발화 양상을 파악하는 언어 체계는 파롤로 정의하였다. 그는 언어학에서 연구 대상으로 삼아야 하는 것은 파롤이 아니라 랑그라고 하였다. 랑그와 파롤의 구분은 이후 **언어 능력**과 **언어 수행**의 구분과 일맥상통한다. 소쉬르는 언어를 음성과 의미가 결합된 기호의 체계로 파악하였다. 어떤 단어든 형태(form)와 의미(meaning)로 구성된다. 그는 언어는 '기호의 체계'라고 정의하였다. 특정 언어의 음의 형태들은 특정한 의미를 대신하는 일종의 기호로 사용되기 때문이다.

기호(sign) : 음의 형태(significant) + 의미(signifié)

통시적 vs. 공시적

소쉬르는 또한 언어를 연구하는 방법을 크게 통시적 연구와 공시적 연구 두 가지로 구분하고 공시적 연구의 중요성을 부각시켰다. 일정한 시기의 언어의 상태를 연구하는 것이 **공시언어학**(synchronic linguistics)이라면, 시간의 흐름에 따라 언어가 변화하는 모습을 연구하는 것이 **통시언어학**(diachronic linguistics)이다. 19세기의 언어 연구가 통시적, 즉 역사적 연구가 중심이었다면, 20세기의 언어 연구는 공시적 연구가 중심이었다. 이는 통시언어학과 공시언어학이란 중요한 구분을 낳았다. 우리가 공부하는 언어학의 이론과 방법 대부분은 소쉬르의 구조주의 언어학의 전통과 촘스키의 생성문법에 기초한 것이라고 할 수 있다.

소쉬르 외에 경험주의적, 관찰주의적, 형식주의적인 기술을 추구하고 미국 구조주의 언어학을 대표하는 **블룸필드**(Leonardo Bloomfield, 1887~1949)가 있다. 그의 저서 언어(*Language*, 1933)는 당시 미국 언어학의 성경일 정도로 대표적이다.

(변형)생성문법

미국 구조주의 기술 중심의 연구 방법을 비판하고, 내성적인 방법을 통하여 언어를 연구할 것을 주장한 학자는 **촘스키**(Noam Chomsky, 1928~)이다. 1957년에 발표한 그의 저서 통사구조(*Syntactic Structures*)에서 **변형생성문법**(transformational generative grammar)을 최초로 소개하였다. 그가 주장한 생성문법에서 생성이란 일정한 수의 규칙으로 무한한 결과를 산출하는 절차를 말하는데, 유한한 수의 단어를 사용하여 무한한 수의 문장을 만들 수 있는 인간의 창조적인 언어 능력을 기술하기 위해 사용한 방법이다. 그의 생성문법은 아이의 언어 습득을 잘 설명한다. 태어날 때 백지 상태로 태어난 아이가 일정한 수의 단어와 규칙을 학습한 후, 무한한 수의 문장을 만들어내기 때문이다.

오늘날 촘스키가 언어학에서 차지하는 지위는 현대 언어학 내에서만 특출난 것이 아니라, 언어학의 전 역사를 통틀어 그 유래가 없을 정도이다. 언어학을 공부한 사람은 반드시 알아야 할 중요 인물인 촘스키는 언어를 언어 능력과 언어 수행의 두 가지 개념으로 설명하였다. 즉, 이상적인 화자와 청자가 지닌 언어에 대한 지식을 언어 능력으로, 구체적인 상황에서 실제 언어를 사용하는 행위를 언어 수행으로 정의하였다. 그는 언어 연구의 대상은 언어 수행이 아니라 언어 능력이라고 주장한다.

언어 능력과 언어 수행

노엄 촘스키

정상적인 언어 환경에 노출된 인간이라면 누구나 자신의 모국어를 유창하게 구사할 수 있다. 모국어가 어떤 언어든지 간에 화자는 해당 언어에 대해 많은 지식을 가진다. 한국인 화자라면 한국어로 말하고, 한국어를 보고 읽고, 어떤 문장이 맞는지 틀린지 판별하고 자연스럽게 대화를 이끌어 갈 수 있는 무의식적이고 내재화된 지식을 가진다. 이런 지식을 가리켜 **언어 능력**(linguistic competence)이라고 한다. 하지만 화자가 지니고 있는 언어 능력은 밖으로 표출되기 전까지는 알 수 없다. 즉, 화자가 언어를 이해하고 사용했을 때, 비로소 이들 지식은 빛을 발하게 되는 것이다. 이렇듯 알고 있는 지식이 밖으로 표출된 언어적인 행동을 가리켜 **언어 수행**(linguistic performance)이라고 한다.

예를 들면, 어떤 사람이 길을 걸어가고 있는데, 그 사람의 생김새가 미국인처럼 생겼을 때, 그 사람이 영어를 구사하리라 예측할 수 있지만, 그 사람이 영어로 말하기 전까지 영어를 잘하는 화자인지 아닌지를 알 수 없다. 반대로 한국인처럼 생겼더라도, 미국인처럼 영어는 유창하지만 한국어는 못한다면 그 화자의 모국어는 바로 영어라고 판단할 수 있다. 그림 1-2에서처럼 언어 수행은 화자가 가지고 있는 언어적 지식이 무엇인지를 알려주는 외적인 판단인 셈이다. 이러한 구분은 앞서 설명한 소쉬르의 랑그와 파롤에서 유래되었다고 볼 수 있다.

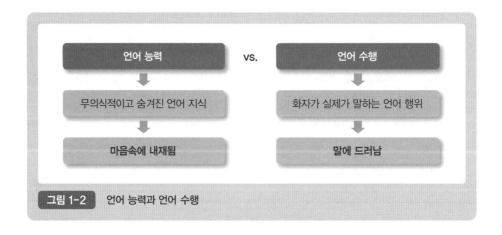

그림 1-2 언어 능력과 언어 수행

표 1-1 모국어 화자의 언어적 지식의 예

예시	언어 능력	언어적 지식
bin vs. pin 달 vs. 딸	자음(b-p와 ㄷ-ㄸ)을 다르게 발음하고 인지한다.	음성학적 지식
pin vs. spin 바보 vs. 밥	각 언어에서 /p/와 /ㅂ/이 동일한 음이라고 말한다.	음운론적 지식
unhappy 언어학	'un-'과 '-happy' 그리고 '언어-'와 '-학'을 분리한다.	형태론적 지식
*home go I *좋아요 집에	비문법적(*)인 문장임을 안다.	통사론적 지식
Studying Linguistics is fun. 언어학 공부가 재밌다.	문장의 의미를 안다.	의미론적 지식
It's very hot here. 너무 더워요.	더우니 '문을 열어달라'는 요청을 안다.	화용론적 지식

화자의 언어적 지식

일반적으로 한국에서 태어나 한국어를 습득하고, 한국에서 교육받으면서 자란다면 한국어가 모국어가 될 것이다. 자신의 모국어를 유창하게 사용할 수 있지만 정작 "모국어에 대해 무엇을 알고 있는가?"에 대해 질문을 받는다면 어떤 모국어 화자라도 선뜻 대답하지 못할 것이다. 모국어를 듣고, 말하고, 읽고, 쓸 줄 안다고 대답할 수 있으나, 정작 그런 능력이 무엇을 말하는지를 설명하기는 어렵다. 이를 위해서 반드시 언어학이 필요하다. 표 1-1은 영어나 한국어 모국어 화자가 자신의 언어에 대해 무엇을 알고 있는지에 대한 언어 능력을 각각의 언어적 지식으로 보여주었다(마지막 줄에 중략은 언어적인 지식의 일부 예시를 보여주었음을 의미한다).

언어를 사용하는 모든 화자는 표 1-1에서처럼 '언어적 지식'을 이미 가지고 있으며, 언어학은 이들 지식이 구체적으로 무엇인가를 학문적으로 접근하게 한다. 상기한 언어적 지식은 이후 설명하는 언어학의 주요 핵심 근간을 이룬다.

언어학의 하위 분야

언어학은 연구 대상에 따라 하위 분야가 달라진다. 다음에서 소개할 각 분야는 언어학에서 가장 먼저 다루어져야 하는 인간이 지닌 언어 능력을 설명할 수 있는 핵심 분야들이다. 실제적으로 발화되는 말소리를 연구하는 음성학(phonetics), 말소리의 체계와 기능을 연구하는 음운론(phonology), 단어의 구조와 형성을 연구하는 형태론(morphology), 구, 절 또는 문장의 구조와 형성을 연구하는 통사론(syntax), 언어적 의미(즉, 기호와 의미와의 관계)를 연구하는 의미론(semantics), 그리고 대화상 의미를 연구하는 화용론(pragmatics) 등이다. 이들을 한데 묶어 이론 언어학(theoretical linguistics)이라고 한다(그림 1-3). 이 책은 이들 언어학의 핵심 분야를 다룬다.

학제 간 연계 분야

이들 분야 외에도 언어는 인간 정신 활동의 중심이기 때문에 언어 문제는 언어 자체에만 국한되지 않는다. 즉, 언어 연구는 다음과 같이 여러 인접 학문과 밀접하게 연계함으로써 학제 간 분야를 형성한다. 다음에서 각 분야를 간략히 소개하였고, 논의가 필요한 몇몇 분야는 제10장에서 자세히 다루었다.

- **언어 습득**(Language Acquisition) : 인간이 언어(모국어와 외국어)를 어떻게 습득하는지에 관해 연구한다.
- **심리언어학**(Psycholinguistics) : 언어 습득과 언어 사용 시 작용하는 인간의 내재적·정신적 과정을 과학적으로 연구하고 설명하려는 학문이다.
- **신경언어학**(Neurolinguistics) : 뇌에서 언어를 담당하는 부분에 대한 연구로 뇌의 어느 부분에서 언어 발화와 이해 그리고 습득이 일어나는지를 연구한다.
- **사회언어학**(Sociolinguistics) : 언어와 사회 구조, 언어적 변이와 언어에 대한 태도

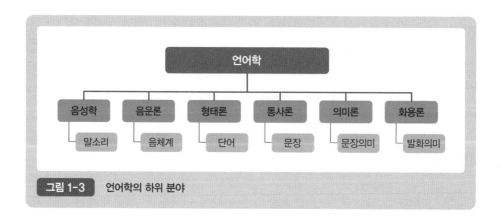

그림 1-3 언어학의 하위 분야

와의 상관성을 연구한다.

- **역사언어학**(Historical Linguistics) : 언어가 시간을 거스르면서 어떻게 변화해 왔는지 언어들 간에 어떤 상관관계가 있는지 등에 대해 연구한다.

- **전산언어학**(Computational Linguistics) : 언어학과 컴퓨터 간에 상관관계를 연구하는 학문이다(= 컴퓨터 언어학).

- **응용언어학**(Applied Linguistics) : 언어 교수(language teaching), 번역, 정치에서 사용하는 언어, 광고나 법정 등과 같은 영역에서 언어학적 방법이나 결과를 응용하는 학문이다.

- **인류언어학**(Anthropological Linguistics) : 말의 형식과 담론의 과정에서 언어와 문화의 상관성을 연구한다.

- **언어병리학**(Speech-Language Pathology) : 언어의 이해 및 산출과 관련된 장애를 예방, 진단 및 치료하는 법을 연구한다.

- **청각학**(Audiology) : 청각장애의 진단, 예방, 치료와 관련된 이론 및 임상에 대하여 연구하는 학문이다.

- **코퍼스 언어학**(Corpus Linguistics) : 언어 코퍼스(말뭉치)는 자료 분석, 훈련, 시험과 같은 특정 목적의 연구에 적합한 언어 자료로 말이나 글의 집합체를 말한다. 코퍼스 언어학은 코퍼스를 구축하고 그것을 기반으로 언어에 관해 연구하는 학문이다. 말뭉치언어학이라고도 한다.

- **법 언어학**(Forensic Linguistics) : 언어와 법의 상호 관련성을 연구한다. 연구 대상으로는 법정 담화의 유형을 분석하거나, 법정에서의 통역과 번역, 재판과 관련한 어린아이와의 인터뷰, 문서 작성자에 대한 추정, 법정에서 사용되는 언어와 관련된 증거 등이 해당된다.

- **음성공학**(Speech Engineering) : 인간과 컴퓨터가 음성대화를 통해 자연스럽게 대화하게 하며, 음성학과 공학과의 융합으로 말소리를 공학적으로 연구하는 학문이다.

상기한 분야들 외에도 자연언어처리(natural language processing), 통계언어학(statistical linguistics), 기계번역(machine translation), 인공지능(artificial intelligence, AI) 등 언어학과 직접 또는 간접적으로 연계 가능한 분야들이 있다. 이들을 공부하기 전에 선행되어야 할 학문이 바로 언어학이다.

말이 글보다 1차적인 증거

언어는 말(speech)로 또는 글(writing)로 표현할 수 있다. 대부분의 사람들이 글은 말보다 더 완전하다고 생각한다. 그렇게 생각하는 주된 이유는 무엇일까? 말은 일단 내뱉고 나면 주워 담을 수 없다. 그렇기 때문에 조심해서 써야 한다. 자칫 부주의하게 나오기도 하고, 와전되기도 하고 쉽게 변화하기도 한다. 반면에 글은 생각을 한 번 더 정리할 수 있기 때문에, 말보다 더 오래 지속되고 정확하며 안전하다고 여길 수 있다. 이 때문에 사람들은 말은 글을 표현하기 위해 존재하는 이차적이고 부수적인 형태라고 생각할 수 있다. 이런 견해는 잘못된 편견이다. 이를 뒷받침할 증거들을 살펴보자.

- 글은 말보다 더 나중에 발달된 역사적 소산물이다. 인류학자들은 구어는 수십만 년 전에 사용된 데 반해, 글은 최초 슈메르인들에 의해 약 6,000년 전부터 사용하기 시작하였음을 밝혔다.
- 글이 있는 언어(3,000개)는 말이 있는 언어(7,000개)의 절반에도 미치지 못한다. 글 없이 말만 사용하는 인류는 존재하지만 말 없이 글만 사용하는 인종은 존재하지 않는다.
- 말은 굳이 배우지 않아도 부모로부터 거의 자동적으로 습득되지만, 글은 반드시 배워야 한다. 모든 아이들은 태어난 환경에서 아주 자연스럽게 모국어를 터득한다. 하지만 문자 체계는 복잡해서 일부러 배우지 않으면 터득할 수 없다.
- 신경언어학적 증거는 뇌에서 문자 언어를 처리하는 영역이 구어를 처리하는 영역에 포함됨을 보여준다. 이는 구어는 뇌의 독립적 영역을 점유하고 있으나, 글은 그렇지 못한 증거이다.

이들 증거는 "**말이 1차적이고 글은 2차적이다**"임을 잘 보여준다. 언어를 대변하는 가장 직접적인 산물은 말이다. 글은 말을 대변하는 또 다른 물리적 매개체일 뿐이다. 말은 생각을 물리적으로 전달하는 형태이지만, 글은 구어를 물리적으로 보존하는 형태이다.

언어의 속성

의사소통체계는 인간에게만 있는 것은 아니다. 동물에게도 인간 언어체계와는 다르지만 분명히 의미를 주고받는 의사소통체계가 존재한다. 그렇다면 인간의 언어와 동물의 의사소통 체계와는 어떻게 다를까? 언어학자 **호켓**(Charles Hockett, 1916~2000)은 그의 논문 '언어의 보편성에 관한 문제'(The problem of universals in language, 1966)에서 인간의 진정한 언어(true language)가 되기 위해서 필요한 속성에 대해 다음과 같이 열거하였다. 먼저, 모든 의사소통 체계의 공통적인 속성은 다음과 같다.

1. **의사소통 방식**(mode of communication) : 가장 본질적인 속성인 의사소통 방식이란 메시지들을 보내고 받는 수단을 의미한다. 인간은 목소리나 손동작(수화언어)인 수단을 통해 메시지를 전달하거나 받고, 곤충이나 동물들도 필요한 메시지를 받고 전달하는 고유한 신호체계를 가진다. 새들은 소리로, 원숭이들은 시각적인 제스처로, 나방은 화학적인 신호로, 벌들은 춤이나 촉감으로, 돌고래는 음파를 이용해서 자신이 어디 있는지 또는 먹이가 어디 있는지 알리기 위한 메시지를 주고받는다. 즉, 의사소통을 하는 수단은 각기 다르지만 인간이건 동물이건 메시지를 전달하고 받을 수 있는 가장 기본적인 의사소통방식을 가진다.

2. **의미성**(semanticity) : 의사소통을 하는 수단인 소리, 손짓, 제스처, 촉감, 음파 등은 일종의 신호이며 이들 각각은 의미를 가진다. 예를 들어, 꿀벌의 경우 춤의 다양한 패턴을 활용해서 음식이 놓여있는 거리를 전달한다. 춤은 세 가지 유형이 있는데, 그중 원형댄스는 춤을 출 경우에 벌집 근처 6미터 정도에 먹이가 있음을 의미하고, 낫 모양의 춤은 6~18미터 거리에, 꼬리 춤은 18미터를 넘는 거리에 먹이가 있음을 의미한다.

3. **화용론적인 기능**(pragmatic function) : 거의 모든 의사소통체계는 종족이 살아남기 위해 서로 돕는 유용한 목적을 지닌다. 즉, 상황에 맞게 의미를 주고받는다.

4. **상호교환성**(interchangeability) : 메시지를 보내고 받을 수 있는 상호작용할 수 있는 능력을 일컫는다. 인간이 사용하는 언어는 화자와 청자의 상호교환으로 이루어진다. 하지만 동물의 경우 모든 동물들이 메시지를 보내고 받을 수 있지 않다. 예를 들어, 누에나방은 화학적 의사소통 수단을 가지는 데, 암놈의 경우에는 교미

할 준비가 될 때 수놈이 접근할 수 있도록 화학물질을 분비하지만, 수놈의 경우에는 이 화학물질을 분비하진 못하고 받기만 한다. 그들은 수익자이기 때문이다.

5. **문화 전승**(cultural transmission) : 언어의 중요한 속성에 속하며 의사소통을 배워 다른 집단에게 물려주는 기능을 한다. 언어가 인간의 타고난 능력이라 할지라도 말할 수 있게 태어나지 않는다. 반드시 언어를 습득할 수 있는 환경 속에서 해당 언어를 접하고 배워야 한다. 언어는 이렇게 세대를 거쳐 전승되어가는 것이다. 하지만 동물들의 의사소통체계 대부분은 학습을 통해서가 아니라 태어나면서 유전적으로 이미 내재되어있다는 점에서 인간 언어와 다르다.

6. **자의성**(arbitrariness) : 인간 언어의 가장 중요한 속성 중 하나인 자의성이란 형태와 의미가 논리적으로 서로 연관되어 있지 않고 독립적임을 가리킨다. 단어들 거의 대부분이 임의적으로 결합되는 연결체로 언어가 지닌 이러한 속성을 자의성이라고 한다(언어의 자의성 참조). 자의적이지 않은 단어에 대해서는 이후 기술하였다.

7. **분리성**(discreteness) : 문장을 단어로 쪼갤 수 있는 특성을 말한다. "오늘 날씨가 좋아요"라는 문장은 '오늘' '날씨가' '좋아요'라는 세 단어로 분리할 수 있다. 이런 속성은 동물들의 의사소통체계에서는 찾을 수 없다. 앵무새의 경우 사람의 말을 흉내를 내지만 분리성을 가지기보다는 들은 문장을 통째로 외워 그대로 다시 반복할 뿐이다. 이들은 들은 문장을 단어나 또는 소리로 나누지 못한다.

8. **시공간 초월성**(displacement) : 시공간을 초월해서 존재하지 않는 것에 대해 이야기할 수 있는 속성이다. 인간은 존재하지 않은 것에 대해 이야기하거나 과거나 미래에 대해 이야기할 수 있다. 동물의 의사소통체계에서는 찾을 수 없는 인간 언어만의 고유한 속성이다.

9. **생산성**(productivity) : 인간은 한정된 어휘, 문법 등의 언어 자료를 이용하여, 새로운 문장을 무한히 생성할 수 있다. 다른 말로 **창조성**(creativity)이라고 부르며, 인간 언어의 고유한 속성이다. 유한한 수의 단어들을 이용하여 들어보지도 못하고, 배우지도 않은 무수히 많은 표현을 이해하고 창조적으로 만들어내는 능력이다. 인간의 언어는 **개방형체계**(open-ended system)이다. 하지만 동물의 의사소통체계에서는 모든 신호들의 수가 일정하게 한정되어 있다. 동물들의 신호체계가 복잡해서 분리성을 가지고 있다 할지라도 그들의 신호체계는 새로운 신호를 만들어낼 수 없는 **폐쇄형체계**(closed system)이다.

요약하면, 어떤 동물의 소통 체계도 인간의 언어가 지닌 모든 속성을 소유하지 못한다는 점에서 질적으로 양적으로 인간의 언어와 전적으로 다름을 알 수 있다.

상기한 호켓의 언어 속성에 언급되지 않은 두 가지 속성을 추가하면, **규칙 지배성**(rule-governed)과 **추상성**(abstractness)이다. 우리는 "아버지 가방에 들어가요"가 아닌 "아버지가 방에 들어가요"가 적절한 표현임을 안다. 그래서 비문법적인 표현보다는 적법한 표현을 쓰려고 노력한다. 이는 언어가 지닌 '규칙 지배성'이란 속성 때문이다. 언어를 습득하면 이런 규칙들은 우리 뇌 속에 내재화되어 언어적 규칙에 합당한 표현들을 사용할 수 있다. 인간이 학문을 하기 위해 사용하는 많은 개념은 추상적일 뿐 아니라 일상생활에서도 '사랑', '행복', '정의' 등의 추상적인 개념을 언어 아닌 다른 수단으로 표현하기 어렵다. 언어는 추상적인 상황을 묘사하고 추상적인 생각을 표현하는 데 필요한 아주 유용한 도구이다.

언어의 자의성

언어 신호는 형태와 의미(또는 형식과 내용)로 구성된다. 하지만 형태와 의미는 서로 어떤 연관성도 없이 **자의적**(arbitrary)이다. '자의적'이라는 의미는 어떤 단어의 의미를 그것의 형태로부터 예측할 수 없고, 반대로 형태를 의미로부터 예측할 수 없다는 뜻이다. 언어의 자의성은 형태와 의미가 상호 독립적(즉, 형식과 의미의 독립성)이라는 말로 표현할 수 있다. 사실 형태(소리)는 물리적이고 구체적인 속성을 가진 반면에 의미(내용)은 정신적이며 추상적인 속성을 가진다. '개'라는 단어를 생각해보자. 한국어로는 '개'이고 영어로는 'dog'라고 하는 단어들이 개를 가리키는 어떤 속성이나 암시도 보여주지 않으며 '개'가 지닌 의미와는 직접적으로 어떤 연관성도 존재하지 않는다. '개'라고 하는 단어 형태와 의미는 임의적인 약속일 뿐이며, 단어 형태를 보고 그 의미를 학습해야 한다. 또는 영어 단어 'cat'은 'c'라는 철자와 'a'라는 철자, 그리고 't'라는 철자가 [kæt]으로 발음되어 '고양이'라는 의미를 가진다. 'cat'이란 단어 형태와 '고양이'라는 의미가 결합해서 언어적인 신호(linguistic sign)를 형성한다. 한국어로 '고양이'란 단어 형태든, 영어의 'cat'이란 단어 형태든 간에 형태로 의미를 유추하거나 예측할 수 없다. 자의적인 형태-의미 간 관계는 여러 언어에서 찾아볼 수 있다.

표 1-2와 같이 한국어로는 '물'이라는 의미의 발음 형태는 [mul]이지만, 영어로는

표 1-2 언어별 형태와 의미 간 자의성

형태	의미	언어
[mul] [watər] [o] [vasʁ] [søy]	'water'	한국어 영어 프랑스어 독일어 광둥어
[li]	'last name' 'proper name' 'bed' 'borrow/lent' 'this'	한국어 영어 프랑스어 독일어 광둥어

'water'이며 프랑스어로는 [o]로 발음하는 등 각 언어별로 서로 다른 형태를 가지는데 그 의미는 모두 동일하다. 그와는 반대로 '리[li]'라고 동일한 형태로 발음되지만(물론 철자는 다를 수 있더라도) 각 언어별로는 서로 다른 의미를 가진다. 이들 형태-의미 간 자의성은 진정한 인간 언어의 중요한 속성이다.

자의적이지 않은 언어 신호

하지만 어떤 언어적인 신호들은 자의적이지 않을 수 있다. 먼저, **시각적 형태**(iconic form)들이다. 예를 들어, '담배를 피우지 말라'는 금연 표지판을 떠올려 보자. 형태 없이도 시각적인 형태만으로 의미를 전달한다. 형태로부터 그 의미를 유출할 수 있기 때문에 **비자의적**(non-arbitrary)인 셈이다. 또 다른 것으로 **의성어**(onomatopoeia)이다. 의성어는 동물의 우는 소리를 모방해서 발음을 만든다. 즉, 소리와 의미가 서로 연관성을 지닐 수 있다. 예를 들어, 한국어로 개가 짖어대는 소리는 '멍멍'이고, 고양이는 '야옹', 소는 '음메' 등을 생각할 수 있다. 흥미로운 점은 이들 의성어들이 언어별로 동일하지 않다는 점이다. 개가 짖는 소리를 살펴보면, 영어로는 '바우와우'[bauwau]라고 하고, 독일어로는 '바우바우'[vauvau], 프랑스어로는 '와푸와푸'[wafwaf], 중국어로는 '완완'[wanwan]이라고 하여 언어별로 서로 다름을 알 수 있다.

또 다른 것으로 **음의 상징성**(sound symbolism)으로, 단어의 음성적 특징과 의미 사이에 보이는 상관성을 가리킨다. 소리를 통해 단어의 의미를 유추해볼 수 있다. 예를 들면, "아주 작다"라고 하는 영어식 표현에서 끝이 '-y'로 끝나는 단어들인 'teeny tiny, petite, wee'라고 하고, 'fl-'로 시작하는 단어들인 'fly, flee, flow, flimsy, fluid' 등은 '가볍거나 빠름'의 의미를 가진다. 'gl-'로 시작하는 단어들인 'gleam, glisten, glow, glint' 등은 '밝음'을 의미하며, 단어 맨 마지막 음이 '-sh'로 끝나는 단어들인 'bash, mash, crash' 등은 주로 '폭력적이거나 갑작스러운 행동'을 의미한다. 이렇듯 발음하는 소리로 인해 단어의 의미를 유추할 수 있는 연관성이 존재하므로 비자의적 이라 할 수 있다. 하지만 비자의적인 경우는 매우 극소수이며, 언어적 신호 대부분이 형태와 의미 간 연관성 없이 자의적이다.

자연 언어와 인공 언어

지금까지 공부한 모든 것은 사람들이 일상적으로 쓰는 언어인 **자연 언어**(natural language)에 대한 설명이다. 모든 인간의 언어 활동에 보편적인 특징을 포함하고, 한 국어, 영어, 중국어처럼 국가나 민족별로 쓰이는 언어를 비롯하여 다양한 자연어가 있다. 자연 언어는 인공 언어와 대치될 때 사용하는 개념이다.

인공 언어(constructed language, conlang)란 자연적으로 생성된 자연어와 달리 한 사람이나 여러 사람의 의도와 목적에 따라 만든 언어를 말한다. 사용 목적에 따라, 세계 공용어를 목적으로 한 국제어나 소설 등에서 쓰이는 예술어, 넓은 의미에서 컴 퓨터 프로그래밍에 사용하는 컴퓨터 언어를 포함한다. 이제까지 널리 알려진 국제어 의 예는 에스페란토(Esperanto)로, 당시 출판 인쇄물에 의한 적극적인 보급과 근대 산 업화와 국제주의의 영향 등에 따라 비교적 널리 보급된 예외적인 사례이다. 예술어 로 잘 알려진 예들은 톨킨 작품 세계에 나오는 엘프어(Elvish)와 공상 영화 스타워즈 에 나오는 외계인 언어 등이 있다. 컴퓨터와 인터넷의 활발한 보급으로 개인이 자신 의 홈페이지나 블로그, 게시판 등을 통해 인공어를 공개할 수 있게 되어 현재 인공어 의 수와 종류는 매우 많고 다양하다.

이 장에서는 언어와 언어학과 관련된 기본적인 정의와 하위 분야와 시대별 언어학 자를 살펴보았고, 화자가 지닌 언어학적 지식이 무엇인지, 그리고 진정한 언어의 속 성은 무엇인지에 관해 살펴보았다. 다음 장에서는 언어학의 하위 분야 중 하나인 말 소리를 연구하는 분야인 음성학에 대해 살펴볼 것이다.

1. 언어학이란 언어를 연구하는 학문이며, 연구 대상이 영어라면 영어학, 국어라면 국어학, 프랑스어라면 프랑스어학이라고 하여 편의상 개별언어학으로 분류한다.

2. 언어학의 주요 하위 분야로는 말소리를 연구하는 음성학, 음운 체계를 연구하는 음운론, 단어 구조와 형성을 연구하는 형태론, 문장 구조를 연구하는 통사론, 언어적인 문장의 의미(즉, 기호와 의미와의 관계)를 연구하는 의미론, 발화상 의미를 연구하는 화용론이 있다. 이들 이론 언어학에 대한 언어적 지식이 바로 우리가 언어에 대해 알고 있는 지식이다.

3. 언어학을 공부함으로써, 첫째, 언어학적 믿음과 태도를 깨달을 수 있다. 둘째, 언어 체계의 다양성과 근본적인 유사성을 깨달을 수 있다. 셋째, 언어가 지닌 여러 가지 측면을 이해할 수 있다. 넷째, 언어를 구성하는 원리를 발견할 수 있다. 다섯째, 언어적 연구에 필요한 기본 개념을 깨닫게 한다. 마지막으로, 언어적 지식을 설명할 수 있다.

1. (   )란 인간만이 지닐 수 있는 유일한 능력이고 도구로, 인간으로 하여금 의미 있는 발화를 이해하고 산출하게 하는 추상적이고 인지적인 체계이다.

2. (   )이란 언어를 과학적으로 연구하는 학문이다. 언어학의 기초 하위 분야로 음성학, 음운론, 형태론, 통사론, 의미론, 화용론이 있다.

3. (   )란 언어와 언어학을 전문적이고 이론적으로 연구하는 사람으로, 언어학 분야와 관련된 일을 한다.

4. (   )이란 언어화자가 지닌 무의식적이고 내재화된 언어에 대한 지식이고, (   )이란 구체적인 상황에서 실제로 언어가 사용되는 행위이다.

5. 언어학의 기초 하위 분야는 말소리를 연구하는 (   ), 말소리 체계와 유형을 연구하는 (   ), 단어 구조를 연구하는 (   ), 문장 구조를 연구하는 (   ), 언어적인 문장의 의미를 연구하는 (   ), 그리고 발화상 의미를 연구하는 (   )이다.

6. (   )이란 언어적 신호는 단어 형태와 의미가 논리적으로 아무런 관련이 없음을 말한다.

7. (   )란 음성 대신 손이나 제스처로 의사소통이 가능한 언어이다.

8. (   )는 기원전 4세기경에 고대 인도의 산스크리트 문법을 정리하고 완성한 언어학의 아버지이다.

9. (   )는 20세기 초 구조주의 언어학의 창시자이며, 공시적 연구를 중요시하였고, 언어를 랑그와 파롤의 두 가지 측면으로 기술하였다.

10. (   )는 변형생성문법의 창시자이며, 현대 언어학 발전에 크게 기여한 위대한 언어학자이다.

정답 : 1. 언어, 2. 언어학, 3. 언어학자, 4. 언어 능력/언어 수행, 5. 음성학, 음운론, 형태론, 통사론, 의미론, 화용론, 6. 자의성, 7. 수화언어, 8. 파니니, 9. 소쉬르, 10. 촘스키

1. 다음 진술은 참인가? 거짓인가?

> "글은 1차적이고, 말은 2차적이다."(Writing is primary and speech is secondary)

2. 언어학의 하위 분야에 관한 설명으로 옳지 <u>않은</u> 것은?
   ① 음성학은 말소리의 체계와 기능을 연구하는 분야이다.
   ② 화용론은 발화의 의미를 연구하는 분야이다.
   ③ 형태론은 단어의 형성과 구조를 연구하는 분야이다.
   ④ 통사론은 구, 절 또는 문장의 구조를 연구하는 분야이다.
   ⑤ 의미론은 기호와 의미의 관계를 연구하는 분야이다.

3. 다음을 가리키는 언어학자는?

> 20세기 초 구조주의 언어학의 창시자이며 공시적 연구를 중요시하였고, 랑그와 파롤을 구분하였다.

   ① 사피어   ② 소쉬르
   ③ 블룸필드   ④ 촘스키
   ⑤ 훔볼트

4. 언어의 속성 중 어느 것에 해당되는가?

> 유한한 수의 단어로 무한한 수의 문장을 만들어낸다.

   ① 생산성(productivity)
   ② 자의성(arbitrariness)
   ③ 분리성(discreteness)
   ④ 의미성(semanticity)
   ⑤ 상호교환성(interchangeability)

5. 소쉬르의 랑그와 파롤에 대한 설명 중 옳은 것은?

① 파롤은 추상적인 언어 자료이다.

② 언어학은 랑그를 연구 대상으로 한다.

③ 언어 기호는 랑그와 파롤이 결합한 것이다.

④ 랑그는 한 언어 사회의 각 구성원들마다 다르게 나타난다.

⑤ 랑그와 파롤은 언어 수행과 언어 능력을 각각 의미한다.

정답 : 1. 거짓, 2. ①, 3. ②, 4. ①, 5. ②

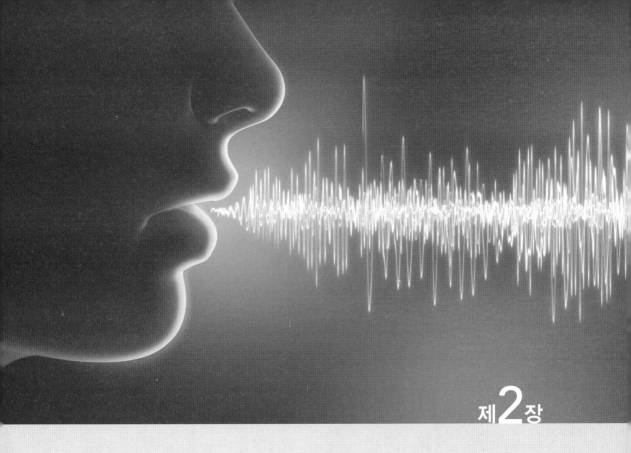

음성학은 소리로 보는 세상이다. 세상의 모든 말소리의 차이를 파악하고 이해하는 것이 바로 음성학이다. 음성학을 통해 세상의 말소리를 잘 이해할 수 있다.

음성학 :
말소리의 연구

💬 **학습목표**

- 음성학이 무엇인지 정의할 수 있다.
- 음성학의 세 영역이 무엇인지를 말할 수 있다.
- 분절음과 초분절음이 무엇인지 설명할 수 있다.
- 국제음성기호를 사용해서 말소리를 전사할 수 있다.
- 자음과 모음을 기준에 따라 분류할 수 있다.

💬 **시작하기**

1. 음성학이란?
2. 음성학을 공부해야 하는 이유는?
3. 음성학의 세 영역은?
4. 말소리는 무엇으로 이루어졌는가?
5. 한국어와 영어의 말소리 차이는?

음성학이란

인간이 발성기관을 통하여 내는 많은 소리 가운데 언어학적으로 의미 있는 소리를 음(phones) 또는 말소리(speech sounds)라고 한다. 사람의 말소리를 과학적으로 연구하는 학문을 가리켜 **음성학**(phonetics)이라고 한다. 말소리가 발음기관을 통해 어떻게 만들어져 생성되고, 만들어진 말소리는 물리적으로 어떤 특성을 가지는지, 또한 어떻게 전달되고 청취되는지를 연구한다(음성학의 세 영역 참조). 다음 장에서 다룰 추상적 말소리 단위의 이론적 체계를 연구하는 음운론과 달리, 음성학은 말소리의 물리적이고 구체적인 측면을 분석한다. 음성학을 연구하는 학자를 가리켜 **음성학자**(phonetician)라고 부른다. 간혹 음성학을 파닉스 또는 **음철법**(phonics)과 혼동하기도 하는 데, 음철법은 문자를 배우기 시작하는 학습자에게 발음과 철자와의 관련성을 가르쳐 읽기 훈련을 시키는 교수방법의 일종이다.

저명한 음성학자 **래드포드**(Peter Ladefoged, 1925~2006) 교수는 그의 음성학강의(*A Course in Phonetics*, 1975)에서 음성학을 다음과 같이 정의하고 있다.

> "음성학은 세상의 언어로 발생하는 말소리를 설명합니다. 음성학자는 말소리가 무엇인지, 어떤 유형으로 분류할 수 있는 지, 음성 환경에서 말소리가 어떻게 변화하는지에 관심을 갖습니다. 우리는 사람들이 무언가를 말하고 들을 때 어떻게 말하고 어떻게 듣는지를 알아내려고 노력합니다."

음성학강의는 음성학을 소개하는 기본 교재로 전 세계적으로 널리 사용되어, 음성학의 성경책이라고 불릴 정도이다. 또한 세상 언어의 음(*The sounds of the world's languages*, 1996)이라는 저서 또한 표준 음성학 교본으로 널리 사용되고 있다.

음성학의 목적과 효용

음성학을 구체적으로 공부하기에 앞서 음성학이 가지는 목적이 무엇인지, 음성학을 왜 공부해야 하는지, 공부하면 어떤 점이 유익한지 먼저 알아보자. 음성학의 목적은 해당 언어의 발음을 정확히 듣고 이해해서 정확히 발음하는 것이다. 음성학을 배우기 이전에 알지 못한 많은 음성학적 사실을 깨닫게 할 수 있기 때문이다. 유익한 점들은 셀 수 없지만, 간추리면 다음과 같다.

첫째, 발음 향상에 직접적인 도움을 줄 수 있다. 자음과 모음을 어디에서 어떻게 발음해야 하는지 발음의 원리와 차이를 깨달을 수 있다.

둘째, 언어 내적 차이뿐 아니라 언어 간 차이를 설명할 수 있다. 동일한 언어에서 서울 표준어와 경상 방언이 음성학적으로 어떻게 다른지 방언 간 차이를 설명할 수 있다. 한국어의 '파이'의 'ㅍ'과 영어의 'fine'의 'f'의 차이를 설명할 수 있다.

셋째, 동일한 철자가 다르게 발음됨을 깨달을 수 있다. 영어의 'top'의 [t]와 'stop'의 [t]의 차이를 유기음과 무기음의 차이임을 알 수 있고, 동일한 /t/가 음성 환경이 다를 때 발음이 달라짐을 말할 수 있다.

넷째, 언어음의 보편성과 특이성을 기술할 수 있다. 모든 언어 모음에 /a/가 있는 것은 보편적인 속성이지만, 한국어에만 있는 모음 /ㅡ/는 특이성이다.

마지막으로 어떤 말소리든지 음성기호(phonetic alphabet)로 표기할 수 있다. 예를 들어, 'phonetics'란 단어는 [fənˈetɪks]로 전사할 수 있다. 음성 전사에 대해서는 이후 자세히 소개할 것이다.

음성학의 세 영역

음성학은 누구를 대상으로 하여, 무엇을 연구하느냐에 따라 세 가지 주요 하위 영역으로 나뉜다. **조음음성학**(articulatory phonetics)은 조음 기관을 통한 말소리 생성을 다루고, **음향음성학**(acoustic phonetics)은 발화된 말소리(음파)의 물리적 특징을 다루며, **청음음성학**(auditory phonetics)은 청음 기관을 통한 말소리의 청취와 지각을 다룬다. 청음음성학은 청각음성학이라고도 부른다. 이들은 인간이 의사소통하는 데 필요한 기본적인 분야이다. 말소리를 통한 의사소통은 그림 2-1과 같이 그림으로 표현할 수 있다(Denes & Pinson, 1963: 4).

말을 하는 사람인 **화자**(speaker)는 먼저 무슨 말을 할 것인가를 머리로 생각해서, 하고 싶은 말을 입안의 발성 근육과 조음기관을 통해 입 밖으로 만들어내어 발성한다. 만들어 낸 말소리는 **음파**(wave form)의 형태로 공기를 통해 **청자**(listener)의 귀로 전달된다. 전달된 내용은 청자의 뇌를 통해 말소리가 무슨 의미인지를 해석하게 된다.

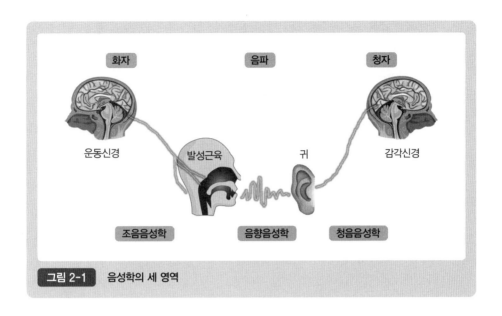

음성학의 세 영역

조음음성학

화자가 조음 기관을 통해 말소리를 어떻게 만들어내어 입 밖으로 산출하는지를 연구하는 분야로 **말소리의 산출** 또는 **생성**(speech production)을 다룬다.

음향음성학

조음된 소리들이 음파의 형태로 청자에게 전달되는데, 말소리가 지닌 물리적 특성을 실험과학적으로 연구하는 분야이다. 특성들에는 성대진동시작시간(voice onset time, VOT), 기본 주파수(fundamental frequency, f0), 길이(duration), 강도(intensity) 등이 있다.

청음음성학

청자가 말소리를 귀로 듣고, 귀에 도달된 음파가 고막을 자극하여, 그 신호가 어떻게 뇌까지 전달되어, 그것을 음성으로 파악하는지에 대한 과정을 연구하는 분야로 **말소리 청취와 지각**(speech perception)을 다룬다.

세 가지 영역 중에서 대학에서 이론적으로 공부할 수 있는 분야는 바로 조음음성학이다. 조음음성학은 고대로부터 언어의 소리를 연구하기 위해 사용하였던 전통적인 방법으로, 말소리가 발음기관을 통해 어떻게 조음되는지를 밝히고, 말소리의 생성과정을 다루기 때문에 가장 기초적이며 가장 오래전부터 연구된 분야이다. 이 분야는 언어 교육에 관심이 있는 교수자, 학습자, 학부모는 물론 언어장애를 진단하고 치료를 연구하는 언어치료사들에게도 매우 유용하다. 조음음성학과 달리 음향음성학이나 청음음성학은 실험적 방법론을 활용하는 실험음성학에 속하며, 주로 대학원 과정에서 공부한다. 청음음성학에서는 말소리를 식별하고 구분하는 인지실험(perception tests)을 행한다. 귀의 해부학적 구조와 신경 전달에 대한 깊이 있는 지식은 언어병리학자나 신경의학자의 주요 관심사이다. 음향음성학은 음의 물리적인 특성을 분석하기 위해 필요한 음향 장비(녹음기, 방음된 녹음실, 분석실 등)는 물론 음성을 분석할 수 있는 프로그램(PRATT, Scourscope), 음향 기기(마이크, 녹음기, 헤드셋) 등이 필요하다. 이 장에서는 음성학의 기초 개념을 다루므로, 상기한 세 가지 음성학 영역 중에서 조음 음성학을 중심으로 기술하였다.

말소리의 생성

말소리는 어떻게 만들어질까? 말소리는 인간이 숨 쉬는 활동과 밀접하게 연관된다. 인간이 만들어내는 거의 모든 말소리는 폐(pulmonic)에서 나오는 공기의 움직임이 성도(vocal tract)를 통해 밖으로 배출되면서 나오는, 즉 내쉬는 호흡(exhalation)으로 만들어진 날숨소리(egressive sounds)이다. 이런 음들을 가리켜 **폐장 배출음** 또는 **호기음**(pulmonic egressive sounds)이라고 한다. 한국어나 영어를 포함한 대부분의 언어의 말소리가 호기음에 해당된다. 반대로 공기를 들이마시면서 내는 **들숨소리** 또는 **흡기음**(ingressive sounds)도 있다. 폐가 아닌 성문에서 만들어지는 성문 들숨소리의 대표적인 예는 성문들숨소리 또는 **내파음**(implosives)인데 닫힌 성문이 내려갈 때 순간적으로 공기가 입 안으로 들어오면서 생기는 소리로 한국어나 영어에는 없고, 세계 언어의 약 10%에서 나타난다.

말소리가 만들어지는 과정을 이해하려면 이를 담당하는 생리학적 기관과 구조의 명칭을 알아야 한다(그림 2-2). 말소리를 만들 때 필요한 원천적인 에너지를 공급해 준다는 점에서 **폐**(lung)는 말소리의 근원지이다. 폐에서 올라온 공기가 **기도**(trachea)를 통해 **후두**(larynx)에 이르면, 2개의 탄력적인 밴드로 된 성대(vocal cords)를 지나게 된다. 성대는 말소리를 생성하는 데 중요한 역할을 하는데, 성대의 열려 있는 틈을 성문(glottis)이라고 한다. 성대는 보통 숨을 쉴 때에는 열려 있는데, 말소리를 생성할

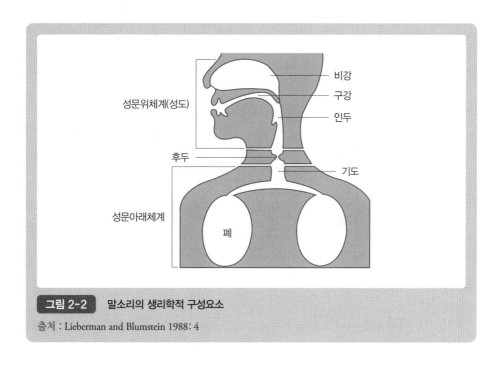

그림 2-2 말소리의 생리학적 구성요소

출처 : Lieberman and Blumstein 1988 : 4

때 이 성문이 조금 열려 있어서 공기가 지날 때 아무런 진동이 없으면 무성음이 생성된다. 그러나 성문이 거의 닫혀 있어서 기류가 성문을 통과할 때 성대가 울리게 되면 유성음이 생성된다.

성문을 통과한 공기는 **인두**(pharynx)를 지나 입이나 **비강**(nasal cavity)으로 빠져나가게 된다. 이때 조음기관인 인두, 입, 비강은 그 크기와 모양을 바꿔 성대 진동에 의해 발성된 말소리에 공명체 역할을 하여 여러 가지 다양한 소리를 만들어낸다. 조음의 중심이 되는 것은 **구강**(oral cavity)으로 입술, 혀, 아래턱 등을 움직여 여러 가지 다양한 소리를 만들어낸다. 지금까지 살펴본 말소리의 생성과 관련된 생리학적 구성요소들은 그림에서 잘 보여준다.

말소리를 생성하는 과정은 그 생리학적 구조가 언어에 상관없이 거의 똑같기 때문에, 어느 나라 말이든 상관없이 동일하게 적용할 수 있다. 즉, 말소리를 내는 데 참여하는 말의 기관과 그 기본적인 작동 원리는 같다. 말소리는 또한 생존에 필수적인 여러 신체 기관(입, 혀, 폐)의 협력 작용에 의해 만들어짐을 알 수 있다.

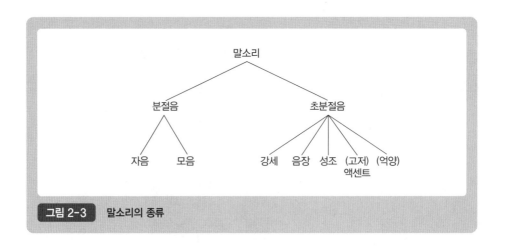

말소리의 종류

말소리의 종류

인간이 내는 모든 소리(재채기, 기침, 웃음, 하품, 헛기침 등)를 다 말소리라고 하지 않으며, 더욱이 동물이 내는 소리 또한 말소리라고 하지 않는다. 그렇다면 말소리는 구체적으로 무엇을 가리키는지 그 구성 요소를 구체적으로 살펴보자.

　말소리(speech sound)란 세상의 많은 소리 중에서도 언어를 구사할 수 있는 소리들로 구체적으로는 **자음**(consonant)과 **모음**(vowel) 그리고 **초분절음**(suprasegmental)을 가리킨다. 자음과 모음을 함께 **분절음**(segment)이라 한다. 분절음과 함께 발생하는 운율자질(prosodic feature)인 **강세**(stress), **고저 액센트**(pitch accent), **성조**(tone), **음장**(length), **억양**(intonation) 등을 가리켜 **초분절음** 또는 **운소**(prosody)라고 한다(그림 2-3).

　분절음의 예를 들면, 영어의 자음은 'p, t, k, …' 등이고, 모음은 'a, i, u, …' 등이다. 한국어 자음은 'ㅍ, ㅌ, ㅋ, …'이고, 모음은 'ㅏ, ㅣ, ㅜ, …' 등이다. 초분절 요소가 무엇이냐에 따라 영어는 '강세언어', 중국어는 '성조언어', 일본어는 '고저–액센트언어' 그리고 한국어는 '음절박자언어 또는 음장언어'로 분류한다. 분절음과 초분절음은 함께 의사소통에 필요하다. 이들이 바로 음성학의 연구 대상이다.

자음과 모음의 특성

모든 언어의 말소리는 자음과 모음을 구성한다. 각 언어마다 자음과 모음의 종류와 수가 다를 수 있다. 자음은 발음할 때 공기의 흐름이 차단되거나 마찰을 일으키는 등과 같이 입안에서 장애를 받으며(obstruction) 조음되는 반면에, 모음은 입안에서 공기의 흐름이 차단되지 않고 밖으로 나오는 것을 알 수 있고, 조음 시 어떠한 장애를 받지 않고 자유롭게 혀의 중앙을 통해 나가며 조음된다. 모음은 모두 성대가 울리면서 발음되는 유성음이므로 구분할 필요가 없으나, 반면에 자음은 유성음(voiced sound)과 무성음(voiceless sound)으로 구분된다. 모음은 모두 공기가 입을 통해 나가면서 생성되는 **구강음**(oral sound)에 속하는 반면에 자음에는 공기가 입으로 나가는 구강음과 코로 빠져나가면서 발음되는 **비음**(nasal sound)의 두 가지 종류가 있다(그림 2-4). **연구개**(velum/soft palate)가 올라갈 때는 비강으로 가는 공기가 차단되어 구강음이 되고, 연구개가 내려가 코로 가는 통로를 열어 비음이 된다.

자음과 모음을 구분하는 주요한 역할을 하는 것 중의 하나가 음절의 형성 여부이다. **음절**(syllable)이란 언어음을 분석하거나 기술하기 위해서 연속 상태의 운율 단위나 범주로 분류할 때 사용되는 단위이다. 음절은 모음만으로 음절을 형성할 수 있으나, 자음은 반드시 모음이 있어야만 음절을 형성할 수 있다. 음절을 구성하는 필수 요소는 모음(vowel, V)으로 이를 음절 핵(peak)이라 한다. 모음의 앞이나 뒤에 오는 자음(consonant, C)은 음절을 구성하는 필수적인 요소는 아니고 선택적(optional)이다. 음절 핵 앞에 오는 자음을 **음절 두음**(onset 또는 syllable initial)이라 하고, 음절 핵 뒤에 오는 자음을 **음절 말음**(coda 또는 syllable final)이라고 한다.

영어와 한국어의 음절을 비교해보자. 예를 들어, 영어의 1음절 단어인 'cat[kæt]'에서 모음 [æ]는 음절 핵, 자음 [k]는 음절 두음, 자음 [t]는 음절 말음에 해당된다. 한국

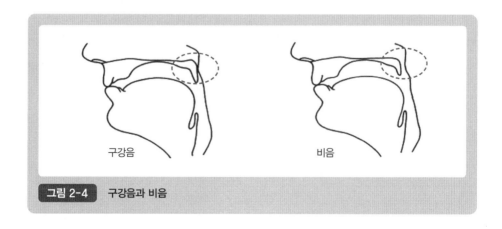

구강음   비음

그림 2-4 구강음과 비음

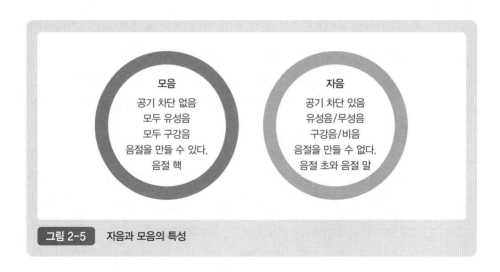

그림 2-5 자음과 모음의 특성

어의 1음절 단어 '아', '가', '악', '말'은 각각 V, CV, VC, CVC 음절 구조를 지닌다. 이들을 하나의 음절 구조로 쓰면 (C)V(C)인데, 자음은 선택적으로 오기 때문에 괄호 안에 넣는다. 모음은 필수적으로 와야 하므로 음절 핵을 구성한다. 상기한 바와 같이 자음과 모음의 발음 메커니즘은 근본적으로 차이가 있으며, 각각의 분류와 기술 방법도 자음과 모음에 따라 차이가 존재한다. 상기한 특성을 요약하면 그림 2-5와 같다.

음성학을 가르치다 보면, 간혹 학생들이 자음이나 모음을 알파벳이 있는 언어(예 : 영어)에만 있는 것으로 오해하는 경우가 있다. 학생들 중에는 "자음과 모음이 뭐예요?"라고 묻는 경우도 있는데, 자음과 모음은 한국어를 포함하여 모든 언어의 말소리에 존재하며 언어별로 자음과 모음이 몇 개씩 있는지 또 어떤 종류가 있는지에 따라 조금씩 다를 뿐이다. 예를 들면, 한국어에는 19개의 자음이 있고, 영어에는 24개의 자음이 있다.

앞서 언어라고 말할 때, 언어는 구어를 가리킨다고 언급하였다. 마찬가지로 언어학이나 음성학에서 관심을 갖는 언어는 글로 쓰인 문자 언어가 아닌 입 밖으로 나오는 말로 하는 음성 언어임을 항상 명심해야 한다. 음성학의 연구 대상은 문자(letters) 또는 철자(spellings)가 아니고 말소리(발음)와 소리를 표기하는 음성기호이다. 음성학을 처음 접하는 사람이면 누구나 다음에서 기술할 소리, 철자, 그리고 기호 간에 차이를 명확히 이해하는 것이 매우 중요하다.

소리, 철자, 음성기호

음성학의 연구 대상은 말소리다. 인간이 입 밖으로 내는 말소리의 표기 방법은 두 가지로 철자(spelling)와 음성기호(phonetic alphabet)다. 철자는 우리에게 익숙하지만 음성기호는 그렇지 못하다. 다행히 영어 단어를 암기할 때, 발음기호와 함께 암기해야 했기 때문에 발음기호는 어느 정도 익숙할 수 있다. 음성학에서 사용하는 음성기호는 사전에서 공부했던 발음기호와 대체로 유사하지만 조금씩 다를 수 있음을 유의하자. 그럼에도 불구하고, 일반 사람들에게 영어 단어 'dog'를 철자 d-o-g로 주면 쉽게 읽지만, [dɔg]로 주면 다소 읽기 어려울 것이다. 그렇다면 음성학은 왜 우리에게 익숙한 철자 대신에 익숙하지 않은 음성기호를 사용할까?

한국인이 '키'라고 말할 때와 미국인이 'key'라고 말할 때를 생각해보자(그림 2-6). 한국어의 '키'의 철자는 'ㅋ'와 'ㅣ'로 2개이지만, 영어의 'key'의 철자는 'k', 'e', 'y'로 3개다. 한국어의 철자는 한글(북한어는 조선글)이고 영어의 철자는 알파벳으로 철자는 다르지만 두 단어의 발음기호는 [ki]로 동일함을 알 수 있다. 즉, 하나의 자음 [k]와 하나의 모음 [i]로 구성된다. 철자는 언어마다 다르지만 음성기호는 그렇지 않다. 음성기호는 철자가 아닌 발음에 가깝게 표기하기 때문이다. 언어학자가 중국어 철자를 몰라도 중국어 자료를 분석할 수 있는 것은 중국어 발음을 표기한 음성기호 때문이다. 음성기호는 언어마다 서로 다른 철자에 상관없이 공통적으로 통용될 수 있

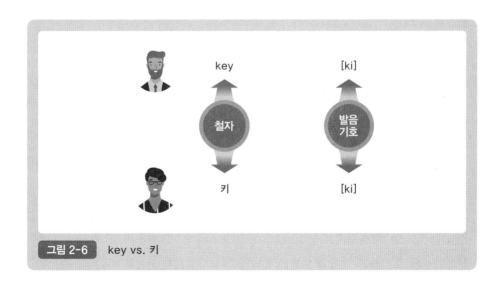

그림 2-6 key vs. 키

기 때문이다. 즉, 영어와 한국어뿐만 아니라 언어의 모든 말소리는 음성 기호로 전사 (transcribe)할 수 있으며, 이를 국제음성기호라고 한다. 음성학의 궁극적인 목표 중 하나는 말소리를 듣고 전사하는 것이다.

철자와 발음이 항상 일대일로 동일하다면 음성기호를 따로 사용할 필요가 없다. 하지만 영어는 철자와 발음이 서로 다른 대표적인 언어다. 즉, 영어 철자 체계는 음 성기호와 상응하지 못해 좋은 음성알파벳이 아니다.

영어 철자와 발음의 불일치 예
a. 철자와 발음이 다른 경우 : [k] in c̲at, c̲an, [f] in tou̲gh, cou̲gh
b. 철자가 발음이 없는 경우 : k̲now, dou̲bt, thou̲gh, i̲sland, moos̲e)
c. 다른 철자지만 동일한 발음([i])인 경우 : s̲ea, s̲ee, sc̲ene, rec̲eive, thi̲ef, A̲esop
d. 같은 철자지만 발음이 다른 경우 : s̲ign, plea̲sure, re̲sign
e. 철자는 2개지만 단일 발음인 경우 : lo̲ck, t̲hat, bo̲ok, app̲le
f. 철자는 1개인데 발음은 2개인 경우 : e̲xit, u̲se

그렇다면 한국어는 어떠한가? 영어와는 달리 한국어는 철자와 발음이 거의 일치 한다. 이유는 한글이 문자의 가장 발달한 단계인 자모음 분절음을 표상하는 완전한 음소문자라는 점이다. 놀라운 사실은 한글의 각 자음은 발음할 때의 발음기관의 구 조와 조음 과정에 대한 과학적 이해가 바탕이 되어 자음의 모양이 결정되었다는 것 이다.

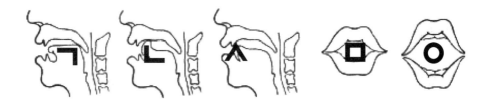

외국 학자들은 한글이 세계에서 가장 뛰어나고, 가장 과학적이며, 가장 합리적인 문자라고 극찬한다. 안타깝게도 한글은 음성기호로 표기함에 있어, 아직까지 통일된 표기안 없이 학자마다 서로 다른 음성기호를 사용하고 있다. 예를 들면 한국어 'ㅃ, ㄸ, ㄲ'를 음성기호 [p*, t*,k*] 또는 [p', t', k'] 또는 [p, t, k], [pp, tt, kk]로 서로 다르 게 표기하고 있어 문제로 지적되었다(김미령, 2020).

국제음성기호

동일한 음을 서로 다른 음성기호로 표기하는 혼란을 최소화시키기 위해 1886년에 프랑스의 언어학자인 폴 파시(Paul Passy)를 필두로 프랑스와 영국의 언어교사들이 국제음성협회를 조직하여, 로마자 알파벳을 이용한 발음기호표를 만든 것이 **국제음성기호**(International Phonetic Alphabet, IPA)의 효시이다. 이들은 동일한 발음은 동일한 음성기호를 사용하자는 의견에 동의함으로써 세계 언어들의 말소리를 대변할 수 있는 국제적으로 표준화된 음성 알파벳을 만들고 이를 음성전사체계(phonetic transcription system)로 광범위하게 사용하기에 이르렀다(https://www.internationalphoneticalphabet.org/). 이 책도 IPA를 준수하였다(2018년 IPA 도표 65쪽 참조).

IPA의 목표는 세상의 모든 언어를 음성기호로 표기하는 것이다. 좋은 발음 전사 시스템은 항상 소리와 기호가 일대일로 대응하기 때문에 일관되고 모호하지 않다. 이것은 언어 전반에 걸쳐 사실이며, 여러분이 학습할 기호는 모든 언어의 소리를 전사하는 데 사용할 수 있다. IPA는 영어를 비롯하여 중국어, 일본어, 힌디어 등 어느 언어든 말소리를 기호로 표기할 수 있기 때문에 아주 유용한 음성 알파벳이다. 하지만 세상의 모든 언어의 소리를 완벽하게 IPA로 표기하지 못하며, 대표적인 예가 바로 한국어이다.

영어 음성기호

여러 나라의 음성기호 중 IPA 기준에 가장 잘 부합되고, 널리 인용되며 안정화된 음성기호체계는 영어 음성기호이다.

말소리를 음성기호로 표기하는 방법은 크게 두 가지다. 하나는 간략 발음 전사(broad transcription)로 대략적인 음소적 표기에 해당되며 / / 안에 표기한다(예 : 'pin' /pɪn/). 표 2-1은 간략 발음기호에 해당된다. 다른 하나는 정밀 발음 전사(narrow transcription)로 실제 소리나는 대로 전사하며 [ ] 안에 표기한다(예 : 'pin' [pʰɪn]). 간략 발음기호는 초보적인 사전적 표기인 반면에, 정밀 발음 전사는 연습이 필요한 고급 표기이다. 표 2-1에서 철자와 기호가 다른 것에 유의하자. 모음기호 [ə]는 슈와(schwa)라고 불리는데, 모음이 강세를 받지 않거나 약화될 때 나는 발음기호이다.

영어 자음과 모음을 단어 철자를 보고 발음할 줄 알아야 하고, 정확한 발음에 따라 위 도표로부터 음성기호를 찾아낼 수 있어야 한다. 즉, 음성기호만으로 단어를 전사하는 연습이 필요하다. 예를 들어, 단어 'bean'의 발음을 전사하면 [bin]으로, 'cap'을 전사하면 [kæp]으로, 'mother'를 전사하면 ['mʌðər]로, 'linguistics'를 전사하면 [lɪŋ'gwɪstɪks]이다. 주의할 점은 음성 표기가 사전들마다 또는 학자들마다 다를 수 있기 때문에 참고는 하되 표에 제시된 영어 IPA를 사용해야 한다.

한국어 음성기호

상기한 바와 같이 한국어 음성기호는 IPA로 통일된 표기안이 없어 영어와는 달리 매우 혼란스럽다. 자음 중 소위 평음(예사소리)이나 경음(된소리)에 대한 음성기호가 IPA에 없고, 학자마다 다르게 전사하기 때문이다. 전통적으로는 평음 /ㄱ, ㄷ, ㅂ, ㅈ/을 표기할 때 [p, t, k, ʧ]로, /ㄲ, ㄸ, ㅃ, ㅉ/을 표기할 때 [p', t', k', ʧ'] 또는 [p*, t*, k*, ʧ*]로, 격음 / ㅋ, ㅌ, ㅍ, ㅊ/을 표기할 때 [pʰ, tʰ, kʰ, ʧʰ]로 표기한다. 문제는

표 2-1 영어 자음과 모음 음성기호

자음			모음	
p peel	t team	k kill	i beet	ɪ bit
b Beal	d deem	g gill	eɪ bait	ɛ bet
m meal	n neal	ŋ ring	u boot	ʊ foot
f feel	s seal	h heal	oʊ boat	ɔ bought
v veal	z zeal	l leaf	æ bat	ɑ pot
θ thief	ʧ chill	r reef	ʌ butt	ɜ confirm
ð these	ʤ Jill	j you	aɪ bite	(ə sofa)
ʃ she	w̥ which	w witch	ɔɪ boy	aʊ bout
ʒ measure				

*w̥=무성음 [w], [w]=무성음[w]; [ə] = schwa [ə] (중(설)모음 음소는 아님); [ɜ](또는[ə])는/r/앞에서만 발음되며[ɝ](또는[ɚ])로 실현됨(예, bird, her, hurt등)

표 2-2 한국어 자음과 모음 음성기호

자음			모음
ㄱ g 기/gi/	ㅋ kʰ 키/kʰi/	ㄲ k 끼/ki/	
ㄴ n 니/ni/			ㅏ ɑ
ㄷ d 디/di/	ㅌ tʰ 티/tʰi/	ㄸ t 띠/ti/	ㅓ ɔ
ㄹ l 리/li/			ㅗ o
ㅁ m 미/mi/			ㅜ u
ㅂ b 비/bi/	ㅍ pʰ 피/pʰi/	ㅃ p 삐/pi/	ㅡ ɯ
ㅅ sʰ 시/sʰi/		ㅆ s 씨/si/	ㅣ i
ㅈ ʤ 지/ʤi/	ㅊ ʧʰ 치/ʧʰi/	ㅉ ʧ 찌/ʧi/	ㅔ e
ㅇ ŋ 응/ɯŋ/			ㅐ æ
ㅎ h 히/hi/			

*주의 : 전통적 표기와 다르다. 도표에 없는 /ㅑ ㅖ ㅒ ㅕ ㅛㅠㅘㅙㅝㅚㅞㅟㅢ/는 /ja, je, jæ, jʌ, jo, ju, wɑ, wæ, wʌ, we, we, wi, ɯi/로 독자의 편의상 표기하며, 이때 /j/와 /w/는 독립적인 자음음소로 포함한한다. 이 또한 학자마다 조금씩 다르다.

평음과 경음의 표기이다. 특히 경음을 표기할 때, 작은따옴표(')와 별표(*)를 혼용한다는 것이다. 작은따옴표는 IPA에서 성문에서 나오는 날숨소리인 **방출음**(ejectives)에 이미 사용되었고, 별표는 IPA에 없는 첨자이므로 문제의 소지가 있다. 또한 로마자 표기법에서 평음은 /b, d, g, j/로, 경음은 /pp, tt, kk, jj/로, 격음은 /p, t, k, ch/로 다르게 표기한다. 모음 또한 학자마다 매우 다르게 표기한다. 이 책에서는 대안으로 필자의 견해(Mi-Ryoung Kim, 2000, 2020, 2021)에 따라 평음은 [b, d, g, ʤ]로, 경음은 [p, t, k, ʧ]로, 그리고 격음은 [pʰ, tʰ, kʰ, ʧʰ]로 표기하였다. 'ㅅ'을 표기하는 것도 [s] 또는 [sʰ]로 다르게 표기함에 주의한다. 한국어 자음이나 모음 음성기호 표기가 학자마다 책마다 다를 수 있음을 유의하자.

한국어와 영어의 음성기호가 어떻게 다른지 비교해보자. 예를 들어, 영어 자음에는 2개의 대조 /b p/가 있지만, 한국어에는 /b p pʰ/ 3개의 대조가 있다. 영어 모음 /i/와 /ɪ/의 구분은 한국어에는 없으며, 한국어 모음 'ɯ'(ㅡ)는 영어에는 없다.

자음

자음은 공기의 흐름이 장애를 받을 때 생기는 소리이므로 그 장애가 조음부의 어느 곳에서 일어나는지, 그리고 어떤 방식으로 일어나는지에 따라 구분할 수 있다. 전자를 자음의 **조음 위치** 또는 **장소**(place of articulation), 후자를 **조음 방법**(manner of articulation)이라고 한다. 또한 자음을 조음할 때 성대 진동이 수반되느냐 그렇지 않느냐에 따라 유성음과 무성음으로 분류하여 다음 세 가지 기준으로 구분할 수 있다.

1. **성대 진동 유무** : 발음할 때 성대가 진동하는가 그렇지 않은가?
2. **조음 위치** : 입안의 어느 위치에서 조음되는가?
3. **조음 방법** : 공기가 입안에서 어떻게 방해를 받는가?

유성음과 무성음

한 쌍의 근육인 성대(vocal cords 또는 vocal folds)가 열려 있을 때 공기가 성문을 통해 자유로이 드나든다. 이런 상태는 숨을 쉬고 있을 때와 유사하며, 말을 할 때 성문이 열렸다 닫혔다를 무수히 반복해서 음성을 만들어낸다. 성대가 서로 붙어서 진동하면서 나는 음을 **유성음**(voiced sound)이라 하고, 성대가 서로 떨어져서 진동 없이 나는 음을 **무성음**(voiceless sound)이라고 한다. 성대 아래쪽이 반쯤 열려 있을 때는 속삭이는 소리(whisper sounds)를 낸다. 성대 진동 유무를 알아보기 위해서는 손가락을 목젖에 대고 모음 [a, ɛ, u]와 자음 [p, t, k]를 발음해 보자. 전자는 아주 심하게 성대가 진동하는 것을 감지할 수 있는 반면에, 후자는 성대 진동을 감지할 수 없을 것이다. 모음은 모두 유성음이지만, 영어 자음들은 아래와 같이 유성음과 무성음이 짝을 이룬다.

> **무성음** : [p, t, k, f, θ, s, ʃ, ʧ, h]
>> p̲at, t̲ab, k̲ill, f̲at, t̲h̲igh, s̲ip, s̲h̲ip, c̲h̲ip, h̲ill
>
> **유성음** : [b, d, g, v, ð, z, ʒ, ʤ, m, n, ŋ, l, r, j, w]
>> b̲at, d̲ab, gill, v̲at, t̲h̲y, z̲ip, plea̲s̲ure, rid̲ge, m̲om, n̲ose, sin̲g, leaf, reef, y̲ou, w̲ith

무성음과 유성음을 잘 구분하기 위해서 대조가 되는 2개의 음을 잘 식별하고 발성하면서 그 차이를 느껴 보아야 한다. 예를 들어, 'pie, tie, kye'와 'bye, die, guy'에서 [p, t, k]와 [b, d, g]를 발음할 때, 전자는 성대가 울리지 않게 후자는 성대가 울리게 발음의 차이를 연습해보자. 발음할 때 두 손가락을 성대에 대고 발음하면 성대 진동 유무를 느낄 수 있다.

한국어의 경우 'ㄱ, ㄷ, ㅂ'를 유성음으로 구분할 수도 있지만 음성학적으로 실제 발음은 무성음에 가깝다. 한국어 [ㅂ]이 유성음일 때는 '나비'에서 [ㅂ]처럼 단어 중간에서 발음할 때이다. 나머지 환경에서는 모두 무성음으로 발음된다. 예를 들어, 'boy'와 '보이' 두 단어에서 영어 [b]는 유성음과 무성음으로 발음되며, 한국어 [ㅂ]은 완전히 무성음으로만 발음된다. 한국어는 /ㅁㄴㅇㄹ/ [m, n, ŋ, l]를 제외한 모든 자음은 단어 처음에 나올 때 무성음으로 발음된다.

> **연습**
>
> 단어의 첫소리가 **유성음**인 것을 모두 고르시오.
>
> > **보기**   mat, cat, dad, this, vat, sit, red
>
> **정답** : mat, dad, this, vat, red

조음 위치

자음을 조음할 때 성도(성대에서 입술 또는 콧구멍까지 이어진 통로)의 어디에서 장

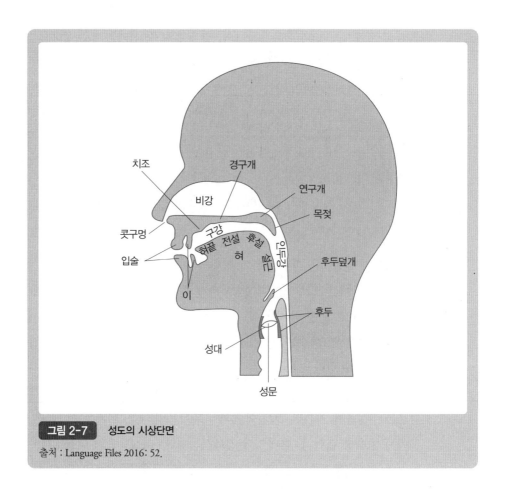

그림 2-7 성도의 시상단면

출처 : Language Files 2016: 52.

애가 만들어지는지, 즉 입안에서 공기가 방해를 받는 위치가 어디인지를 정확히 아는 것이 중요하다. 이를 말소리의 조음 위치(조음 장소)라고 한다.

말을 할 때 아랫입술, 아랫니, 혀와 아래턱과 같은 부분은 움직이는 반면에 윗입술, 윗니, 치경, 경구개 등은 움직이지 않는데 이처럼 움직이지 않는 구강의 윗부분이 자음의 조음 위치를 결정하는 기준 역할을 한다. 그림은 인간의 성도를 표시하는 시상단면(sagittal section of the vocal tract)을 보여준다.

조음되는 위치에 따라 자음은 다음과 같이 분류할 수 있다.

- **양순음**(bilabial) : 아랫입술과 윗입술이 맞대어 두 입술로 만드는 소리이다. 조음에 관련된 기관이 두 입술이기 때문에 '입술소리'라고도 한다. 영어 양순음에는 [p](pie), [b](buy), [m](my), [w](why)가 있다. [w]는 연구개음으로 구분하기

도 하지만 대부분 첫소리인 입술소리로 발음될 때 양순음에 포함시킨다. [w]는 'which'에서 강한 유기음 [h]의 영향으로 무기음화된 [w̥]로 발음된다. 한국어 양순음에는 'ㅂ(발), ㅍ(팔), ㅃ(빨), ㅁ(말), ㅟ(위)' 등이 있다.

- **순치음**(labiodental) : 윗니가 아랫입술에 근접하면서 나는 소리이다. 영어 순치음에는 [f](fie)와 [v](vie) 두 소리가 있다. 한국어에는 순치음이 없어 한국인 영어 학습자들의 경우 [f]를 [p]로 잘못 발음하는 경향이 있다.

- **치음**(dentals) : 혀끝을 이 사이에 끼어서 내는 소리로 영어의 치음에는 무성치음 [θ](thigh)와 유성치음 [ð](thy)가 있다. 치음은 이빨 사이로 혀를 살짝 물면서 나는 소리이기 때문에 치간음(interdental)이라고 하는데 한국어에는 역시 없는 발음이다. 한국인 영어 학습자들은 치음을 [t]로 잘못 발음하는 경향이 있다.

- **치경음/치조음**(alveolar) : 혀끝을 치경(윗잇몸)에 대고 내거나 가깝게 접근하면서 조음하는 소리로 잇몸소리라고도 한다. 영어 치경음에는 [t](tie), [d](die), [s](sigh), [z](zeal), [n](night), [l](lie), [r](rye)이 있다. [r] 소리의 경우 영어 화자들 중에 혀를 말아서 혀의 아랫부분이 치경과 경구개 사이에 닿거나 근접해서 날 때 권설음(retroflex)으로 분류하기도 한다. 한국어에는 'ㄷ, ㅌ, ㄸ, ㄴ, ㅆ, ㅅ, ㄹ'(달, 탈, 딸, 날, 쌀, 살, 라) 등이 치경음에 속한다.

- **경구개치경음**(postalveolar or palato-alveolar) : 혀 중간 부분을 치경과 경구개 사이에 이르는 부분에 놓았을 때 적은 공간으로 공기의 마찰이 생기면서 나는 소리로 영어에 [ʃ, ʒ, ʧ, ʤ](shy, pleasure, chip, jeep)가 있다. 'sigh, sea, saw'를 발음할 때와 'shy, she, show'를 발음할 때를 비교해 보면 [s]와 [ʃ]와 차이를 느끼기 쉽다. 한국어는 'ㅈ, ㅉ, ㅊ'(장, 짱, 창) 등이 있다. 일부 국어학자들은 이들을 경구개음으로 분류하지만 음성학적으로 경구개치경음으로 구분해야 마땅하다.

- **경구개음**(palatal) : 혓 몸이 센입천장(경구개)에 가깝게 접근시켜 조음하는 소리이다. 영어의 경구개에는 [j](you)가 있다. 한국어에도 [예]를 발음할 때 경구개 [j]와 모음 [æ]의 결합으로 볼 수 있다.

- **연구개음**(velar) : 혀의 뒷부분이 여린입천장(연구개) 사이에서 나는 소리로 영어에 [k, g, ŋ](hack, hag, hang) 등이 있고, 한국어에 'ㄱ, ㅋ, ㄲ'(기, 키, 끼)와 비음 'ㅇ' [ŋ](강)이 있다. IPA에서 [w]는 양순 또는 연구개음으로 구분한다.

- **성문음/후음**(glottal) : 목청(성대) 사이에서 나는 소리로 영어에 [h](he)와 한국어

에 [ɦ](힘)가 있다. 성문을 좁혀 마찰이 일어나면서 조음되거나, 성문을 닫았다가 갑자기 터뜨려 내는 성문 파열음[ʔ](ʔuhʔuh)이 있다.

지금까지 자음을 발음할 때, 조음이 입안 어디에서 공기 흐름이 장애를 받아 어떤 조음자로 소리가 만들어지는지 조음 위치에 따라 자음을 분류하였다.

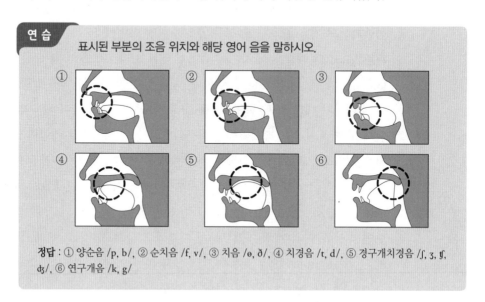

연습

표시된 부분의 조음 위치와 해당 영어 음을 말하시오.

① ② ③
④ ⑤ ⑥

정답 : ① 양순음 /p, b/, ② 순치음 /f, v/, ③ 치음 /θ, ð/, ④ 치경음 /t, d/, ⑤ 경구개치경음 /ʃ, ʒ, ʧ, ʤ/, ⑥ 연구개음 /k, g/

조음 방법

조음 위치가 같은 말소리라 하더라도 조음 방법(공기 흐름이 어떤 식으로 차단되느냐)에 따라 다음과 같이 분류된다(그림 2-8 참조).

- **폐쇄음**(stop) : 폐에서 올라오는 공기 흐름이 입안에서 완전히 차단되었다가 한꺼번에 파열하며 생성하는 음이다. 이 음은 입안에 갇혀 있던 공기를 갑자기 폭발하듯 터뜨리기 때문에 **파열음**(plosive)이라고도 한다. 영어 폐쇄음은 /p, b, m, t, d, n, k, g, ŋ/이다. [p, b, m]처럼 두 입술을 다물어서 공기의 흐름을 차단시켜서 내는 **양순 폐쇄음**(bilabial stop), [t, d, n]처럼 혀끝이 치경에 닿아 공기의 흐름이 차단되는 **치경 폐쇄음**(alveolar stop), [k, g, ŋ]처럼 혀 뒷부분이 연구개에 닿아 공기의 흐름이 완전 차단되는 **연구개 폐쇄음**(velar stop)이 있다. 폐쇄음 중에서 [m, n, ŋ]은 연구개가 내려옴으로써 공기가 비강으로 들어가 코를 통하여 내는

소리로 **비음 폐쇄음**(nasal stop) 또는 **비음**(nasal)이라고 한다. 그 외 나머지는 모두 **구강 폐쇄음**(oral stop)에 속한다. '아'라는 소리를 길게 내다가 '파'라고 발음해 보자. 공기가 자유롭게 입안에서 나오다가 'ㅍ' 소리를 내기 위해 입술을 닫아야 할 때 공기가 완전히 차단되는 것을 느낄 수 있다. 그리고 다시 '아' 소리를 낼 때 공기가 입 밖으로 빠져나가면서 소리가 발성된다. '파'를 비음 '마'로 바꾸어서 발음해 보자. 한국어 폐쇄음은 'ㅂ ㅃ ㅍ ㄷ ㄸ ㅌ ㄱ ㄲ ㅋ ㅁ ㄴ ㅇ'이다.

- **마찰음**(fricative) : 공기 흐름이 완전히 차단되는 폐쇄음과는 달리 공기 흐름이 부분적으로 차단되면서 내는 소리이다. 입술이나 혀를 이용해서 발음을 할 때 공기의 흐름이 부분적으로 장애를 받아 공기가 입안의 좁은 공간을 지날 때 마찰을 일으키면서 나는 음으로 영어 마찰음에는 [f, v, θ, ð, s, z, ʃ, ʒ, h]로 모두 9개가 있다. [f, v]는 아랫입술을 윗니에 갖다 댈 때 마찰이 일어나므로 **순치 마찰음**(labiodental fricative), [θ, ð]는 혀와 이 사이의 틈에서 마찰이 일어나므로 **치음 마찰음**(dental fricative), [s, z]는 치경에서 마찰이 생기므로 치경 마찰음(alveolar fricative), [ʃ, ʒ]는 치경과 경구개 사이에서 마찰이 생기므로 **경구개 치경마찰음**이라고 한다. 한국어 마찰음은 'ㅅ, ㅆ, ㅎ'이다.

- **파찰음**(affricate) : 폐쇄음과 마찰음이 연속적으로 발음되어 생성되는 소리 [ʧ]와

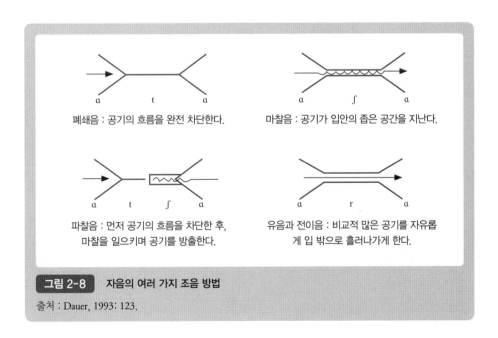

폐쇄음 : 공기의 흐름을 완전 차단한다.

마찰음 : 공기가 입안의 좁은 공간을 지난다.

파찰음 : 먼저 공기의 흐름을 차단한 후, 마찰을 일으키며 공기를 방출한다.

유음과 전이음 : 비교적 많은 공기를 자유롭게 입 밖으로 흘러나가게 한다.

그림 2-8 **자음의 여러 가지 조음 방법**

출처 : Dauer, 1993: 123.

[ʤ]이다. 영어 단어 church와 judge를 발음해 보자. 폐쇄음 [t]와 [d]로 시작해서 마찰음 [ʃ]와 [ʒ]로 끝나는 것을 느낄 수 있다. 한국어의 'ㅈ', 'ㅉ' 그리고 'ㅊ'이 이에 해당된다. 두 음이 마치 하나의 음처럼 발음되며, 실제로 하나의 음으로 취급한다.

- **접근음 또는 근접음**(approximant) : 공기의 흐름이 차단되지 않고 비교적 많은 공기를 자유롭게 입 밖으로 흘러나가게 하면서 내는 소리이다. 영어의 접근음은 [r, l, w, j]이다. [l]은 공기가 혀의 측면으로 빠져나오면서 나는 소리로 **설측(접근)음**(lateral)이라 하고, [r, l]을 함께 **유음**(liquid)이라고도 하며, 발음할 때 조음자가 움직인다고(gliding)하여 [w, j]는 **전이음**(glide) 또는 활음이라고도 한다. 유음 [l]과 [r]은 영어에서는 각각 독립된 음이지만, 한국어에는 'ㄹ'[l](리), /j/(경구개 접근음), 그리고 /w/(양순 접근음)가 있다.

표 2-3은 영어의 자음 체계를 앞서 언급한 세 가지 기준인 유성음과 무성음, 조음 장소, 조음방법에 따라 도표화한 것이다.

표 2-3을 참고해서 한국어 자음 도표를 만들어보자. 한국어도 영어와 마찬가지로 조음 위치, 조음 방법, 그리고 성대진동 유무 등에 따라 표 2-4와 같이 구분이 가능하다. 한국어 자음 중 폐쇄음을 어떻게 분석하느냐에 따라 다른 음성기호가 가능함을 앞서 기술하였다. 흥미롭게도 한국어 폐쇄음에 대한 음운체계와 음성기호 등은 학자들 간에 의견이 분분하며 여전히 논의 중에 있다.

표 2-3 영어 자음 체계

	양순음	순치음	치음	치경음	경구개치경음	경구개음	연구개	성문음
폐쇄음	p b			t d			k g	
마찰음		f v	θ ð	s z	ʃ ʒ			h
파찰음					ʧ ʤ			
비음	m			n			ŋ	
접근음	w			r		j	(w)	
설측음				l				

표 2-4 한국어 자음 체계

	양순음	치경음	경구개치경음	경구개음	연구개음	성문음
폐쇄음	ㅂ ㅃ ㅍ	ㄷ ㄸ ㅌ			ㄱ ㄲ ㅋ	
마찰음		ㅅ ㅆ				ㅎ
파찰음			ㅈ ㅉ ㅊ			
비음	ㅁ	ㄴ			ㅇ	
접근음	w			j	(w)	
설측음		ㄹ				

*[ㄹ]은 유음이라고 한다. 한국어 음성기호(표 2-2)를 참고한다.

> **연습**
> 다음 단어에서 밑줄 친 부분의 IPA 기호를 쓰고 자음의 세 가지 기준에 따라 영어/한국어로 기술하시오.
>
> | **보기** | th<u>em</u> → [ð] voiced interdental fricative |
> |---|---|
> | | (유성 치음 마찰음) |
>
> a. <u>s</u>ing →   b. plea<u>s</u>ure →
> c. <u>h</u>ere →   d. ㅅ in 살 →
> e. ㅁ in 말 →   f. ㅍ in 팔 →
>
> **정답 팁** : a. [ŋ] voiced velar nasal stop(유성 연구개 비음 폐쇄음), b. [ʒ] voiced post-alvelar fricative(유성 경구개치경 마찰음), c. [h] voiceless glottal fricative(무성 성문 마찰음), d. [sʰ] or [s] voiceless alveolar fricative(무성 치경(평음 또는 유기) 마찰음), e. [m] voiced bilabial nasal stop(유성 양순 비음 폐쇄음), f. [pʰ] voiceless bilabial stop(무성 양순 유기 폐쇄음) (주의 : 비음을 제외한 모든 음은 구강음).

모음

앞서 언급한 자음과 모음의 속성의 차이점을 생각해 보면서 [p]와 [a]를 각각 발음해 보자. 모음 [a]는 자음 [p]와는 달리 조음할 때 먼저, 입이 훨씬 더 크게 벌어지며 그에 따라 발성이 성대가 울리면서 멀리까지 들릴 정도로 크게 할 수 있다. 모음은 자음과는 달리 공기의 흐름이 어떤 조음기관에도 장애를 받지 않고 자유롭게 흘러나오는 음이다. 모음은 혀와 입 모양의 변화에 따라 여러 가지 다른 음이 형성된다. 모음 [a, e, i, o, u]를 발음해보고 턱에 손을 대고 턱과 혀 그리고 입술이 어떻게 움직이는지 느껴보자. 예를 들어, [a]를 발음할 때는 혀가 아래쪽에 위치하고 입술 모양이 둥그렇게 크게 벌려지지만 [i]를 발음할 때는 혀가 입천장 위쪽에 위치하고 입술 모양 또한 옆으로 다물어져서 소리가 나온다. 따라서 모음은 혀의 위치와 입술의 모양으로 기술되는데, 모음은 다음과 같은 네 가지 기준으로 분류된다.

1. **혀의 높이**(tongue height) : 혀가 올라가는가 또는 내려가는가?
2. **혀의 위치**(tongue position) : 혀가 앞으로 또는 뒤로 움직이는가?
3. **입술의 원순성**(lip rounding) : 입술 모양이 둥근가 그렇지 않은가?
4. **발성근육의 긴장 유무**(tenseness) : 발성근육이 긴장 또는 이완되는가?

혀의 높이

모음은 조음할 때 혀의 높낮이에 따라 고모음(high vowels), 중모음(mid vowels), 저모음(low vowels)으로 분류된다. 모음 [i], [ɛ], [ɑ]를 차례로 발음해보자. [i]를 발음할 때는 혀의 높이가 [ɛ]를 발음할 때보다 상대적으로 올라가는 것을, [ɑ]를 발음할 때는 상대적으로 혀의 높이가 내려가는 것을 알 수 있다. 영어 단어 예시를 통해 혀의 높낮이에 따라 모음을 분류해보자.

고모음 : [i, ɪ, ʊ, u] in l<u>ea</u>k, l<u>i</u>ck, l<u>u</u>ke, l<u>oo</u>k
중모음 : [ɛ, ʌ, ɔ, ɜ] in d<u>e</u>ll, d<u>u</u>ll, d<u>o</u>ll, b<u>i</u>rd
저모음 : [æ, ɑ] in c<u>a</u>t, c<u>o</u>t
([ʌ] = 중저모음으로도 분류한다)

혀의 위치

모음을 분류하는 두 번째 기준으로 조음할 때 혀의 제일 높은 부분이 입안의 앞쪽에 위치하느냐 또는 중간에 위치하느냐 또는 뒤쪽에 위치하느냐에 따라 **전설모음**(front vowel), **중설모음**(central vowel), **후설모음**(back vowel)으로 분류된다. 일반적으로 혀의 제일 높은 부분이 앞에 오면 전설모음이고, 가운데 오면 중설모음, 뒤에 오면 후설모임이 된다. 예시를 통해 발음의 차이를 연습해 보자.

전설모음 : [i, ɪ, ɛ, æ] in seek, sick, sake, sec, sack
중설모음 : [ʌ, ɜ] in luck, bird
후설모음 : [u, ʊ, ɔ, ɑ] in ooze, look, hall, dot

입술의 원순성

모음은 조음 시에 입술 모양에 따라 원순모음과 평순모음으로 분류된다. 단어 'seek'과 'look'을 거울을 보고 발음하면서 입술 모양이 어떻게 달라지는지 비교해보자. 'seek'을 발음할 때는 입술이 양옆으로 벌어지는 반면에 'look'을 발음할 때는 입술이 둥글게 되면서 앞으로 돌출된다. 전자는 **평순모음**(unrounded vowels) 예이고 후자는 **원순모음**(rounded vowels)의 예이다. 다음 예들을 통해 그 차이를 좀 더 연습해보자.

원순모음 : [u, ʊ, o, ɔ] in loop, foot, boat, fall
평순모음 : 원순 이외 모두 포함

긴장성

모음은 조음할 때 혀의 긴장도에 따라 긴장모음과 이완모음으로 분류된다. 단어 'beat'와 'bit'를 발음해보고 조음할 때 어느 모음이 혀의 근육이 더 긴장되는지를 비교해보자. beat를 발음할 때 혀가 좀 더 긴장되는 것을 느낄 수 있다. **긴장모음**(tense vowels)은 이완모음보다 혀는 긴장되고 입술이 양 옆으로 벌어져 발음되는 반면에, **이완모음**(lax vowels)은 긴장모음에 비해 좀 더 짧고 낮게 그리고 더 중앙에서 발음된다.

긴장모음 : 이완모음 이외 모두 포함
이완모음 : [ɪ, ɛ, æ, ʊ, ʌ] in bit, bet, bat, put, but

상기한 모음의 네 가지 기준에 의해 모음의 위치를 다음과 같이 도표화할 수 있다. 도표는 얼굴의 측면에서 보았을 때 입안의 위치이다(Ladefoged, 2016: 46). 모음 도표는 조금씩 다를 수 있다(예 : [ʌ] = 중모음 또는 중저모음).

지금까지 **단모음**(monophthong)에 대해서 살펴보았는데, 모음에는 **이중모음** (diphthong)이 존재한다. 단모음은 조음할 때 혀의 위치가 거의 변화하지 않으면서

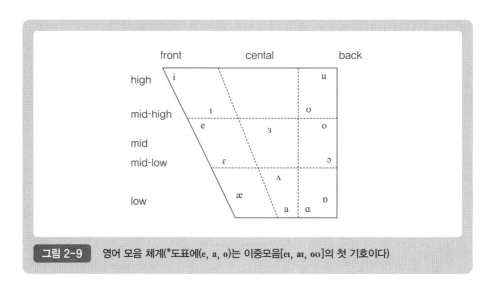

그림 2-9 영어 모음 체계(*도표에(e, a, o)는 이중모음[eɪ, aɪ, oʊ]의 첫 기호이다)

처음부터 끝까지 같은 소리로 발음되지만 이중모음은 조음을 하는 중간에 혀가 한 위치에서 다른 위치로 이동하면서 발음된다. 예를 들어, 영어의 'buy'를 발음해 보자. [aɪ] 이중모음은 모음이 처음 시작할 때는 [a]로 발음이 시작하여 [ɪ]로 혀의 위치가 옮겨가는 것을 느낄 수 있다. 영어의 이중모음의 예시는 다음과 같다.

[aɪ] : eye, buy, write, ride, pine, fine

[aʊ] : house, bow, brow, blouse, how

[ɔɪ] : boy, toy, choice, void

[eɪ] : bay, play, day, May, gate, snake

[oʊ] : go, know, no, bowl, so, dough

[cf. [ju] : cute(Ladefoged 2016, 91)]

표준어 발음법에 따르면, 한국어 단모음은 / ㅏ, ㅓ, ㅔ, ㅐ, ㅗ, ㅜ, ㅡ, ㅣ, ㅚ, ㅟ/의 10개가 있다. 이 중에서 /ㅚ, ㅟ/는 전설원순모음으로 발음하지 않는 경향이 있어 단모음에서 제외한다. 또한 /ㅔ/와 /ㅐ/에서 '게'와 '개'의 발음 차이를 구별하지 못하는 사람들이 많다. 한국어 모음은 대체로 모두 짧은 긴장모음이며 영어와는 달리 긴장모음과 이완모음의 구별이 없다. 한국인 영어 학습자들은 이들의 차이를 구분하기 어렵기 때문에 특별히 주의해서 식별하고 발음해야 한다. 표준어 발음법에 따라 모음의 세 가지 기준에 의해 한국어 모음 체계를 도표화하면 표 2-5와 같다.

표 2-5 한국어 모음 체계

혀의 앞뒤	전설모음		후설모음	
높이/입술	평순모음	원순모음	평순모음	원순모음
고모음	ㅣ	(ㅟ)	ㅡ	ㅜ
중모음	ㅔ	(ㅚ)	ㅓ	ㅗ
저모음	ㅐ		ㅏ	

(한국어 모음 음성기호 표 2-2를 참고하시오.)

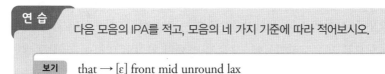

연 습 다음 모음의 IPA를 적고, 모음의 네 가지 기준에 따라 적어보시오.

> **보기** th<u>a</u>t → [ɛ] front mid unround lax
> (전설 중 평순 이완)

a. b<u>a</u>d →   b. t<u>ea</u>m →

c. f<u>oo</u>d →   d. ㅜ in 굴 'oyster' →

e. ㅣ in 밀 'wheat' →   f. ㅏ in 달 →

정답 : a. [æ] front low unround lax(전설 저 평순 이완), b. [i] front high unround tense(전설 고 평순 긴장), c. [u] back high round tense(후설 고 원순 긴장), d. [u] back high round (후설 고 원순), e. [i] front high unround (전설 고 평순), f. [ɑ] back low unround(후설 저 평순)

운소/초분절 자질

지금까지 살펴본 자음과 모음은 함께 **분절음**에 속한다. 분절음은 독립적으로 발음할 수 있는 반면에, **초분절음**(suprasegmental sound 또는 prosodic feature)은 독립하여 발음될 수 없고 반드시 분절음에 얹혀서 실현되는 음성적 특성을 가진다. 다른 말로 **운소, 운율, 비분절 음운**이라고도 한다. 강세, 음장, 성조, 고저 액센트와 억양 등이 있다. 이들 요소들은 특정 언어에서 더 중요한 역할을 담당한다고 기술하였다.

강세란 전적으로 어느 한 음절에 속한 특성인데 강세음절(stressed syllable)은 비강세음절(unstressed syllable)에 비해 더 두드러진다(more prominent). 두드러지는 원인은 강세를 받은 음절은 더 강하고(stronger), 더 높고(higher), 더 길게(longer) 발음되기 때문이며, 모음의 경우 축약되거나 짧아지지 않고 완전하게 발음되기 때문이다. 예를 들어, photograph와 photography 두 단어를 비교해보자. PHOtograph에서 첫 번째 음절은 강세음절로 완전한 모음 [ou]로 발음되는 것을 알 수 있으나 phoTOgraphy에서 첫 번째 음절은 강세를 받지 않아 축약되어 schwa[ə]로 발음되고, 반면에 두 번째 음절이 강세를 받아 완전한 모음 [a]로 발음된다.

영어는 한국어와는 달리 강세의 위치에 따라 품사나 뜻이 달라지기 때문에 강세가 매우 중요한 역할을 담당한다. 영어 단어 'insult, record, content'를 고려해보자. 첫음절에 강세가 오면 '모욕, 기록, 만족'이란 뜻의 명사형이지만' 둘째 음절에 강세가 오면 동사형으로 '모욕하다, 기록하다, 만족하다'라는 의미 동사형이다. 동일한 자음과 모음으로 구성되는데, 오로지 강세의 차이로 인하여 품사를 변화시키는 문법적 기능을 담당한다. 또한 BLACKboard와 blackBOARD의 차이를 알아보자. 첫음절에 강세가 오면 '칠판'의 뜻으로 사용되지만 둘째 음절에 강세가 오면 '검은 판자'라는 뜻이다. 또한 WHITEhouse처럼 첫 번째 음절에 강세가 오면 '백악관'의 의미이지만 whiteHOUSE처럼 두 번째 음절에 강세가 오면 '하얀 집'이란 의미이다. 강세의 변화가 거의 없는 우리말과는 달리 영어는 강세 음절과 비강세 음절이 규칙적으로 반복되어 일정 **리듬**(rhythm)을 갖는다. 따라서 영어는 **강세 박자 언어**(stress-time language)이다. 강세 박자 언어에서는 강세를 받는 음절이 일정한 간격을 두고 반복되는 성향이 있다. 한편 한국어의 리듬은 모든 음절이 비슷한 길이로 발음되기 때문에 **음절 박자 언어**(syllable-timed language)라고 한다.

악센트(accent)는 단어 중에서 특히 도드라지게 들리는 부분으로 소리의 상대적인 높낮이 차이로 말의 뜻을 구별한 고저 악센트와 소리의 강약의 차이로 말의 뜻을 구별하는 강세 악센트가 있다. 대표적인 고저 악센트 언어는 일본어이고(예 : KAkiga-oyster, kaKIga-fence, kakiGA-persimon), 강세 악센트 언어는 영어이다.

음장(length)이란 어떤 말소리가 다른 말소리에 비해 더 길게 발음된다. 한국어에서 음장은 중요한 기능을 하는데, 모음의 길이 차이로 인해 의미의 차이를 가져오기 때문이다. 예를 들어, 하늘에서 내리는 '눈:'은 길게 발음하는 반면에 얼굴에 있는 '눈'은 짧게 발음한다. 그 외에도 '말: vs. 말, 장:사 vs. 장사, 밤: vs. 밤, 발: vs. 발' 등이 사전에 표기되어있으나 실제 발음에서는 전라도나 경상도의 일부 방언을 제외하고는 서울 표준어를 포함하여 비롯하여 이들 음장의 구분이 사라져가고 있다. 음장은 모음이 길어지는 것 외에도 핀란드어(Finnish) 예처럼 자음이 길어져 의미가 달라지기도 한다.

핀란드어

[muta] 'mud', [muːta] 'some other', [mutːa] 'but'

성조(tone)란 모음에 수반되는 음의 높낮이를 일컫는다. 분절음은 동일하고 단지 모음에서 음높이의 차이와 변화가 중요한 역할을 하는데 이러한 현상을 성조라고 한다. 대표적인 성조 언어는 중국어로 표준 중국어(만다린)에는 똑같은 분절음 [ma]에 대하여 각각 평성(high level), 상승(rising), 하강상승(falling-rising), 하강(falling)의 네 가지 성조로 달리 발음할 경우 각각 '어머니', '대마', '말', '꾸짖다'의 의미를 가진 네 가지 단어들을 구분시킨다. 이외의 성조 언어들로는 베트남어, 태국어, 줄루 같은 아프리카 언어들이 있다.

억양(intonation)은 문장에서 말소리의 높낮이(pitch)가 변화하는 것을 지칭한다. 이러한 소리 높낮이의 변화에 따라 의미가 변화하는 언어를 억양 언어라고 하는데, 영어는 대표적인 억양 언어에 속한다. 영어 문장에서 억양은 어디에서 어떤 유형으로 변화하느냐에 따라 다른데, 일반적으로 서술문을 말할 때 문장 맨 끝을 내리는 하강 억양(falling), 끝이 올라가는 의문문형의 상승 억양(rising) 등 기본적인 두 가지 유형이 존재한다.

이 장에서는 음성학과 관련된 기본적인 개념을 살펴보았다. 음성학의 정의, 음성학의 세 영역, 그리고 말소리의 생성과 종류, IPA 전사, 자음과 모음을 분류하는 기준과 초분절 요소 등에 대해 개괄적으로 알아보았다. 다음 장에서는 말소리의 체계를 연구하는 음운론에 대해 살펴보고자 한다.

1. 음성학이란 말소리 또는 음성을 과학적으로 연구하는 학문으로 말소리를 어떻게 조음하는지에 관한 조음 음성학, 어떻게 인지하는지에 관한 청음 음성학, 공기를 통해 전달되는 말소리의 물리적 특성을 연구하는 음향음성학이 있다.

2. 말소리에서 분절음은 자음과, 모음으로 이루어지며, 자음은 성대 진동 유무에 따라 유성음과 무성음으로, 조음 위치에 따라 양순음, 순치음, 치음, 치경음, 경구개치경음, 경구개음, 연구개음, 성문음으로 나뉘며, 조음 방법에 따라 폐쇄음, 마찰음, 파찰음, 접근음, 설측 접근음으로 나뉜다. 모음은 혀의 높이에 따라 고모음, 중모음, 저모음으로, 혀의 위치에 따라 전설모음, 중설모음, 후설모음으로, 입술의 원순성에 따라 원순모음과 평순모음 그리고 긴장성에 따라 긴장모음과 이완모음으로 분류된다.

3. 음성학의 목표는 첫째, 언어 내적 차이(방언 간)를 깨닫게 한다. 둘째, 언어 간 차이를 깨닫게 한다. 셋째, 동일한 음이라도 음성 환경에 따라 다르게 발음됨을 이해하게 한다. 넷째, 인간 언어가 지닌 보편성과 특수성을 깨닫게 한다.

1.   (   )은 세상 언어의 말소리를 과학적으로 연구하는 학문이다.

2.   음성학에는 세 가지 영역이 있는데, (   )은 말소리 산출을 연구하는 분야이고, (   )은 말소리의 물리적 속성을 연구하는 분야이고, (   )은 말소리 지각을 연구하는 분야이다.

3.   (   )란 국제음성기호를 가리키는 약어이다.

4.   말소리에는 자음과 모음을 가리키는 (   )과, 강세, 음장, 성조, 고저, 리듬, 억양을 가리키는 (   )이 있다.

5.   폐에서 나오는 공기의 움직임이 성도를 통해 밖으로 배출되는 내쉬는 호흡으로 말소리가 만들어지는 음으로, 모든 한국어나 영어 음은 (   ), (   )음이다.

6.   (   )은 발음할 때 공기의 흐름이 차단되거나 마찰을 일으키는 등과 같이 입안에서 장애를 받으며 내는 음이고, 반면에 (   )은 입안에서 공기의 흐름이 어떠한 장애도 받지 않고 자유롭게 혀의 중앙을 통해 조음되는 음이다.

7.   (   )은 성대가 붙어서 진동하면서 나는 음인 반면에 성대가 떨어져서 진동 없이 나는 음은 (   )이다.

8.   영어 자음을 구분하는 세 가지 기준은 (   ), (   ), (   )이다.

9.   발음할 때 연구개가 내려와서 공기가 코로 빠져나가면서 생성되는 (   )과 연구개가 올라가서 공기가 입으로 빠져나가면서 생성되는 (   )이 있다.

10.   모음을 구분하는 네 가지 기준은 (   ), (   ), (   ), (   )이다.

11.   음장, 억양, 성조 그리고 강세 등의 자질들은 분절 자질 위에 올라타는 것으로 보아서 (   )이라고 부른다.

12.   (   ) 음절은 (   ) 음절에 비해 더 두드러지고, 소리가 크고, 길이가 더 길다.

정답 : 1. 음성학, 2. 조음음성학/음향음성학/청음음성학, 3. IPA, 4. 분절음/초분절음, 5. 폐장/방출, 6. 자음/모음 7. 유성음/무성음, 8. 성대 진동 유무/조음 위치/조음 방법, 9. 비음/구강음, 10. 혀의 높이/혀의 위치/혀의 긴장성/입술의 원순성, 11. 초분절, 12. 강세/비강세.

1. 다음 진술은 참인가? 거짓인가?

> 유음 [l]과 [r]은 영어에서는 각각 음소의 자격을 갖지만 한국어에서는 한 음소의 변이음으로 존재한다.

① 참   ② 거짓

2. 다음 중 자음의 조음 방법이 <u>잘못</u> 짝지어진 것은?

① 접근음-[l], [r]   ② 폐쇄음-[b], [t], [g]

③ 비음-[m], [n], [ŋ]   ④ 마찰음-[f], [z], [ʤ]

3. 다음 모음의 음가를 결정하는 데 주요 요소가 <u>아닌</u> 것을 두 가지 고르시오.

① 혀가 높고 낮음에 따라 결정한다.

② 입술의 모양에 따라 결정한다.

③ 입술의 긴장도에 따라 결정한다.

④ 혀의 전후 위치에 따라 결정한다.

⑤ 입안에서의 공기의 흐름에 따라 결정한다.

4. 다음 중 초분절음소(운소)가 <u>아닌</u> 것은?

① 음장   ② 모음   ③ 성조

④ 강세   ⑤ 억양

5. 다음 문장을 IPA로 전사하시오.

> I like to study Phonetics.

정답 : 1. ①, 2. ④, 3. ③, ⑤, 4. ②, 5. [aɪ laɪk tə stʌdi fəˈnɛɾɪks]

1. 다음 보기에 따라 빈칸을 채우시오.

> **보기** [p] : 무성 양순 폐쇄음(voiceless bilabial stop)

a. [k] : _____

b. [ʒ] : _____

c. [ʧ] : _____

d. [θ] : _____

e. [h] : _____

f. [ ] : 유성 경구개치경 파찰음(voiced palato-alveolar affricate)

g. [ ] : 유성 치 마찰음(voiced dental fricative)

h. [ ] : 무성 순치 마찰음(voiceless labial-dental fricative)

i. [ ] : 유성 치경 설측 접근음(voiced alveolar lateral approximant)

j. [ ] : 유성 치경 접근음(voiced alveolar approximant)

2. 다음 보기에 따라 빈칸을 채우시오.

> **보기** [ə] : 중 중설 평순 이완(mid central unrounded lax)

a. [u] : _____

b. [ɛ] : _____

c. [ɔ] : _____

d. [ʌ] : _____

e. [i] : _____

f. [ ] : 고 후설 원순 이완(high back round lax)

g. [ ] : 중 후설 원순 긴장(mid back round tense)

h. [ ] : 고 전설 평순 이완(high front unround lax)

i. [ ] : 저 전설 평순 이완(low front unround lax)

j. [ ] : 저 후설 평순 긴장(low back unround tense)

3. 다음 중 자음의 조음 위치가 가장 <u>먼</u> 것으로 짝지어진 것은?

① [l]-[r] 　　　　　② [b]-[g] 　　　　　③ [n]-[ŋ]

④ [z]-[dʒ] 　　　　　⑤ [f]-[k]

4. 다음 보기의 단어를 IPA로 전사해보시오.

> 보기　　cat, go, food, sky, 달, 탈, 딸

[　　],[　　],[　　],[　　],[　　],[　　],[　　]

5. 언어학자들이 IPA를 선호하는 이유에 해당되지 <u>않는</u> 것은?

① 일관적이다.

② 모호하지 않다.

③ 음과 기호 간 1:1로 상응한다.

④ 하나의 음에 많은 기호가 있다.

⑤ 세상 언어의 음을 포함한다.

6. 다음 단어들 중 첫소리가 무성음으로 시작하는 단어를 모두 고르시오.

> 보기　　pie, bye, die, guy, shy, fry, kite

정답 : 1. 무성 연구개 폐쇄음(voiceless velar stop), 유성 경구개치경 마찰음(voiced post-alveolar fricative), 무성 경구개치경 파찰음(voiceless post-alveolar affricate), 무성 치 마찰음(voiceless interdental fricative), 무성 성문 마찰음(voiceless glottal fricative), [dʒ], [ð], [f], [l], [r], 2. 고 후설 원순 긴장(high back round tense), 중 전설 평순 이완(mid front unround lax), 중 후설 원순 이완(mid back round lax), 중-저 중설 평순 이완(mid-low (or mid) central unround lax), 고 전설 평순 긴장(high front unround tense), [ʊ], [o], [ɪ], [æ], [ɑ], 3. ②, 4. [kæt], [goʊ], [fud], [skaɪ], [dal or tal], [tʰal], [tal 또는 tʼal 또는 t*al], 5. ④, 6. pie, shy, fry, kite

국제음성기호(The International Phonetic Alphabet, 2018년 개정)

CONSONANTS (PULMONIC)

© 2018 IPA

	Bilabial	Labiodental	Dental	Alveolar	Postalveolar	Retroflex	Palatal	Velar	Uvular	Pharyngeal	Glottal
Plosive	p b			t d		ʈ ɖ	c ɟ	k ɡ	q ɢ		ʔ
Nasal	m	ɱ		n		ɳ	ɲ	ŋ	N		
Trill	ʙ			r					R		
Tap or Flap		ⱱ		ɾ		ɽ					
Fricative	ɸ β	f v	θ ð	s z	ʃ ʒ	ʂ ʐ	ç ʝ	x ɣ	χ ʁ	ħ ʕ	h ɦ
Lateral fricative				ɬ ɮ							
Approximant		ʋ		ɹ		ɻ	j	ɰ			
Lateral approximant				l		ɭ	ʎ	ʟ			

Symbols to the right in a cell are voiced, to the left are voiceless. Shaded areas denote articulations judged impossible.

CONSONANTS (NON-PULMONIC)

Clicks	Voiced implosives	Ejectives
ʘ Bilabial	ɓ Bilabial	' Examples:
ǀ Dental	ɗ Dental/alveolar	pʼ Bilabial
ǃ (Post)alveolar	ʄ Palatal	tʼ Dental/alveolar
ǂ Palatoalveolar	ɠ Velar	kʼ Velar
ǁ Alveolar lateral	ʛ Uvular	sʼ Alveolar fricative

OTHER SYMBOLS

ʍ Voiceless labial-velar fricative

w Voiced labial-velar approximant

ɥ Voiced labial-palatal approximant

ʜ Voiceless epiglottal fricative

ʢ Voiced epiglottal fricative

ʡ Epiglottal plosive

ɕ ʑ Alveolo-palatal fricatives

ɺ Voiced alveolar lateral flap

ɧ Simultaneous ʃ and x

Affricates and double articulations can be represented by two symbols joined by a tie bar if necessary.

t͡s k͡p

VOWELS

Where symbols appear in pairs, the one to the right represents a rounded vowel.

SUPRASEGMENTALS

ˈ	Primary stress	ˌfoʊnəˈtɪʃən
ˌ	Secondary stress	
ː	Long	eː
ˑ	Half-long	eˑ
˘	Extra-short	ĕ
ǀ	Minor (foot) group	
ǁ	Major (intonation) group	
.	Syllable break	ɹi.ækt
‿	Linking (absence of a break)	

DIACRITICS Some diacritics may be placed above a symbol with a descender, e.g. ŋ̊

̥ Voiceless	n̥ d̥	̤ Breathy voiced	b̤ a̤	̪ Dental	t̪ d̪
̬ Voiced	s̬ t̬	̰ Creaky voiced	b̰ a̰	̺ Apical	t̺ d̺
ʰ Aspirated	tʰ dʰ	̼ Linguolabial	t̼ d̼	̻ Laminal	t̻ d̻
̹ More rounded	ɔ̹	ʷ Labialized	tʷ dʷ	̃ Nasalized	ẽ
̜ Less rounded	ɔ̜	ʲ Palatalized	tʲ dʲ	ⁿ Nasal release	dⁿ
̟ Advanced	u̟	ˠ Velarized	tˠ dˠ	ˡ Lateral release	dˡ
̠ Retracted	e̠	ˤ Pharyngealized	tˤ dˤ	̚ No audible release	d̚
̈ Centralized	ë	̴ Velarized or pharyngealized	ɫ		
̽ Mid-centralized	e̽	̝ Raised	e̝ (ɹ̝ = voiced alveolar fricative)		
̩ Syllabic	n̩	̞ Lowered	e̞ (β̞ = voiced bilabial approximant)		
̯ Non-syllabic	e̯	̘ Advanced Tongue Root	e̘		
˞ Rhoticity	ɚ a˞	̙ Retracted Tongue Root	e̙		

TONES AND WORD ACCENTS

	LEVEL			CONTOUR	
e̋ or ˥	Extra high	ě or ˩˥	Rising
é ˦	High	ê ˥˩	Falling
ē ˧	Mid	e᷄ ˧˥	High rising
è ˨	Low	e᷅ ˩˧	Low rising
ȅ ˩	Extra low	e᷈ ˧˩˧	Rising-falling
↓ Downstep		↗ Global rise
↑ Upstep		↘ Global fall

Typefaces: Doulos SIL (metatext); Doulos SIL, IPA Kiel, IPA LS Uni (symbols)

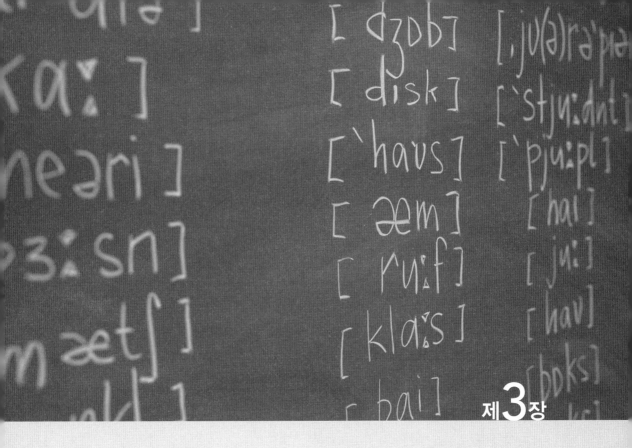

음운론은 한 언어 안에서 또는 서로 다른 언어 간 말소리의 차이를 깨닫게 하며 말소리의 이원적
이고 추상적인 음운체계의 이해를 돕는다.

음운론 :
말소리의 체계

💬 **시작하기**

1. 음운론이란? 음성학과 어떻게 다른가?
2. 음소란? 이음소란? 최소쌍이란?
3. 대조적 분포란? 상보적 분포란? 자유 변이란?
4. 자연 부류란?
5. 음소 배열 제약이란?

음운론이란

음운론은 음성학처럼 말소리를 연구 대상으로 한다. 하지만 말소리의 다른 속성을 연구한다. 무엇이 다른가? 음성학은 말소리의 물리적 속성을 연구하는 학문인 반면에, **음운론**(phonology)은 말소리의 추상적인 규칙이나 체계를 연구하는 학문이다. **음운론자들**(phonologists)은 언어에서 음운 체계가 어떻게 이루어지는지, 음들이 어떤 음성 환경에서 예측 가능한지, 어떤 음들이 의미의 차이를 가져다주는지 등에 관해 주로 연구한다. Ladefoged(2016 : 33)는 음운론을 다음과 같이 정의하였다.

> "음운론은 어떤 언어에서 말소리의 체계나 유형을 기술하고 해당 언어에서 의미
> 의 차이를 구분하는 변별적인 소리를 연구하는 학문이다."

두 분야에서 모두 '말소리'를 대상으로 연구하지만 조금 다른 차원의 말소리이다. 음성학에서 다루는 말소리는 인간이 실제로 발음하는 구체적인 소리(concrete and actual sounds)인 반면에, 음운론에서 다루는 말소리는 실제 발음할 수 없이 인간의 머릿속에 존재하여 단지 심리적인 존재로 인식되는 추성적인 말소리(abstract speech sounds)이다. 전자를 **음** 또는 **음성**(phone)이라고 하며, 후자를 **음소** 또는 **음운**(phoneme)이라고 한다. 음을 연구 대상으로 하는 것이 음성학이며, 음소를 연구 대상으로 하는 것이 음운론이다. 앞 장에서 언급한 자음과 모음은 모두 해당 언어의 음소를 가리킨다. 이해를 돕기 위해 '비빔밥'이란 단어에 'ㅂ'을 예를 들어보자. 단어에서 'ㅂ'이 네 번 출현했다. 여러분에게 "이들 'ㅂ'이 같은 말소리인가요?"라고 물어보면, 아마도 여러분은 쉽게 '같다'라고 대답할 것이다. '같다'라고 생각하는 말소리 'ㅂ'은 바로 음소에 해당된다. 하지만 흥미로운 사실은 이들 4개 'ㅂ'의 발음이 실제로는 모두 다르다는 점이다. 어떻게 다른가? 음운론적으로는 동일한 음에 속하지만, 음성학적으로는 서로 다른 소리에 속한다. 음성학을 배우기 전에는 이들이 어떻게 다른지를 설명하기 어렵다. 모국어 화자가 실제 음성학적으로 서로 다른 소리들을 동일하다고 인식하는 것은 음운론적 지식에 기초하기 때문이다. 이것이 바로 음성학과 음운론의 말소리를 구분해서 배우는 이유이다.

음운론은 언어의 말소리 또는 음운 체계와 기능을 연구하는 학문이다. 음소는 언어에서 서로 다른 말소리를 구분하는 **대립적인**(contrastive) 또는 **변별적인**(distinctive)

기능을 하기 때문에 언어 사용자가 인식하는 소리이다. 상기한 '비빔밥'의 'ㅂ'은 변별적이지 않은 반면에, '불'의 'ㅂ'과 '뿔'의 'ㅃ'은 변별적이다. 음운론은 변별적인 기능을 하는 말소리에 관심을 갖는다. 세상에 존재하는 7,000여 개가 넘는 언어들은 비슷하면서도 서로 다른 음운체계를 가진다. 보통 어떤 언어를 안다고 말할 때, 각 언어에 해당하는 음운 체계를 알고 있는 것이다. 앞 장에서 살핀 한국어와 영어 음운체계가 다른 것처럼 언어마다 조금씩 다른 음운체계를 가진다. 예를 들면, [pʰ]라는 음이, A라는 언어에서는 음소에 해당될 수 있지만, B라는 언어에서는 음소가 아닐 수 있다. 음운론에서는 어떤 음들이 여러 언어에 있어서 어떤 구조를 이루고 기능을 하는가를 연구한다(Hyman, 1975; Trubetzkoy, 1939).

음운 체계 : 한국어와 영어

음운론에서 다루는 말소리를 보통 **음운**이라고 하며, 음운은 음소와 운소를 포함한다. 음소를 **분절 음운**이라 하고, 운소를 초분절음 또는 **비분절 음운**이라고도 한다. 음운의 특성은 첫째, 단어의 뜻을 구별해준다. '달'과 '딸'의 'ㄷ'과 'ㄸ'의 차이로 단어 뜻이 달라지므로 두 소리는 음운이다. 둘째, 하나의 음운은 서로 다른 사람이 발음해도 같은 소리로 알아든다. '비빔밥'의 'ㅂ'은 누가 어떻게 발음해도 'ㅂ'은 하나의 음운에 속한다. 셋째, 음운 체계는 각 언어마다 다르고, 그 개수도 다르다. 예를 들면, 한국어나 일본어에서 [l]은 하나의 음운이지만, 영어에서는 [r]과 [l]의 2개의 다른 음운이다. 앞 장에서 배운 내용을 토대로 한국어와 영어의 음운체계를 정리하면 표 3-1과 같다.

표 3-1 한국어와 영어의 음운 체계

			한국어	영어
음운	음소	자음	/ㅂㅃㅍㄷㄸㅌㄱㄲㅋㅈㅉㅊㅆ ㅎㅁㄴㅇㄹ/	/p,b,t,d,k,g,f,v,θ,ð,s,z,ʃ, ʒ,ʧ,ʤ,h,m,n,ŋ,r,l,j,w/
		모음	/ㅏㅐㅓㅔㅗㅚㅜㅡㅣ/ /ㅑㅒㅕㅖㅘㅙㅝㅞㅛㅠㅟㅢ/	/i,ɪ,e,ɛ,æ,u,ʊ,o,ɔ,ə,ʌ,ɑ/ /aɪ,aʊ,ɔɪ/
	운소		음장(소리의 길이)	강세

한국어의 음운체계는 표준발음법(자음 19개, 모음 21개)에 근거하여 그대로 적었지만, 학자마다 견해가 다를 수 있다(강옥미, 2003). 예를 들면, 유성-무성 대립이 있느냐, 단모음 개수가 몇 개냐, 이중모음이 몇 개냐, 한글을 IPA로 어떻게 표기해야 하느냐, 한국어에 성조가 있느냐 등에 관한 많은 문제들이 여전히 논란 중이다. 이런 논란으로 한국어에 관한 수많은 국내외 연구 논문들이 쏟아지고 있다. 한국어의 운소는 소리의 길이로 단어의 뜻을 구분하는 음장이다. 예를 들어, '눈'을 짧게 발음하면 'eye'의 의미이고, 길게 '눈:'으로 발음하면 'snow'의 의미이다. 하지만 서울 표준어에서 이들 음장의 구분이 소실되어 가고 있는 것으로 보고되었다(Kim & Han, 1998).

한국어와 비교하여, 영어의 음운체계와 음성기호는 매우 안정적이다. 영어 자음은 24개이고 모음은 15개이다. 단모음 [e]와 [o]는 발음할 때 항상 이중모음 [eɪ]와 [oʊ]처럼 발음되기 때문에 그렇게 표기하는 학자도 있다. 이중모음은 단모음과는 달리 발음할 때, 입술 모양이나 혀의 위치가 한 번 이상 달라지는 모음이다(예 : /aɪ, aʊ, ɔɪ/). 2개의 모음이 연속적으로 발음되는 것과 비슷하다. 영어의 운소는 강세이다. 강세의 차이로 품사의 차이나 말의 뜻을 구분하는 것이 가능하다(명사 INsult vs. 동사 inSULT). 언어 간의 음운체계가 어떻게 달라지는지를 이해하려면, 동일한 음이 각 언어에서 어떻게 다른지를 알아야 한다.

동일하면서 다른 소리

말소리는 한편으로는 동일한 소리에 속하기도 하고, 다른 한편으로는 다른 소리에 속하기도 한다('same' but 'different' sounds). 비록 모국어 화자일지라도 음성학에서 다루는 구체적인 차이로 말소리를 인식하기보다는 음운론에서 다루는 추상적인 말소리로 그 차이를 인식한다. '비빔밥'의 'ㅂ' 소리를 다시 상기해보자. 하나의 철자이면서 동시에 음소인 'ㅂ'은 **음성 환경**(phonetic environment)에 따라 다르게 발음될 수 있다. '비빔밥'에서 단어 맨 처음(word-initial)에 오는 'ㅂ'은 무성음이면서 강하게 유기음화되는 소리인 무성유기음(voiceless aspirated)으로 발음되므로, 음성기호로 [pʰ]로 표기한다. 단어 중간(word-medial)에 오는 2개의 'ㅂ'은 유성음(voiced)으로 발음되어 [b]로 표기한다. 단어 맨 마지막 받침(word-final)에 오는 'ㅂ'은 무성음이지만 파열이 되지 않는 소리로 [p̚]로 표기한다. 하나의 음소인 'ㅂ'이 서로 다른 음성 환경에서 발음될 때, 세 가지 다른 말소리로 발음됨을 알 수 있다. 요약하면, '비빔밥'의 'ㅂ'은 한편으론(음운론적으로) 동일한 말소리에 속하지만, 다른 한편으로(음성학적으로) 다른 말소리에 속한다.

유사한 예는 영어에서도 찾을 수 있다. 다음 단어를 각각 발음해 보고 'p' 발음의 차이를 말해보자.

'p' : p̱at, sp̱at, cap̱

세 단어에 출현하는 밑줄 친 'p'는 모두 /p/라는 동일한 음소이다. 하지만 음성학적으로 어초에 출현하는 'pat'의 'p'는 강하게 유기음화되는 [pʰ]인 반면에, 's' 다음에 출현하는 'p'는 무기음화되는 [p]이며, 어말에 출현하는 'p'는 무기음화되는 동시에 공기가 파열되지 않으면서 발음되는 [p˺]이다. 한국어와 마찬가지로 'p'는 음운론적으로는 동일한 소리(음소)에 속하지만, 음성학적으로는 다른 소리(변이음)에 속한다. 이들 차이는 음소 음과 그리고 음운론과 음성학의 차이이다.

동일한 음 다른 체계

세상 언어에는 비슷한 음들이 매우 많다. 비슷하게 발음되는 말소리일지라도, 어떤 언어에서는 음소의 자격이 부여되어 음운 체계에 포함되고, 다른 언어에서는 그렇지 못한 경우가 많다. 발음되는 모든 음들이 언어의 음운 체계에 포함되진 않는다. 앞서 살펴본 한국어의 /ㅍ/는 음소이지만, 영어의 /pʰ/는 음소가 아니다. 둘은 발음이 거의 동일하지만, 각 언어의 음운 체계에서 서로 다른 지위를 차지한다.

유기음과 무기음

영어 단어 'pie, tie, kye'와 'spy, sty, sky'를 발음해보자. 'p, t, k'가 발음이 차이가 있는지 비교해 보자. 차이가 없게 발음한다면 틀리게 발음하는 것이다. 'pie, tie, kye'는 한국어의 '파이, 타이, 카이'와 비슷하고, 'spy, sty, sky'는 한국어에 '스빠이, 스따이, 스까이' 발음과 비슷하다. 단어 'pie, tie, kye'를 발음할 때, 입 앞에 종이를 갖다 대고 발음해 보자. 특히 /p, t, k/를 발음할 때 구강 내 막혀있던 공기가 한꺼번에 방출되어 종이가 앞뒤로 크게 흔들리게 되는 것을 느낄 수 있을 것이다. 이렇게 공기가 입 밖으로 방출되면서 나는 소리를 음성학적인 용어로 **유기음** 또는 **기식음**(aspirated sounds)이라 부르며 위첨자 h를 붙여 유기음 [pʰ], [tʰ], [kʰ]로 표시한다.

> **유기**(aspiration)란 모음이 시작되기 직전에 자음을 발음할 때 입 밖으로 터져나
> 오는 공기의 입김을 가르키며, 그런 발음을 위해 윗첨자 h를 사용한다 (예 : [pʰ
> tʰ kʰ] in pot, tot, cot).

마찬가지로 종이에 입을 대고 'spy, sty, sky'를 발음해보고 어떻게 다른지 비교해보
자. 이번에는 종이가 전혀 흔들리지 않고 제자리에 있을 것이다. 이것은 /s/ 다음의
[p], [t], [k]를 발음할 때는 공기가 방출되지 않기 때문이다. 이들은 공기가 방출되며
발음되는 유기음과는 달리 공기가 방출되지 않는 **무기음** 또는 **비기식음**(unaspirated
sounds)이라고 부른다. '스파이'라고 발음하는 것은 잘못된 한국식 발음이다. 영어식
발음은 '스파이'보다는 '스빠이'에 더 가깝기 때문이다. 영어에서 유기음은 'p, t, k'
가 단어 초나 음절 초에 올 때 발음되고, 무기음은 항상 's' 다음에서 발음되기 때문
에 이들의 출현은 항상 예측 가능하다. 똑같은 'p t, k'가 어디에서 출현하느냐에 따
라 실제로는 다르게 발음되는 것을 살펴보았다.

하지만 영어가 모국어인 화자에게 'pie, tie, kye'에서 발음되는 'p, t, k'와 'spy, sty,
sky'에서 발음되는 'p, t, k'가 서로 다른지, 동일한지를 물어보면 당연히 동일한 소리
라고 답할 것이다. 즉, 영어에서 유기음으로 발음하든, 무기음으로 발음하든, 그들은
동일한 소리 'p, t, k'로만 인식하기 때문이다. 유기음과 무기음의 차이는 음성학적인
지식에 의한 것이며, 동일하다고 생각하는 것은 음운론적인 지식에 기초한 것이다.
요약하면, 영어에서 유기음과 무기음의 차이는 음성학적 차이로 서로 다른 음소가
아닌 동일한 음소의 지위를 차지한다.

동일한 유기음과 무기음을 가지지만 한국어에서 그들의 지위는 영어에서와 다르
다. 먼저 한국어의 '풀'과 '뿔'을 발음해 보자. 풀에서 'ㅍ'은 공기가 방출되어 유기음
이지만, 뿔에서 'ㅃ'은 공기가 방출되지 않아 무기음이다. 즉, 음성학적으로 그들은
영어 'pie'와 'spy'의 [pʰ]와 [p]처럼 비슷하게 유기음과 무기음의 차이를 가진다. 하지
만 'ㅍ'와 'ㅃ'이 동일한 음에 속하는지 다른 음에 속하는지를 여러분에게 묻는다면,
틀림없이 서로 다른 음에 속한다고 대답할 것이다. 철자도 다르고 발음도 다르지만
무엇보다 의미가 다르기 때문이다.

영어와 한국어에 비슷한 발음인 유기음과 무기음의 차이가 영어에서는 동일한 음

소의 서로 다른 이음(allophones of the same phoneme)이지만, 한국어에서는 서로 다른 두 가지 음소의 이음(allophones of different phonemes)이다. 비록 유사한 음일지라도, 각 언어에서 서로 다른 음운 체계를 가진다. 이를 판단하는 근거는 다음 두 가지에 기초한다. 첫 번째는 예측 가능성 여부이다. 영어에서 유기음과 무기음의 출현은 예측 가능하지만, 한국어에서는 그렇지 못하다. 두 번째 근거는 변별성 여부이다. 단어 '풀과 뿔'은 'ㅍ'과 'ㅃ'을 제외하고는 동일한 음성 환경 [–ul]을 가지며, 의미의 차이를 가진다. 이때 'ㅍ'과 'ㅃ'은 변별적인 기능을 하므로 서로 다른 음소이다. 반면에 영어 'pie'의 유기음 [pʰ]와 'spy'의 무기음 [p]는 동일한 음성 환경에 있지 않아 상보적(complementary)이다.

지금까지 살펴본 바와 같이, 한국어와 영어의 유기음은 동일한 음일지라도 다른 음운 체계를 보여준 좋은 예이다. 유사한 예는 힌디어와 영어에서도 찾을 수 있다. 유기음과 무기음이 출현한 단어를 조사하여 각 질문에 답해보고, 두 언어 간 음운 체계의 차이를 살펴보자.

연습 힌디어와 영어 자료를 조사하고 각 질문에 답하시오.

보기	힌디어	영어
	[pʰəl] 'fruit'	
	[pəl] 'moment'	[mæp] vs. [mæpʰ]
	[bəl] 'strength'	

1. 힌디어에서 'fruit'와 'moment'로 서로 다른 대조적인 의미를 가지게 하는 주된 단서는 무엇인가?
2. 유기(aspiration)가 힌디어에서처럼 영어에서도 같은 역할을 하는가? 그렇지 않다면 왜 그런가?
3. 만약 유기가 영어와는 달리 힌디어에서 대조적인 의미를 가지는 데 중요한 역할을 한다면 힌디어의 [p]와 [pʰ]는 영어의 [p]와 [pʰ]와 어떻게 다른가?
4. 서로 다른 것을 구분하기 위해 어떻게 불러야 하는가?

정답 : 1. 최소 쌍 [pʰə]과 [pəl]에서 [pʰ]와 [p]는 대조적인 분포에 있다. 2. 힌디어에서는 유기의 유무는 음소의 차이를 가져오지만 영어에서는 그렇지 않다. 3. [p]와 [pʰ]는 서로 다른 음소의 이음들이지만, 영어의 [p]와 [pʰ]는 같은 음소의 이음들이다.

다음은 일본어와 영어의 자료에서 [s]와 [ʃ]음을 살펴보고, 이들 음이 각 언어에서 어떤 지위를 가지는지, 다시 말해 동일한 음소인지 서로 다른 음소인지 구별해보자. 그리고 이들이 어떤 음성 환경에서 발음되는지에 관한 예측 여부를 살펴보자.

영어와 일본어의 [s]와 [ʃ]

| 예 | 영어 | [slaeʃ] | 'slash' |
| | 일본어 | [ʃimasu] | 'do' |

영어   shore[ʃɔr]   vs.   sore[sɔr]

she[ʃi]   vs.   see[si]

일본어   [ʃiroi] 'white', [sensei] 'teacher', [san] 'three'

[sora] 'sky', [ʃimasu] 'do', *[si]

먼저, 영어 단어를 살펴보면, 두 음을 뒤따른 음성 환경이 [-ɔr]와 [-i]로 동일하고 [s]와 [ʃ]만 달라졌을 때, 서로 다른 대조적인 의미를 가진다. 동일한 음성 환경으로 인해 언제 [s]로 발음되고 언제 [ʃ]로 발음되는지 전혀 예측할 수 없다. 결과적으로, [s]와 [ʃ]는 서로 다른 음소이다. 반면에 일본어 단어들은 영어처럼 [s]와 [ʃ]만을 제외하고, 동일한 음성 환경을 가진 단어를 찾아볼 수 없다. 단어를 통해, [s]가 발음되는 환경을 살펴보면 모음 [e, a, o] 앞에서는 [s]로 발음되지만 모음 [i] 앞에서만 [ʃ]로 발음이 되는 것을 알 수 있다. *[si]로 발음되는 경우는 별표(*)가 말해주듯이 틀린 발음이다. 즉, 일본어에서 모음 [i] 앞에서는 [s]가 항상 [ʃ]로 발음되는 것을 예측할 수 있다. 결론적으로, [s]와 [ʃ]는 영어와 일본어에 존재하는 동일한 음임에도 불구하고 영어에서는 2개의 서로 다른 음소인 반면에, 일본어에는 하나의 음소인 셈이다.

지금까지 동일한 말소리라 할지라도 각 언어마다 서로 다른 음운 체계를 가질 수 있음을 여러 언어를 통해 살펴보았다. 이들의 구분은 '음소'와 '이음'이라는 개념으로 좀 더 명확해질 수 있다.

음소와 이음

음소와 이음은 말소리의 이원적인 측면에 해당된다. 이런 측면은 인간이 사용하는 문장에서도 얼마든지 쉽게 찾아볼 수 있다. 다음 문장에서 '사람'의 의미에 대해 살펴보자. '사람'이라는 동일한 단어를 사용하고 있지만, 문장마다 각각의 의미는 조금씩 다르다.

　a. <u>사람</u>은 동물과 다르다.
　b. 한국 <u>사람</u>과 미국 <u>사람</u>은 생김새가 다르다.
　c. 어제 만난 그 <u>사람</u>이 전화를 걸었다.

　a에서 '사람'이란 단어는 두 발로 걷는, 언어를 구사할 수 있는 특징을 가진 개체로 네 발로 걷고, 언어를 구사하지 못하는 동물과 구분된다. 이때 '사람'은 일종의 추상적이면서 대표성을 띤 '인간'의 의미이다. b에서 '사람'은 앞에 나온 '한국'과 '미국'이란 단어에 한정된 사람들을 의미한다. a는 '인간'이란 단어로 대체할 수 있지만, b는 그럴 수 없다. c에서 '사람'은 매우 구체적인 한 인물을 가리킨다. 단어에서도 동일한 단어이지만 문맥에 따라 얼마든지 서로 다른 의미를 함축할 수 있다. a가 음소라면 b는 이음 그리고 c에는 실제 음으로 비유할 수 있다.

　음운론에서 가장 중요한 핵심은 음소와 이음소의 차이를 명확히 이해하고 구분하는 것이다. 이론적으로만 이들의 차이를 구분하는 것이 아니라 실제 어떤 언어 자료를 통해 음소를 찾고 이음소를 찾을 수 있어야 제대로 이해하게 된다. **음소**(phoneme)는 말의 뜻을 구분해주는 소리의 가장 작은 단위이다. 모국어 화자에 의해 동일한 말소리로 인식되는 소리이다. **이음** 또는 **변이음**(allophone)은 음소의 서로 다른 발음형에 속하며, 대체로 음성 환경으로 예측 가능한 음이다. 예를 들어, 영어 유기음 [pʰ]는 반드시 어초에서만 발음되며, 무기음 [p]는 /s/ 다음에 올 때 발음된다(예 : spy, sty, sky). 유기음이든 무기음이든 이들은 모두 영어 음소 /p/의 이음에 속하며 어디에서 발음되는지 예측 가능하다. 앞서 언급한 한국어의 '비빔밥'에서 /ㅂ/은 음소이며 음성학적인 환경에 따라 다르게 발음되는 [p, pʰ, b, p˺] 등은 /ㅂ/의 서로 다른 이음들에 속한다.

음소를 표기할 때는 반드시 2개의 빗줄(/···/, slant) 사이에 발음기호를 넣어 표기하고, 실제로 발음되는 음(phone)들은 대괄호 또는 격자 괄호([···]) 안에 넣어 표기한다. 음소는 실제로 발음되는 소리라기보다는 머릿속에 추상적으로 존재하는 음이다. 언어 자료가 주어졌을 때, 어떤 음이 음소인지 아닌지를 구분하기 위해서 가장 먼저 해야 할 일은 최소 대립쌍을 찾는 것이다.

최소쌍(minimal pair)이란 단어를 구성하고 있는 나머지 요소는 모두 같고 오직 한 가지 요소에 의해서만 의미가 구별되는 단어의 짝을 가리킨다. 다음은 최소쌍의 전형적인 예시이다.

최소쌍	음소
pen vs. ben	/p/ vs. /b/
ten vs. den	/t/ vs. /d/
ken vs. gen	/k/ vs. /g/

최소쌍에서 쌍(pair)이란 단어 2개가 하나의 쌍을 이룬다는 의미이다. 두 단어가 의미적인 대립을 가지는 쌍이 되려면 'pen' /pɛn/과 'ben' /bɛn/처럼 'p'와 'b'를 제외한 나머지 음성 환경 [_ɛn]이 반드시 동일해야 한다. 'p'가 'b'로 바뀜에 따라 두 단어의 의미가 달라진다. 나머지도 마찬가지이다. 두 음으로 인해 말의 뜻이 달라질 때 이들 두 음은 서로 **대조적**(contrast or distinctive) 또는 **변별적**(distinctive)인 분포에 있으며, 대조적 분포에 있는 두 음은 서로 다른 음소에 속한다.

어떤 언어든지 단어(발음)를 통해 최소쌍을 쉽게 찾을 수 있다. 한국어에는 2개가 아닌 세 단어가 한 쌍을 이루는 데 이를 **3개가 대립이 되는 쌍**(minimal triplet)이라고 한다.[1]

---

1 한국어 폐쇄음(Korean stops)이 지닌 3개의 대립은 전통적으로 모두 무성음으로 간주되어, 이들을 각각 평음(lax), 격음(aspirated), 그리고 경음(tense)으로 알려져 왔다. 이는 한국어만이 가지는 유일무이한 언어적 특징으로 오랫동안 많은 언어학자들의 주목을 받았고, 지금까지도 논쟁 중이다. 필자는 박사논문(Kim, 2000)에서 전통적 분석과는 다르게 세 가지 폐쇄음을 모두 무성음으로 보지 않고, 유성음과 무성음(평음 → 유성음, 경음 → 무성무기음, 격음 → 무성유기음)의 대립으로 보아야 함을 제안하였다(Kim & Duanmu, 2004, Kim, 2021).

3개가 한 쌍	음소
풀, 불, 뿔	/ㅍ/, /ㅂ/, /ㅃ/
탈, 달, 탈	/ㅌ/, /ㄷ/, /ㄸ/
키, 기, 끼	/ㅋ/, /ㄱ/, /ㄲ/

한국어와 영어가 다른 점은 영어에는 2개 /b, p/가 대조를 이루는 반면에 한국어에서는 3개 /ㅍ, ㅂ, ㅃ/가 대조를 이루고 있다. 각 조음 위치별로 동일한 음성 환경 [ㅜㄹ], [ㅏㄹ], [ㅣ]를 가지며, 의미의 차이를 가져오므로 'ㅍ, ㅂ, ㅃ, ㅌ, ㄷ, ㄸ, ㅋ, ㄱ, ㄲ'은 모두 서로 다른 음소에 속한다. 모음 대립을 이루는 최소쌍도 자음과 마찬가지이다. '산, 신, 손'은 모음을 제외하고는 동일한 음성 환경을 가진다. 모음인 'ㅏ, ㅣ, ㅗ'의 차이로 말의 뜻이 구분되므로, 이들은 모두 한국어 모음의 음소에 속한다. 모든 자음과 모음은 최소 대립을 통해 음소를 찾을 수 있다.

음소, 이음, 최소쌍의 정의

음　소 : 말의 뜻을 구분하는 최소 단위이다. 머릿속에 추상적으로 존재하며 실제적으로 발음할 수 없고 단지 심리적인 존재로 인식되는 소리이다. 실제 발음은 다르더라도 모국어 화자가 동일한 소리로 인식하는 소리이다(예 : /p/ and /b/ in [pɪn] and [bɪn]; '탈'과 '딸'에서 /ㅌ/과 /ㄸ/).

(변)이음 : 의미 차이에 기여하지 못하고 음소로부터 예측 가능한 다른 소리이다. 음소는 최소한 하나의 이음을 가지며, 여러 개의 이음을 가질 수 있다(예 : [tʰ] and [t] in top, stop)

최 소 쌍 : 단어를 구성하고 있는 나머지 요소는 모두 같고 오직 한 가지 요소에 의해서만 의미가 구별되는 단어의 짝이다(예 : 탈 vs. 딸).

연습 한국어와 영어의 예를 살펴보고 질문에 답하시오.

보기	한국어		영어	
	[mal] 'horse'	[sul] 'alcohol'	[pɑt] 'pot'	[lif] 'leaf'
	[imal] 'this horse'	[sal] 'flesh'	[spɑt] 'spot'	[ɹif] 'reef'
	[nal] 'knife shade'	[mul] 'water'	[bɛn] 'ban'	[bɛt] 'bat'
	[inal] 'this shade'	[muli] 'water' + sub.	[bin] 'bean'	[nɛt] 'net'

1. 한국어와 영어 자료에서 자음이 대조되는 최소쌍을 모두 찾아 적으시오.

   한국어 :

   영어 :

2. 한국어와 영어 자음 음소는 어떤 것들이 있는가?

   한국어 :

   영어 :

3. 음소를 어떻게 찾아냈는지 적어 보시오.

정답 : 1. 한국어 : [mal]/[nal] or [sal], [mul]/[sul], 영어 : [lif]와 [ɹif]; [bɛt]와 [nɛt]; [bɛn]과 [bɛt], 2. 한국어 : /m/, /n/, /s/, 영어 : /l/, /r/, /n/, /b/, /t/, 3. 최소쌍을 먼저 찾고, 대조적인 분포를 가진 음들을 통해 찾을 수 있다.

영어 /t/의 이음

이음은 음성 환경에 의해서 예측 가능하며 이음의 유형을 각기 다른 이름으로 부를 수 있다. 하나의 음소에 얼마나 많은 이음이 있는지를 보여주는 좋은 예시로 다음 영어 단어를 살펴보자. 직접 발음해 보고 어떤 차이가 있는지 찾아보자.

(a) top stop cat little kitten hunter

미국식 영어를 사용하는 모국어 화자는 (a)의 단어에 /t/를 (a)'처럼 발음한다. 하지만 그들조차도 /t/ 발음을 다르게 하고 있다는 사실을 깨닫지 못한다.

(a)' [tʰap] [stap] [kæt̚] [lɪɾl] [kɪʔn] [hʌnØr]

(a)'는 하나의 음소인 /t/가 음성 환경에 따라 어떻게 다르게 발음되는지 각기 다른 기호로 보여준다. [tʰ t t̚ ɾ ʔ ø]는 모두 동일한 음소 /t/의 서로 다른 변이음에 속한다.

각각의 변이음을 살펴보자. 먼저, 'top'의 /t/는 이미 앞서 기술했듯이 공기가 방출되는 유기음 [tʰ]로 발음되어 표기되며, 'stop'의 /t/는 공기가 방출되지 않아 무기음으로 발음되어 [t]로 표기된다. 재미있는 사실은 한국 사람들 대부분이 's' 다음에 오는 단어를 '스파이(spy), 스튜던트(student), 스키(ski), 스타(star), 스탑(stop), 스트라이크(strike)'로 한국식으로 발음한다. 'ㅍ, ㅌ, ㅋ'보다는 'ㅃ, ㄸ, ㄲ'로 발음하는 게 영어 발음과 유사하다. 다음으로 'cat'의 't'는 입 밖으로 공기가 나오지 않아 마치 '캔'처럼 발음되는데, 받침소리 **불파음**(unreleased)으로 [t̚]로 표기한다. 또한 'little'의 't'는 영국식 영어 발음에서는 거의 100%로 't'로 발음되지만, 미국식 영어 발음에서는 'water, bottle, butter'등의 't'를 발음할 때와 유사하게 혀가 아주 재빨리 치경돌기를 치고 제자리에 돌아오면서 조음된다. 이와 같은 /t/ 발음의 변이형을 **탄설음**(flap)이라 부르며, [ɾ] 또는 [D]로 표기한다. 단어 'kitten'의 't'의 경우에는 't' 발음은 거의 들리지 않고 숨넘어가는 소리인 [킷은]만 들린다. 이를 음성학적으로 설명하면 폐에서 올라오는 공기를 성문(glottis)에서 완전히 막았다가 압축된 공기를 성문을 열면서 조음하는 소리로써, **성문폐쇄음**(glottal stop)이라 부르고, [ʔ]로 표기한다. 단어 'button' [bʌʔn]이나, 실망했을 때 내는 소리 'Uh-oh' [ʔʌʔʊ]나 무거운 짐을 들어 올릴 때도 나는 소리이다. 마지막으로 'hunter'의 't'는 미국식 영어 발음일 때 't'를 거의 발음하지 않아 'hunøer'처럼 발음되기도 한다. 지금까지 동일한 /t/음의 변이음들이 실제 발음에서는 어떻게 다르게 산출되고 명명되는지 알아보았다.

실제로 다르게 발음됨에도 불구하고 같다고 인식하는 이유는 첫째, 철자상으로 모든 단어들이 /t/를 가지고 있기 때문이다. 둘째, 발음 또한 모두 /t/로 소리 난다고 심리적으로 생각하기 때문이다. 실제 발음에서는 [t] 소리가 조금씩 다르게 발음되고 들리는 것은 매우 섬세한 차이여서 모국어 화자조차도 이들 /t/음들이 어떻게 다르게 발음되고, 들리는지 그 차이를 설명하기 어렵다. 단지, 음성학이나 음운론을 공부한 사람만이 일반인들이 식별하지 못한 음들이 지닌 중요한 차이를 설명할 수 있다.

앞서 기술한 여러 언어의 예를 통해서 우리가 일반적으로 알고 있는 말소리들은 추상적이고 심리적 실체인 음소이며, 실제로 산출되는 서로 다른 구체적인 말소리는 이음이라는 것을 알게 되었다. 또한 말소리가 어떤 음성학적 환경에 처하느냐에 따라 조금씩 다르게 발음되는 것을 살펴보았다. 지금까지 학습한 음소와 이음 간의 차이를 비교하면 표 3-2와 같다.

표 3-2 음소와 이음의 특징

음소	이음
추상적인 말소리에 속한다.	구체적인 말소리에 속한다.
서로 바꾸었을 때 뜻의 차이를 가져온다.	서로 바꾸었을 때 뜻의 차이를 가져오지 않는다.
대조적 분포에 있다.	상보적 분포(또는 자유변이)에 있다.
음성적 환경을 예측할 수 없다.	음성적 환경을 예측할 수 있다.
음소에 대한 지식은 의식적이다.	이음에 대한 지식은 무의식적이다.

연습

다음 신디어(Sindhi)에서 [p], [pʰ], [b]를 조사하고 각 질문에 답하시오. 신디어는 인디아와 파키스탄에서 사용하는 인도유럽어에 속한다.

보기 신디어

[dəru]	door	[šeki]	suspicious
[pənu]	leaf	[jəǰu]	judge
[bənu]	forest	[pʰənu]	snake hood
[təru]	bottom	[bəču]	be safe
[kʰəto]	sour	[gədo]	dull
[bəǰu]	rin	[vəǰu]	opportunity

1. 최소쌍 또는 세 쌍이 있는지 찾으라.
2. 영어 [p], [pʰ], [b]와 신디어와 비교하라.

정답 : 1. 세 쌍 [pənu] 'leaf', [pʰənu] 'snakehood,' [bənu] 'forest'가 존재하므로 세 음 [p, pʰ, b]는 각기 서로 다른 음소들의 이음들이다. 정답 2. [p]와 [b]는 영어와 마찬가지로 신디어에서도 서로 다른 음소들에 속하지만 [p]와 [pʰ]는 영어와는 달리 신디어에서는 서로 다른 음소에 속한다.

말소리의 분포

어떤 언어에서 말소리가 동일한 음소의 이음들인지 서로 다른 음소들의 이음들인지를 결정하기 위해서는 말소리가 어떤 환경에 처해 있는지 분포적인 관계(distributional relationships)를 살펴야 한다. 말소리 분포는 대조적 분포, 상보적 분포,

자유변이의 세 가지 분포로 구분된다. 최소 대립쌍 'bat'와 'pat'에서 /b/와 /p/가 다름에 따라 두 단어는 서로 다른 뜻을 가지므로 이때 /b/와 /p/는 서로 **대조적** 또는 **변별적인 분포**(contrastive or distinctive distribution)를 이룬다. 대조적 분포에 있는 두 음은 서로 다른 음소이다. 마찬가지로 한국어 '풀'과 '뿔'에서 'ㅍ'과 'ㅃ', '살'과 '쌀'에서 /ㅅ/과 /ㅆ/, '말'과 '날'의 /ㅁ/과 /ㄴ/ 그리고 '차'와 '치'에서 /ㅏ/와 /ㅣ/도 모두 대조적인 분포 관계에 있는 음소들이다.

어떤 두 음이 항상 서로 다른 음성 환경에서 발음될 때 그 두 음은 **상보적 분포**(complementary distribution) 관계에 있다. 상보적 분포에 있는 두 음은 서로 배타적이다. 예를 들어, 앞서 'top'의 't'는 어초에서 항상 유기음 [tʰ]로 발음되고, 'stop'에 't'는 또는 /s/를 뒤따를 때 항상 무기음 [t]로 발음되는데, 이 두 음이 서로 바뀌어 발음되지 않으므로 이 둘은 상보적 분포를 이룬다. 즉, 'top'은 유기음이 아닌 무기음으로 발음되지 않고, 'stop'을 발음할 때 무기음이 아닌 유기음으로 발음되지 않는다. 상보적 분포를 보이는 소리들은 뜻의 차이를 가져오지 않으면서 음성적으로 유사성이 있어 한 음소의 이음에 속한다.

[p]	[pʰ]
spat [spæt]	pat [pʰæt]
spool [spul]	pool [pʰul]
speak [spik]	peak [pʰik]

앞서 기술한 바와 같이 한국어(그리고 힌디어) 자음 체계에서 유기음과 무기음의 차이는 대조적 분포를 가진 서로 다른 2개의 음소이지만, 영어 자음 체계에서 두 음은 상보적 분포에 있는 동일한 음소의 이음이다. 동일한 음들이 서로 다른 분포를 가짐에 따라, 두 언어에서 다른 음소 체계를 보여주는 좋은 증거이다.

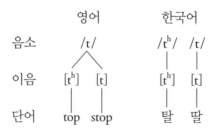

모든 이음들이 항상 상보적 분포 관계에만 있는 것은 아니다. 동일한 단어의 경우 화자에 따라 다르게 발음되는 음들은 자유변이(free variation) 관계에 속한다. 예를 들어, 단어 'leap'의 어말 /p/ 소리를 발음해보자. 어떤 화자는 'leap'을 '립'으로 받침처럼 공기를 방출하지 않고, 다른 화자는 '리프'처럼 공기를 방출해서 발음할 수 있다. 전자는 불파음(즉, unreleased p = [pʼ]), 후자는 파열음(즉, released p)이다. 동일한 단어의 어말 자음을 화자에 따라 다르게 발음하는 것을 자유변이 분포라고 말한다.

[p]	[pʼ]
cap [kæp]	cap [kæpʼ]
soap [soup]	soap [soupʼ]
troop [trʊp]	troop [trʊpʼ]

음운규칙과 일반화

음소와 이음은 서로 밀접하게 연관되어 있음을 보았다. 대부분의 이음은 음성 환경에 의해 음소로부터 예측할 수 있는 소리이다. 이런 관계는 해당 언어의 음운규칙을 통해 그 연관성을 보여줄 수 있다. 언어 화자가 지닌 언어음에 대한 지식은 음소와 음소가 차례로 결합할 때 실제 발음을 결정하는 **음운규칙**(phonological rules)에 대한 지식이다. 음운규칙은 추상적인 음소가 어떻게 구체적인 이음들로 발음되는지 연관성을 말해주며, 다음과 같은 형식으로 표현한다.

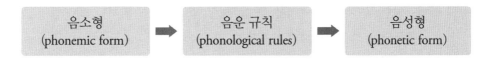

음소형
(phonemic form) ➡ 음운 규칙
(phonological rules) ➡ 음성형
(phonetic form)

음운규칙과 일반화
규칙 : X → Y / C＿D
일반화 : X라는 음이 C라는 음 뒤에 그리고 D라는 음 앞에 나타날 때 Y가 된다.

X는 **음소형**(또는 기저형)(phonemic or underlying form)으로 규칙(rules)을 적용받는 항목이며, Y는 규칙을 적용한 후에 **음성형**(phonetic form)이며, C＿D는 규칙이 적용되는 음성 환경을 말하는데, C는 규칙 적용을 받는 소리 앞에 오는 소리이고, D는

규칙을 받는 소리 뒤에 오는 소리이다. 즉, CXD가 규칙을 적용한 후에 CYD로 바뀐다는 의미이다. X나 Y는 단순히 어떤 하나의 소리일 수도 있고 여러 소리들이 함께 적용되는 집단일 수도 있다. 예를 들면, 영어의 경우 /p/가 어초에서 항상 유기음화되는 규칙을 /p/ → [pʰ] / #____ 로 쓸 수 있다. 이 규칙의 문제는 단지 /p/만 설명할 뿐 다른 /t/나 /k/를 설명하지 못하는 한계를 지닌다. 규칙은 /p, t, k/ → [pʰ, tʰ, kʰ] / #____ 로 수정할 수 있다.

자연 부류

/p, t, k/를 각각 나열할 수도 있지만, 이들이 가진 공통적인 속성을 함께 묶어 규칙을 형식화할 수 있다. 먼저, 다음 자음의 세 가지 기준을 적어보자.

/p/ = <u>무성</u> 양순 <u>폐쇄음</u>(voiceless labial stop)
/t/ = <u>무성</u> 치경 <u>폐쇄음</u>(voiceless alveolar stop)
/k/ = <u>무성</u> 연구개 <u>폐쇄음</u>(voiceless velar stop)

[p, t, k]는 공통적인 속성을 지닌 무성폐쇄음(voiceless stop)이란 명칭으로 함께 묶을 수 있다. 이렇게 하나 이상의 조음적 또는 청음적 속성을 공유하는 음성군을 **자연 부류**(natural class)라고 한다.

자연 부류란 하나 이상의 속성(자질)의 집합을 특징으로 하는 특정 언어의 말소리의 집합체다.

자연 부류는 음운규칙을 쓸 때, 해당 음을 일일이 열거할 필요 없이 음들이 속한 공통 속성을 집단화해서 표기할 수 있다. 영어에서 [m, n, ŋ]은 **비음**(nasal)이라는 자연 부류로, 이들을 제외한 모든 자음은 **구강음**(oral sound)이라는 자연 부류로 묶을 수 있다. 또한 폐쇄음, 마찰음, 파찰음 등 공기의 흐름이 차단되면서 나오는 음을 함께 묶어 **장애음** 또는 **저해음**(obstruent)이란 명칭으로, 공기의 흐름이 장애를 받지 않고 비교적 열린 통로로 나오는 비음, 근접음들을 모두 **공명음**(sonorant)이란 자연 부류로 묶을 수 있다. 또한 공기의 흐름이 심하게 마찰을 내면서 나는 소리인 [s, z, ʃ, ʒ, ʧ, ʤ]의 자연 부류는 **치찰음**(siblilant)이다. 이외에도 많은 음들을 자연 부류로 분류할 수 있다.

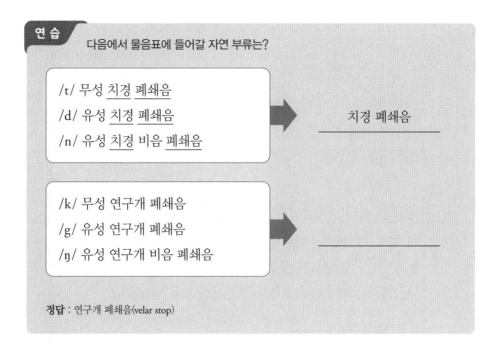

/t/ 무성 <u>치경</u> <u>폐쇄음</u>
/d/ 유성 <u>치경</u> <u>폐쇄음</u>
/n/ 유성 <u>치경</u> 비음 <u>폐쇄음</u>

→   <u>치경 폐쇄음</u>

/k/ 무성 연구개 폐쇄음
/g/ 유성 연구개 폐쇄음
/ŋ/ 유성 연구개 비음 폐쇄음

→   _____

정답 : 연구개 폐쇄음(velar stop)

음운 자질

하나의 음은 그 음을 구성하는 음성적 속성으로 기술할 수 있다. 예를 들면, /p/는 무성음이자 양순음에 속하고 폐쇄음인 음성적 속성을 가지고, /b/는 유성음이면서 양순음에 속하고 폐쇄음이다. /p, b/는 무성음과 유성음의 차이만을 제외하고는 모두 동일한 양순 폐쇄음(bilabial stop)인 자연 부류를 가진다. 무성과 유성의 음성적인 속성은 음을 구분하는 음운 자질(phonological feature)로 표기할 수 있다. 유성음은 [+voice]라는 자질로 무성음은 [−voice]는 자질로 폐쇄음은 [+stop]이라는 자질로 음성학적인 속성을 음운론적으로 기술한다. 음운 자질은 소리와 소리를 구별해 주기 때문에 **변별적 자질**(distinctive feature)이라고 부른다. 변별적 자질의 특징은 소리 하나하나의 음성적 특징을 반영하기 때문에 음소와 이음과의 상호 관계를 명확히 보여줄 수 있다. 앞서 [p]와 [b]의 차이는 모두가 동일하고 성(voice)의 변별적 차이가 있음을 말해준다. [t]와 [d] 그리고 [g]와 [k]도 마찬가지이다. 변별적 자질은 소리들의 공통점과 차이점을 명확히 해 준다. 다음 영어 음소의 몇 개를 변별적 자질로 기술하였다.

	[b]	[p]	[d]	[t]	[g]	[k]	[m]	[n]	[ŋ]
[성]	+	−	+	−	+	−	+	+	+
[폐쇄음]	+	+	+	+	+	+	+	+	+
[양순성]	+	+	−	−	−	−	+	−	−
[치경성]	−	−	+	+	−	−	−	+	−
[연구개]	−	−	−	−	+	+	−	−	+

변별 자질은 음운규칙의 기술을 간결하게 하면서, 음이 왜 변하는지를 잘 보여준다. 대부분의 언어는 많은 음운규칙을 가진다. 먼저, 앞서 어초에 나타나는 /p, t, k/는 [pʰ, tʰ, kʰ]로 발음되는 것을 살핀 유기음화 규칙(aspiration rule)으로 보여줄 수 있다. 지금까지 배운 것을 토대로 세 가지로 기술 가능하다.

유기음화 규칙

(a) /p, t, k/ → [pʰ, tʰ, kʰ] / #＿＿ 또는

(b) 무성폐쇄음 → 무성유기폐쇄음 / #＿＿ 또는

(c) [+ stop] → [+ aspirated] / [word ＿＿＿
　　[−voice]

유기음화 규칙은 무성폐쇄음을 어초에서 유기음으로 발음하는 규칙이다. (a)처럼 음으로 기술할 수 있고, (b)처럼 자연 부류로 기술할 수 있고, 그리고 (c)처럼 폐쇄음은 [+ stop]으로, 무성음은 [−voice]로, 유기음은 [+ aspirated]인 음운 자질(phonological feature)로 표기할 수 있다.

동화

가장 흔하게 일어나는 음운규칙은 **동화**(assimilation) 현상으로 어떤 음이 인접음의 영향을 받아 인접음처럼 비슷하게 발음되는 현상을 말한다. 대표적인 예가 **위치동화**(place assimilation)이다. 단어 'can' /kæn/에서 /n/은 뒤따르는 음이 어디에서 조음되느냐에 따라 다음과 같이 조금씩 다르게 발음될 수 있다.

단어 'can'의 발음 변이형

I can ask	[aɪ kæn æsk] 또는 [aɪ kən æsk]
I can see	[aɪ kæn si] 또는 [aɪ kən si]
I can bake	[aɪ kæm beɪk] 또는 [aɪ kəm beɪk]
I can play	[aɪ kæm pleɪ] 또는 [aɪ kəm pleɪ]
I can go	[aɪ kæŋ goʊ] 또는 [aɪ kəŋ goʊ]
I can come	[aɪ kæŋ kʌm] 또는 [aɪ kəŋ kʌm]

앞에서 /n/은 세 가지로 다르게 발음되는 것을 알 수 있다. 'ask'나 'see' 앞에서는 본래 발음인 [n]으로 발음되고, 양순 폐쇄음 /b, p/ 앞에서는 양순음 [m]으로 발음되고, 연구개음 /g, k/ 앞에서는 연구개음 [ŋ]으로 발음된다. 이런 서로 다른 발음 변이형을 음운규칙으로 일반화시켜보면 다음과 같다.

단어 'can'의 발음 변이형의 음운규칙

/n/ → [m] / _____ 양순음

　　　[ŋ] / _____ 연구개음

　　　[n] 그밖에(elsewhere)

다음 동화규칙의 적용에서는 본래 치경음인 /n/이 양순음이 뒤따라오면 동일한 조음 위치를 가진 양순음 [m]으로, 연구개음이 뒤따라오면 연구개음 [ŋ]으로 발음됨을 보여준다. 조음 위치에 따른 영향을 받아 본래 음이 변하는 일종의 위치 동화이다. 동화규칙은 음소형 /n/이 음운규칙을 적용한 후 실제 발음인 음성형에서 다른 변이형으로 산출되는 것을 말해준다.

동화규칙의 적용

음소형 :	/kæn æsk/	/kæn beɪk/	/kæn goʊ/
동화규칙의 적용	_____	kæm beɪk	kæŋ goʊ
음성형 :	[kæn æsk]	[kæm beɪk]	[kæŋ goʊ]

특별히 위치동화가 잘 일어나는 음소는 치경음 /t, d, n/이다. 영어 치경 폐쇄음은 뒤따르는 자음의 위치로 동화하는 **치경 폐쇄음 동화**(alveolar stop assimilation)가 있다. 단어 width[waɪdθ]나 in this[ɪn ðɪs] 예시처럼 치경음 /d/와 /n/은 뒤따르는 치음

[θ]와 [ð] 각각의 영향으로 치음 [d̪]와 [n̪]으로 발음된다.

또 다른 흔한 동화현상은 **구개음화**(palatalization)이다. 이는 자음과 모음이 결합할 때 모음이 경구개에 가까운 /i/나 /j/ 음일 경우 자음이 원래의 위치보다 경구개 쪽으로 접근하여 발음되는 현상이다.

구개음화

Did you? /dɪd̪ ju/	→	[dɪʤu])
Did you eat? /dɪd̪ ju it/	→	[dɪʤa it]
meet you~/mit̪ ju/	→	[miʧu])
Can't you~/kænt̪ ju/	→	[kænʧu])

상기한 예들은 모두 치경음 /d/와 /t/로 끝나는 발음인데 뒤따라오는 경구개음 [j]의 영향으로 치경구개 파찰음 [ʤ]와 [ʧ]로 변화되어 발음된다. 한국어에서도 '같이'는 발음할 때 '가치'로, '밭이'는 '바치'로, '솥이'는 '소치'로 발음되는데, 치경음 /ㅌ/이 뒤따라오는 [i] 모음의 영향으로 원래의 위치보다 뒤의 경구개에서 발음되어 [치]([ʧ])으로 발음되는 현상은 우리말에서 자동적으로 실현된다(같이 /gat + i/ → 가치 [gaʧi]). 또한 '굳이'는 '구지'로 발음되는 데 치경음 /ㄷ/ 발음이 경구개 파찰음 [ʤ]로 되는 현상이다(굳이 /gut + i/ → 구지 [guʤi]).

또 다른 동화현상인 **비음화**(nasalization)는 원래는 구강음인 발음이 주변의 비음의 영향을 받아서 비음으로 발음되는 현상이다. 거의 모든 언어에서 일어나는 음운 규칙이며, 비음을 발음하기 위해 연구개를 인두벽에서 내리면서 공기가 비강 쪽으로 흐르게 하는데, 이러한 발음 기관의 운동은 비음이 시작되기 전부터 시작되고 비음이 끝난 후에도 연구개와 인두벽이 떨어진 상태가 어느 정도 지속된다. 예를 들어, 'man'을 발음할 때 중간에 구강모음은 양쪽에 위치한 비음 때문에 비강으로 통하는 통로가 닫히지 않고 열려있기 때문에 비음화된 모음 [æ̃]으로 발음된다(/mæn/ → [mæ̃n]). 우리말에서도 비음 앞에서 구강음이 비음으로 발음되는 현상이 빈번한데 '국물 → 궁물, 국난 → 궁난, 걷는 → 건는' 등이 그 예이다(국물/guk + mul/ → 궁물 [guŋmul]).

어떤 음이 인접음처럼 유사해지는 동화와는 달리 인접음의 어떤 음성 특징으로 인접음과 더 달라지는 현상을 **이화**(dissimilation)라고 한다. 영어나 우리말에서는 찾아보기 힘들고 그리스어에서 찾아볼 수 있다. 빠른 발화에서 그리스어 /epta/ 'seven'가 [efta]로 발음되거나, /ktizma/ 'building'은 [xtizma] (where x = voiceless velar fricative)로 발음되는 데, 이는 조음 방법적인 이화(manner dissimilation)의 일종으로 폐쇄음이 다른 자음이 올 때 마찰음이 되는 현상이다.

첨가 또는 **삽입**(insertion)은 영어에서 비음과 무성 마찰음 사이에 비음과 같은 조음장소를 지닌 무성 폐쇄음이 삽입되는 현상을 무성 폐쇄음 첨가(voiceless stop insertion)라고 한다. 첨가와는 반대로 **탈락** 또는 **삭제**(deletion)되는 현상도 있는데, 영어에서 /h/음은 강조되지 않을 때 대부분이 생략된다.

첨가와 삭제

첨가 : dance /dæns/ → [dæn̪t̪s],

　　　　strength /strɛŋθ/ → [strɛŋk̪θ])

삭제 : He handed her his hat. → [hi hændɪd ǿər ǿɪz hæt]

CV 전위(metathesis)란 레티어(Leti)에서 자음과 모음의 순서가 뒤바뀌는 현상이다. 자음 3개가 나란히 올 때 자음과 모음이 바뀌는 예이다. **강화**(strengthening)는 어떤 음이 본래 음보다 더 강해지는 현상으로 영어의 유기음화가 이에 속한다. **약화**(weakening)는 음이 더 약해지는 현상으로 **탄설음화**(flapping)가 이에 속하는 데, 미국식 영어에서 /t/가 모음 사이에 출현할 때 유성음 /d/와 비슷하게 발음되는 변이형을 탄설음(flap)이라고 하고, [ɾ] 또는 [D]로 표기한다. **성문음화**(glottalization)는 성문 폐쇄음(glottal stop)은 폐에서 올라오는 공기를 성문에서 완전히 막았다가 압축된 공기를 성문을 열면서 조음하는 소리로 [ʔ]로 표시한다.

전위, 유기음화, 탄설음화, 그리고 성문음화

전위 : /danat + kviali/ 'millipede' → [dantakviali]

유기음화 : /p, t, k/ → [pʰ, tʰ, kʰ] in 'pie, tie, kye' (강화)

탄설음화 : /t/ → [ɾ or D] in little, city, water, butter (약화)

성문음화 : button /bʌtn/ → [bʌʔn], Uh-oh[ʔʌʔo]

무성음화 규칙(devoicing rule)은 유성음이 강한 무성음의 영향으로 무성음화 [̥] 되는 현상이다(예 : play [pl̥e], which [wɪt̥ʃ]). **모음 장음화**(vowel lengthening)는 **개방음절**

(open syllable)에서는 모음이 가장 길게 발음되고, **폐쇄음절**(closed syllable)에서는 유성음 앞에서보다는 무성음 앞에서 가장 짧게 발음된다(예 : seat < seed < see).

만약 음운규칙이 하나가 아닌 여러 개를 적용해야 할 때 어떻게 해야 하는지 살펴보자. 단어 'cats, dogs, foxes, bridges'의 음성형은 [kæts], [dɔgz], [fɑksəz], [brɪdʒəz]이다. 이들이 음소형에서 음성형으로 발음되려면 두 가지 음운규칙이 필요하며 규칙을 적용하는 순서 또한 필요하다. 복수형에 대한 음소형을 /z/로 잡을 경우 치찰음(sibilant) 사이에 schwa [ə]를 삽입하는 schwa 삽입규칙이 필요하며, /z/를 [s]로 변환시키는 유성 동화규칙(voicing assimilation)이 필요하다. 이를 적용하면 다음과 같다.

다중 음운규칙의 적용

음소형 :	/kæt + z/	/dɔg + z/	/fɑks + z/	/brɪdʒ + z/
Schwa 삽입 :	--	--	fɑksəz	brɪdʒəz
유성 동화 :	kæts	--	--	--
음성형 :	[kæts]	[dɔgz]	[fɑksəz]	[brɪdʒəz]

음운규칙들 중에서 말하는 속도나 스타일에 상관없이 어떤 나라말의 화자건 반드시 적용해야 하는 **의무규칙**(obligatory rules)이 있는가 하면 개인 화자에 따라 적용할 수도 하지 않을 수도 있는 **수의규칙**(optional rules)이 존재한다. 전자에 해당되는 규칙들은 유기음화, 비음화, 구개음화, 모음 장음화, 무성음화(예 : play [pl̥e], which [wɪt͡ʃ]) 등이 있으며 후자로는 탄설음화, 탈락, 동화 등이 있다. 예를 들면, 'I can bake'의 경우, [aɪkæn bek]로도 또는 [aɪkæm bek]로도 발음 가능하다. 상기한 음운규칙은 어느 언어에서든지 찾아볼 수 있는 음운 현상이며, 이외에도 각 언어별로 음운규칙이 존재한다. 외국어를 영어로 학습하는 한국인 학습자라면 동화나 구개음화 등과 같은 음운규칙을 숙지해 발음한다면 더 자연스러운 영어다운 발음을 구사할 수 있다.

다음 이탈리아어 자료를 보고 질문에 답하시오.

보기

[faŋgo]	'mud'	[nero]	'black'
[dansa]	'dance'	[tiŋgo]	'I dye'
[tinta]	'dye'	[tɛnda]	'tent'
[aŋke]	'also'	[fuŋgo]	'mushroom'
[jɛnte]	'people'	[sapone]	'soap'
[byaŋka]	'white'	[tɛŋgo]	'I keep'

1. 최소쌍이 있는지 찾아보고 있다면 적어보고 최소쌍을 통해 어떤 사실을 알 수 있는지 적어보시오.
2. [n]과 [ŋ]이 나타나는 음성 환경, 각 음이 나타내는 환경에 대한 자연 부류, 해당 음운규칙과 일반화를 적어보시오.
3. 2에서 주어진 환경에서 [n]과 [ŋ]의 분포가 대조적 분포인지 상보적 분포인지를 결정하고 이유를 말하시오.

정답 : 1. 최소쌍은 다음과 같고 [i]와 [ɛ] 그리고 [u]와 [a]는 서로 다른 음소들의 이음들이다.

[tiŋgo] 'I dye' [tɛŋgo] 'I keep'
[fuŋgo] 'mushroom' [faŋgo] 'mud'

2. 환경 : [n]은 [t, d, s, e] 앞에서 나타나고 [ŋ]은 [k, g] 앞에서 나타난다. [k, g]는 연구개 폐쇄음(velar stops)의 자연 부류를 구성한다.
위치 동화규칙 : /n/ → [ŋ] / ____ [velar stop]
일반화 : 치경음 /n/은 연구개음 앞에서 연구개음으로 발음된다.
3. [n]과 [ŋ]은 서로 배타적인 환경에서만 나타나므로 상보적 분포이다. [ŋ]은 연구개 폐쇄음 앞에서만 발음된다.

음소배열제약

음소배열제약(phonotactic constraints)이란 자음이나 모음의 결합이 무제한적으로 올 수 없으며 언어마다 가능한 결합이 제한적임을 말한다. 예를 들어, 단어 'strike'는 가능하지만 '*ptrike'나 '*mtrike'란 단어는 존재하지 않는다. 음소배열제약은 해당 언어의 음절 구조(syllable structure)와 밀접하게 관련이 있다. 가장 흔한 CV 음절 구조를 지닌 대표적인 언어가 일본어이다. 일본어는 모든 음절이 자음 + 모음인 CV로만 이루어지며 어말 받침을 허용하지 않는 제약(*CVC)이 존재한다. 이런 제약으로 일본인들은 다른 언어에서 들어오는 외래어를 발음할 때 일본어의 CV 음절 구조를 적용한다. 예를 들어, 영어 '맥도날드' 발음을 받침을 가지고 발음하지 못하므로 모두 CV 음절화해서 '매크도나르드' 한다든가 한국말의 김치를 '기무치'로 발음한다. 이런 현상은 일본어가 지닌 CV 외 다른 음절 구조를 허용하지 않는 음소배열제약 때문으로 설명할 수 있다.

한국어의 경우 일본어보다는 조금 더 다양한 음절 구조(V, CV, CVC, VC 등)를 허용한다. 한국어의 최대 음절 구조는 CVC이다. 즉, 한국어에서는 영어와는 달리 음절 두음과 음절 말음에 각각 최대 하나의 자음밖에 올 수 없다. 따라서 영어의 'strike'을 우리말로 표기할 경우에는 모음 앞에 자음을 하나만 가질 수 있기 때문에 '스트라이크'(CV.CV.CV.CV.CV)처럼 5음절로 표시할 수밖에 없다. 그러나 이를 영어식으로 발음한다면 불필요한 'ㅡ'를 삽입하지 않고, CCCVC 구조를 가진 1음절어로 발음을 해야 한다. 일본인이 '김치'를 '기무치'로 발음하면 이상한 것처럼 한국인이 영어발음을 영어식으로 하지 않고, 한국식 음절 구조를 적용해 '스트라이크'라고 발음하면 영어 화자에게 어색할 뿐 아니라 알아듣기 힘들다.

영어는 일본어나 한국어에 비해 훨씬 더 복잡한 음절 구조를 허용한다. 영어에서 음절 두음에 올 수 있는 자음 연속체는 최대 3개까지이나 음절 말음에는 4개의 자음이 연속해 올 수 있다. 예를 들면, 'prompts, exempts, texts' 등이다. 따라서 영어의 보편적 음절 구조는 (C)(C)(C)V(C)(C)(C)(C)로 표시할 수 있다.

영어의 음절 구조

$$영어 : (C1)(C2)(C3)V(C)(C)(C)$$
$$s \quad \{p, t, k\} \quad \{l, r, y, w\}$$

V	oh	CV	no	CCV	flew	CCCV	spree
VC	at	CVC	not	CCVC	flute	CCCVC	spleen
VCC	ask	CVCC	ramp	CCVCC	flutes	CCCVCC	strength
VCCC	asked	CVCCC	ramps	CCVCCC	crafts	CCCVCCC	strengths

앞뒤로 가능한 자음 연속체가 어떤 것이든 모두 가능한 것은 아니다. 예를 들어, ptk로 시작하는 단어 *ptrike는 없기 때문이다. 영어에서 음절 초에 오는 3개의 자

음이 오는 경우 첫 자음은 반드시 /s/여야만 하고, 그다음은 /p, t, k/ 중의 하나이며, 또 그다음은 /r, l/ 중의 하나여야 한다. 음절 초에 자음이 2개가 올 경우에 만일 첫소리가 /b/라면, 두 번째 자음은 유음, 즉 /r/ 또는 /l/이어야 한다. 하지만 이러한 자음의 연속체가 모두 실제 단어로 존재하는 것은 아니다. 예를 들어, 'brick'이나 'blind'는 존재하지만, *blick란 단어는 존재하지 않는다. 상기한 바와 같이 영어, 한국어, 일본어의 최대 음절 구조는 다음과 같다.

최대 음절 구조
영어 음절 구조 : CCCVCCCC
한국어 음절 구조 : CGVC(G = Glide, 전이음)
일본어 음절 구조 : CV

각 언어의 음절 구조의 차이를 인식하고 그 차이로 인한 음소배열제약을 이해함으로써, 한국인 영어 학습자가 범할 수 있는 가능한 오류를 예상할 수 있어 오류를 최소화할 수 있을 것이다.

단계별 음운론 문제 풀기

음운론에서 가장 핵심이 되는 요소는 음소와 이음에 대한 정확한 이해를 바탕으로 주어진 언어 자료를 통해 음운론 실전문제를 풀 수 있는 능력을 키워야한다. 음운론 문제를 푸는 것은 몇 가지 단계를 거칠 수 있다. 가정 먼저 언어 자료로부터 최소대립쌍을 찾아내는 것이다. 최소쌍을 찾은 후에는 두 가지 사실을 알 수 있다. 대립쌍에 있는 두 음은 서로 대립적(변별적) 분포를 가지므로, 서로 다른 음소의 이음이다. 최소쌍은 음소가 되는 증거에 속하기 때문이다. 최소쌍이 없다면 두 음은 동일한 음소의 변이음임을 알 수 있다. 즉, 두 음은 상보적 분포에 있으며 하나의 음은 다른 음소에 의해 예측 가능하다. 어떤 환경에서 예측 가능한지를 알기 위해서는 음이 나타나는 전후 음성 환경을 모두 적어야 한다. 음성 환경을 통해 일반화와 음운규칙을 도출해야 한다. 지금까지 설명한 바를 단계별로 정리할 수 있다.

• 1단계 : 최소 대립쌍을 찾아 음소인지 이음인지를 구분한다.

- 2단계 : 음소가 없을 경우, 해당 음의 음성 환경을 적는다.
- 3단계 : 예측 가능한 일반화를 만든다.
- 4단계 : 음운규칙(A → B/C_D)을 적는다.

음운론 문제는 여러 언어 자료를 스스로 풀어보아야 한다. 상기한 단계를 참고해서, 영어 자료에 있는 유성음 [r]과 무성음 [r̥]이 동일한 음소의 이음들인지 서로 다른 음소의 이음들인지를 풀어보자.

영어(r̥ = a voiceless [r])

pray	[pr̥eɪ]	fresh	[fr̥ɛʃ]
gray	[greɪ]	regain	[rigeɪn]
crab	[kʰr̥æb]	shriek	[ʃr̥ik]
par	[pʰar]	tar	[tʰar]
broker	[broʊkər]		

- 1단계 : 최소 대립쌍을 찾는다. 찾을 수 없으므로, 두 음은 서로 다른 음소가 아니며, 동일한 음소의 이음들이다.
- 2단계 : 음성 환경을 적는다. [r] 전과 후와 [r̥] 전과 후의 음을 적어준다. 단어 초는 [#_]로 단어 끝은 [_#]로 표시한다. 각각의 음이 갖는 음성 환경을 적으면 다음과 같다.

[r]	[r̥]
[g_e]	[pʰ_e]
[a_#]	[kʰ_æ]
[b_o]	[f_ɛ]
[#_i]	[ʃ_i]

음성 환경을 통해 유성음 [r]은 유성음과 모음 사이, 모음과 어말 사이, 그리고 어초와 모음 사이에서 발음되는 것을 알 수 있다. 반면에 무성음 [r̥]은 무성음들 뒤에서 발음되는 것을 알 수 있다. 즉, 두 음은 서로 상보적 분포관계에 있다.

- 3단계 : 자연 부류를 이용하여 일반화를 만든다.

일반화 : 유성음 [r]이 무성음 뒤에 올 때는 무성음 [r̥]로 발음되고 그 외에는 [r]로 발음된다.

- 4단계 : 음소와 이음이 되는 음운규칙을 만든다.

무성음화 규칙
/r/ → [r̥] /무성음 뒤에서
　　　 [r] /그 밖에서

문제는 4단계를 통해 풀렸다. 정답은 유성음 [r]과 무성음 [r̥]은 서로 상보적 분포 관계에 있어, 동일한 음소 /r/의 이음들이다.

이 장에서는 음운론과 관련된 기본적인 개념을 살펴보았다. 음운론을 정의하였고, 음소와 이음소를 구분하였고, 실전 연습문제를 통해 최소 대립쌍과 음소를 찾고, 이음을 예측할 수 있는 음운규칙을 알아보았다. 대조적인 분포와 상보적인 분포 그리고 자유 변이를 구분하였고, 자연 부류와 음운 자질 그리고 음성배열제약에 대해서도 살펴보았다. 다음 장에서는 단어의 구조와 형성을 연구하는 형태론에 대해 살펴보고자 한다.

정리하기

1. 음운론이란 말소리 체계를 연구하는 학문이며, 언어에 말소리 분포와 서로 다른 소리 사이에 상호작용을 연구한다.
2. 가장 중요한 개념은 음소와 (변)이음이다. 음소란 단어에서 의미의 차이를 가져다주는 가장 적은 음성 단위이다. 최소 쌍을 통해 음소를 찾을 수 있다('pie vs. bye'에서 p vs. b). (변)이음이란 하나의 음소가 서로 다르게 발음되는 음들이다(pʰ vs. p in 'pie vs. spy'에서 pʰ vs. p).
3. 음소배열제약이란 가능한 음의 연결에 대한 제약으로 언어마다 다를 수 있다. 예를 들어, 영어에서 단어 첫 자음연속체로 [*pk]를 허용하지 않으며, 한국어에서는 영어와는 달리 [*str]를 허용하지 않는다.

다음 빈칸에 들어갈 개념을 쓰시오.

1. (   )은 언어학의 하위 분야 중 하나로 언어의 말소리의 체계와 분포를 연구하는 분야이다.

2. (   )란 말의 뜻을 구분시키는 가장 작은 소리 단위이다. 모국어 화자가 머릿속에서 동일한 소리로 인식하는 심리적인 소리로 실제로 발음할 수 없는 추상적인 소리이다.

3. (   )란 의미의 차이에 기여하지 못하고, 하나의 음소에 속하며, 실제 발음되는 구체적인 소리이다.

4. (   )이란 단어를 구성하고 있는 나머지 요소는 모두 같고 오직 한 가지 요소에 의해서만 의미가 구별되는 단어의 짝이다.

5. 말의 뜻을 구분하는 2개의 소리는 (   ) 분포를 이룬다.

6. 두 음이 결코 같은 환경에서 나타나지 않을 때 그 음들은 서로 (   ) 분포를 이룬다.

7. (   )은 공기의 흐름이 장애를 받으면서 나는 음을 가리키며, 폐쇄음, 마찰음, 파찰음 등이 해당되며, (   )은 공기의 흐름이 장애를 받지 않고 나는 음을 가리키며, 비음, 근접음이 해당된다.

8. (   )란 하나 이상의 조음적 또는 청음적 속성을 공유하는 음성 집단을 일컫는다. 영어의 [m, n, ŋ]은 비음이다.

9. 어떤 음이 인접음의 음성적 속성으로 인접음과 비슷해지는 현상을 (   )라고 한다. 위치동화, 구개음화, 비음화 등이 있다.

10. (   )란 어떤 음이 인접하는 음과 다르게 변화하는 현상이다.

11. (   )란 자음과 모음이 결합할 때 뒤에 오는 모음 /i/나 /j/의 영향으로 자음이 원래 위치보다 경구개 쪽으로 접근하여 발음되는 현상이다.

12. (   )이란 자음이나 모음의 결합이 무제한적으로 올 수 없으며 언어마다 가능한 결합할 수 있는 제약을 말한다. 영어에서 [*pk]를 허용하지 않는다.

13. (   )이란 음소가 모여 이루어진 소리의 단위로서, 발음할 때 한 뭉치를 이루는 소리의 덩어리를 음절이라고 한다.

정답 : 1. 음운론, 2. 음소(분절 음운), 3. (변)이음, 4. 최소(대립)쌍, 5. 대조적, 6. 상보적, 7. 장애음/공명음, 8. 자연 부류, 9. 동화, 10. 이화, 11. 구개음화, 12. 음소배열제약, 13. 음절

1. 다음 진술은 참인가? 거짓인가?

> [l]과 [r]은 영어에서는 각각 음소의 자격을 갖지만 한국어에서는 한 음소의 변이음으로 존재한다.

2. 다음의 발음 중 음소와 문자의 수가 일치하는 것은?
① little   ② phoneme
③ shore   ④ minimal
⑤ tough

3. 다음 중 언어의 음소 설정에 대한 설명으로 **옳은** 것은?
① 최소 대립쌍을 이루는 두 단어의 뜻을 달리하는 두 소리는 동일한 음소의 이음이다.
② 자유 변이를 이루는 두 소리는 한 음소의 이음이다.
③ 대조적 분포를 이루는 두 소리는 동일한 음소의 이음이다.
④ 상보적 분포를 이루는 두 소리는 서로 다른 음소의 이음이다.
⑤ 실제 발음이 다른 말소리는 모두 서로 다른 음소의 이음이다.

4. 다음 음절 구조 중 옳지 **않은** 것은?
① 밥 : CVC
② 엄마 : CVCCV
③ 대학생 : CVCVCCVC
④ 바이러스 : CVVCVCV
⑤ 비빔밥 : CVCVCCVC

정답 : 1. 참, 2. ④ [mɪnɪməl], 3. ②, 4. ②

1. 다음 미크로네시아에서 사용하는 모킬어(Mokilese) 자료를 보고 각 질문에 답해 보시오([i̥]와 [u̥]는 무성음화된 [i]와 [u]이다).

보기			
[kaskas]	'to throw'	[poki]	'to strike'
[ludd͡ʒuk]	'to tackle'	[kamwki̥ti]	'to move'
[pil]	'water'	[kisa]	'we two'
[uduk]	'flesh'	[pu̥ko]	'basket'
[dupu̥kda]	'bought'	[pi̥san]	'full of leaves'
[apid]	'outrigger support'	[su̥pwo]	'firewood'

(1) [i, i̥]와 [u, u̥]의 최소쌍이 있는가? 없으면 각 음이 나타나는 음성 환경을 적으시오.

_____

_____

(2) 각 쌍에서 그들이 동일한 음소의 이음들인지 서로 다른 음소들의 이음들인지를 결정하고 증거 예시를 제공하시오.

_____

_____

(3) 만약 그들이 동일한 음소의 이음들이라면 각각의 소리가 어떤 음성 환경에서 발음되는지를 기술하고 음소형을 결정하시오.

_____

_____

(4) 이에 대해 자연 부류를 이용하여 일반화나 음운규칙을 제공하시오.

_____

_____

2. 다음 동슬라브의 우크라이나어의 [s], [sʲ], [ʃ], [ʃʲ] 대해 각 질문에 답하시오.

보기

[mɪska] 'bowl'	[lɪs] 'fox'	[sum] 'sadness'
[koʃʲi] 'baskets'	[posadu] 'job' (acc.)	[ʃum] 'rustling'
[sosna] 'pine'	[sʲomɪj] 'seventh'	[ʃapka] 'hat'
[ʃila] 'she sewed'	[mɪʃka] 'little mouse'	[ʃostɪj] 'sixth'
[mɪʃʲi] 'mice'	[lɪsʲ] 'sheen'	[ʃʲistʲ] 'six'
[sɪla] 'strength'	[sapka] 'little hoe'	[lɪʃ] 'lest'
[sudɪ] 'trials'	[sʲudɪ] 'hither'	[posʲadu] 'I will occupy'

(1) 보기의 단어 중 최소쌍을 모두 적으시오.

_____

_____

(2) 대립되는 세 쌍이 있는가? 있으면 적으시오. [s], [sʲ], [ʃ], [ʃʲ] 중 대조적 분포에 있는 3개 음은?

_____

(3) 특정 모음 앞에서 나타나는 자음은? 특정 모음은 어떤 것인가? 음운규칙을 만들어보시오.

_____

_____

(4) 질문 3에 자음은 어떤 분포를 가지는가?

_____

3. 다음 영어 자료를 보고 각 음성형이 도출될 수 있도록 음운규칙을 적으시오.

a. little   /lɪtl/   →   [lɪɾl]   _____

b. late bell   /leɪt bɛl/   →   [leɪp bɛl]   _____

c. park   /park/   →   [pʰark]   _____

d. lance   /læns/   →   [lænts]   _____

4. 다음을 열거된 음들을 자연 부류로 또는 자연 부류는 음으로 나열하시오.

　　a. 치경장애음(alveolar obstruents)　　　→

　　b. 유성 양순음(voiced labial consonants)　→

　　c. low vowels(저모음)　　　　　　　　　→

　　d. [r, l]　　　　　　　　　　　　　　　→

　　e. [f, θ, s, ʃ, h]　　　　　　　　　　　　→

　　f. [i, u]　　　　　　　　　　　　　　　→

정답 : 1. (1) 최소쌍은 없다.

[i]	[i̥]	[u]	[u̥]
t_#	p_s	d_p	p_k
k_#	k_s	#_d	s_p
p_l	k_t	d_k	
p_d		ʤ_k	
		l_d	

(2) [i]와 [i̥] 그리고 [u]와 [u̥]는 동일한 음소의 이음들이다. 최소쌍이 없는 것이 증거이다. (3) [i̥]와 [u̥]는 반드시 무성음 사이에서만 발음되어 예측 가능하다. (4) 무성음화 규칙 : [i] 또는 [u] → [i̥] 또는 [u̥]/무성음_무성음, 일반화 : 모음 [i]와 [u]는 무성음 사이에서 무성음화된다.

2. (1) 최소쌍은 [mɪska]/[mɪʃka], [sapka]/[ʃapka], [sɪla]/[ʃila], [sum]/[ʃum], [sudɪ]/[sʲudɪ], [posadu]/[posʲadu]이다. (2) 있다. [lis]/[lisʲ]/[liʃ]이며 [s], [sʲ], [ʃ]는 대조적 분포를 이룬다. (3) 일반화 : 자음 [ʃ]이며, 이 자음은 특정 모음 [i] 앞에서만 발음된다. 구개음화 규칙 : [ʃ] → [ʃʲ]/_[i], (4) [ʃ]와 [ʃʲ]는 서로 상보적 분포에 있다.

3. a.탄설음화(flapping) : /t/ → [ɾ]/v_[l], b. 위치동화(place assimilation) : /t/ → [p]/_ 양순음(bilabial), c. 유기음화(aspiration) : /p/ → [pʰ]/#_, d. /t/-삽입(insertaion) : ø → [t]/[n]_[s]

4. a. /t, d, s, z/ b. /b, m, w/, c. /a, æ, (ʌ)/, d. 치경근접음(alveolar approximants), e. 무성마찰음(voiceless fricatives), f. 긴장고모음(high tense vowels)

형태론에서는 단어와 단어보다 더 작은 단위인 형태소를 살펴본다. 의미와 문법 기능을 가진 가장 적은 단위인 형태소를 통해 단어의 내부 구조를 알 수 있다.

형태론 :
단어 구조

- 형태론이 무엇인지 정의할 수 있다.
- 형태소와 이형태소가 무엇인지를 말할 수 있다.
- 파생접사와 굴절접사의 차이를 말할 수 있다.
- 단어의 형성 과정에 대해 말할 수 있다.
- 언어를 유형별로 분류할 수 있다.

🗨 **시작하기**

1. 형태론이란?
2. 형태소와 이형태(소)란?
3. 어떤 종류의 형태소가 있는가?
4. 파생과 굴절이란? 각 형태소 유형은?
5. 형태론적 과정에는 무엇이 있는가?

형태론이란

음성학과 음운론이 말소리를 다루는 분야라면, 형태론은 단어(words)를 다루는 분야이다. 단어는 사전적 지식을 통해 그 의미와 발음 등을 접할 수 있다. 단어는 문법의 한 구성요소이며 언어적 지식에서 중요한 역할을 담당한다. 이 장에서는 단어가 무엇이고, 단어에 대해 안다고 할 때 무엇을 알고 있는지 살펴보고자 한다.

어원을 살펴보면, 형태론은 영어로 'morphology'라고 하며, 그리스어에서 유래되었는데, 형태(form)를 의미하는 'morphe'와 과학을 의미하는 '-logy'가 결합하여 'morphology'가 생성되었다. 어원상 의미는 '단어 형태들에 대한 과학'이다. 앞서 음성학적 지식이나 음운론적 지식과 마찬가지로 형태론에 관한 지식도 형태론을 공부해야만이 무엇에 관한 지식인지 설명할 수 있다.

> 형태론은 단어가 어떻게 형태소로 구성되는지에 대한 연구다. 그것은 단어 형성, 즉 단어를 만드는 것과 단어의 표시에 관한 연구다. 단어는 더 작은 단위로 분리할 수 있는데, 의미 또는 문법 기능을 가진 가장 작은 언어 단위를 형태소라고 한다.

형태론(morphology)은 단어의 구조를 연구하는 학문이다. 단어가 어떻게 형성되는지 그 내부적인 구조가 어떠한지를 연구한다. 단어에 구조가 있다는 말은 단어를 구성하는 요소들이 있어서 이것들이 규칙적인 배열을 이룬다는 의미이다. 즉, 단어보다 더 작은 단위가 있다는 말이며 그것이 바로 형태소이다. 단어는 매우 친숙한 개념이지만 형태소는 그렇지 않다. 형태론에서는 바로 이 형태소를 연구 대상으로 삼는다. **형태소**(morpheme)란 '의미를 가진 최소의 문법 단위'이다. 형태론에서는 단어를 구성하는 다양한 종류의 형태소들을 중심으로 단어가 어떻게 만들어지는지와 단어들 간에 문법적인 관계가 어떻게 이루어지는지를 연구한다.

언어를 접할 때 가장 먼저 접하는 것이 바로 단어들이다. 무수히 많은 단어들을 이해하고 암기하면서 차츰 목표 언어에 대한 지식을 확장해 갈 수 있다. 어떤 언어의 단어를 아는 것은 그 언어의 본질적인 지식에 속한다. 하지만 단어를 안다고 해서 그 단어들이 어떻게 만들어졌는지 또는 어떻게 형성되었는지에 관한 단어의 내부 구조까지 알지 못한다. 이런 지식을 획득하기 위해서는 형태론적인 연습과 훈련이 필요하다.

예를 들어, 단어 'happy'와 'happiness'의 차이를 알아보자. 아마도 'happy'는 '행복한' 의미의 형용사이고, 'happiness'는 'happy'에 '-ness'가 붙여져 '행복'이라는 명사이다. 두 단어는 사전에서 말하는 의미와 품사의 차이뿐 아니라 구조와 기능에 있어서도 그 차이가 존재한다. 형태론적으로 말하자면, 'happy'는 더 이상 분리할 수 없는 단어에 속하지만(즉, 1개의 단어이면서 1개의 형태소), 'happiness'는 1개의 단어지만 'happy'와 '-ness'인 2개의 형태소로 분리할 수 있다. 또한 'happy'는 독립적으로 쓸 수 있지만, '-ness'는 그럴 수 없다. '-ness'를 단어라고 부를 수 없지만, 명사를 만드는 문법적인 기능을 하는 중요한 형태적인 요소이다. 때문에 단어와는 다른 이름이 필요하다. 그게 바로 형태소이다. 단어를 더 작은 단위로 쪼갤 수 있는 단위가 바로 형태소인 셈이다. 단어를 형태소로 분리할 수 있는 것은 영어뿐 아니라 한국어를 비롯하여 모든 언어에서 가능하다.

단어, 형태소, 이형태소

화자가 연속적으로 이야기를 할 때, 청자는 이를 작은 단위로 쪼개서 이해할 수 있다. 대화는 여러 개의 문장들로, 하나의 문장은 여러 개의 단어로, 단어는 의미를 지닌 단위인 형태소로 구성된다.

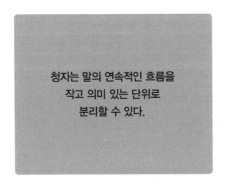

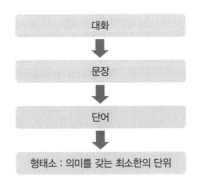

형태소의 이론적 설명만으로 이해가 어렵다면 아무 단어 하나를 골라 형태소를 분리해보면 쉽게 이해할 수 있다. 1개의 단어는 1개의 형태소로, 하나 또는 2개, 많게는 4개 이상의 형태소로 구성될 수도 있다.

하나의 단어와 형태소(들)

- 1개의 형태소 : happy, boy, fling, succotash, massachusetts
- 2개의 형태소 : un-happy, boy-ish, character-istic
- 3개의 형태소 : boy-ish-ness, desire-able-ity
- 4개의 형태소 : gentle-man-li-ness, un-desire-able-ity

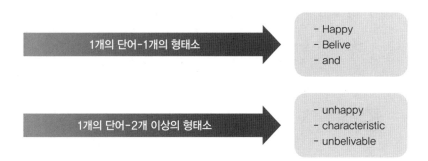

- 4개 이상의 형태소 : un-gentle-man-li-ness,

  anti-dis-establish-ment-ari-an-ism

  (형태소 분리는 '-'를 이용한다.)

   상기한 예시와 같이 문장에서 단어를 찾기는 쉬우나, 단어에서 형태소를 분리하기는 쉽지 않다. 단어를 형태소로 분해하는 지식은 분리성(discreteness)이란 언어 속성에 속한다. 반대로 분리된 형태소는 작은 단위에서 큰 단위로 결합할 수 있다. 즉, 말소리들이 결합하여 형태소로, 형태소는 결합하여 단어로, 단어들은 결합하여 더 큰 단위인 구나 문장으로 만들어진다. 이렇게 분리할 수 있는 언어 능력은 인간 언어와 다른 종의 의사소통 수단과 구분되는 속성으로 제1장에서 기술하였다. 단어를 형태소로 분리하는 것은 새로운 언어학적 지식으로 꾸준한 연습이 필요하다.

a. She is <u>kind</u>. →

b. He <u>loves</u> you. →

c. <u>Unhappiness</u> is up to someone's mind. →

정답 : 단어 'kind'는 'happy'처럼 더 이상 쪼갤 수 없는 하나의 형태소이다. 단어 'loves'는 'love'라는 동사와 3인칭 단수의 문법적 기능을 표시하는 '-s'로 구성된 2개의 형태소를 가진다. 단어 'unhappiness'는 부정의 의미를 가진 형태소 '-un'과 형용사 'happy', 명사형을 만드는 형태소 '-ness'가 결합되어 3개의 형태소를 구성한다.

> **보기** rejoin, catsup, greedy, spacious, comfortable, reconditioned, sense-less, thick, fling, cats

정답 : re-join, catsup, greed-y, space-ious, comfort-able, re-condition-ed, sense-less, thick, fling, cat-s

음운론에서 음소의 서로 다른 변이음을 가리켜 이음이라고 하였는데, 형태론에서 형태소의 서로 다른 변이형들을 가리켜 **이형태**(allomorph)라고 한다. 이들은 문법적 기능이 동일할 뿐 아니라 발음도 유사한 변이형들을 일컫는다. 영어에서 규칙적인 과거형(-ed), 3인칭 단수(-(e)s), 복수(-(e)s)를 나타내는 대표적인 이형태들은 다음과 같다.

영어의 대표적인 이형태소(규칙동사)

- -ed(과거시제):[t], [d], [ɪd](예 : ask<u>ed</u>, lov<u>ed</u>, start<u>ed</u>)
- -(e)s(3인칭 단수) : [s], [z], [ɪz](예 : ask<u>s</u>, lov<u>es</u>, catch<u>es</u>)
- -(e)s(복수) : [s], [z], [ɪz](예 : cat<u>s</u>, dog<u>s</u>, hous<u>es</u>)

과거시제 형태소 '-ed'는 발음상 3개의 이형태소 [t], [d], [ɪd]를 가진다. 이들은 음운 환경에 따라 각기 다르게 발음된다. 단어가 무성음으로 끝나면 [t]로 발음되고, 유성음으로 끝나면 [d]로 발음되며, [t]나 [d]로 끝나면 [ɪd]로 발음된다. 3인칭 단수와 복수도 마찬가지이다. 주어가 3인칭 단수임을 나타내는 동사의 형태소 '-(e)s'는 무성음으로 끝나면 [s]로 발음하고, 유성음으로 끝나면 [z]로 발음하고, 치찰음 [s, z, ʃ, ʒ, ʧ, ʤ]로 끝날 때는 [ɪz]로 발음한다. 음운 환경에 따라 3개의 서로 다른 이형태를 가진다. 발음의 원리는 복수형 '-(e)s'에도 그대로 적용되어 3개의 이형태소 [s], [z], [ɪz]를 가진다. 하지만 불규칙 복수 형태소는 음운 환경과는 상관없이 다른 이형태로 실현될 수 있다.

영어의 복수 이형태소(불규칙명사)
child-children, datum-data,
alumnus-alumni, sheep-sheep

영어와 마찬가지로 한국어도 문장을 단어로, 단어를 의미 있는 최소 단위인 형태소로 다음과 같이 나눌 수 있다.

한국어 문장의 단어와 형태소
나는 오늘 밥을 먹었다. (4개의 단어)
나-는 오늘 밥-을 먹-었-다. (8개의 형태소)

'오늘'은 하나의 단어이면서 하나의 형태소이고, '나-는'과 '밥-을'은 하나의 단어이지만 2개의 형태소이며, '먹-었-다'는 하나의 단어이지만 3개의 형태소를 가진다. 한국어가 영어와 다른 게 있다면, 한국어에는 영어에 없는 조사(주격, 소유격, 목적격)라고 불리는 형태소들이 있다. 주어 뒤에 붙는 주격 조사 '-은, -는, -이, -가'가 있고, 소유격 뒤에 붙는 소유격 조사 '-의'가 있으며, 목적어 뒤에 붙는 목적격 조사 '-을, -를'이 있다. 그 외에도 여러 유형의 조사들이 명사 뒤에 붙어서 나온다. 이들 조사들은 이형태와 관련이 있다. 영어와 마찬가지로 한국어에도 이형태가 존재하는데 다음 예를 살펴보자.

한국어 조사의 이형태들
교수는 : 학생은
교수가 : 학생의
교수를 : 학생을

자러 : 먹으러

바다로 : 강으로

문장의 주어를 표시하는 주격 조사 '-는, -은'과 '-이, -가'는 영어에서와 마찬가지로 단어가 끝나는 소리가 자음인지 모음인지 음운 환경에 따라 형태소가 결정된다. 모음으로 끝나면 '-는' 또는 '-가'가 오고, 자음으로 끝나면 '-은' 또는 '-이'가 온다. 목적격 조사인 '-를'과 '-을'도 마찬가지로 모음으로 끝날 때는 '-를'을, 자음으로 끝날 때는 '-을'을 사용한다. 이들 모두 하나의 문법적 의미를 가진 형태소의 이형태들에 속한다. 이 외에도 동일한 의미이면서 문법적 기능을 가진 이형태들이 음운 환경에 따라 다수 존재한다.

파생과 굴절

모든 언어에는 많은 양의 단어가 존재한다. 이 단어들은 언어 사용자들이 언어를 습득할 때 하나씩 차곡차곡 뇌에 저장해 두는 마음속 사전이다. 이를 **어휘부**(lexicon)라고 부른다. 어휘부는 단어들은 물론, 단어들의 형태, 발음, 그리고 의미를 포함하고 있으며, 더불어 형태론적, 통사론적 속성까지 포함하며, 어휘적 표현들에 대한 총체적인 언어 정보를 알려주는 정신적 저장고이다. 뇌에 이런 어휘부를 가지고 있기 때문에, 어떤 단어를 접할 때마다 어휘적 정보를 끄집어 낼 수 있다.

어휘부에는 어떤 정보가 저장되어 있는가? 'cat'이란 단어와 'dog'란 단어가 동일한 단어인지 아닌지를 묻는다면 서로 다른 단어라고 쉽게 대답할 수 있다. 이는 'cat'에 대한 어휘적 정보와 'dog'에 대한 어휘적 정보가 인간의 뇌 속 어휘부에 이미 저장되어 있기 때문에 가능하다. 즉, 이미 내재화된 정보는 필요할 때마다 꺼내서 사용하면 되는 것이다. 어휘부에 없는 정보는 어떻게 해야 하는가? 예를 들어, 'cat'과 'catty'는 동일한 단어인가? 또는 'cat'과 'cats'는 동일한 단어인가? 라고 묻는다면 선뜻 쉽게 대답하지 못할 것이다. 왜 그런가? 대답할 수 있는 정보가 어휘부에 저장되어 있지 않기 때문이다. 질문에 정확히 답하기 위해서는 새로운 지식이 필요하며 언어학적 지식 중, 형태론적인 지식이 필요하다. 형태론적 지식이 없는 일반인이라면 질문에 정확하게 답하기 어려울 수 있다. 이것이 형태론을 공부하는 이유이며, 공부한 후에는 일반인이 대답할 수 없는 질문에 답할 수 있을 뿐만 아니라, 단어에 대한 본질적인 지식을 가질 수 있다.

　앞선 질문에 대답하기 위해서, 단어에 대한 평범한 지식 외에 형태론적인 지식이 부가적으로 더 필요하다. 부가적인 지식으로 소개할 개념이 바로 파생과 굴절이다. 이들은 단어를 형성하는 매우 중요한 형태론적 과정이다. **파생**(derivation)이란 원래 단어에 어떤 형태소가 단어 앞 또는 뒤에 붙음으로써 그 단어의 어휘 범주나 의미를 변화시켜 새로운 단어를 만들어가는 과정인 반면에 **굴절**(inflection)이란 형태소가 붙음으로써 어떤 단어의 문법적 기능이나 정보를 제공하는 과정이다. 앞뒤에 붙는 형태소를 가리켜 접사라고 부른다. 접사는 크게 두 가지 종류로 나뉘는 데, 접사가 붙어 새로운 단어가 만들어지면 파생접사(derivational affixes)에 속하고, 그렇지 않으면 굴절접사에 속한다.

접사

단어 'cat', 'catty', 'cats'를 통해 접사의 차이를 이해하고 그 외 형태소 유형에 대해 알아보자. 세 단어는 모두 공통적으로 'cat'을 포함한다. 단어 'cat'은 세 단어 모두에서 실질적 의미를 가지는 중심 단어에 해당되는데 이를 **어근**(root 또는 base)이라고 한다. 즉, 단어의 뿌리인 셈이다. 어근 앞이나 뒤에 붙어 단어의 어휘 범주나 의미를 변화시키거나 또는 문법적 정보를 제공하는 것을 **접사**(affix)라고 한다. 일반적으로 모든 단어는 실질적 의미를 가지는 중심 부분인 하나의 어근과 문법적 의미를 가진 하나 이상의 접사가 결합한다. 'cat-y'나 'cat-s'의 '-y'와 '-s'처럼 어근 뒤에 붙는 접사를 **접미사**(suffix), 'un-happy'나 're-write'의 'un-'이나 're-'처럼 어근의 앞에 붙는 접사를 접두사(prefix)라고 한다. 즉, 단어의 내부 구성요소는 '**접두사**(들)-어근-접미사(들)'로 구성된다. 이는 영어뿐 아니라 모든 언어에 공통적이다.

　한국어에도 '교수-는'이나 '학생-은'에서 '-는'이나 '-은'은 접미사에 속하고, '치-솟다'나 '갓-피다'의 '치-'나 '갓-'은 접두사에 속한다. 접두사나 접미사는 1개 이상으로 구성될 수 있다. 아주 긴 단어 'anti-dis-establish-ment-ari-an-ism'의 어근이 무엇이고 몇 개의 접두사와 접미사로 구성되는지를 살펴보자. 아무리 긴 단어라 하더라도, 이 단어는 'establish'라는 하나의 어근에 'anti-'와 'dis-'라는 2개의 접두사와 '-ment', '-ari', '-an', '-ism'의 4개의 접미사로 구성된다. 각각의 형태소들은 각각의 의미나 문법적인 기능을 가지고 있다.

언어에 따라서는 어근의 중간을 파고드는 **접요사**(infix)가 있으나 한국어에는 존재하지 않는다. 영어의 경우에도, 접두사와 접미사가 대부분이며 간혹 속어적 표현인 '지긋지긋한, 억수로' 의미인 접요사 'fucking'을 단어 사이 또는 문장 사이에 끼워 사용하는 경우가 있는데(예 : fan-fucking-tastic, It's fucking romantic), 속어나 비어를 사용하는 영화 등에서 많이 사용되며, 보통은 뭔가 강조하거나, 성적 모욕을 주거나 부정적인 어감으로 느낌을 강하게 전달하기 위해 사용한다.

지금까지 배운 파생과 굴절 그리고 접사를 토대로 앞서 질문에 대답해 보자. 질문은 'cat'과 'cats'는 동일한 단어인가? 그리고 'cat'과 'catty'는 동일한 단어인가? 였다. 간단히 대답하면, 'cat'와 'cats'는 동일한 단어에 속하지만, 'cat'와 'catty'는 동일한 단어에 속하지 않는다. 형태론적으로 이유를 설명하면, '-s'는 새로운 단어를 만들지 못하는 굴절접사에 속하고, '-y'는 새로운 단어를 만들 수 있는 파생접사에 속하기 때문이다. 그렇다면 단어 'cat-y'와 'cat-s'에 붙은 접미사를 비교해보자. 두 단어 모두 어근에 속하는 'cat'을 포함하고 있다. 'cat'의 어휘적 범주는 명사형이며, '고양이'라는 의미이다. 어근 'cat'에 '-y'가 붙으며, 'catty'라는 새로운 단어를 만들어내는데, 어휘적 범주는 형용사형이 되고, 고양이라는 의미를 포함하지 않은 '앙심을 품은'이라는 새로운 의미를 파생한다. 이렇게 형태소가 붙어서 새로운 단어와 의미를 만들어내는 형태론적 과정을 파생이라고 하며 그런 종류의 접사를 파생접사라고 한다. 반면에 'cat'과 'cats'는 어휘적 범주와 '고양이'라는 의미 모두 변화가 없다. 변화가 있다면 문법적인 측면이다. 'cat'에 접미사 '-s'가 붙음에 따라 단수에서 복수라는 문법적 정보를 가졌을 뿐이며, 새로운 단어를 만들어냈다고 보기 어려운 데, 이런 형태론적 과정을 굴절이라고 하며, 이들 형태소를 가리켜 굴절접사라고 한다. 접사들은 문법적 기능을 담당하느냐 또는 새로운 단어를 만들어내느냐에 따라 크게 파생접사와 굴절접사로 구분할 수 있다.

파생접사와 굴절접사

파생접사(derivation affix)란 새로운 단어를 만들어내는 접사로, 주로 접사가 어근에 붙음으로 인해 단어의 품사를 변화시키거나 의미를 변화시켜 어근과는 다른 새로운 단어를 만들어내는 접사를 가리킨다. 예를 들어, 형용사 'happy'에 접미사 '-ness'가 붙음으로써 'happiness'라는 명사를 만들어내고(즉, 품사의 변화), 'happy'에 부정을 의미하는 'un-' 접두사가 붙음으로써 'unhappy'라는 전혀 반대되는 의미의 단어를 만들어낸다(즉, 의미의 변화). 상기한 예에서 알 수 있듯이 파생접사는 어근의 앞에 붙는 접두사일 수도, 어근의 뒤에 붙는 접미사일 수도 있다. 그리고 영어에 거의 모든 접사는 파생접사에 속한다. 다양한 파생접사는 어근이라는 한정된 자원으로 어휘적으로 수많은 단어를 새롭게 만들어낼 수 있는 중요한 수단인 셈이다. 이들로 인해 지금도 계속해서 새로운 단어는 만들어지고 있는 것이다. 몇 개 대표적인 파생접사들을 살펴보면 다음과 같다.

영어 파생접사

- accurate(adj.) - inaccurate(adj) : 접두사 in-이 붙어 부정의 의미로 전환된다.
- write(v.) - rewrite(v.) : 접두사 re-가 붙어 '다시 쓰다'라는 의미로 새로운 단어가 생겨난다.
- child(n) - childhood(n.) : 접미사 -hood가 붙어 어린이의 의미가 어린 상태의 의미로 전환된다.
- establish(v.) - establishment(n.) : 접미사 -ment가 붙어 동사에서 명사로 전환된다.
- teach(v.) - teacher(n) : 접미사 -er이 붙어 동사에서 명사로 전환된다.
- power(n) - powerless(adj.) : 없는 의미를 가진 -less가 붙어 '힘'이라는 명사에서 '힘이 없는' 이라는 형용사로 전환된다.
- kind(adj.) - kindly(adv.) : '친절한' 의미를 지닌 형용사에서 접미사-ly가 붙어 '친절하게'라는 부사로 전환된다.

파생접사는 한국어에도 많이 찾아볼 수 있다. '정치, 놀이, 양복'이라는 명사에 '-가, -꾼, -장이'의 접미사가 붙어 '그러한 일을 하는 사람' 또는 '그것과 관련이 있는 일을 하는 사람'이라는 새로운 단어가 만들어진다. '아름답다, 여자답다, 걱정스럽다'의 '-답-, -롭-, -스럽-'의 접미사들은 명사 어간에 붙어서 '아름다운, 여자다운, 걱정스러운'이라는 형용사를 만들어낸다. 또는 '치솟다, 치대다'의 'ㅊ-', '들볶다, 들쑤시다'의 '들-'은 동사 '솟다, 대다' 앞에 붙어서 새로운 단어를 만들어내는 접두사이다.

파생과 대립되는 형태적 과정이 굴절이다. 새로운 단어를 탄생시키는 파생접사와는 달리 **굴절접사**(inflectional affix)는 단순히 문법적 기능을 담당하는 접사이다. 굴절접사는 모두 접미사로만 구성되어있으며, 어근에 붙더라도 어근과 다른 새로운 의미나 품사를 변화시키지 않는다. 예를 들어, 문법적 기능을 담당하는 시제(현재, 과거, 미래)와 상(진행이나 완료), 양상(추정, 필연), 서법(평서문, 의문문, 명령문) 등의 접미사로 대개 동사 뒤에 붙는다. 다행스럽게도 영어에서 굴절접사에 해당되는 경우들은 다음 여덟 가지뿐이다. 이 외는 모두 파생접사에 속하므로, 다음의 굴절접사만 잘 기억하면 된다.

영어의 굴절접사			
기능	접사	어간품사	예시
3인칭현재단수	-s	동사	She walks.
과거시제	-ed	동사	She walked.
현재진행시제	-ing	동사	She is walking.
과거완료시제	-en	동사	She has walked.
복수	-s	명사	The cats are in the room.
소유격	-'s	명사	This is my sister's cat.
비교급	-er	형용사/부사	Jane is taller than me.
최상급	-est	형용사/부사	Jane is the tallest of all.

예시한 바와 같이 영어 굴절접사는 모두 어근 뒤에 나오는 접미사들로 문장에서 문법적 기능을 담당한다. 예를 들어, 'I walk'와 'She walks'에서 'walks'는 문장의 주어가 3인칭 단수일 때 현재형으로 굴절접사 '-s'가 쓰이고, 'walked'에는 과거를 의미하는 굴절접사 '-ed'가 쓰인다. 이외에도 진행형을 의미하는 '-ing'와 완료를 지시하는 '-en' 그리고 복수를 의미하는 '-s'와, 소유를 의미하는 -'s가 있고, 비교와 최상급을 지시하는 '-er/-est'가 있다. 영어의 굴절접사는 이들 8개 접미사들뿐이다. 이들을

제외하고는 모두 파생접사에 속한다.

　　한국어를 대표하는 굴절접사들은 주격을 의미하는 '-는, -은, -이, -가' 등이 있고, 소유격을 의미하는 '-의'와, 목적격을 의미하는 '-을/를'과, 그리고 여격을 의미하는 '-에게', 장소나 위치를 의미하는 '-(으)로'가 있고, 복수를 의미하는 '-들'이나 과거시제를 의미하는 '-았/었'이 있다.

> **연습**　다음 문장의 단어를 형태소로 나누어보자. 굴절접사들을 찾아서 그들이 각각 어떤 문법적 기능을 담당하는지 말해보시오.
>
> > **보기**　우리들은 어제 선생님을 뵈었습니다.
>
> **정답** : 우리-들-은　　어제　　선생-님-을　　뵈-었-습니다.
> 　　　　(-들- : 복수접미사, -은 : 주격접미사, -님- : 존대접미사,
> 　　　　-을 : 목적격접미사, -었- : 과거접미사, -습니다 : 술어동사)

　　파생접사는 새로운 단어를 만들어내는 과정인 반면에, 굴절접사는 새로운 단어를 형성하지 못하고 단어의 문법적인 기능을 담당하는 형태론적 과정이다. 지금까지 살펴 본 파생접사와 굴절접사의 특징을 요약하면 표 4-1과 같다.

표 4-1　파생접사와 굴절접사의 특징

파생접사	굴절접사
품사 또는 의미를 변화시킨다(happy → happiness, happy →unhappy).	품사나 의미를 변화시키지 않는다(cat →cats, walk →walked).
단어 밖 통사적 관계가 없고 단어 내 의미적 관계를 지시한다(un-kind).	문장에서 단어들 사이에 통사적 또는 의미적 관계가 존재한다(She loves him).
비생산적이다. 접사가 붙는 명사가 선택적이다(-hood는 child, neighbor, brother 등 몇 개의 명사에만 붙는다).	매우 생산적이다. 거의 모든 단어에 붙는다(복수 형태소 -s는 거의 모든 명사에 붙는다).
굴절접사 앞에 첨가되어 굴절접사보다 어근에 가까이 위치한다(govern-ment-s, *govern-s-ment).	파생접사가 다 첨가된 후 마지막에 첨가된다. (nation-al-ize-ation-s).
접두사이거나 접미사들이다.	접미사만 가능하다.

형태소의 종류

앞서 접사들은 파생접사와 굴절접사로 나뉘었다. 이들 접사, 즉 형태소들은 어떻게 쓰이느냐에 따라 여러 종류의 형태소로 분류할 수 있다.

자립형태소와 의존형태소

형태소는 홀로 독립적으로 문장에 쓰일 수 있는 자립형태소와 그렇지 못한 의존형태소로 나뉜다. **의존형태소**(bound morphemes)는 주로 문법적 기능을 담당하는 접사들처럼 문장에서 홀로 독립적으로 쓰일 수 없어, 어근이나 다른 형태소에 항상 붙어서만 사용할 수 있는 형태소이다. 예를 들어, 'cats'에서 '-s'는 홀로 사용할 수 없이 항상 명사에 붙어서만 사용할 수 있는 복수라는 문법적 기능을 담당하는 의존형태소에 속한다. 반면에 **자립형태소**(free morphemes)는 문장에서 단어처럼 홀로 독립적으로 사용할 수 있는 형태소로 다른 말로 단어의 어간이라고도 부른다. 'cats'에서 'cat'은 독립적으로 쓰일 수 있으므로 자립형태소에 속하며 동시에 어간이다.

어간과 어근

어간(stem)이란 반드시 어근을 포함한 1개 이상의 형태소로 구성되어, 단어의 주요한 의미를 제공하며, 접사가 붙을 수 있는 기반을 제공한다. 예를 들어, 'catty'의 경우, 'cat'은 어간인 동시에 어근에 속하며, '-y'는 파생접사에 속한다. 또한 'cat'은 독립적으로 사용할 수 있으므로 자립형태소에 속하며, '-y'는 그럴 수 없으므로 의존형태소에 속한다. 어간의 경우 항상 자립형태소로 쓰이지만 **어근**(root)의 경우는 그렇지 않다. 예를 들어, 단어들 'infer, confer, refer, defer, prefer, transfer'에서 '운반하는' 의미를 가진 '-fer'나 'conceive, receive, deceive'에서 '-ceive'나, 'resist, desist, consist, subsist'에서 '-sist'는 어근에 속하지만, 독립적으로 사용할 수 없어 의존어근 (bounded root)에 속하는 형태소들이다.

이제 단어와 문장을 통해 형태소를 분리해본 후, 자립형태소와 의존형태소를 구분하고, 파생접사인지 굴절접사인지 연습해 보자.

unhappiness

John reads two books.

어제 형태론을 공부했어요.

단어 'unhappiness'는 3개의 형태소(un-, -happy-, -ness)로 이루어진다. 단어 'happy'는 독립적으로 사용할 수 있고, 단어의 주요한 의미를 구성하므로 어간이면서 자립형태소에 속하고, 접두사 'un-'이나 접미사 '-ness'는 반드시 뭔가에 붙어서만 나올 수 있으므로 의존형태소이다. 'un-'은 의미의 변화를 초래하고, '-ness'는 품사의 변화를 초래하므로 파생접사이다. 즉, 'un-'은 의존파생접두사(bound derivational prefix)이고, '-ness'는 의존 파생 접미사(bound derivational suffix)이다.

문장 'John reads two books'는 'John, read, -s, two, book, -s'로 모두 6개의 형태소로 구성되어있다. 단어들 'John, read, two, book'은 홀로 쓰일 수 있어 자립형태소이지만, 'reads'와 'books'에서 3인칭 단수를 표시하는 '-s'와 복수를 의미하는 '-s'는 홀로 쓰일 수 없고, 반드시 동사 뒤에 붙어서 나오는 형태소로 의존형태소이다. 즉, '-s'는 둘 다 의존굴절 접미사이다.

한국어에도 자립형태소와 의존형태소가 있다. 보통 명사는 자립형태소인 반면에 조사나 어미는 의존형태소이다. 문장 '어제 형태론을 공부했어요'에서 자립 형태소는 '어제, 형태론, 공부'이고, 의존 형태소는 '-을, -했-, -어요'이다. '-을'은 목적격 조사, '-했-'은 과거시제, '-어요'는 서술형 어미이다.

내용형태소와 기능형태소

형태소를 분류하는 또 다른 기준으로 형태소 자체가 어휘적인 의미를 가지느냐 문법적인 의미를 가지느냐에 따라 내용 또는 어휘 형태소(content or lexical morphemes)와 기능 또는 문법 형태소(function or grammatical morphemes)로 나뉠 수 있다. 내

표 4-2 형태소의 종류

	내용형태소	기능형태소
자립형태소	어휘 범주 -명사, 동사, -형용사, 부사	문법 범주 -한정사, 전치사 -대명사, 접속사
의존형태소	의존어근 파생접사	굴절접사

용형태소는 품사 중에서 어휘 범주들에 속하는 명사, 동사, 형용사, 부사로 독립적으로 쓸 수 있는 자립어근(free roots), 그렇지 않은 의존어근, 그리고 모든 파생접사들을 포함하므로 **내용어**(content words)라고 부른다. **기능형태소**는 전치사, 한정사(determiner), 대명사, 접속사를 포함하는 자립 어근과 모든 굴절접사들을 포함하여 이들은 **기능어**(function words)라고도 부른다(예 : to, the, she, but, -s, although 등).

여러 가지 종류의 형태소를 문장이나 단어에서 찾아내는 것은 형태론을 공부해 보지 않은 일반인에게는 쉽지 않은 일이다. 형태론을 공부한 후에도 형태소란 개념에 익숙해지기 위해서는 이론에 그치지 않고 실제 언어 자료에서 형태소를 찾아내고 유형이 무엇인지를 알아내는 연습이 필요하다. 지금까지 배운 것을 질문과 대답으로 요약하고 해당되는 예시를 살펴보자.

- 형태소가 단어처럼 독립적으로 나올 수 있는가?
  예 → 자립형태소(예 : dog, cat, 물)
  아니요 → 의존형태소(예 : '-는' in 나는, '-ed' in walked)
- 단어의 주요 의미를 가지는가?
  예 → 어간(예 : 'happy' in happier, happiness)
  아니요 → 접사(예 : '-었'- in 물었다)
- 의미나 품사를 변화시켜 새로운 단어를 만드는가?
  예 → 파생접사(예 : '-er' in teacher, re- in rewind)
  아니요 → 굴절접사(예 : '-s' in dogs, '-est' in smartest)
- 어휘적이거나 의미를 변화시키는가?
  예 → 내용형태소(예 : dog, '-fer' in refer, 'un-' in untrue)
  아니요 → 기능형태소(예 : to, and, '-s' in cats)

형태론적 조어 형성 과정

세상에는 무수히 많은 단어가 이미 존재하지만, 자고 일어나면 모르는 단어가 생길 정도로 새로운 단어는 끊임없이 생겨나고 있다. 이렇게 새로 생긴 단어들을 일컬어 **신조어**(neologism or newly coined word)라고 부른다. 신조어의 출현은 세상의 변화와 매우 밀접하게 관련되어, 대다수의 신조어들은 정치, 경제, 사회, 교육, 문화적인 측면에서 일련의 변화나 사건에 의해 만들어진다. 또한 세대나 연령을 반영한 신조어들이 급증하는 추세이다. 특히 아날로그 시대에서 디지털 시대로의 전환은 수많은 신조어를 양산시켰다. 최근에 발생한 주목할 만한 신조어는 2019년 12월 이후 전 세계인을 공포로 몰아놓은 코로나 19(COVID-19) 바이러스로 인한 코로나 **팬데믹**(pandemic)이다. 팬데믹이란 전염병의 대유행이란 의미로 세계보건기구(WHO)에서 나누는 6단계의 전염병 경고 단계이다. 코로나 전과 후로 시대를 나눌 정도로 획기적인 사건이며 백신이 나왔지만 코로나 바이러스 변종의 출현으로 언제 종식될지 모르며, 이 책을 쓰고 있는 지금도 현재진행형이다. 어떤 신조어들은 자리 잡아 정착하기도 하지만, 대부분의 신조어들은 유행처럼 왔다가 지나가기도 한다.

이들 신조어가 만들어지는 과정은 **조어 형성 과정**(word formation process)이며, 이런 과정은 일련의 형태론적 규칙에 의해서 만들어진다. 새로운 단어가 만들어지는 방법은 여러 가지가 있는 데, 그중에서 대표적인 몇 가지 과정들을 영어와 한국어를 중심으로 소개하였다.

접사화

조어 형성에서 가장 대표적인 과정은 **접사화**(affixation)이다. 어근이나 어간에 접사 (affixes)들이 붙어서 단어를 형성하는 과정이다. 단어 앞에 접두사가 붙을 때 **접두사 화**(prefixation)라고 하고, 단어 뒤에 접미사가 붙을 때 **접미사화**(suffixation)라고 한 다. 표 4-3의 영어와 한국어 예를 살펴보자.

　접요사화(infixation)는 어근의 중간에 붙어서 단어를 형성하는 과정이다. 한국어나 영어에는 찾기 어렵다. 간혹 'doubtfully'의 경우 '-ful-'이 접요사라고 오해할 수 있는 데, 'doubt'라는 명사 어근에 형용사를 만드는 접미사 '-ful'이 붙어 'doubtful'이라는 형용사를 형성하고, 그다음에 부사를 만드는 접미사 '-ly'가 붙어 'doubtfully'가 형성된 것이다. 접요사화의 대표적인 예로 필리핀어인 타갈로그어(Tagalog)를 살펴보자. 필리 핀 어에서는 'to-'부정사를 만드는 데 접요사 '-um-'이 동사 어간 중간에 삽입된다.

동사	어간	to-부정사	
sulat	'write'	sumulat	'to write'
bili	'buy'	bumili	'to buy'
kua	'take, get'	kumuha	'to take, to get'

표 4-3　접두사화와 접미사화

	접두사화		접미사화	
	접두사	예시	접미사	예시
영어	un- pre- con- dis-	unkind president conclude discourage	-ful -ly -ness -ment	doubtful doubtfully happiness movement
한국어	큰-, 증조-	큰아버지 증조할아버지	-님, -꾼 -부, -복	선생님, 소리꾼 청소부, 운동복

합성어

하나의 단어에 하나 이상의 접사가 결합하여 새로운 단어를 만드는 접사화 과정과는 달리, **합성**(compounding)은 2개 이상의 단어가 결합하여 새로운 단어가 만들어진다. 합성어를 흔히 복합어(compound word)라고도 부른다. 영어 합성어(English compounding)의 예를 살펴보자.

영어 합성어

ⓐ 자립형태소-자립형태소 : girl friend, blackbird, textbook, Whitehouse

ⓑ 접사화된 단어-자립형태소 : air-conditioner, looking-glass, watch-maker

ⓒ 합성어-자립형태소 : lifeguard chair, aircraft carrier, life-insurance salesman

ⓐ는 서로 다른 자립형태소들이 결합되어 새로운 단어를 만들고, ⓑ는 접사화로 만들어진 단어가 자립형태소와 결합하여 새로운 합성어를 만들고, ⓒ는 합성어가 다시 합성어와 결합되어 새로운 단어를 형성한다.

한국어의 합성어의 예를 살펴보자. 두 단어가 본래의 의미를 유지하면서 동등한 자격으로 결합되는 **병렬 합성어**로 '창문(창-문), 동서(동-서), 마소(말-소), 흑백(흑-백), 오가다(오다-가다)' 등이 있다. 두 단어가 서로 주종관계를 이루어 결합되는 **종속 합성어**인 소나무(솔이 종-나무가 주), 국밥(국-밥), 돌다리(돌-다리)가 있으며, 두 단어의 본래의 뜻은 사라지고 새로운 하나의 뜻이 생겨나는 **융합 합성어**인 밤낮(늘, 항상), 춘추(나이), 세월(시간), 넘어가다(속다) 등이 있다.

접사화와 합성은 새로운 단어를 만들어내는 주요한 조어 형성 과정이며, 그 밖에도 다양한 방법으로 새로운 단어들이 만들어진다.

중첩(reduplication)은 단어가 반복되어 만들어지는 완전 중첩과 일부만 반복되는 부분 중첩으로 새로운 단어가 형성되는 과정이다. 한국어에는 '울긋불긋, 깡충깡충, 끼리끼리' 등이 있고 영어에는 'zigzag, willy-nilly' 등이 있다. 한국어와 영어에는 중첩으로 새로운 단어를 만드는 과정은 적지만 다른 나라 언어에서는 많다. 예를 들면, 인도네시아어에서는 단수에서 복수를 만들 때 단수형을 한 번 더 반복함으로써 단어를 형성한다(예 : rumah 'house' → rumahrumah 'houses').

교체(alternation)는 형태소 내부 모음을 교체함으로써 새로운 단어를 형성하는 조어방법이다. 영어에서 단수를 복수로 만들 때 'man~men, woman~women'이나, 현재에서 과거 그리고 과거완료를 만들 때 'ring~rang~rung, drink~drank~drunk'처럼 형태소 내부 모음이 변화하는 조어방법이다.

보충법(suppletion)은 원래 어근의 형태와 전혀 상관없이 새로운 단어를 형성하는 조어 방법이다. 영어의 예를 들면, 과거형 'am~was', 'go~went', 비교급과 최상급 'good~better~best', 'bad~worse~worst' 등이 여기에 해당된다.

융합(blending)은 합성과 유사한 조어 과정이지만 단어 일부분이 합쳐지거나 생략되기도 하는 현대인들이 많이 사용하는 조어 과정이다. 예를 들면, 브런치 (brunch, breakfast + lunch), 언택트(un + contact), 짠테크(짜다 + 재테크), 인포데믹 (information + pandemic), 코로노믹스(corona-economics) 등이 해당된다. 언택트(un -contact)는 2019년 말 이후 전 세계적으로 유행하면서 코로나 19를 예방하는 차원에서 사람 간 접촉을 최소화하는 운동으로 한국어로는 '비대면'에 해당된다. 인포데믹(infodemic)이란 정보(information)와 전염병(pandemic)의 합성어로 미디어나 인터넷 등을 통해 잘못된 정보가 급속하게 퍼져나가는 것이 전염병과 같다는 데서 유래된 용어이다. 코로노믹스(coronomics)란 코로나(corona)와 경제학(economics)의 융합어로 세계공황과 제2차 세계대전 이후 역사상 가장 심각한 경제 위기로 여겨지는 코로나 19 위기 상황에서 나온 신조어이다.

두자어(acronyms)는 단어의 첫 글자 또는 첫음절을 결합해서 단어를 형성하는 조어 과정이다. 영어는 다음과 같이 단어의 첫 글자를 결합해서 두자어를 만든다.

영어 두자어 예시

- www : world wide web
- SNS : Social Network Service or Site
- AI : Artificial Intelligence
- WHO : World Health Organization
- COVID : Corona Virus Disease

인공지능(또는 machine intelligence)은 인간의 지능이 갖고 있는 기능을 갖춘 컴퓨터시스템이며, 인간의 지능을 기계 등에 인공적으로 시연(구현)한 것이다. 일반적으로 범용 컴퓨터에 적용한다고 가정하며, 이 용어는 또한 그와 같은 지능을 만들 수 있는 방법론이나 실현 가능성 등을 연구하는 과학 분야를 폭넓게 지칭하기도 한다.

영어와 달리, 한국어는 대부분이 첫소리보다는 첫음절을 결합해서 두자어를 만든다.

한국어 두자어 예시

- 혼술/혼밥/혼공 : 혼자 먹는 술 또는 밥, 혼자 공부하기
- 소확행 : 소소하게 작지만 확실한 행복
- 핵인싸 : 인사이더 중의 인사이더

소확행(小確幸)이란 한자어에서 나온 줄임말로 일상에서 느낄 수 있는 '작지만 확실하게 실현 가능한 행복' 또는 그러한 행복을 추구하는 삶의 경향을 뜻하는 데, 성취가 불확실한 행복을 즐기기보다는 일상 속에서 작지만 성취하기 쉬운 소소한 행복을 추구하는 현대인의 삶의 경향 또는 그러한 행복을 말한다. 핵인싸는 영어 단어 아웃사이더(outsider, 집단과 어울리지 않고 독자적으로 행동하는 사람)의 반대말인 인사이더(insider, 무리에 잘 섞여 놀고, 분위기를 주도하는 사람) 인사이더 중의 인사이더를 뜻한다.

줄임말의 과다한 사용의 배경에는 사람들 간에 대화가 급격히 줄어들고 문자의 사용이 급증하기 때문이다. 과다한 문자와 줄임말의 사용은 의사소통에서 긍정적인 측면보다는 부정적인 측면이 더 많다. 특히 한참 우리말을 익히고 몸에 배어 자연스럽게 사회와 문화에 접근해야 하는 십 대들에게 치명적이다. 인터넷과 스마트폰으로 문자를 많이 사용하는 십 대들은 점차 줄임말(두자어)을 많이 사용하고, 그렇게 쓰는 것을 당연하게 여기고 있다. 줄임말의 사용은 표준어와는 상당히 거리가 먼 용어들을 증가시키고 있으며, 대부분이 점잖지 못한 비속어들[예 : 금사빠(금방 사랑에 빠지다), 멘붕(멘탈 붕괴), 빡공(빡세게 공부하다), 프사(프로필 사진), 갑분싸(갑자기 분위기가 싸해질 때) 등]이다. 이로 인해 십 대들의 어휘력은 계속 낮아지고 있으며, 쉬운 단어의 뜻을 잘 모르는 경우가 많고, 심지어는 어른들과의 의사소통에 있어서도 불편한 점이 생길 수 있다. 이런 문제가 쌓이면 올바른 한국어를 사용하기가 점차 힘들어지고 특히 의사소통의 단절로 인한 세대 간 갈등이 더 심해질 수 있다. 이를 방지하기 위해, 단어 본래의 형태로 사용하고, 무심코 쓰는 줄임말을 최소화하려는 노력이 필요하다. 한국 사람이라면 모두가 함께 고유한 우리말을 아끼고 지켜가도록 노력해야 한다.

절삭(clipping)은 단어의 일부분을 없애고 단어를 만드는 조어 과정으로, 영어로 'truncation' 또는 'shortening'이라고 한다. 절삭의 종류는 초성, 중성, 종성 절삭이 있다. 이들은 음운론적으로 각각 초성음 탈락(procope), 어중음 탈락(syncope), 어미음 탈락(apocope)이라고 부른다. 영어에서 가장 흔한 절삭은 종성 음절을 자르는 것이다. 예를 들면, 'examination'을 'exam', 'doctor'를 'doc', 'laboratory'를 'lab', 'gasoline'을 'gas' 등이다. 중성 절삭 예시는 'madam'을 'ma'am', 'fantasy'를 'fancy' 등이다. 초성 절삭 예시는 'internet'을 'net', 'telephone'을 'phone' 등이다.

　　역형성(back formation)은 일반적인 파생 순서와는 반대로 단어가 생겨나는 현상이다. 일반적으로는 동사가 먼저 존재하고, 여기에 접사 '-er' 또는 '-or'이 붙어서 그런 일을 하는 사람 또는 도구의 뜻을 갖는 새로운 단어인 명사가 파생된다(예 : teach-er → teacher, drive-er → driver, act-or → actor).

　　역형성의 대표적인 예시인 명사 'typewriter'로부터 실수로 '-er'이 없어짐으로 인해 동사 'typewrite'가 생겨난 것이다. 또한 'author, tailor, butcher' 등은 아예 동사 형태가 없으면서 '~하는 사람'의 뜻을 가진 명사들이다.

　　지금까지 대부분의 조어 형성 과정이 기존의 단어를 바탕으로 접사를 붙이거나 변형을 가하여 새로운 단어를 만들어내는 과정임을 살펴보았다. 이외에도 이전에는 없던 전혀 새로운 단어가 생겨나기도 한다. 오늘날 끊임없이 만들어지는 새로운 상품이나 컴퓨터 통신과 스마트폰 그리고 인터넷 등으로 신조어의 수가 급격히 늘어나는 추세이다. 기존의 단어에 비해 비교적 짧은 시간에 만들어진 새로운 형태의 단어로, 경제, 사회, 문화 등 시대상을 반영하며 주로 젊은 세대에 의해 탄생한다. 신조어 중 일부는 표준어로 인정되어, 이후 사전에 등재되기도 하지만, 유행이 지나면 사용되지 않아 사라지는 경우도 많다. 신조어의 예는 다음과 같다.

- 삼포세대 : 취업을 못해 연애, 결혼, 출산을 포기한 세대
- 디지털 치매 : 디지털 기기에 지나치게 의존해 기억력이나 계산 능력이 크게 떨어진 상태
- 알파고 : 인간 지능에 상응하는 인공지능을 대표하는 소프트웨어
- 급식체 : 급식을 먹는 십 대들이 스마트폰에서 주로 사용하는 문자체로 문자를 보내면서 시간 단축을 위해 음절에서 초성만을 표기해서 보낸다. 예를 들어, 'ㅇㅈ'(인정), 'ㅎㄲㅉ'(핵꿀쨈)

이 외에도 원래 의미에서 특정한 의미로 전환되어 사용되는 인터넷 신조어들이 있다. 예를 들어, '트위터'는 영어 'twitter'에서 비롯된 말로 소셜 네트워크 서비스이자 마이크로블로그 서비스이다. 본래 '트윗(tweet)'이란 말은 작은 새가 지저귀는 소리를 나타내는 영어 낱말이다. '페이스북(페북)'은 영어 'facebook'으로 세계 최대의 소셜 네트워크 서비스 중 하나이다. '페이스북'이라는 이름은 학기 초에 학교 측에서 학생들에게 서로를 알아가라고 주는 책에서 비롯되었다. 또 돈 자랑하는 행위를 가리키는 신조어로 "플렉스해버렸지 뭐야"는 명품이나 비싼 것에 돈을 소비해버렸음을 가리킨다. '플렉스'는 영어 'flex'에서 나온 말로 '자랑하다'라는 의미를 가지고 있는데, 힙합가수들이 노랫말에서 사용하면서 한국에서도 유행되었다. 한국어로 '미투 운동'이란 말은 2017년 할리우드 유명 제작자의 성추문을 폭로하고 비난하기 위해 시작한 'Me Too movement'에서 시작하여, 이제는 직장 및 사업체 내의 성폭행 및 성희롱을 눈을 통해 입증하며 보편화된 신조어로 자리잡았다.

많은 외래어 차용어(borrowing words)들이 한국어에 자리 잡기도 하지만, 반대로 한국어도 외국에서 신조어처럼 자리 잡기도 한다. 한국에서 시작한 '먹방' 콘텐츠들이 유튜브에서 인기를 얻으면서, 세계적으로 'Mukbang'이란 단어로 새로운 콘텐츠를 탄생시켰다. 외국에 없는 우리말을 그대로 가져다가 쓰면 그들의 입장에서는 그 단어들이 신조어인 셈이다. 예를 들어, 한국 고유의 상품을 가리키는 널리 알려진 단어들로는 김치(Kimchi), 불고기(Bulgogi), 한복(Hanbok), 라면(Ramen), 김밥(Kimbap), K-팝, K-드라마, K-트롯, K-방역 등이 있다. 영어로 번역하는 경우도 있지만 고유명사의 경우에는 로마자 표기법을 따른다.

신조어는 하루에도 수천 개씩 만들어진다. 새로운 일이나 상품은 물론 새로운 현상이나 사건 등이 발생했을 때 더 많은 신조어들이 탄생되기 마련이다. 하지만 신조어라고 해서 완전히 새로운 단어가 생겨나는 것은 아니다. 그런 단어는 단어를 만드는 입장에서나 이해하는 입장에서 상당한 부담이 되므로 실제로 언어에 많이 나타나지는 않는다. 예시에서도 볼 수 있듯이 신조어라고 하는 많은 단어들이 기존 단어를 기반으로 만들어진 경우가 대부분이다.

형태론적 유형론

언어를 유형별로 나누어 연구하는 학문을 가리켜, **언어 유형론**(language typology)라고 한다. 세계 여러 언어들을 조사하여 그 유형에 따라 분류하는 연구이다. 주로 어순(word order)에 따른 통사론적인 유형(VO언어와 OV언어)과 형태론적인 유형에 근거한다. 형태론적 분류는 19세기 초에 Humboldt와 Schleicher 형제에 의해 시작되었다. 언어들이 어떤 형태론적 과정을 사용해서 단어를 만드느냐에 따라 크게 두 가지 유형 ─ **분석어**(analytic language)와 **종합어**(synthetic language) ─ 으로 구분한다. 분석어는 다른 말로 고립어라고 부른다.

고립어(isolating language)는 단어를 만드는 데 접사를 사용하지 않으며, 각각의 단어가 독립적인 의미를 가진다. 문장에 나오는 단어는 모두 자립형태소로 한 단어가 하나의 형태소와 의미로 구성된 언어이다. 단어의 형태가 변하지 않으면서 순전히 그 위치에 따라 문법관계가 결정된다. 베트남어와 중국어(Mandarin Chinese)가 대표적인 언어의 예이다.

중국어

(a) [wɔ mən tan tɕin] (tones omitted)

   I plural play piano 'We are playing the piano.'

(b) [wɔ mən tan tɕin lə] (tones omitted)

   I plural play piano past 'we played the piano.'

예시한 바와 같이, 중국어는 각각의 단어가 독립적인 형태소로 이루어졌으며, 독자적인 의미를 가진다. '나'를 의미하는 'wɔ'도, 복수를 의미하는 'mən'도, 과거시제를 의미하는 'lə'도 각기 독립적이다. 중국어는 단어를 만드는 데 어떤 접사도 허용하지 않으며, 문법적 기능을 표시하는 접사조차도 자립형태소이다. 접사가 없는 중국어에서는 어순이 중요한 문법적 기능을 담당한다. 동사 앞에 위치하는 명사나 대명사는 주어 역할을 담당하지만, 동사 뒤에 위치하는 것은 목적어 역할을 담당한다. 어순은 영어와 유사한 동사가 목적어 앞에 오는 VO 언어에 속한다.

자립형태소만을 사용하는 고립어와는 달리 대부분의 언어들은 단어를 형성할 때 접사들이 붙는 접사화 과정을 지니기 마련이며, 이런 언어 유형을 포괄적으로 **종합**

어(synthetic language)라고 부른다. 종합어는 접사들이 어떻게 붙느냐에 따라 세 가지 유형의 언어(교착어, 굴절어, 포합어)가 있다. **교착어**(agglutinating language)는 형태소들의 결합 정도가 대체로 느슨해서 접사들 간의 경계가 어디인지 결정하기가 용이하다. 즉, 단어로부터 형태소들을 분리하기가 쉽다. 조어 과정은 접사화에 의한다. 교착어의 대표적인 예는 헝가리어이다. 아래 예시에서처럼 1개의 형태소는 1개의 의미나 문법적 기능만을 갖는다.

헝가리어

(a) [haːz-unk-bɔn]   [haːz-od-bɔn]

   house-our-in   house-your-in

   'in our house' 'in your house'

(b) [ɔ kucɔlaːtjɔɔz ɛmbɛrt]

   the dog sees the man-(obj)' 'The dog sees the man'

(c) [ɔz ɛmber   laːtjɔ ɔ kucaːt]

   the man-(sbj) sees the dog-(obj)' 'The man sees the dog'

헝가리어 외에도 한국어, 스와힐리어, 터키어, 헝가리어, 핀란드어, 아르메니아어, 에스키모어 등이 교착어에 속한다. 한국어에 '-은/는/이/가'는 주격조사, '-을/를'은 목적격조사, '-ㅂ니다'는 현재시제를 의미하는 접사 등으로 형태소 간의 경계가 어디인지 찾기가 용이하여 분리하기 쉽고 각 형태소의 의미가 분명하다.

한국어

[na-nin ɔnɔhak-il koŋbu-hamnida] 나는 언어학을 공부합니다.

I-(subj) linguistics-(obj) study-present 'I study Linguistics.'

굴절어(inflectional language)는 융합어(fusional language)라고도 하는데, 교착어처럼 의존형태소들이 어간에 붙어 단어를 형성한다. 하지만 여러 가지 문법적 의미가 하나의 형태소에 포함될 수 있으며, 단어와 모양 변화(굴절)로 표현되는 언어이다. 주요한 특징은 어간과 접사들의 결합이 융합되어 그들을 분리하기가 좀처럼 용이하지 않다. 1개의 접사가 1개 이상의 의미를 가지기 때문이다. 대개 필수적으로 의존형태소를 가지며, 형태와 형태소의 관계는 일대일이 아닌 경우가 많다. 영어의 /z/

라는 형태가 때로는 복수로, 때로는 소유나 3인칭 단수라는 3개의 형태소를 나타내거나, 복수라는 하나의 개념이 /-s, -z, -ız/ 등의 복수 표현을 갖는 것이 그 예이다. 파생과 굴절은 엄밀히 구분된다. 라틴어나 희랍어 등의 고전어를 비롯하여 영어, 프랑스어, 이탈리아어, 스페인어 등이 여기에 속한다. 예를 들면, 스페인어에서 'abl-'은 'speak'를 의미하지만, 결코 독립적으로 사용되지 않기 때문에 자립형태소라고 할 수 없다.

스페인어

[ablo] 'I am speaking' [-o] : 1인칭 단수 현재 시제

[abla] 'S/he is speaking' [-a] : 3인칭 단수 현재 시제

[able] 'I spoke'   [-e] : 1인칭 단수 과거 시제

포합어(polysynthetic language)는 어간들과 접사들 여러 개가 함께 결합되어 단어를 형성하는 매우 복잡한 언어 유형이다. 다량의 의존형태소들이 한데 포합 (incorporate)하여 하나의 단어를 형성한다. 포합어에서는 문장의 주어나 목적어, 그리고 동사 따위가 하나의 단어 안에 포합된다. 이때 포합된 결과를 하나의 문장으로 보지 않고 단어로 보는 까닭은 단어를 구성하고 있는 요소들이 단독으로 쓰일 수 없는 의존형태소들이기 때문이다. 다음은 포합어의 대표적인 에스키모어에 속하는 서부 그린란드어의 예시이다.

서부 그린란드어

[tusaa-nngit-su- ussar- tuaannar- sinnaa-nngi-vip putit]

hear- not- Vi/Prt-pretend-all the time-can- not—really-2sg

'You simply cannot pretend not to be hearing all the time.

(Vi-자동사, Prt = 분사, 2sg = 2인칭 단수)

인도에서 사용하는 소르(Sor)언어도 포합어의 일종이다. 하나의 단어는 5개의 형태소로 분리되고 형태소 각각은 분리된 형태와 의미를 가지는 것을 알 수 있다.

소르어

[aninɲamjɔten]   —1개 단어임

[anin-ɲam-jɔ- te -n]   —단어를 형태소로 분리함

he catch fish non-past do

'He is fish-catching'   'He is catching fish'

언어 자료를 통해 해당 언어가 어떤 유형인지를 알기 위해서 몇 가지 단계가 필요하다. 첫째로, 유사한 형태들을 분리시키고 서로 비교해본다. 둘째로, 만약 단일 음성형이 2개의 독자적인 의미를 가지면, 그것은 2개의 다른 형태소를 대변하는 것으로 분석해야 한다. 셋째로, 만약 같은 의미가 다른 음성형과 관련이 있다면, 이들 다른 형태소들은 모두 같은 형태소(즉, 이형태소)이거나 각각이 음성 환경에 의해 예측 가능한 경우이다.

이 장에서는 형태론과 관련된 기본적인 지식과 개념을 살펴보았다. 형태론, 형태소, 이형태소 정의에서부터 파생접사와 굴절접사의 의미와 종류, 형태소의 종류, 그리고 단어 형성 과정과 언어의 형태론적 유형론을 살펴보았다. 다음 장에서는 문장 구조를 연구하는 분야인 통사론에 대해 살펴보고자 한다.

정리하기

1. 형태론이란 단어의 구조를 연구하는 학문이다. 형태소는 단어보다 더 작은 개념으로 의미 또는 문법적 기능을 가진 가장 적은 언어적 단위이다. 이형태소는 소리와 의미의 결합체로서 형태소의 변이형을 가리킨다.
2. 접사는 어휘적 범주를 바꾸거나 의미를 변화시켜 새로운 단어를 만드는 파생접사와 문법적 기능을 하는 굴절접사가 있다. 영어에 굴절접사는 모두 8개로 3인칭 단수, 단수/복수, 과거, 진행, 분사, 소유격, 비교급, 최상급 등을 표시하는 기능을 담당한다.
3. 형태소는 독립적으로 쓸 수 있는 자립 형태소와 독립적으로 쓰이지 못하고 항상 어간이나 어근에 붙여서 쓸 수 있는 의존 형태소로 구분된다. 또한 명사, 동사, 형용사, 부사 등 어휘 범주를 가리키는 내용형태소와 전치사, 한정사, 접속사 등 문법적 기능을 담당하는 기능형태소가 있다.
4. 언어는 유형론적으로 중국어와 같은 고립어와 헝가리어나 한국어 같은 교착어, 스페인어 같은 융합어 그리고 소르어와 같은 포합어로 분류된다.

1. (   )은 단어의 내적 구조와 형성을 연구하는 학문이다.

2. (   )는 의미나 문법적인 기능을 가지는 가장 작은 언어 단위이다.

3. (   )는 형태소의 서로 다른 변이형을 말한다. 동일한 기능을 가지거나 발음이 유사한 특정 형태소에 속하는 변별적이지 않은 집합 중 하나이다.

4. (   )란 원래 단어에 어떤 형태소가 붙음으로써 그 단어의 어휘 범주나 의미를 변화시켜 새로운 단어를 만드는 형태소이다.

5. (   )란 어떤 형태소가 붙음으로써 해당 단어의 문법적 기능과 정보를 부여하는 형태소이다.

6. (   )란 홀로 쓰일 수 있는 형태소로 어간이나 어근이 해당된다. 홀로 쓰일 수 없으며 항상 다른 형태소에만 붙어서 쓸 수 있는 형태소를 (   )라 한다.

7. (   )이란 단어에서 실질적 의미를 가지는 중심 부분이다. (   )은 단어의 주요한 의미를 가지는 형태소이다.

8. (   )란 어근 앞이나 뒤에 붙어 단어의 어휘 범주나 의미를 변화시키거나 또는 문법적 정보를 제공하는 형태소이다. 접두사, 접미사, 접요사로 구성된다.

9. (   )란 형태소 내부 모음을 교체함으로써 새로운 단어를 형성하는 조어 과정이다.

10. (   )이란 단어 일부분이 합쳐지거나 생략되기도 하는 조어 과정이다(예 : breakfast + lunch = brunch).

11. (   )이란 형태소들이 어떤 방식으로 결합해서 단어를 만드는지를 연구하는 분야이다.

12. (   )란 단어들이 모두 자유형태소로만 구성되는 언어이다. 각 단어는 단일 형태소로만 구성되며 단어를 만드는 데 접사가 없다.

정답 : 1. 형태론, 2. 형태소, 3. 이형태소, 4. 파생형태소, 5. 굴절형태소, 6. 자립/의존형태소, 7. 어근/어간, 8. 접사, 9. 교체, 10. 융합, 11. 언어유형론, 12. 고립어

1. 단어에 대한 각 질문에 답하시오.

> unidirectional

    a. 형태소를 분리하고 몇 개인지 말하시오.

    b. 자립형태소와 의존형태소는?

    c. 어간(stem)과 접사는?

    d. 접두사와 접미사는?

    e. 굴절접사와 파생접사는?

2. 다음 중 형태소 성격이 <u>다른</u> 하나의 단어는?

    ① massachusetts

    ② succotash

    ③ fling

    ④ catty

    ⑤ happy

3. 영어의 형태론적 특징에 관한 설명으로 옳지 <u>않은</u> 것은?

    ① 조사와 어미가 발달하였다.

    ② 접두사와 접미사가 발달하였다.

    ③ 파생접사와 굴절접사가 있다.

    ④ 수나 과거형을 가리키는 굴절접사가 있다.

    ⑤ 'unhappy'에서 접두사 'un-'은 파생접사이다.

정답 : 1. a. uni-direct-ion-al, 4개, b. 자립형태소 : direct, 의존형태소 : 나머지, c. 어간 : direct, 접사 : 나머지, d. 접두사 : uni-, 접미사 : -ion과 -al, e. 굴절접사 : 없음, 파생접사 : uni-, -ion, -al, 2. ④, ④를 제외한 나머지는 자립형태소이다. ④는 cat(자립형태소)과 -y(의존형태소)가 결합된 단어이다. 3. ①

언어 자료를 형태론적으로 분석하기 위해서는 주어진 자료를 통해 형태론과 관련된 문제들을 풀어보아야 한다. 앞서 배운 내용을 토대로 다음 단계별로 제공된 문제에서 형태소를 찾고, 어떤 형태론적 과정을 겪었는지, 어떤 유형의 언어인지를 주어진 질문에 답하시오.

1단계 : 단어에서 형태소 식별하기

1. 다음 단어들은 1개나 2개의 형태소로 이루어졌다. 형태소로 분리하고 각각이 자립형태소인지 의존형태소인지, 접사가 있다면 어떤 종류의 접사인지(접두사 또는 접미사)를 밝히고, 접사가 굴절접사인지 파생접사인지 영어로 적으시오.

> dogs, unhappiness, rejoin, greedy, bicycle,
> prefer, morphology, useful, milder, catsup

2. 단어 'senseless'에 대해 다음 각 질문들에 답하시오.

   a. 형태소를 분리하시오.

   b. 어떤 것이 자립형태소이고 어떤 것이 의존형태소인가?

   c. 어떤 것이 어간이고 접사인가? 접사는 접미사인가 접두사인가?

   d. 접사는 굴절형태소인가? 파생형태소인가?

2단계 : 언어 자료를 보고 형태소 식별하기

멕시코 샤포텍(Zapotec) 언어 자료를 조사하고 다음 질문에 답하시오.

[doʔo] 'rope'	[stoʔobe] 'his rope'	[stoʔolu] 'your rope'
[geta] 'tortilla'	[sketabe] 'his tortilla'	[sketalu] 'your tortilla'
[palu] 'stick'	[spalube] 'his stick'	[spalulu] 'your stick'
[ku:baʔ] 'dough'	[sku:babe] 'his dough'	[sku:balu] 'your dough'
[tapa] 'four'	[stapabe] 'his four'	[stapalu] 'your four'
[bere] 'chicken'	[sperebe] 'his chicken'	[sperelu] 'your chicken'

1. 아래 영어 번역에 해당되는 형태소를 적으시오.

_____ 소유격

_____ 3인칭단수

_____ 2인칭복수

2. 다음 단어 번역에 해당하는 형태소를 각각 적으시오.

_____ 'stick'   _____ 'tortilla'

_____ 'dough'   _____ 'chicken'

_____ 'four'   _____ 'rope'

3. 어떤 음운 환경이 이형태소의 교체를 만드는가? 일반화를 적으시오.

_____

4. 자료는 어떤 형태론적 과정을 보여주는가?

_____

_____

3단계 : 의미에 따라 형태소 분리하기

뉴멕시코에서 사용하는 원주민 미국 언어인 남부 티와 방언인 이스레타(Isleta)어 자료이다. 각 질문에 답하시오.

[temiwe] 'I am going'	[tewanhi] 'I will come'
[amiban] 'you went'	[tewanban] 'I came'
[temiban] 'I went'	[mimiaj] 'he was going'

1. 영어 의미에 상응하는 형태소를 적으시오.

_____ 'I'   _____ 'go'   _____ '(현재진행)'

_____ 'you'   _____ 'come'   _____ '(과거진행)'

_____ he'   _____ '(past)'   _____ '(미래)'

2. 어떤 종류의 접사가 주어를 가리키는 형태소인가?

3. 어떤 종류의 접사가 시제를 가리키는 형태소인가?

4. 이스레타어의 형태소 어순은 무엇인가?

5. 이스레타어에서 다음 의미에 해당하는 형태소는?

'He went'   →

'I will go'   →

'You were coming' →

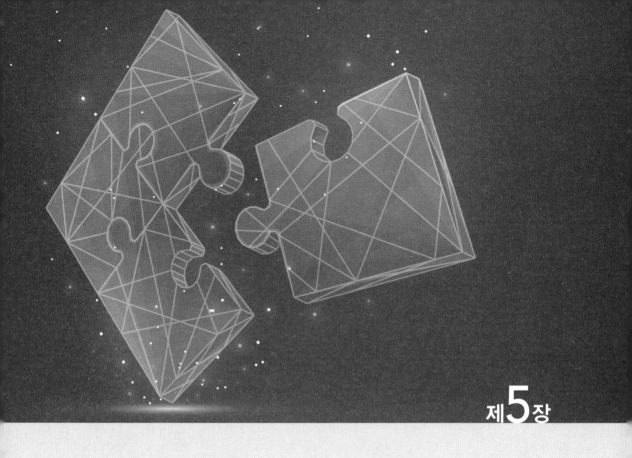

문장이 계층구조를 가진다는 지식은 통사론을 통해 깨닫게 된다. 인간이면 누구나 유한 수의 단어로 무한 수의 문장을 만들어낼 수 있다.

통사론 :
문장 구조

💬 **시작하기**

1. 통사론이란?
2. 어순이란? 왜 중요한가?
3. 통사범주에는 어떤 것들이 있는가?
4. 구 구조규칙이란? 수형도란?
5. 핵-선행언어와 핵-후행언어는 어떤 차이를 말하는가?

통사론이란

인간이 의사소통에서 사용하는 가장 기본적인 단위는 **문장**이다. 문장은 단어들이 결합하여 형성된다. 형태론이 단어의 형성과 구조를 연구하는 학문이라면, **통사론** 또는 **구문론**(syntax)은 문장의 형성과 구조를 연구하는 학문이다. 즉, 단어가 문장을 이루는 방법을 연구하는 언어학의 하위 분야이다. 통사론을 연구하는 학자를 **통사론자**(syntactician)라고 부른다. 이들은 자연언어를 가장 잘 기술할 수 있는 문법을 구축하는 것을 목표로 삼는다.

통사론에서는 주어 · 목적어 · 동사의 통상 배열 순서에 따라 언어를 SOV언어 · SVO언어 등의 언어 유형으로 구분하기도 한다. 통사론에서는 단어보다 더 큰 단위인 구(phrases), 절(clauses), 문장(sentences)을 연구 대상으로 삼으며, 그들이 어떻게 결합되고 분리되는지, 어떤 문장이 문법적인지 아닌지, 문장이 어떤 구조를 가지는지 등을 연구한다. 인간이라면 누구나 자신의 모국어를 말할 수 있고, 어떤 문장이 옳고 그른지를 판단하는 직관을 가지고 있다. 통사론은 인간이 지닌 통사론적 지식이 구체적으로 무엇인지 깨닫게 하고 설명할 수 있게 해 준다.

통사론을 간혹 문법(grammar)이라고도 하는데, 엄밀히 말하면 통사론은 문법의 일부분이다. 문장이나 문장 구조에 대한 모국어 화자의 지식을 대변하는 문법의 부분이다. 독자들은 통사론보다는 문법이란 용어에 더 친밀할 것이다. 미국 대학에서 학부 교재로 많이 사용되는 언어파일(*Language files* 2016, 713)에서는 통사론을 "정신문법을 이루는 구성요소"라고 정의하였다.

> 통사론은 작은 표현에서 큰 표현을 구축하는 정신문법의 구성소이다. 표현들이 어떻게 더 큰 표현으로 결합하는지에 대해 연구하는 분야이다.

문법이란

문법(grammar)은 언어의 요소들과 규칙을 포함하는 체계이며, 언어의 사용과 관련된 규칙들을 광범위하게 포함한다. 어느 특정 언어와 관련된 규칙들은 그 언어의 문법이 되며, 각 언어마다 고유한 문법이 있다(영문법, 국문법 등). 문법은 언어에 대한 총체적 연구인 언어학의 일부분이며, 다른 말로 **말본**이라고도 한다. 문법은 언어학의 하위 분야인 음성학, 음운론, 의미론, 형태론, 통사론, 화용론 등을 폭넓게 모두 의미하며, 좁게는 통사론이나 **규범문법**(prescriptive grammar)을 의미한다. 규범문법은 이른바 학교문법이라 하여 특정 언어에 대한 규범을 제시하며, 비표준적인 문장을 사용하는 것을 지양한다. 소위 권위 있는 언어(또는 외국어)를 배우기 위해 지켜야 할 문법사항들을 총망라하여, 사전식으로 나열하고, 이를 언어(또는 외국어)를 학습하고 교육하는 데 활용한다. 문법의 목적은 문자 및 문장의 사용을 정확하게 함으로써 사람들이 통일성 있게 규칙에 따라 읽고, 쓰고, 말하고, 들음으로써 의사소통을 원활하게 하는 데 있다.

전통문법, 구조문법, 그리고 생성문법

제1장의 시대별 언어학(자)에서 이미 기술한 것을 토대로 문법을 구분하였다. 문법이 어떤 체계를 가지느냐에 따라, 누가 주도했느냐에 따라 시대별로 크게 전통문법, 구조문법, 변형생성 문법의 세 가지로 구분할 수 있다. 이들은 문법을 정의하는 것에서부터 분석하는 것까지 어떻게 다를 수 있는지를 보여준다.

　전통문법(traditional grammar) 또는 **기술문법**(descriptive grammar)은 고대에서 19세기 소쉬르 이전의 문법을 가리키며, 언어의 구조를 기술하는 데 중점을 둔다. 언어의 규범을 강조하고, 문법에서 특히 품사를 중요시한다. 일종의 학교문법에 해당되며, 팔품사로 오랫동안 사용되었고, 지금도 어떤 문법 책에서는 문법을 팔품사로 기술하고 있다. 이는 모두 전통문법에서 시작된 것이다.

　전통문법은 오랫동안 명맥을 유지해오다 소쉬르(제1장 참고)에 의해 비판을 받아, 새롭게 **구조문법**(structural grammar)으로 전환되었다. 소쉬르는 전통문법의 규범성과 비명시성에서 탈피하여 보다 더 과학적이고 그리고 객관적인 관찰에 기초를 둔 언어 연구방법을 주창하였다. 그는 언어는 말하고 있는 그대로를 분석해야 하며 문법학자의 어떠한 규범적 선입견도 개입시켜서는 안 된다고 주장한다. 구조문법을 주창한 또 다른 학자는 블룸필드(Bloomfield)이다. 그는 저서 언어(*Language*, 1933)에서 경험주의로 불리는 실증주의(positivism)에 기초를 두고, 심리학에서는 행동주의(behaviorism)에 입각하여, 모든 과학적 분석이나 연구는 실제로 관찰할 수 있는 현상에만 국한해야 한다고 주장하였다. 특히 언어 습득은 일종의 보상을 통하여 강화된 자극과 반응의 산물로 보았고, 후천적으로 모방, 반복, 연습을 통한 습관 형성의 결과로 보았다. 이런 주장은 학교 언어교육에 반영되어 모방과 반복 중심의 학습은 오랫동안 유지되었다.

구조주의 연구 방법을 비판하고 내성적인 방법을 통해 언어를 연구할 것을 주장한 학자는 제1장에서 소개한 현대 언어학의 거장인 촘스키(Chomsky)이다. 그의 저서 **통사구조**(*Syntactic Structures*, 1957)를 통해, 그는 **생성문법**(generative grammar, 변형 생성문법)을 창안하였다. 생성문법은 언어 연구를 인간의 정신을 이해하기 위한 하나의 방식으로 인식하여, 구조문법의 관찰주의와 경험주의적인 관점을 거부하고, 정신문법(mental grammar)을 배경으로 한 보편문법을 추구하였다. **보편문법**(universal grammar, UG)은 촘스키 언어학의 중요한 개념으로 모든 인간은 뇌 속에 언어 습득 장치(Language Acquisition Device, LAD)를 장착하고 태어남에 따라 보편적인 하나의 언어(보편언어)를 구사할 수 있다는 가설이다. 이런 견해는 인간이 언어 능력을 가지고 태어난다는 **언어생득설**과 연관된다.

촘스키 이후 21세기에 접어들면서 언어의 컴퓨터 처리를 연구하는 전산언어학이 발달되었으며 대용량의 빅 데이터나 전자 텍스트 자료를 기반으로 컴퓨터 처리를 통하여 언어 연구의 전통적 문제와 새롭게 제기되는 문제들을 해결하고자 하는 코퍼스 언어학이 새로운 관심을 끄는 방법으로 대두되었다.

문장의 구성 성분

통사론을 공부함으로써 대답할 수 있는 질문은 다음과 같다. 문장을 이루는 구성 성분은 무엇인지, 문장의 문법성 여부는 어떻게 판단하는지, 어순이 무엇인지, 문장이 왜 위계적(계층적)이라고 하는지, 언어의 문법은 어떻게 만들어지는지, 하나의 문장이 왜 두 가지의 의미를 가지는지, 중의적인 문장들을 통사론에서 어떻게 설명하는지, 어순 유형론이란 무엇인지 등이다. 상기한 질문을 염두에 두고 통사론을 공부해 보도록 하자.

문장을 형성하는 가장 주된 구성 성분(constituents)은 단어와 구이다. 단어들이 모여 구를 이루고, 구들이 모여서 문장을 형성한다(words → phrases → sentences). 주어와 동사를 가진 절(clause)부터는 문장에 포함한다. 단어나 구들은 모두 언어적인 표현(linguistic expressions)이라고 한다. 어떤 문장이든 간에, 문장에서 이들 단어와 구의 개념을 명확히 할 수 있어야 한다.

(1) a. 나는 통사론을 공부해요.

b. I study Syntax.

. 문장 (1a)는 3개의 단어(나, 통사론, 공부하다)와 3개의 구(나는, 통사론을 공부하다, 통사론을)로 구성된다. 문장 (1b)도 마찬가지로 3개의 단어(I, study, Syntax)와 3개의 구(I, study syntax, Syntax)로 구성된다. 'I'나 'Syntax'는 단어이면서 동시에 구에 속한다(NP → N). 이들 구성 성분에 대해서는 통사 범주에서 자세히 논의한다. 두 문장은 각기 3개의 단어와 구로 숫자적으로 매우 비슷하지만, 세 가지 측면에서 다르다. 먼저, 어순(word order)이 다르다. 한국어는 동사가 문장 맨 마지막에 오지만, 영어는 주어 다음에 위치한다. 두 번째로, 한국어는 주어와 목적어 뒤에 '-는'과 '-을'이 붙지만, 영어는 그렇지 않다. 마지막으로, 문장의 구조가 다르다. 한국어는 목적어 + 동사가 결합되어 동사구를 이루고, 영어는 동사 + 목적어가 결합되어 동사구를 이룬다. 겉으로 두 문장은 유사해 보이지만 통사적으로 다름을 알 수 있다.

문법성과 어순

문장을 구성하는 언어적인 표현은 아무렇게나 무작위로 나열되어 있지 않다. 그들의 결합에는 일종의 순서와 규칙이 존재한다.

(2) a. 나는 통사론을 공부해요.

b. *공부해요 통사론을 나는

c. I like Syntax.

d. *like Syntax I.

(2a)는 가능하지만, (2b)는 가능하지 않고, (2c)는 가능하지만, (2d)는 가능하지 않음을 모국어 화자라면 쉽게 판단할 수 있다. 사용할 수 있는 문장은 **문법적인** 또는 **적법한**(grammatical or well-formed) **문장**이라 하고, 사용할 수 없는 문장은 **비문법적인** 또는 **적법하지 않은 문장**(ungrammatical or ill-formed)이라고 한다. 사용할 수 없는 비문법적인 문장은 앞에 별표(*, asterisk)로 표시한다. 모국어 화자가 문장을 판별

할 수 있는 능력을 가리켜 **문법성**(grammaticality) 또는 **적법성**(well-formedness)이라고 한다. 어떤 문장에 대해 문법성 여부를 판단하는 능력은 모국어 화자면 누구에게나 있는 통사론적 지식에 기반을 두기 때문이다.

하지만 문장을 사용할 수 있는지 없는지에 대한 판단이 항상 문법적인 지식에만 의존하지 않는다. 어떤 문장은 전적으로 문법적이더라도 사용할 수 없고, 반대로 문법적이 아니더라도 사용할 수 있는 문장이 있기 때문이다. 이런 논의는 **촘스키**(Chomsky)의 저서 **통사구조**(*Syntactic Structures*, 1957)에서 사용한 후, 유명해진 문장에서 출발한다.

(3) a. ?Colorless green ideas sleep furiously.

b. *Colorless green ideas sleeps furiously.

c. *sleep colorless green ideas furiously.

(3a)는 문법적으로 올바른 문장이다. 하지만 의미적으로 매우 이상하다. 해석하면, '색깔이 없는 초록색 개념은 맹렬히 잠을 잔다'이다. 어떻게 개념이 색깔이 없고, 초록색이고, 잠을 잘까 싶다. 순서도 올바르고 문법적이더라도 문장의 의미가 어색할 경우 문장 앞에 물음표(?)로 표시하기도 한다. (3a)에 비해 (3b)는 비문법적이다. 동사 sleep이 주어 'ideas'와 수의 일치가 이루어지지 않았기 때문이다. (3c)도 동사 'sleep'이 맨 앞으로 갈 수 없기 때문에 확실히 비문법적이다.

하지만 반대로 비문법적이더라도 사람들 사이에서 많이 사용되다가 결국 받아들여진(acceptable) 문장이 있다. 예를 들면, 'It's me' 같은 문장이다. 문법적으로는 'It's I'가 맞지만, 'It's me'가 대신 더 많이 사용되어 비문법적이지만 수용된 문장이다. 이들 문장들은 문법성이 아닌 **수용성**(acceptability)으로 설명한다.

문법성 여부를 판단하는 첫 번째 기준은 단어들이 출현하는 순서에 있다. 문장에서 단어들이 무작위로 나열되지 않고 일련의 순서가 존재하며, 그들이 결합하는 데 필요한 구조와 규칙이 존재한다. 예를 들면, 3개의 단어 Bill, love, Mary가 주어질 때, 단어들을 어떻게 결합하느냐에 따라 문법적인 문장이 되고, 단어가 오는 순서에 따라 문장의 의미가 결정된다.

(4) a. Bill loves Mary.

b. Mary loves Bill.

c. *Loves Bill Mary.

d. *Loves Mary Bill.

e. *Bill Mary loves.

f. *Mary Bill loves.

3개의 단어로 만들 수 있는 문법적인 문장은 (4a)와 (4b) 2개뿐이다. 하지만 두 문장은 의미가 다른 문장이다. 사랑하는 주체가 (4a)에서는 'Bill'이지만, (4b)에서는 'Mary'이다. 이외에도 많은 조합이 가능지만 비문법적이다. 만약 'loves'라고 하지 않고 'love'라고 썼다면 이 역시 비문법적이다. 이들을 어떻게 설명할 수 있을가? 단어가 와야 할 순서와 규칙을 따르지 않았기 때문이다. 즉, 단어가 아무렇게나 무작위로 나열되면 안 되는 증거이다.

영어 문장에서 어순은 매우 중요한 역할을 한다. 단어가 어떤 순서로 오느냐에 따라 의미와 문법성이 결정되기 때문이다.

(5) a. The cat chased the mice.

　　b. The mice chased the cat.

　　c. *chased cat the the mice.

　　d. *cat mice the chased the.

　　e. *mice cat the the chased.

　　f. *the the mice cat chased.

(5a)에서는 '고양이가 쥐를 쫓는다'는 의미이지만, (5b)에서는 '쥐가 고양이를 쫓는다'는 정반대의 의미를 가진다. 고양이나 쥐 중 어느 것이 동사 앞에 나왔느냐에 따라 쫓고 쫓기는 주체가 달라진다. 단어들이 모두 동일하더라도 (5c~f)처럼 무작위로 나온다면 모두 비문법적이다. 영어에 비해 한국어는 어순이 덜 중요한 역할을 하지만, 한국어에서도 단어가 나오는 순서는 중요하다.

(6) a. 영희는 철수를 좋아해요.

　　b. 철수는 영희를 좋아해요.

　　c. ?좋아해요 영희는 철수를.

　　d. ?좋아해요 철수는 영희를.

e. *철수 영희 좋아해요.

f. *영희 철수 좋아해요.

3개의 단어로 만들 수 있는 문법적인 문장은 (6a)와 (6b)이다. 영어와 마찬가지로, 두 문장에서 좋아하는 주체가 다르기 때문에 의미의 차이가 있다. 하지만 영어와 다르게 주어가 목적어 다음에 오더라도 의미가 변하지 않을 수 있다. 예를 들어, (6a)에서 '철수를 영희는 좋아해요'라고 순서를 바꾸어도 동일한 의미이다. 왜 그런가? 한국어에는 영어와 달리 격조사가 있기 때문이다. (6c)와 (6d)는 비문법적이지만 구어체에서 사용 가능하다. (6e)와 (6f)도 조사 '-는, -을'이 누락되어 비문법적이지만, 사용할 수는 있다. 두 언어 간 차이는 **어순**(word order)과 **굴절**(inflection)이라는 통사적인 속성으로 설명이 가능하다.

세상 언어들이 매우 다양하지만 그들의 문법 관계를 표시해 주는 문법적인 방법은 크게 두 가지로 나뉜다. 하나는 어순을 이용한 통사적인 방법이고, 다른 하나는 굴절을 이용한 형태론적인 방법이다. 전자는 영어의 예이고, 후자는 한국어의 예이다. 상기한 예에서 알 수 있듯이, 영어는 단어가 출현하는 순서가 매우 중요하고, 한국어는 명사 뒤에 붙는 굴절 조사가 중요하다. 문장이 문법적이기 위해서는 일련의 단어들이 아무런 순서 없이 무작위로 나열되어서는 안 된다. 또한 순서가 바뀌었을 때 또는 조사가 바뀌었을 때 문장의 의미가 바뀌는 것을 알 수 있다.

어떤 언어의 문장 구조를 제대로 이해하는 데 가장 기본이 되는 것이 어순으로 언어 간 차이를 설명해 주는 중요한 척도이다. 정도의 차이는 있지만, 어느 언어에서건 어순은 문장의 의미를 결정하고, 문법적으로 적절한지 여부를 평가하는 주된 요소이다. 한 언어의 어순을 결정하는 기준은 보통 동사가 어디에 위치하느냐와 주어와 목적어가 어디에 위치하느냐에 달려있다. 영어에서 동사는 항상 주어 다음에 나와야 하지만, 반면에 한국어에서 동사는 항상 문장 맨 끝에 출현한다.

(7) a. Sunny likes Mickey.

b. Sunny ate an apple.

(8) a. 써니는 미키를 좋아해.

b. 써니가 사과를 먹었어요.

(7)에서 동사 'likes'와 'ate'는 주어 'Sunny' 다음에 출현하고, 목적어 'Mickey'와 'an apple'은 동사 다음에 출현한다. 반면에 (8)은 동사 '좋아해, 먹었어요'가 문장 맨 뒤에 출현하고, 동사 앞에 목적어 '미키를, 사과를'이 출현하고, 주어는 맨 앞에 출현한다. 요약하면, 영어는 '주어 + 동사 + 목적어(SVO)' 어순이고, 한국어는 '주어 + 목적어 + 동사(SOV)' 어순이다.

하지만 실제 발화에서는 강조(emphasis)나 주제화(topicalization) 등에서 다른 어순이 가능할 수도 있다.

(9) OSV : 영어(주제화된 문장)

톰 : I know you don't like apples, Mary, so I made a pecan pie instead of an apple pie.

메리 : Oh, apples, I like. It's pears that I can't stand.

(9)와 같은 예시는 한국어에서도 매우 흔하다. 예를 들어, 엄마와 딸의 대화에서 엄마가 '밥을 먹었어?'라고 물어볼 때, 딸은 '먹었어, 밥'이라고 얼마든지 대답할 수 있다. 어떤 말을 할 때, 강조하려는 단어를 가장 먼저 말할 수 있기 때문이다. 하지만 특이한 경우를 제외하고 어떤 언어의 어순의 유형을 결정짓는 것은 대부분의 문법적인 문장들이 그런 어순으로 오기 때문이다.

통사 범주

문장은 단어, 구, 절로 이루어진다고 하였고, 이들을 구성 성분 또는 구성 요소라고 불렀다. 이들은 각각의 역할과 기능에 따라 통사적인 이름을 가질 수 있는 데, 이를 **통사 범주**(syntactic category)라고 부른다. 다음 예시를 살펴보자.

(10) Tom lives in Seoul, Korea

(10)은 6개의 단어(Tom, lives, in, Seoul, Korea)로 이루어진 문장이다. 단어들은 각자의 역할과 기능에 따라 명사(Tom, Seoul, Korea), 동사(lives), 전치사(in)라는 통사적인 성분으로 구분된다. 이들 성분들은 문장에서 가장 작은 단위인 단어들에 속한 **어휘 범주**(lexical category)이며, 전통적인 문법에서 일명 품사(parts of speech)를 일

컫는 말이다. 어휘 범주들이 서로 결합하여 더 큰 범주인 **구 범주**(phrasal category)를 만든다. (10)에서 'Tom'은 명사이면서 동시에 명사구(noun phrase)에 속한다. 주의할 점은 고유명사나 대명사는 모두 명사라는 범주이면서 동시에 명사구(Bill, Mary, he 등)이다. 동사 'lives'는 'in Seoul, Korea'과 결합하여 동사구(verb phrase)를 형성하며, 그리고 전치사 'in'과 명사 'Seoul, Korea'는 결합하여, 장소를 나타내는 전치사구(prepositional phrase)를 형성한다.

어휘 범주들은 서로 결합함으로써 더 큰 범주인 구 범주를 형성하고 구 범주는 결합하여, 더 큰 범주는 절 범주 또는 문장을 형성한다. 문장은 통사 범주에서 가장 큰 범주에 속하며, 주어와 동사는 물론 목적어, 보어를 포함한다. 문장 (10)은 하나의 절로 이루어진 하나의 문장이지만, 문장 (11)은 2개의 절로 이루어진 하나의 문장이다. 문장 (11)은 'when'이 이끄는 종속절과 'Tom'을 주어로 하는 주절로 이루어진다.

(11) Tom lived in Seoul, Korea when he was a child.
            주절   종속절

어휘 범주

앞서 살펴본 바와 같이 어휘 범주는 단어를 말하며, 종류로는 명사, 동사, 형용사, 부사, 전치사, 한정사가 있다. 각각의 어휘 범주에 대한 자세한 설명은 다음과 같다.

- **명사**(Noun, N) : 사실적이거나 상징적인 것 그리고 추상적인 사물이나 물질을 가리킨다. '-s'를 붙여 1개 이상의 복수를 나타낼 수 있고, 관사나 지시사(the, this, that 등과 함께 오거나, 형용사(cute, beautiful, funny 등)에 의해 수식을 받는다.

- **동사**(Verb, V) : 일이나 사건의 진행이나 상태를 나타낸다. 동사에 '-ed'를 붙이거나 특별한 형태를 사용해서 시제를 나타낼 수 있으며(I walk<u>ed</u>), '-ing'를 써서 어떤 동작이 진행 중임(I am walk<u>ing</u>)을 표시한다. 동사의 종류는 주어만 필요로 하는 자동사(intransitive verb, ITV : Kelly <u>slept</u>), 목적어를 하나 필요로 하는 타동사(transitive verb, TV : Kelly <u>liked</u> her dog), 목적어를 2개 필요로 하는 수여동사(ditransitive verb DTV : Kelly <u>gave</u> Bob a book) 등이 있다. 동사 중에서 문장(절)을 보어로 취하는 동사는 문장 보어 동사(sentential complement verb, SV)라

고 한다(예 : Kelly thought (or believed) that Bill liked her).

- **형용사**(Adjective, adj) : 명사 앞에서 명사를 수식하는 역할을 하며, 부사에 의해 수식될 수 있다(예 : cute, faithful, pretty). 명사를 서로 비교하는 비교급 (comparatives, 예 : -er 또는 more)과 최상급(superlatives, 예 : -est 또는 most)을 가진다.

- **부사**(Adverb, adv) : 형용사나 동사를 수식하는 역할을 하며, 문장 맨 앞에 또는 맨 뒤에 나올 수 있고, 수식해 주는 단어 바로 앞에 나올 수 있어 어순이 다른 단어에 비해 비교적 자유롭다(예 : fast, quickly, today).

- **전치사**(Preposition, P) : 명사와 함께 명사 앞에 쓰이며, 주로 장소(at, in, on, under)나 도구(with) 그리고 시간(at) 등을 나타낸다.

- **한정사**(Determiner, Det) : 정해진 것, 정해지지 않은 것, 양적인 것 등을 표시하며, 명사 앞에 쓰인다(예 : a, the, every : the book, a table, every day).

구 범주

구 범주(phrasal category)에서 구는 일반적으로 단어와 단어가 결합된 형태이며, 종류로는 명사구, 동사구, 전치사구가 있다. 각각의 구에는 구를 결정하는 단어인 **핵** (head)이 있다. 즉, 명사구는 명사를, 동사구는 동사를, 전치사구는 전치사를 핵으로 하며, 핵은 반드시 해당하는 구에 포함되어야 한다.

- **명사구**(Noun Phase, NP) : 명사구는 명사를 핵으로 하여 다른 구성 요소를 가진다. 짧게는 'John'처럼 하나의 단어일 수도 있고, 길게는 'a very nice picture of the white dog'처럼 여러 개의 단어가 모여 하나의 명사구를 형성할 수도 있다. (12c~f)의 'of' 로 이끄는 전치사구는 명사 'picture'를 수식하여, 명사구에 포함된다.

  (12) a. John

      b. the book

      c. a picture of John

      d. A picture of the dog

      e. A nice picture of the white dog

      f. a very nice picture of the white dog

- **동사구**(Verb Phrase, VP) : 동사구는 예시와 같이 핵인 동사 하나로만 구성될 수도 있고(13a), 동사 + 부사(13b), 동사 + 전치사구(13c), 동사진행(13d), 동사 + 명사구(13e), 동사 + 명사구 + 전치사구(13f)로 구성될 수 있다.

> (13) a. fell
>
>   b. fell slowly
>
>   c. fell into the pond
>
>   d. was eating
>
>   e. was eating the cake
>
>   f. was eating the cake with a knife and fork

상기한 명사구(NP)인 (12)와 동사구(VP)인 (13)이 결합하여, 하나의 문장(14)이 완성된다(즉, NP + VP → S). 동사가 어떤 종류의 동사인가에 따라 뒤따르는 것이 정해지며, 문장(Sentence, S)의 형식을 결정한다.

> (14) a. John fell
>
>   b. John fell slowly
>
>   c. John fell into the pond
>
>   d. Bill was eating
>
>   e. Bill was eating the cake
>
>   f. Bill was eating the cake with a knife and fork

- **전치사구**(Prepositional Phrase, PP) : 전치사구의 핵은 전치사이며, 전치사는 명사구와 결합하여 (15)에서 밑줄 친 부분과 같이 전치사구를 형성한다. 전치사구는 문장에서 (15a)와 (15b)처럼 동사구에 포함될 수도 있고, (15c)와 (15d)처럼 명사나 동사를 수식하는 수식어구가 될 수도 있다.

> (15) a. Fluffy is <u>on the table</u>.
>
>   b. This is <u>for Sally</u>.
>
>   c. The cat <u>under the bed</u> is Fluffy.
>
>   d. Sally ate the cake <u>with a knife and fork</u>.

문장에서 통사 범주를 올바로 이해하는 것은 매우 중요하다. 주의할 점은 문장에서 통사 범주가 유사한 것끼리는 서로 교체 가능하지만, 그렇지 않으면 교체할 수 없기 때문이다.

(16) a. Sally likes <u>the cat</u>.   Sally likes <u>Fluffy</u>.

     b. <u>The cat</u> is sleeping.   <u>Fluffy</u> is sleeping.

     → 'the cat'와 'Fluffy'는 서로 교체 가능함.

(17) a. <u>The cat</u> was sleeping.   *<u>The Fluffy</u> was sleeping.

     b. *Sally gave <u>cat</u> some food.   Sally gave <u>Fluffy</u> some food.

     → 'cat'와 'Fluffy'는 교체 가능하지 않음.

(16a)와 (16b)에서 'the cat'과 'Fluffy'는 둘 다 명사구이므로 동일한 범주에 속해 서로 교체해서 사용 가능하다. 하지만 (17a)에서 'the cat'은 명사구이지만 'the Fluffy'란 명사구는 존재하지 않아 교체할 수 없고 비문법적이다. 고유명사 앞에 한정사 'the'는 붙을 수 없기 때문이다. (17b)에서 'cat'은 명사에 속하는 어휘 범주이지만, 'Fluffy'는 명사구에 속하는 구 성분이므로 동일한 성분이 아니기 때문에 상호 교체해서 사용할 수 없다.

> **연습**　　통사 범주에 해당되는 구성 성분을 모두 말해보시오.
>
> a. Kelly liked her cute gray cat.
> b. She gave Bill a book.
> c. A teacher wrote the letter carefully.
> d. Kelly wrote the letter with a pen.
>
> **정답** : a. 어휘 범주 N : Kelly, cat(2개), Det : her(1개), Adj : cute, gray(2개), V : liked(1개)
> 구 범주　NP : Kelly, her cute gray cat(2개), VP : liked her cute gray cat(1개)
> b. 어휘 범주 : N : She, Bill, book(3개), Det : a(1개), V : gave(1개), 구 범주 : NP : She, Bill, a book(3개), VP : gave bill a book(1개)
> c~d는 생략.

문법 구축하기 : 영어

어휘부

통사론자들은 자연언어를 설명하는 데 필요한 문법을 만드는 것을 목표로 한다. 그런 문법들은 모국어 화자의 언어 능력을 말해주는 규칙과 체계를 포함한다. 문법은 인간이 지닌 지적능력에 속하며, 언어가 지니고 있는 어휘 표현은 물론 통사 범주를 이해하게 하고, 작은 통사 범주에서 더 큰 통사 범주로 확장하게 한다. 영어를 예로 들어 문법을 구축해보자. 어떤 언어든지 문법에는 어휘부와 규칙(lexicon and grammatical rules)이 필요하다. **어휘부**에는 문법 규칙을 만드는 데 필요한 모든 정보가 포함되어 있다. 예를 들어, 'cat'은 [kæt]으로 발음하고, '고양이'라는 의미의 '명사'이며, 'the cat'은 명사구에 속한다. 이들 정보를 포함한 어휘부의 예시를 나열하면 다음과 같다.

NP → {Fluffy, Bob, Sally, she, the cat, ⋯}

N → {dog, cat, man, ⋯}

Adj → {fluffy, cute, gray, ⋯}

Det → {the, this, some, a(n), ⋯}

VP → {slept, barked, ⋯}

TV → {liked, devoured, ⋯}

DTV → {gave, sent, ⋯}

SV → {thought, said, ⋯}

P → {to, for, with, on, under, ⋯}

Adv → {carefully, quickly, yesterday, ⋯}

예시와 같이 어휘부는 단순히 주어진 단어들이 각기 어떤 통사 범주에 속하는 지 말해준다. 하지만 각각의 통사 범주가 더 큰 범주(즉, 문장)를 만들기 위해 어떤 규칙이 필요한지에 대한 정보는 포함하지 않는다. 예를 들어, 'Sally'는 NP이고 'slept'가 자동사인 VP인 것은 어휘부를 통해 알 수 있으나, 이들 NP와 VP가 결합해서 어떻게 문장을 형성하는지에 대한 정보는 어휘부에 없는 것이다. 마찬가지로, 'dog'는 명사이고, 'this'는 한정사라는 사실을 어휘부를 통해 알 수 있으나, 'this'와 'dog'가 결합해서 'this dog'라는 명사구를 도출할 수 있는지에 대한 정보가 없다. 이들이 결합할 수 있도록 해주는 것이 바로 문법규칙이다.

구 구조규칙

문법규칙은 통사규칙(syntactic rules)이라고도 하며, 통사론적으로 **구 구조규칙**(Phrase Structure Rules)이라고 한다. 구 구조규칙은 어휘부의 정보에 입각해서 통사 범주들이 어떻게 결합되어야 하는지를 알려준다. 규칙에는 통사 범주의 이름을 사용하며, 실제 언어 표현인 단어들은 존재하지 않는다. 만약 NP라는 통사 범주와 VP라는 통사 범주가 만나면 문장(S)을 형성하는 지식을 기반으로, 영어 문장에 대해 구 구조규칙으로 표현하면 다음과 같다.

S → NP VP

화살표(→)는 '왼쪽의 기호를 오른쪽의 기호로 바꿔 쓰라'는 의미이다. 이는 문장(S)이 명사구(NP)와 동사구(VP)로 구성된다는 뜻이다. 반대로는 적지 않는다(*NP VP → S). VP에 앞서 NP가 오는 것은 영어가 지닌 상대적 어순을 말해준다. 주어가 문장 맨 뒤에 나오는 언어라면 S→VP NP가 된다. 문장의 직접적인 성분은 NP와 VP이다.

계층 구조와 수형도

통사론은 문장의 구조를 연구하는 학문이라고 했다. 어순과 더불어 문장의 구조를 이해하기 위한 중요한 개념은 **계층 구조**(hierarchical structure)이다. 우리는 보통 하나의 문장을 평면적으로 읽고 해석한다. 통사론적인 지식은 평면적인 문장에 있는 단어들 간에 위계적인 질서가 있음을 깨닫게 해 준다. 위계적이란 의미는 구조상 어떤 단어들이 다른 단어들보다 더 가까운 위치에 있음을 말한다. 구 구조규칙은 문장의 구조가 왜 계층적인 구조를 가지는지를 잘 보여준다. 다음 문장을 다시 살펴보자.

(18) a. The cat chased the mice.

　　 b. The mice chased the cat.

문장 (18a-b)는 겉으로 보기엔 단어들이 평면적으로 나열된 것처럼 보이지만, 단어들과의 관계를 보면 매우 위계적임을 알 수 있다. (18a)에서는 'the mice'가 'chased'에 가깝지만, (18b)에서는 'the cat'이 'chased'에 더 가깝다. 이러한 위계적인 속성을 반영하여 격자괄호 [ ]로 표시하면 다음과 같다.

    (19) a. [[[The] [cat]] [[chased] [[the] [mice]]]].
        b. [[[The] [mice]] [[chased] [[the] [cat]]]].

여기서 '[ ]'는 문장 내의 하나의 구성 성분을 의미하는데, 가장 작은 성분에서 가장 큰 성분을 구성하는 계층적 구조를 보여준다. 가장 작은 성분은 단어(the, cat, chased, the, mice)이고, 단어보다 큰 성분은 구(the cat, the mice, chased the mice)이고, 가장 큰 성분은 문장(The cat chased the mice)을 이룬다. [ ]의 수가 적을수록 작은 성분이고 많을수록 큰 성분이다. 더불어 앞서 배운 어휘 범주와 구 범주에 이름을 넣어 다시 쓰면 다음과 같다.

    (20) a. [[[The]$_{Det}$ [cat]$_N$]$_{NP}$ [[chased]$_V$ [[the]$_{Det}$ [mice]$_N$]$_{NP}$]$_{VP}$]$_S$.
        b. [[[The]$_{Det}$ [mice]$_N$]$_{NP}$ [[chased]$_V$ [[the]$_{Det}$ [cat]$_N$]$_{NP}$]$_{VP}$]$_S$.

(20)에서 어휘 범주인 'the'는 한정사(Det)이고, 'cat'과 'mice'는 명사(N)이며, 'chased'는 동사(V)로 각각 하나의 [ ] 안에 포함되고, 명사는 한정사 'the'와 결합하여 각각 명사구(NP) 'the cat'과 'the mice'가 된다. 그리고 동사 'chased'는 명사구 'the mice'와 'the cat'과 결합하여 동사구(VP) 'chased the mice' 또는 'chased the cat'을 포함하는 이때 동사가 어떤 명사구와 계층적으로 가까운지를 말해준다. 마지막으로 명사구 'the cat'과 동사구 'chased the mice'는 결합하여 문장(S)을 형성한다.

문장의 구조는 어순과 계층 구조임을 밝혔다. 어순과 계층 구조를 표상하는 방법은 통사 범주마다 '[ ]'를 써서 나타낼 수도 있고, **수형도**(tree diagram)라는 이차원적 나무가지 그림을 그려 계층적으로 나타낼 수 있다.

이제 명사구와 동사구를 포함하는 가장 간단한 'Fluffy Slept'라는 문장의 구 구조 규칙을 적어보고, 수형도로 나타내보자. 'Fluffy'는 명사이면서 동시에 명사구이고, 'slept'는 (자)동사이면서 동사구이다. 수형도에서 NP 아래 N과 VP 아래 V가 생략되었다.

(21) Fluffy slept.

a. 구 구조규칙

   S → NP VP

   NP → N

   VP → V

b. 수형도

수형도의 각 부분에 대한 명칭을 알아보면, 수형도의 맨 윗 부분을 뿌리(root)라고 하고, 뿌리에서 갈라져 나오는 선들을 가지(branch)라고 하며, 가지와 가지가 갈리는 부분을 마디(node)라고 한다. 맨 밑의 'Fluffy', 'Slept' 등은 잎(leaves)이라고 부른다. 수형도상에서 각 마디가 하나의 성분을 나타내며 맨 위의 마디인 뿌리가 전체 문장을 나타낸다. 수형도는 문장의 어순과 계층 구조를 문장 성분들 사이의 전후 관계와 지배 관계를 잘 보여준다. 구 구조규칙은 작은 성분들이 모여 더 큰 성분으로 결합하거나, 큰 성분들이 어떤 작은 성분들로 나누어지는지를 모두 보여준다. 수형도에는 생략되었지만 NP의 직접적인 성분은 N 그리고 VP의 직접적인 성분은 V이다. 성분이 무엇인가를 보여주는 것은 구 구조규칙이지만, 언어 표현인 단어가 무엇인지를 말해주는 것은 어휘부이다.

(22) NP → (Det) (Adj) N

a. NP → N

b. NP → Det N

c. NP → Det Adj N

명사구 NP는 1개의 명사 'Fluffy'일 수도, 한정사와 명사 'the man, the cat'일 수도, 한정사와 형용사 그리고 명사 'the cute cat, the faithful dog'의 결합일 수도 있다. 이들 세 가지 경우의 NP를 각각의 구 구조규칙으로 쓴다면, (22a), (22b), (22c)와 같고, 이들을 한 번에 쓰면 괄호를 이용해서 (22)처럼 쓸 수 있다. (22)에서 명사구에 반드시 필요한 명사구의 핵(head)은 명사이다. 명사구에서 명사는 반드시 와야 하며, 괄호 안의 성분은 올 수도 있고 안 올 수도 있어 수의적이다. (22a)에서 (22c)를 일일이 나열할 필요없이 (22)처럼 괄호를 사용해서 쓸 수 있다. 구 구조규칙을 쓸 때 (22)처럼 하나로 쓰거나 아니면 (22a), (22b), (22c)를 모두 써야 한다.

동사구 VP도 마찬가지이다. 자동사인 경우 동사 'fell' 하나만 올 수 있고, 동사와 부사 'fell slowly'가 올 수도 있고, 동사와 전치사구 'live in Seoul'처럼 올 수도 있다. 이들을 구 구조규칙으로 나타내면 (23)과 같이 쓸 수 있다. 동사구에 반드시 수반해야 하는 핵은 동사이다.

(23) VP → V (Adv) (PP)

a. VP → V

b. VP → V Adv

c. VP → V PP

만약에 명사구가 'a nice idea for a gift'라면 다음과 같은 구 구조규칙과 수형도를 가질 수 있다.

(24) A nice idea for a gift

a. 구 구조규칙 : NP → Det Adj N PP

b. 수형도

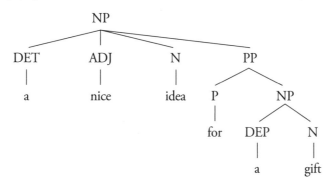

명사구가 '한정사 + 명사'로 이루어지고, 동사구가 '동사 + 부사'로 이루어진 문장 'The man fell slowly'를 살펴보자. 동사 'fell'은 어휘부에서 목적어를 필요로 하지 않는 자동사에 속하는 정보를 갖고 있다. 명사 'man'은 고유명사와는 달리 반드시 한정사 'the'가 앞에 와야 하는 어휘 정보를 가지고 있다. 이들 명사구와 동사구의 결합은 (25)와 같은 문장을 생성하고, 구 구조규칙과 수형도는 각각 (25a)와 (25b)와 같다.

(25) The man fell slowly.

a. 구 구조규칙

S → NP VP

NP → Det N

VP → V Adv

b. 수형도

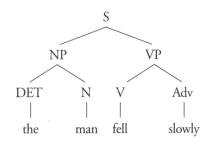

모든 문장은 주어부(NP)와 술어부(VP)로 구성된다. 어떤 문장이든 상향식(bottom -up)으로 또는 하향식(top-down)으로 구조를 파악할 수 있다. 하향식은 문장은 주어 부와 술어부로 구성되고, 술어부는 동사와 목적어로 구성됨을 말해준다. 반대로 상 향식은 동사와 목적어가 결합하여 술어부를 만들고, 술어부를 주어부와 결합하여 문 장을 만드는 것을 말해준다.

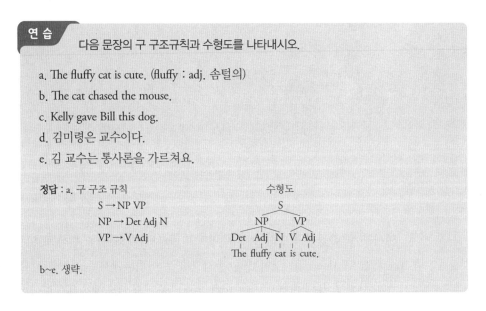

연습 다음 문장의 구 구조규칙과 수형도를 나타내시오.

a. The fluffy cat is cute. (fluffy : adj. 솜털의)

b. The cat chased the mouse.

c. Kelly gave Bill this dog.

d. 김미령은 교수이다.

e. 김 교수는 통사론을 가르쳐요.

정답 : a. 구 구조 규칙

S → NP VP

NP → Det Adj N

VP → V Adj

수형도

b~e. 생략.

지금까지 배운 것을 요약하면 다음과 같다. 첫째, 모든 단어는 구를 형성할 수 있 는 구 범주의 일원이다. 명사는 명사구를, 동사는 동사구를, 전치사는 전치사구를 형 성한다. 둘째, 하나의 구는 단어들의 결합이다. 구는 소위 핵이라고 불리는 단일한 단어를 중심으로 구축된다. 명사구의 핵은 명사이고, 동사구의 핵은 동사이며, 전치사구의 핵은 전치사이다. 셋째로, 구들은 더 큰 구나 문장들을 생성하는 데 일련의 규칙들을 가지는데, 이를 구 구조규칙이라고 한다. 수형도는 이들 문장들의 계층적 구조를 밝혀준다. 마지막으로 구들이 문장에서 결합하는 방법에 따라 문장 구조를 결정한다.

중의성

중의성(ambiguity)이란 어떤 단어나 문장의 표현들은 간혹 1개 이상의 의미를 지닐 수 있어 애매한(ambiguous) 것을 말한다. 단어 'bank'는 다음 문장에서 각기 다른 의미를 지닌다.

(26)
a. Kelly works at a bank, downtown.
b. There is a bike path along the east bank of the river.

동일한 형태인 'bank'는 (26a)에서는 '은행'이라는 의미이지만, (26b)에서는 '강둑'을 의미한다. 같은 단어지만 서로 다른 의미를 지닌다. 이를 **어휘적 중의성**(lexical ambiguity or homophony)이라고 부른다. 동일한 형태의 단어가 서로 다른 의미로 중의적으로 쓰이기 때문이다. 이와 마찬가지로 동일한 구 또한 무엇을 수식하느냐에 따라 다른 의미를 나타낼 수 있다.

> **연습** 다음 단어 또는 문장이 지닌 중의성을 말해보시오.
>
> a. My nose was running all night.
> b. Flying airplanes can be dangerous.
>
> **정답** : a. 단어 'running'은 어휘적으로 중의적이다. (i) 코가 흘러내렸다. (ii) 코가 달리기를 한다. b. 주어가 'airplanes'이냐 'flying'이냐에 따른 구조적 중의성 : (i) 나는 비행기는 위험할 수 있다. (ii) 비행기를 날리는 것은 위험할 수 있다.

문장 (27)을 살펴보고 동일한 문장이 어떻게 서로 다른 의미를 가질 수 있는 지 알아보자. 단서는 전치사구 'with a telescope'가 무엇을 수식했느냐에 따라 의미가 달라진다. (27)은 '군인이 망원경을 가진다' 의미의 (27a)와 '망원경이 살해도구로 쓰일 수 있는' 의미인 (27b)로 두 가지의 중의적인 의미를 가진다. 이들은 어휘적이라기보다는 구조적 중의성(structural ambiguity)을 가진다.

(27) Pat shot the soldier with a telescope.

a. the solider has the telescope

b. a telescope is the instrument of the shooting

(27)처럼 구조적인 중의성을 가진 문장은 구 구조규칙에 의해 수형도로 표시함으로써 그 차이를 통사론적으로 설명할 수 있다. (27a)에서는 'with a telescope'가 명사를 수식하여 명사구 범주에 속하지만, (27b)에서는 'with a telescope'가 동사를 수식함에 따라 동사구 범주에 속한다. 각각의 두 가지 의미는 서로 다른 수형도로 나타낼 수 있다.

(27) a.

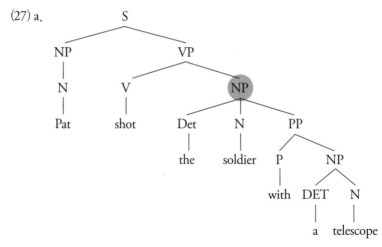

(27) b.

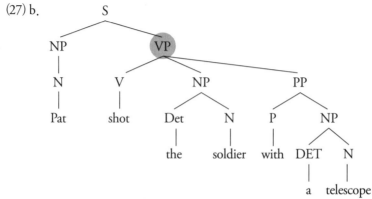

지금까지 학습한 몇 가지의 구 구조규칙을 하나로 요약하면 (28)과 같다. 괄호는 해당 문장에 따라 수의적임을 의미한다.

(28) 구 구조규칙

S   → NP VP

NP → (Det) (adj) N

VP → V (NP) (NP)

PP → P (NP)

구 구조규칙 (28)은 앞서 언급한 몇 개의 문장만을 설명할 수 있다. 무수히 많은 문장을 설명하기 위해서 그에 해당하는 더 많은 구 구조규칙이 필요하다.

어순 유형론

앞서 한국어와 영어의 어순이 다름을 언급하였다. 언어학에서 **어순 유형론**(word order typology)은 언어의 유형을 통사적인 성분이 오는 순서에 따라 결정하는 연구이다. 언어에서 어순을 결정짓는 주된 구성요소들은 주어(subject), 목적어(object), 동사(verb)이다. 주어(S), 목적어(O), 술어(V)가 나오는 문장의 가능한 어순은 논리적으로 여섯 가지(SOV, SVO, OSV, OVS, VSO, VOS)이다. 비록 세계에는 7,000여 개가 넘는 언어들이 있을지라도, 그들 언어들이 사용하는 어순의 유형들은 대략 여섯 가지에 불과하며, 그중에서도 SOV, SVO, VSO 세 가지만이 전 세계 언어의 90퍼센트 이상을 차지한다.

가장 많이 쓰이는 어순의 유형은 SOV로 한국어를 비롯한 러시아어와 터키어 그리고 일본어 등을 포함하는 세계 언어의 44퍼센트를 차지한다. SOV 어순은 한국어에서처럼 주어가 목적어를 선행하고 동사는 항상 문장의 맨 뒤에 위치한다. 어순을 논할 때는 평서문(declarative sentence)을 우선적으로 살펴야 한다. 한국어에서 문장의 맨 뒤에 오는 동사의 위치를 생각해보면 이해가 쉽다.

(29) 한국어 : 써니는   미키를   좋아해요
          주어(S) 목적어(O)   동사(V)

두 번째로 많이 쓰이는 어순의 유형은 SVO로 세계 언어의 35퍼센트를 차지하며, 영어를 비롯한 중국어, 프랑스어, 베트남어, 태국어 등이 포함된다. SVO 어순은 주어는 동사 앞에 위치하고 목적어는 동사를 뒤따른다. 하지만 영어에서도 의문문이나 강조 또는 주제화 등의 문장에서는 동사와 주어가 바뀌기도 하고 목적어가 앞으로 나오기도 한다.

(30) 영어 : <u>Sunny</u>   <u>likes</u>   <u>Mickey</u>.
　　　　　주어(S)　　동사(V)　　목적어(O)

SOV와 SVO 외에 세 번째로 세계 언어의 19퍼센트를 차지하는 VSO 어순이 있다. 이 어순은 동사가 맨 앞에 위치하며, 아일랜드어(Irish), 아랍어(Arabic), 웨일즈어(Welsh) 등이 속한다. 네 번째 유형은 매우 드물게 나타나는 VOS 어순으로, 세계어 중에서 단지 2퍼센트만이 이 어순에 해당되며, 말라가시(Malagasy)나 토질(Tzotzil)언어 등이 이에 속한다. 다음은 마다가스카에서 사용하는 오스트레일리아 언어인 말라가시어 예문이다. 동사 'mansa'가 문장의 맨 앞에 나오고, 그다음에 목적어 'lamba'가 뒤따르며, 주어는 문장의 맨 마지막에 나온다.

Manasa　lamba　amin'ny　savony　ny lehilahy.
washes　clothes　with the　soap　the man
'The man washes clothes with the soap.'

상기한 어순 유형을 퍼센티지와 언어별로 요약한 것을 보면, OSV와 OVS 어순이 있으나 거의 사용되지 않는 어순이라고 보아도 무방하며 그 외 주어, 동사, 목적어 등이 문장에서 특정 어순 없이 자유롭게 위치하는 언어들 또한 존재한다(예 : Dyirbal = 오스트레일리아 원주민 언어).

[S = subject(주어), V = verb(동사), O = object(목적어)]

언어	SVO	35%(프랑스어, 영어, 태국어, 베트남어, …)
	SOV	44%(한국어, 러시아어, 터키어, 일본어)
	VSO	19%(아일랜드어, 웨일즈어, 아랍어)
	VOS	2%[말라가시어, 초질어(Tzotzil)]
	OSV	자망디어(Jamamdi), 아프리나어(Apurina)
	OVS	아팔라이(Apalai, 브라질어), 바라사노(Barasano, 콜롬비아어), …
	자유어순	[드리발어(Dyirbal), 오스트레일리아어]

주의

라틴어 : 자유어순이나 대개는 SOV

히브리어 : 현대 히브리어는 SVO 고전 히브리어는 VSO

독일어 : 주절은 SVO, 종속절은 SOV

타갈로그어 : 대개 동사가 맨 앞에 나오고 S와 SO 둘 다 널리 사용

핵-선행언어와 핵-후행언어

어순 유형론에서 주목할 만한 사실은 어순을 결정짓는 중요한 단서가 각각의 구에 포함되는 핵(head)의 위치와 밀접하게 관련된다는 사실이다. 명사구는 명사가, 동사구는 동사가, 전치사구는 전치사가 핵임을 상기하자.

구 : 명사구(NP), 동사구(VP), 전치사구(PP)

핵 : 명사구, 동사구, 전치사구의 필요요소

예를 들어, 동사구가 동사와 명사구로 구성될 때, 핵인 동사가 명사구 앞(V NP)에 올 수도 있고, 명사구 뒤(NP V)에 올 수도 있다. 또한 명사구는 핵인 명사와 명사를 수식하는 형용사와 함께 올 수 있는데, 핵이 수식어인 형용사 앞(adj N)에 올 수도 있거나, 뒤(adj N)에 올 수도 있다. 즉, 핵이 어디에 위치하느냐에 따라 어순이 결정될 수 있다. 핵이 수식어 앞에 오느냐, 뒤에 오느냐에 따라 앞서 언급했던 여섯 가지 어순 유형의 언어들을 크게 두 가지 유형으로 간단히 분류할 수 있게 된다.

핵-선행언어	핵-후행언어
VP – V NP	VP – NP V
VP – AUX V	VP – V AUX
PP – P NP	PP – NP P
NP – N Rel. clause	NP – Rel. clause N
NP – N Possessive NP	NP – Possessive NP N
NP – N Adj	NP – Adj N

언어들마다 핵의 위치가 일정하기 때문에 언어들을 대략 핵과 그 외 수식어와 보어가 오는 순서에 따라 핵이 앞에 위치하는 경우에는 **핵-선행언어**(head-initial language)라 하고, 핵이 수식어 뒤에 위치하는 유형의 언어를 **핵-후행언어**(head-final language)라고 한다. 상기한 표를 보면, 핵-선행언어에서는 핵이 모두 수식어 앞에 위치하는 것을 알 수 있고, 핵-후행언어에서는 핵이 수식어 뒤에 위치하는 것을 알 수 있다.

어떤 언어든지 이들 특성과 관련된 순서에 따라 핵-선행언어와 핵-후행언어로 분류할 수 있다. 핵-선행언어들은 VO 언어들인 영어나 프랑스어 등이 이에 속하며, 핵-후행언어들은 OV 언어들로 한국어나 터키어 등이 이에 속한다. 핵-선행언어와 핵-후행언어 사이의 구분은 대부분의 언어들이 이 둘 사이의 특징들 중 어느 한쪽을 따르기 때문에 언어의 어순 유형을 구분하는 데 매우 중요하다. 유의할 점은 상기한 모든 특징들이 다 일치하지 않을 수 있다는 점이다. 예를 들면, 어떤 언어에서 VP는 핵인 V가 수식어 앞에 오는 핵-선행언어 특징을 포함할 수 있고, NP는 핵인 N이 수식어 뒤에 오는 핵-후행언어 특징을 포함할 수 있기 때문이다. 즉, 한 언어에서 이두 가지 속성이 섞일 수 있음에도 불구하고 좀 더 우세한 속성을 따라 대상 언어를두 가지 유형 중 하나로 정할 수 있게 된다.

이 장에서는 통사론과 관련된 기본적인 지식과 개념을 살펴보았다. 통사론의 정의에서부터 단어, 구, 문장에 이르는 통사 범주와 속성을 살펴보았고, 시대별 문법과 더불어 구 구조규칙과 수형도를 이용해서 문장을 계층적 구조로 살펴보았고, 언어를 어순에 따라 구분하는 어순 유형론에 대해서 살펴보았다. 다음 장에서는 문장의 언어적 의미를 연구하는 의미론에 대해 살펴보고자 한다.

1. 통사론이란 문장의 형성과 구조를 연구하는 학문으로, 문장이 문법적인지 비문법적인지를 판단할 수 있게 하고, 어떻게 단어와 구가 모여서 절이 되고, 문장을 이루는지를 연구하는 학문이다.

2. 어순이란 문장에서 단어가 배열되는 순서를 말하는데, 언어마다 동사와 목적어가 오는 순서가 다르다. 영어는 주어-동사-목적어로 오는 대표적인 SVO 언어에 속하며, 반면에 한국어는 주어-목적어-동사순으로 SOV 언어에 속한다.

3. 문장 구조는 어순과 계층 구조를 말한다. 문장은 어휘부에 있는 정보를 토대로 구 구조규칙을 사용하여 수형도라는 가지그림을 이용하여 문장의 전후 관계와 지배적인 관계를 계층적으로 나타낼 수 있다.

1. (   )이란 인간이 지닌 잠재적인 지적 능력과 문법을 의미한다. 단어보다 더 큰 단위인 구, 절, 또는 문장의 형성과 구조를 연구하는 언어학의 하위 분야이다.

2. 단어가 모여 올바른 문장을 형성하면 (   )이고 그렇지 않으면 (   )이며 문장 앞에 별표(*)를 붙여 표시한다.

3. (   )이란 문장에서 주어, 목적어, 동사가 나오는 순서를 말한다. 통사적인 적 형성을 가늠하는 가장 명백한 특성이다.

4. (   )란 단어와 단어의 결합된 형태로, 명사구, 동사구, 전치사구가 있다.

5. (   )이란 구의 중심 요소이다. 하나의 구는 반드시 이 요소를 포함해야 한다.

6. (   )이란 어휘적 표현들이 통사적으로 결합하는 데 사용되는 규칙이다.

7. (   )이란 언어의 요소들과 규칙을 포함하는 체계이다.

8. (   )이란 유한 수의 문장으로 무한 수의 문장을 생성해내는 인간의 언어 능력을 지칭하는 문법으로 촘스키의 문법이론이다.

9. (   )이란 동일한 형태의 단어가 2개의 의미로 사용될 수 있는 어휘적 중의성과 동일한 문장이 2개의 의미를 가질 수 있는 구조적 중의성이 있다.

10. (   )이란 언어별로 통사적인 구성 성분이 나오는 순서가 언어마다 다른 유형을 가진다. 한국어는 주어-목적어-동사 순으로 영어는 주어-동사-목적어 순으로 온다.

11. (   )란 핵이 수식어 앞에 오는 언어이다. 동사구의 핵인 동사가 명사구에 앞선다. (   )란 핵이 수식어 뒤에 오는 언어이다. 명사구의 핵인 명사가 수식하는 형용사 뒤에 온다.

12. (   )란 정해진 것, 정해지지 않은 것, 양적인 것을 표현할 때 주로 명사 앞에 온다.

정답 : 1. 통사론, 2. 문법적/비문법적, 3. 어순, 4. 구(범주), 5. 핵, 6. 구 구조규칙, 7. 문법, 8. 생성문법, 9. 중의성, 10. 어순유형론/SVO/SOV, 11. 핵 선행/핵 후행, 12. 한정사

1. 다음 진술은 참인가 거짓인가?

> 동사란 사건이나 일을 가리키며, 예들은 'cat', 'happiness', 'man' 등이다.

2. 통사적으로 문법적이지 않은 문장을 표시할 때 문장 맨 앞에 쓰는 기호를 고르시오.
① ! ② * ③ # ④ ? ⑤ %

3. 다음 문장에서 명사구에 해당되지 <u>않는</u> 것은?

> My aunt, Helen, lives in New York, USA.

① aunt ② New York
③ My aunt ④ New York, USA
⑤ Helen

4. 다음 문장을 구 구조규칙과 수형도를 완성하시오.

> Mary loves her cute white dog.

구 구조규칙   수형도

정답 : 1. 거짓, 2. ②, 3. ①, 4. 구 구조규칙 :
S → NP VP   수형도 :
NP → (Det) (Adj), (Adj) N
VP → V NP

1. 다음 각 문장의 밑줄 친 부분의 통사 범주를 말하고 (d), (e), (i)는 왜 비문법적인지 말해보시오.

   a. Sunny <u>ran</u>.

   b. Sunny <u>felt</u> bored.

   c. Sunny <u>liked</u> Mickey.

   d. *Sunny <u>ran</u> Mickey.

   e. *Sunny <u>felt</u> Mickey.

   f. The cat <u>chased</u> the mouse.

   g. The cat <u>under the bed</u> chased the mouse.

   h. Sunny <u>gave</u> Cindy a book.

   i. *Sunny <u>gave</u> Cindy.

2. 다음 문장들의 구 구조규칙을 도출하여 수형도를 완성하시오.

   a. Robin talked to the manager over the phone.

   b. Lee bought a nice picture of the unicorn from Robin.

3. 힌디어 자료를 보고 각 질문에 답하시오.

   힌디어 : 인도 북부에서 사용하는 표준어

   a. [ram-ne   seb   kʰaːja]
      Ram   apple   ate   'Ram ate an apple'

   b. [ram   angrezi   bol   səkta   hɛ]
      Ram   English speak   able   is   'Ram can speak English'

   c. [larke-ne   ʧari-se   kutte-ko   maːra]
      boy   stick-with   dog   hit   'The boy hit the dog with a stick'

   d. [ʤis   larke-ne   kutte-ko   maːra   vo   mera   bhai   hɛ]
      which   boy   dog   hit   he   my   brother   is

      'The boy who hit the dog is my brother'

   e. [ram-ki   bahin]
      Ram's   sister   'Ram's sister'

f. [safed   pʰul]
  white   flower   'white flower'

1) 각 문장의 구성 성분을 말해보시오(명사, 명사구 등).

2) 힌디어의 어순은 SVO, SOV, VSO, VOS 중 어디에 속하는가?

3) 힌디어 문장 (a~f) 중 핵-선행이나 핵-후행 조건에 해당되는지 분류해보시오.

정답 : 1. a. 자동사, b. 불완전자동사, c. 타동사, d~e. 자동사 또는 불완전자동사이므로 목적어를 가질 수 없다. f. 타동사(＋명사구), g. 전치사구, h. 수여동사, i. 수여동사이므로 목적어를 2개 가져야 한다.

2a. 구 구조규칙   2a. 수형도

  S → NP VP

  NP → (Det) N

  VP → V PP PP

  PP → P NP

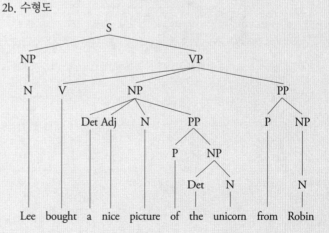

2b. 구 구조규칙   2b. 수형도

  S → NP VP

  NP → (Det)(Adj)N(PP)

  VP → V NP PP

  PP → P NP

3. 1) [ram-ne] 'Ram' = 명사(구), [seb] 'apple' = 명사, [kʰaːja] '동사(구)'; 나머지 b~f는 생략. 2) SOV, 3) 핵-선행언어는 없음, 핵-후행언어(a,b,c,d,e,f).

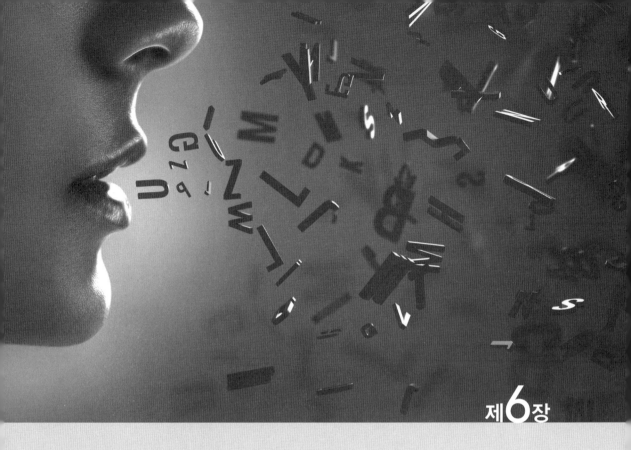

제6장

의미 없는 언어는 무의미하다.

-Roman Jackobson

의미론 :
언어적 의미

🗨 학습목표

- 의미론이 무엇인지 정의할 수 있다.
- 의미에 대한 본질을 깨달을 수 있다.
- 의미론의 하위 분야가 무엇인지를 말할 수 있다.
- 어휘의미론과 조합의미론을 설명할 수 있다.
- 단어들 간에 의미적 관계를 말할 수 있다.

🗨 시작하기

1. 의미론이란?
2. 의미론의 하위 분야는?
3. 지시와 센스의 차이는?
4. 어휘 의미론과 조합 의미론은 무엇인가?
5. 단어들은 어떤 식으로 연관되어 있는가?

의미론이란

지금까지 말소리(음성학), 음운체계(음운론), 단어 구조(형태론), 그리고 문장 구조(통사론)를 연구하는 학문에 대해 알아보았다. 이번 장에서 다루게 될 **의미론**은 언어학의 하위 분야로, 언어에서 문장의 **의미**(sentential meaning)를 연구하는 분야이다. 이때 의미는 **언어적인 의미**(linguistic meaning)로 다음 장에서 소개할 발화 차원에서의 의미(utterance meaning)와 구분된다. 주로 문장을 통해 사용하는 표현들이 어떤 의미를 가지는지를 연구한다. 즉, 문장에 단어와 구, 그리고 절이 의미론의 주된 연구 대상이다. 의미론은 의미의 본질을 다루며, 언어학 외에도 심리학, 철학, 문학, 논리학 등과 같은 다양한 인문학 분야와 연계한다.

> 의미론은 언어적 의미와 표현이 어떻게 의미를 전달하는지를 연구하는 언어학의 하위 분야이다. 단어의 의미와 문장의 의미가 어떻게 단어에서 나오는지를 다룬다. 의미론의 초점은 단어와 구, 문장의 의미에 있다.

의미론을 연구하는 학자들을 **의미론자**(semanticist)라고 한다. 이들은 의미론적 지식을 체계적으로 규명하고, 의미가 무엇인지, 의미론이 무엇인지, 동일한 형태의 단어나 문장이 어떻게 다른 의미를 가지는지, 다른 형태의 단어들이나 문장들이 반대로 어떻게 동일한 의미를 가지는지 등의 질문에 답하기 위해 끊임없이 연구한다. 그들은 또한 단어 각각의 의미를 연구할 뿐만 아니라, 단어 의미들이 결합해서 구를 형성할 때, 구의 표현들의 의미가 결합해서 문장의 의미를 어떻게 결정하는지를 연구한다. 이들의 연구에 의해, 의미나 의미론에 대한 정의 또한 시대에 따라 변화를 거듭하면서 달라져 왔다. 의미론 학자들이 본질적으로 의미가 무엇인가를 정의하는 것에서 달라질 수 있다.

의미론은 언어적인 표현에서 어떤 단위를 주 연구 대상으로 삼느냐에 따라 크게 어휘의미론과 조합의미론으로 나누어진다. **어휘의미론**(lexical semantics)은 단어들을 대상으로 그들의 의미와 그들 사이의 관계를 다루고, 반면에 **조합의미론**(compositional semantics)은 구나 절, 그리고 문장을 대상으로 그들의 의미를 다루고, 단어들이 모여 문장의 의미를 어떻게 결정하는지를 다룬다. 모든 언어에는 수많은 단어들과 문장들이 있다. 인간은 이를 모두 다 암기하지는 못한다. 하지만 모국어 화자라면 어떤 문장을 접했을 때, 문장의 의미가 무엇이고, 문장의 의미가 괜찮은 지, 그렇지 않은지를 판단하는 능력을 지닌다. 이런 능력이 바로 모국어 화자가 지니고 있는 의미론적인 지식이다. 의미론에서는 단지 이런 지식이 무엇인가를 깨닫고 설명하도록 돕는다.

"의미가 정확히 무엇인가"에 대한 근본적 질문에 대해 철학자를 비롯한 많은 학자들이 오랫동안 고민하고 연구해왔지만, 그에 대한 명쾌한 답은 없다. 이 장에서 살피는 의미는 철학적이나 심리학적인 접근에서의 의미가 아닌 언어학적인 표현들, 즉, 단어나 구 그리고 문장에 대한 의미이다. 언어학적으로 의미에 대한 정의를 쉽게 내릴 수 없음에도 불구하고, 모국어 화자라면 다음 문장들이 무엇을 의미하는지, 문장이 괜찮은지, 어색한지에 관해 직관적으로 판단할 수 있다.

(1) a. 나는 대학교에 다니는 학생이다.

    b. 나는 직장에 다니면서 공부하는 학생이다.

    c. ?나는 집에 다니는 학생이다.

    d. ?나는 집에 다니면서 공부하는 학생이다.

    e. I attend school.

    f. ?I attend home.

(1a)의 의미는 공부만 하는 전업 대학생을 의미하는 반면에, (1b)의 의미는 일도 하고 공부도 하는, 직장인 겸 학생임을 의미한다. (1a)와 (1b)의 '나'는 동일하게 전업 학생에 속할지라도, 분명한 의미의 차이가 존재한다. 언어적인 의미는 문장에 쓰인 개개 단어들의 의미와, 구들의 의미 그리고 그들이 결합한 후 결정되는 문장의 의미이다.

(1a)와 (1b)에 비해 (1c)와 (1d)는 그 언어적 의미가 다소 명확하지 않다. '대학교'란 단어에서 '집'이란 단어로. '직장'이란 단어에서 '집'이란 단어로만 각각 바꿨을 뿐인데, 두 문장 모두 의미가 어색하다. 앞서 물음표(?)는 문법적으로는 괜찮더라도 의미상 어색하거나 받아들이기 어려울 때 쓰는 기호라고 하였다. '학교에 다니다'는 표현은 평범하지만, '집에 다니다'라는 표현은 어색하다. 동사 '다니다'와 '집'의 결합이 의미상 성립되지 않기 때문이다. 영어에서도 마찬가지이다. (1e)와 (1f)에서 'attend school'은 괜찮지만, 'attend home'이란 표현은 어색하다. 문장의 의미가 어색하다는

직관은 모국어 화자일 경우 충분히 가능하다.

문장의 의미는 단어나 구의 표현들이 어떻게 결합되느냐에 따라 결정된다. 상기한 문장이 어색한 것은 문법적으로 맞더라도, 동사와 명사 간의 결합이 의미상 어색하기 때문이다. 의미론에서는 문장의 주요 구성성분과 그들의 결합을 통해 문장의 의미를 이해하게 하고, 어색한 문장들에 대해 왜 어색한지에 대한 이유를 설명할 수 있게 한다.

의미의 다면적인 이해

언어적 의미를 제대로 이해하려면, 의미와 관련된 현상을 다각적으로 이해하는 것이 필요하다.

첫째, 정보적인 현상에서의 의미이다. 언어의 의미는 인간을 둘러싼 세상에 대한 정보(information)를 통해 제대로 이해할 수 있다. 정보는 사람이나 사물을 지칭하는 구체적 개념일 수도 있고 또는 추상적인 개념일 수도 있다. 또는 어떤 개념에 대한 속성을 말할 수도 있고, 관계를 말할 수도 있다.

둘째, 심리적인 현상에서의 의미이다. 언어의 의미는 화자나 청자가 언어를 사용할 때, 마음속에서 생각해서 말을 한다. 이런 것들은 의미가 지닌 인지적이고 심리적인 현상(cognitive and psychological phenomenon)에 의한 것이다. 예를 들어, '새'라는 단어를 들을 때, 두 가지 의미로 생각할 수 있다. 심리적으로 막연히 '날개가 달리고 하늘을 나는' 추상적인 의미의 '새'를 생각할 수 있고, 실제 하늘을 날고 있는 눈에 보이는 구체적인 '새'일 수도 있다.

셋째, 사회적 현상에서의 의미이다. 언어 의미는 사회적 현상(social phenomenon) 속에서 파악해야 한다. 청자와 화자 사이의 관계를 통해 그들이 하는 대화들의 의미가 결정된다는 점에서 의미는 사회성을 반영한다. 실제 발화상 의미는 사회적 관계라는 맥락에서 출발한다. 대화 차원에서의 의미를 중점적으로 다루는 학문은 다음 장에서 기술할 화용론에 속한다.

넷째, 독립적인 현상에서의 의미이다. 언어 의미에서 단어들의 의미와 문장들의 의미는 그들 사이에 중요한 관계를 가질 뿐만 아니라, 그들 각각이 지닌 정보 내용이나 인지에 대한 가설을 독립적으로 이해해야 한다.

이상과 같이 언어적인 의미는 한 가지 현상이 아닌 다면적인 현상으로부터 이해하는 것이 필요하다. 의미론자들은 의미를 사전에서만 나오는 의미로 단순하게 분석하기보다는 이들 다양한 현상을 포괄적으로 설명할 수 있는 의미론을 연구하는 것을 목표로 삼는다.

의미론의 하위 분야

의미론은 어떤 대상을 중심으로 의미를 어떻게 해석하느냐에 따라 크게 어휘의미론과 조합의미론으로 나누어진다. **어휘의미론**(lexical semantics)은 '단어들의 의미'를 중심으로 의미를 이해하는 반면에, **조합의미론**(compositional semantics)은 단어들의 상위개념인 '구나 절, 문장들의 의미'를 중심으로 의미를 이해한다. 이 둘은 유한성과 무한성(finite vs. infinite)의 개념에서 근본적으로 다르다. 즉, 세상에 존재하는 단어들의 수는 유한하지만, 문장들의 수는 무한하다. 모든 언어의 어휘부에는 일정한 수의 단어들과 그 의미들 그리고 그들이 지닌 언어적 속성을 포함한다. 물론 단어들은 없어지기도 하고 새로 생기기도 한다. 인간은 이들 유한한 수의 단어들을 이용해서 무한한 수의 문장을 만들어 낸다. 제1장에서 진정한 언어의 속성 중 생산성 또는 창조성에 속하는 언어 능력이다. 조합의미론에서는 어휘 단위의 의미에 국한하지 않고, 무한하게 만들어지는 문장 단위의 의미에 관여한다. 또한 언어 표현 전체의 의미는 그것을 구성하는 부분들의 의미가 결합하여 만들어진다고 보는 원리이다. 즉, 문장의 의미는 궁극적으로 단어들이 결합함으로써 얻어진다(조합성의 원리 참조).

센스와 레퍼런스

의미에 대한 정의는 어휘 의미론적 접근에서 보느냐와 조합 의미론적 접근에서 보느냐에 따라서 달라지며, 의미를 어떤 관점에서 보느냐에 따라서도 달라진다. 어휘의미론에서 정의하는 의미를 살펴보기 전에, 의미가 지닌 두 가지 측면인 **센스와 레퍼런스**를 먼저 이해하는 것이 중요하다. 언어적 의미는 둘 중의 한 가지로 충족할 수 없고, 두 가지를 모두 필요로 한다.

레퍼런스(reference)란 단어 표현의 의미를 손으로 가리켜 지시할 수 있는 현실 세계에 실제로 존재하는 물리적인 **지시체** 또는 **지시물**(referent : the actual things a word refer to)을 말한다. 마치 '펜'을 가리키면서 '이것은 펜이다'라는 의미를 물질적으로 보여주는 것이다. 반면에 **센스**(sense)란 지시체가 가리킬 수 없는 지시체 이상의 의미를 가리킨다. 센스를 이해하기 위해서는 먼저 세상에 실제로 존재하느냐 아니냐 여부를 따질 수 있다. 전자의 예는 '개'로, 후자의 예는 '유니콘'을 들 수 있다. '개'라는 단어를 말하고, '개', '고양이', '소', '닭' 등 여러 동물의 그림을 보여주고 어떤 것이 '개'냐고 묻는다면, '개'의 그림을 쉽게 고를 수 있을 것이다. 레퍼런스는 단어가 말하는 의미가 무엇인지 물질적인 세상에서 직접 가리킬 수 있는 대상이다. 또한 개들의 여러 종류들인 '셰퍼드', '진돗개', '사냥개' 등을 보여주어도 동일하게 '개'라는 의미로 이해할 수 있다.

'유니콘'은 개와 다르다. 세상에 존재하지 않으므로 실체는 없다. 오직 인간의 생각 속에 의미가 존재한다. '유니콘' 하면 떠오르는 심적 이미지는 '하얗고, 네 발이 달린, 이마에 뿔이 하나 달린 상상속의 동물'이다. 즉, 비록 세상에 없어도 그 의미는 인간의 마음속에 확실히 존재한다. 센스의 다른 예를 생각해 보자. 물리적으로 지시하는 '개'만이 개가 의미하는 전부가 아니라는 점이다. 어떤 사람은 '개'라는 단어를 들을 때마다 어릴 적 키웠던 개를 떠올릴 수도 있고, 어떤 사람은 이웃집에서 짖어대는 개를 생각할 수도 있고, 또 어떤 사람은 이웃이 산책시키는 어젯밤에 보았던 개를 생각할 수도 있다. 이렇듯 '개'라는 동일한 단어를 들었지만, 사람들은 각기 서로 다른 영상물을 떠올릴 수 있고, 마음속에 자리 잡은 '개'라는 의미를 가질 수 있다. 이렇게 개개인이 생각하는 '개'의 의미가 바로 지시물 이상의 의미인 센스인 셈이다.

어떤 표현의 의미는 그것이 의미하는 심적 표상들(mental representation of its meaning)의 의미일 수 있다. 의미가 단지 물리적인 것 이상인 센스의 개념을 처음 도입한 독일 철학자 **프레게**(Frege, 1848~1925)의 유명한 개밥바라기 예문을 살펴보자.

The morning star is the evening star.
'샛별이 개밥바라기이다.'

'의미 = 지시체'로 국한할 경우, 'morning star'와 'evening star'는 별개의 서로 다른 별이어야 한다. 실제로 고대인들은 새벽에 반짝이는 샛별(morning star)과 저녁 무렵

서쪽 하늘에 보이는 개밥바라기(evening star)가 다른 별이라고 생각했다. 하지만 이들은 실제로는 동일한 별인 금성(Venus)을 가리킨다. '의미는 지시체이다'라는 정의로만 의미를 한정할 경우, 동일한 지시체를 서로 다르게 표현하는 다음 예를 쉽게 설명하기 힘들다.

a. The morning star is the morning star.

b. The morning star is the evening star.

c. The morning star is Venus.

d. The evening star is Venus.

e. 샛별이 금성이다.

f. 샛별이 개밥바라기이다.

의미는 실제로 가리키는 지시체 이상이기 때문에 지시체가 동일한 '샛별'과 '개밥바라기'는 센스라는 또 다른 의미의 측면을 도입할 때 쉽게 이해될 수 있다. 의미가 센스임을 이해하는 데 더 중요한 것은 세상에는 가리킬 수 있는 물질로만 존재하지 않은 무수히 많은 단어가 있다는 사실이다. 예를 들어, '사랑', '행복', '산타클로스', '세계', '우주' 등과 같이 실제로 지시할 순 없지만, 사람들은 이들 표현들이 의미하는 바가 무엇인지를 잘 알고 있다. 지시체 이상의 의미로 사람들 마음속에 자리 잡고 있는 의미인 셈이다. 이들 레퍼런스와 센스의 개념을 제대로 이해하는 것은 다음에 나올 의미의 다양한 정의를 더 잘 이해할 수 있다.

어휘의미론 : 단어의 의미

의미 = 사전적 정의

다시 '의미란 무엇인가?'라는 질문으로 돌아가 보자. 의미에 대한 정의를 물을 때, 대부분은 아마도 '단어의 사전적 의미'를 생각할 수 있다. 잘 모르는 단어의 의미를 정확히 알고자 할 때, 가장 먼저 하는 일은 아마도 사전을 검색하는 일일 것이다. 특히 외국어를 학습할 때, 새로운 단어들을 배울 때 사전 검색은 필수적이다. 이때 '단어의 의미 = 사전적 정의(dictionary definition)'라는 등식이 성립할 수 있다. 그렇다면 '의미'와 '의미론'이란 단어에 대해 표준국어대사전에서 어떻게 정의하고 있는지 살펴보자.

의미(명사) 1. 말이나 글의 뜻, 2. 행위나 현상이 지닌 뜻, 3. 사물이나 현상의 가치
의미론(명사) [언어학] 단어와 문장의 뜻과 실제 상황에 나타나는 발화의 뜻을 연
구하는 학문. 언어학의 한 분야이다.

의미를 사전적 정의에만 국한시키면 두 가지 문제가 발생한다. 첫째, 모든 사전적
정의는 단어를 다시 다른 단어로 바꾸어 정의한다는 점에서 순환적(cyclic)이다. 정의
에 나오는 단어를 모를 때 또다시 사전을 찾아야 하는 것이다. 둘째, 의미를 사전적
정의에만 국한할 경우 실제 사용상 뜻하는 의미를 제대로 알지 못할 수 있다. 예를
들어, "어, 거 참 시원하군!" 문장만 보고 사전적 정의로만 해석할 때, 제대로 올바른
해석을 할 수 없는 경우가 발생한다. 실제 상황이 뜨거운 국물을 마시면서 한 말이라
면, '시원하다'라는 단어의 사전적 정의와는 정반대의 의미를 가지기 때문이다. 단어
의 정의를 사전에 많이 의존하지만, 그게 전부가 아니라는 것이다.

의미 = 지시와 지시체

이미 기술했듯이, 언어적 의미를 가리킬 수 있는 지시물로 정의할 수 있다. '레퍼런
스'라는 단어는 영어로 'refer' 또는 'denote'라는 말로 표현하는 '지시하다'라는 의미
인데, 말로써 세상의 사물을 골라내거나 또는 확인하는 것이다. 언어 표현의 지시체
를 영어로는 'referent' 또는 'denotation'이라고 한다. 이러한 관점에서 언어 표현의
의미는 지시체 그 자체이다.

고유명사들은 지시체의 가장 단순한 예시들이다. 사람이나 사물들은 모두 고유한
이름을 가진다. 한국은 한국이라는 나라를 지시하는 것이고, 한국인은 한국에서 태
어나고 자란 사람들을 지시한다. 청와대는 한국 대통령이 있는 곳이고, 백악관은 미
국 대통령이 있는 곳이다. 김대중은 한국 대통령이었고, 오바마는 미국 대통령이었
다. 일반적으로 고유명사는 세상에 사람이나 장소, 그리고 사물들의 특정한 개체들
을 지시할 수 있다.

하지만 일반 명사는 어떠한가? 다시 '개'의 예를 생각해 보자. 현실 세계에서 개는
인간의 반려견으로서, 인간의 삶에 매우 중요한 역할을 하고 있다. 개를 가족의 일원
으로 생각하는 사람도 많다. 일상 대화에서 상대방으로부터 "개 키우세요?"라는 질

문을 흔히 받을 수 있다. 만약 "아니요. 전 개를 싫어해요"라고 대답했다고 하자. 이 대화에서 '개'의 의미를 생각해 보자. 개는 어떤 특정 개가 아니고, 개라는 속성을 지닌 보통의 개들 중 하나를 지시한다. 다른 일반명사인 '여자, 남자, 아이, 고양이' 등에도 동일하게 적용된다. 즉, 특정한 지시물이 아닌 일반적인 개체들의 집단에서 하나를 의미한다는 점에서 정해진 개체는 없는 셈이다.

세상의 많은 사물들을 직접 지시할 수 있을지라도, 상기한 예시와 같이 의미와 지시체가 1 : 1 관계가 허용되지 않을 경우, 언어적 의미를 '의미 = 레퍼런스' 공식에만 한정할 수 없다.

의미 = 센스

앞서 단어의 의미를 지시물과 센스 두 가지 측면에서 이해해야 한다고 기술하였다. 언어적 의미가 센스라고 때, 다음 두 가지로 이해해야 한다. 하나는 동일한 지시체를 서로 다르게 표현할 수 있다는 것과 다른 하나는 물리적 세계에서는 존재하지 않더라도 의미를 가지는 많은 단어들이 있다는 것이다. 전자의 예는 다음 문장에서 잘 알 수 있다.

⑵ a. 1998년 김대중 대통령이 당선되었다.

　 b. 1998년 제15대 한국 대통령이 되었다.

　 c. 2000년 한국인 최초로 노벨상을 수상하였다.

세 문장은 모두 사실에 기초하며, 동일한 사람(지시물)에 대해 다르게 표현한 것이다. 각 문장에서 나온 '김대중', '제15대 한국 대통령', '한국인 최초 노벨상 수상자'는 모두 동일한 인물을 가리킨다. ⑵a)와 ⑵b)는 모두 같은 사건을 기술하고 있고, 즉 표현은 서로 다르지만, 해당 지시체는 모두 동일하다. 질문은 "지시체가 동일한 이 세 문장의 의미가 모두 같은가?"이다. 질문에 대한 답은 부정적이다. 지시체는 비록 동일할지라도, 서로 다른 정보를 제공하기 때문이다. 센스의 다른 측면은 물리적 세계에서는 존재하지 않더라도 의미를 가지는 많은 단어가 있다는 것이다. '산타클로스'나 '유니콘' 그리고 추상적인 명사인 '행복', '사랑' 등의 단어가 그 예시이다. 이와 같이 언어 표현의 의미를 지시체로만 설명할 수 없는 그 이상의 의미가 센스이다.

이미 언급했듯이, 프레게는 'The morning star is the evening star'(샛별이 개밥바라

기이다)에서 의미는 지시체 이상이기 때문에 지시체가 같은 '샛별'과 '개밥바라기'는 의미는 다를 수 있어 상호 대치가 불가능하다고 하였다. 그의 독일어 용어를 빌려, "의미는 'Bedeutung'(레퍼런스)이 아니고 'Sinn'(센스)이다"라고 기술하였다. 중요한 점은 세상에 존재하는 지시체를 기반으로 마음속에 있는 심적 표상의 일종인 센스를 찾아가는 일이다.

의미 = 심적 표상

언어의 의미를 보는 관점 중 다른 가능성은 의미가 인간의 마음속에 심적 표상들 (mental representation)로 저장되어 있다는 점이다. 예를 들어, 만약 '엄마'라는 단어를 들려주고 의미가 무엇인지를 묻는다면, 동일한 지시체도 동일한 센스도 아닌 각각의 엄마의 이미지를 떠올릴 수 있다. 이때 각각 '엄마'를 떠올린 이미지들이 바로 심적 표상이다. '엄마'라는 단어는 동일하지만, 사람들이 의미하는 각자의 엄마는 각자의 마음속에 서로 다른 이미지로 존재한다. 또한 '엄마'라는 단어가 간혹 친구의 엄마를 지칭해서 부르기도 한다. 동일한 단어가 각자가 생각하는 마음에 있는 의미를 부여함으로써, 의미는 개개인의 심적 표상으로 존재하는 것이다. 철학적으로 심정 표상은 시각적 이미지와 동일시되었다. 즉, '고양이'라는 말에 대한 심적 표상은 바로 인간의 마음속에 떠오르는 고양이의 모습이라는 주장이다. 하지만 이러한 견해가 갖는 문제점은 시각적 이미지를 떠올릴 수 없는 수많은 단어들이 언어에 존재하기 때문이다. 예를 들어, '정의', '자유', '진리' 같은 추상명사는 시각적 이미지가 마음속에 존재하지 않지만, 그 의미는 분명하다. 이는 '의미 = 심적 표상'에 국한할 때, 생길 수 있는 한계점이다.

지금까지 기술한 것을 요약하면 다음과 같다. 첫째, 의미는 사전적 정의로만 국한될 수 없다. 사전에서는 또 다른 단어로 정의할 뿐이기 때문이다. 둘째, 의미는 지시체에 국한될 수 없다. 지시물로 가리킬 수 없는 대상이 존재하기 때문이다. 셋째, 의미는 심적 표상으로만 국한될 수 없다. 개개인의 심적 표상이 없는 것이 있을 뿐 아니라 각기 다르기 때문이다. 상기한 세 가지 외에 의미의 본질(nature of meaning)을 추가하면 다음과 같다.

넷째, 의미는 실제 사용하는 화자에 의해서 부여될 수 있다. 화자가 어떤 의미를 가지고 말을 하느냐에 따라 의미가 결정될 수 있기 때문이다. 다섯째, 의미는 어떤 표현이 사실이라는 전제를 가져야 한다. 문장이 참인지 거짓인지에 대한 진리치에 의해 문장의 의미가 최종적으로 결정될 수 있다. 여섯째, 문장의 의미는 문장이 사실일 수 있는 모든 시나리오를 포함할 수 있다. 마지막으로, 문장의 의미는 그것을 어떻게 사용하느냐와 밀접하게 관련될 수 있다. 언어를 실제로 사용하는 것이야말로 문장의 의미를 결정하는 중요한 측면이기 때문이다.

상기한 바에서와 같이, '단어의 의미는 무엇이다'라고 단순히 어느 한 가지로 정의될 수 없고, 여러 측면들을 함께 고려해서 복합적으로 정의되어야 함을 말해준다. 또한 단어들의 의미는 다음에서 기술한 단어들과의 관계 속에서 더 명확해질 수 있다.

어휘적 의미 관계

단어들은 여러 방식에서 서로 밀접하게 연관되어있다. 어떤 단어들은 음운론적으로 연관될 수도 있고(site/sight 동일한 발음), 형태론적으로 연관될 수도 있으며(walk/walked 동일한 어근), 통사적으로(love/meet 동일한 타동사) 연관될 수도 있다. 또한 의미론적으로 어떤 단어는 다른 단어를 포함하는 종속관계나 대등한 관계, 반대되는 관계, 또는 부분 관계 등으로 서로 연관될 수 있다. 이는 단어(어휘 또는 개념)가 독자적으로 존재하는 것이 아니라, 서로 밀접하게 연관된 의미의 네트워크를 형성한다는 것을 말해준다. 이들 단어 간의 상호 관계를 정확히 이해할 때, 단어 의미에 대한 정의가 더 명확해질 수 있다. 단어 간 의미 관계를 보여주는 가장 흔한 예는 바로 하의어(상하) 관계이다.

하의어

단어 개념들 사이에는 일종의 상하관계(hyponymy)가 존재한다. 어떤 단어의 개념이 다른 단어의 개념을 포함할 때, 전자의 개념은 후자의 개념보다 상위에 있다. 상위적인 개념을 가지는 단어를 **상의어**(hypernym), 하위의 개념을 가지는 단어를 **하의어**(hyponym)라고 한다. 예를 들어, 단어 '개'와 '셰퍼드'의 관계를 살펴보자. '개'는 그게 어떤 종류인건 간에 모든 종류의 개를 포함하지만, '셰퍼드'는 여러 개의 종류 중에서 단지 한 종류를 포함한다. '셰퍼드' 외에 '진돗개', '푸들', '스팟' 등도 마찬가지이다. 또한 '푸들'이란 종류의 개에는 '미피', '프린세스', '프루프루' 등의 여러 종류를 포함하고 있다. 결과적으로, 여러 종류의 개들은 서로 상하관계를 형성한다. 이들 관계는 서로 이행적(transitive)이어서 전체적으로 볼 때, 하나의 거대한 계층 구조를 형성한다. **이행적 관계**란 '어떤 관계 R에 대해 aRb이고 bRc일 때, R은 이행적이다'라고 정의한다. 이해를 돕기 위해, 상기한 '개'의 상하관계를 계층적인 수형도로 나타냈다.

상하관계에서 '미피'는 '푸들'의 하의어이고, '푸들'은 '개'의 하의어이다. 또한 '개'는 '동물'이라는 단어의 하의어이고, '소'나 '말' 등도 계층 구조에서 '동물'이라는 단어의 하의어이다.

위 수형도에 따르면 '포유동물'의 하의어로 '개, 소, 말, 양' 등이 있고, '개'의 하의어로 '셰퍼드, 진돗개, 푸들, 스팟' 등이 있고, '푸들'의 하의어로 '미피, 프린세스, 프루프루' 등이 있다. 상하관계는 이행적이므로 A가 B의 하의어임은 'A는 B이다' 또는 'A는 B의 일종이다'라는 말이 성립하므로 다음과 같다.

개는 동물이다/개는 동물의 일종이다.

상하관계가 가능한 것은 하위 개념이 상위 개념이 가지는 특성을 모두 가지고 있음을 의미한다. 예를 들어, 동물은 털이 있고, 네 발 달린 짐승이고, 새끼를 낳는다는 등의 정보가 하위 개념의 동물들인 '개, 소, 말, 양…' 등에 모두 포함된다. 즉, 인간의 마음속 어휘 목록(mental lexicon)에는 단어들 간 개념이 갖는 계층 구조에 대한 정보들이 효율적으로 저장되어 있다.

상하관계는 또한 부분관계이다. 하나의 개념이 다른 개념의 부분일 때, 그 개념을 나타내는 단어들은 'A가 B의 일부이다/부분이다'라는 말을 할 수 있다. 예를 들어, 손톱은 손가락의 일부이며, 손가락은 손의 일부이고, 손은 사람의 몸의 일부이다.

손톱 < 손가락 < 손 < 몸

부분관계는 이와 같은 물리적 부분들 사이에서 성립하기도 하지만 구성원과 집단 (학회-회원), 재료와 물체(금-반지), 장소-지역(종로구-서울) 등 다양한 종류에도 적용할 수 있다.

동의어

어떤 단어 표현들이 정확히 같은 지시체나 의미를 가질 때, 두 단어는 서로 **동의어** 또는 **유의어**(synonym)에 속한다. 하지만 '개'와 '강아지'처럼 같은 동물을 일컫더라 도, 100% 완전히 동일한 동의어는 별로 많지 않다. 형태가 다른 이상 어느 정도의 의 미와 쓰임의 차이가 있기 때문이다. 그래서 동의어보다는 유의어(비슷한 말)라는 용 어가 더 적절하다. 특히 중국어, 일본어, 영어, 프랑스어 등으로부터, 오랜 세월 외래 어 차용으로 인한 유의어는 한국어에 넘쳐난다. 예를 들면, '친구'는 '동무', '교우', '벗', '프렌드' 등의 여러 다른 말로 유사하지만, 실제로는 서로 다른 문맥과 상황에서 사용된다. 또한 '음식점', '식당', '밥집' 과 '레스토랑' 등 모두 '돈을 주고 밥을 사먹 는 곳'을 의미하지만, 그 쓰임이 조금씩 다르다. 다음은 **동의어 관계**(synonmy)의 예 다. 한 단어가 다른 단어로 대치될 때, 동의어이다.

a. 식사-끼니, 가게-상점, 공책-노트, 아기-유아
b. 후식-디저트, 휴대폰-핸드폰-스마트폰
c. 아버지-아빠-부친, 큰아버지-숙부
d. couch-sofa, cat-feline, quick-rapid

반의어

어떤 단어들이 서로 정반대 의미를 가질 때, 두 단어는 반의적 관계(antonymy)이다. 반의적인 관계도 자세히 보면 그 안에 다양한 종류가 있다. 다음 예들은 서로 상보적인 반의어(complementary or contradictory antonymy)에 속한다.

    a. 결혼한-결혼하지 않은(married-unmarried)

    b. 보이는-보이지 않는(visible-invisible)

    c. 존재하는-존재하지 않는(existent-nonexistent)

    d. 이긴-진(win-lose)

    e. 살아있는-죽은(alive-dead)

결혼한 사람들이 결혼하지 않은 사람들에 결코 포함될 수 없기 때문에, 서로 속할 수 없는 배타적인 반의어에 속한다. 다음은 두 단어가 서로 상반되지만, 상보적인 반의어들과는 조금 다르게 관계적인 측면에서 서로 반대적이다(relational opposites).

    a. 아래-위(under-over)

    b. 아내-남편(wife-husband)

    c. 결혼한-총각(married-bachelor)

    d. 아버지-어머니(father-mother)

    e. 남자-여자(man-woman)

이외에도 등급을 매길 수 있는 반의어(scalar or gradable antonyms)들이 있다.

    a. 좋은-나쁜(good-bad)

    b. 뜨거운-차가운(hot-cold)

    c. 강한-약한(strong-weak)

또한 '왼쪽-오른쪽'과 같이 상대적인 반대어도 있고, '묶다-풀다'처럼 하나가 다른 하나를 전제로 하는 반대어도 있다.

다의어

다의어는 단어 사이의 의미 관계를 나타내지 않고, 하나의 단어가 여러 개의 뜻을 가지는 낱말(polysemy)을 말한다. 여러 뜻은 의미상으로 서로 연결되어, 단순한 **동음이의어**(homonym) 또는 **동음어**(homophone)와는 구분된다. 예를 들어, '은행'은 돈을 맡기는 금융 기관이지만, 은행 건물을 뜻하기도 하고, 뜻이 확장되어 정자은행이나 혈액은행 등 필요한 것을 보관·등록·대여하는 조직으로 쓰이기도 한다. 영어에서 'man'의 경우, '인간'과 '다른 생명체'를 구분하는 의미로(man vs. other organisms), '남자'와 '여자'를 구분하는 의미로(man vs. woman), '성인'과 '소년'들을 구분하는 의미(man vs. boy)로 여러 개의 뜻을 가진다. 하지만 은행나무 열매를 뜻하는 '은행'과 돈을 맡기는 '은행'은 다의어가 아니라 단순히 발음이 같은 동음이의어에 속한다.

조합의미론 : 문장의 의미

조합성의 원리

어휘의미론이 단어의 의미를 결정짓는다면, 조합의미론은 문장의 의미를 결정짓는다. 각 단어 표현은 그 자체로 의미를 가진다. 문장의 의미는 그것을 구성하는 단어들의 의미와 단어의 결합 방식, 즉 통사적 구조에 의존한다. 단어 자체만으로는 결코 의미가 완성되지 않고, 단어가 문장에서 어떻게 결합되는가에 따라 문장의 의미는 최종적으로 완성된다. 이를 프레게는 조합성의 원리로 설명하였다.

> **조합성의 원리**(compositionality principle)란 언어 표현 전체의 의미는 그것을 구성하는 부분들의 의미와 결합 방식에 의해 결정됨을 말한다. 즉, 문장의 의미는 문장을 구성하는 단어들과 구의 의미가 결합되어 형성되는 데, 이것이 바로 유명한 프레게의 조합성의 원리이다.

'대한민국'이라는 단어를 생각해보자. 물론 단어 자체의 의미는 있다. 하지만 단어만으로는 대한민국에 대해 무엇을 말하려는지 전혀 알 수 없다. 만약 '대한민국은 세상에서 유일한 분단국가이다'라고 할 때 특정한 명제를 가진다. 즉, 어떤 문장에 의해 표현된 주장은 그대로 **명제**(proposition)가 된다. '대한민국'이란 단어만으론 명제를 표현하지 못하며, 어떤 주장도 만들지 못한다. 이는 '유일한', '분단국가' 등의 단어도 마찬가지이다. 이들이 문장이 되었을 때 비로소 대한민국이란 나라가 유일한 분단국가라는 명제가 성립되며, 명제에 대해 '참'인지 '거짓'인지 진리치(truth value)를 논할 수 있다. 유일한 분단국가들의 집합 속에 대한민국이 포함된다면, 이 문장은 세상에 대해 '참'이 되는 명제이다. 문장의 의미를 안다는 것은 그 문장이 참인지 거짓인지를 안다는 것과 일맥상통한다. 다음 예를 살펴보자.

김미령 교수는 언어학을 가르친다.

이 문장이 참이 되려면, '언어학을 가르치는 사람들의 집합'에 '김미령 교수'가 포함되어야 한다. 참과 거짓을 논할 수 있는 문장은 다른 말로 명제라고 한다. 하지만 모든 문장에 대해 진리치를 논할 수 있는 것은 아니다. 예를 들어, '빌의 부인이 키가 매우 크다'라는 문장에서 만약 빌에게 부인이 아예 없다면, 그 문장이 사실인지 거짓인지 판단할 수 없다.

동일한 문장이라 할지라도 어떻게 결합되었느냐에 따라, 두 가지 서로 다른 의미를 내포할 수 있다. 이를 구조적 중의성이라고 통사론에서 공부하였다. 다음 각 문장의 의미를 살펴보자.

(3) a. They are visiting relatives.

b. Flying airplanes can be dangerous.

(3a)는 '그들이 친척을 방문하는 중이다'라는 의미와 '그들은 방문 친척들이다'라는 두 가지 의미를 가지므로 구조상 중의적이다. (3b)는 '비행기를 날리는 행위 자체가 위험하다'는 의미와, '날아다니는 비행기들이 위험하다'는 의미를 가진다. 즉, 위험한 주체가 '날리는 행위'와 '비행기들'로 서로 다르다. 문장을 있는 그대로 평면적으로 볼 때는 중의적인지 깨닫지 못하지만, 'visiting'과 'flying'이 계층적인 구조에서 동사에 속하는지, 명사에 속하는지, 복합어인지 명사구인지에 따라 서로 다른 의미를 가짐을 설명할 수 있다.

단어들의 결합만으로 문장의 정확한 의미를 판단하기 모호할 때, 문장의 구조적인 계층적 정보는 문장의 의미를 밝히는 데 매우 유용하다. 앞서 통사론에서 설명했듯이 문장의 계층적 구조는 괄호 [ ]나 수형도를 사용해서 명확히 할 수 있다.

(3a)′ (i) [They [[are]$_V$ [visiting relatives]$_{NP}$]$_{VP}$]$_S$.

(ii) [They [[are visiting]$_V$ [relatives]$_{NP}$]$_{VP}$]$_S$.

(3b)′ (i) [[Flying airplanes]$_{NP}$ can be dangerous]$_{VP}$]$_S$.

(ii) [[[Flying]$_{NP}$ airplanes]$_{NP}$ can be dangerous]$_{VP}$]$_S$.

문장의 의미를 집합론적인 진리치로 설명한 예를 살펴보자. 문장의 표현은 명제이기 때문에 참인지 거짓인지 구분 지을 수 있다고 하였다. 통사론에서 문장은 구조상 전형적으로 명사구(NP)와 동사구(VP)로 다음과 같이 수형도로 나타낼 수 있다.

예를 들어, 'Sandy runs'라는 문장의 수형도를 그려보고, 이 문장의 의미가 어떻게 결정되는지 알아보자.

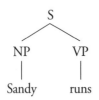

위 수형도에서 'Sandy'는 세상에 속하는 많은 사람 중에서 특정한 개인을 지시하고, 'runs'는 '세상에서 모든 달리는 사람들의 집합'을 의미한다. 그렇다면 이 문장이 참이 되기 위한 조건은 달리는 사람들의 집합에 'Sandy'가 포함되어 있으면 되는 것이다. 다음 (4a)의 경우에는 달리는 사람들의 집합 속에 'Sandy'가 없으므로 'Sandy runs'는 거짓이 되는 명제이지만, (4b)의 경우에는 달리는 사람들의 집합 속에 'Sandy'가 포함되어 참이 되는 명제가 된다.

(4) a.

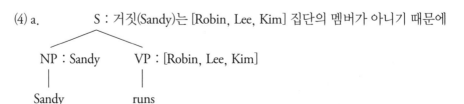

b.

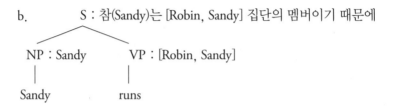

다음은 형용사-명사가 결합된 구의 의미를 살펴보자. 예를 들어, 'green screens'라는 구에서 두 단어 'green'과 'screens'는 각각 어떤 대상을 가리킨다. 'green'은 green인 것의 집합 구성원들을 가리키고, 'screens'는 screen인 집합 구성원들을 가리킨다. 이들의 의미는 다음 그림처럼 두 집합 중에서 겹치는 구성원들에 해당될 수 있다.

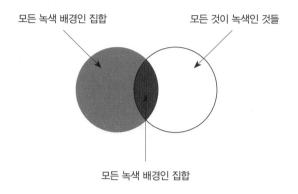

어떤 언어든지 무한한 수의 문장들이 존재하고 이들을 이해하고 산출하는 무한한 수의 의미들이 존재한다. 무한한 수의 문장의 의미는 단어들과 구들의 결합에 의한 조합성의 원리에 의해서 파악할 수 있다.

색채어

20세기 전반에 미국 언어학자들인 사피어(E. Sapir)와 워프(B. Whorf)는 언어의 의미를 심적 표상으로 보는 견해의 극단으로서 "언어가 사고를 지배한다"는 언어 상대성(linguistic relativity) 이론을 주장하였다. 사람들은 그들이 사용하는 언어를 통해서만 세상을 볼 수 있기 때문에, 인간의 사고는 그가 사용하는 언어에서 제공되는 범주에 의해 결정된다는 것이다(즉, 사피어-워프 가설). 또는 인간이 세상에 대하여 생각하는 방식은 문화적·언어적 배경에 의해 결정된다고 보았다. 따라서 서로 다른 언어를 사용하는 사람들은 세상을 보고 인식하는 방식이 다를 수 있다. 즉, "언어가 사고를 주관한다"는 의미이다. 보통 언어 상대성 이론과 함께 많이 언급하는 예가 에스키모어의 눈을 가리키는 단어들과 세계 여러 나라의 색채어이다.

다른 언어에서와는 달리 에스키모어에서는 '눈(snow)'을 나타내는 여러 개의 단어들이 있다. 이는 눈에 대한 개념이 다른 언어에 비해 매우 세분화되어 있음을 알 수 있다. 언어 상대성의 관점에서 보면 에스키모인의 눈에 대한 인식이 한국인 및 미국인과 다르다고 할 수 있다. 실제로 에스키모인의 눈을 나타내는 단어가 수십 수백 개라는 주장도 있지만, 어근으로는 공기 중에 있는 눈 'quanik'과 땅위에 싸인 눈 'aput' 둘밖에 없다는 주장도 있음을 상기할 필요도 있다.

색채어(color term or name)란 특정 색깔을 지칭하는 단어나 구이다. 색채어는 현실 세계에서 경계가 없는 빛의 스펙트럼을 언어로써 경계를 지어 개념화한다는 면에서 중요한 연구 대상이다. 세계의 여러 언어를 살펴볼 때, 모음이 3개만 존재하는 언어가 있는가 하면, 10개 이상 존재하는 언어도 있다. 이와 마찬가지로 색채어에서도 단지 2개의 단어로 색을 표현하는 언어가 있는가 하면, 수십 가지의 색채어를 가진 언어도 존재한다. 색채어에도 언어에서처럼 보편성과 특이성을 찾아볼 수 있는 데, 이를 몇 가지 속성으로 요약하면 다음과 같다.

만약에 어떤 언어가 두 가지 색채어만 사용한다면, 그것들은 하양과 검정을 나타내는 단어이며, 하양은 대부분의 밝은색을, 검정은 대부분의 어두운색을 대변한다. 만약 어떤 언어가 세 가지 색채어를 사용한다면, 여기에 빨강이 추가되며, 다섯 가지라면 이 세 가지 색에 노랑과 초록색이 추가된다. 여섯 가지라면 파랑이 추가되고, 일곱 가지라면 갈색이 추가되고, 일곱 가지 이상이라면 자주색, 분홍색, 주홍색, 회색이 추가되는 보편성을 가진다고 한다. 이를 정리하면 다음과 같이 나타낼 수 있다.

하양, 검정 > 빨강 > 노랑, 초록 > 파랑 > 갈색 > 자주, 분홍, 주홍 또는 회색

이것은 색채어가 빛의 스펙트럼을 구분하는 가짓수가 다르더라도 그것은 완전히 자의적이지 않다는 것을 말해준다. 더욱이 그동안의 여러 심리학적 실험에서 어떤 색채어가 적용되는 가장 중심적인 색의 부분은 여러 언어에서 일치한다는 사실이 밝혀졌다. 즉, 하양, 검정, 빨강이 있는 언어에서 가장 전형적인 색이 빨강이라면, 다섯 가지 색채어가 있는 언어에서 가장 전형적인 색 또한 빨강이 적용되는 것과 일치한다. 그렇다면 언어 상대성의 대표적인 예로 언급되는 색채어가 오히려 언어와 관계 없이 보편적인 인간의 지각을 보여주는 면이 있다고 볼 수 있다.

지금까지 이 장에서는 의미론과 관련된 기본적인 개념을 살펴보았다. 의미의 다면적인 측면과 의미의 대한 서로 다른 정의, 그리고 의미론의 두 분야인 어휘 의미론과 조합 의미론, 그리고 단어 간의 관계를 살펴보았다. 다음 장에서는 언어적 의미가 아

닌 발화적인 측면에서의 의미를 연구하는 화용론에 대해 살펴보고자 한다.

정리하기

1. 의미론이란 언어적 의미를 연구하는 학문이며, 하위 분야로는 어휘 의미론과 조합 의미론으로 구분된다.

2. 어휘 의미론에서는 단어들의 의미를 연구하며, 조합 의미론에서는 전체 문장의 의미가 단어의 의미들이 통사 구조상 어떻게 결합되었느냐에 따라 결정되는 의미를 연구한다.

3. 단어들 간의 의미 관계를 말해주는 것에는 하의어, 동의어, 반의어, 다의어 등이 있다. A라는 단어의 의미가 B라는 단어에 포함되거나 종속될 때 하의어(상하) 관계라고 하고, A와 B가 서로 바꿔 쓸 수 있을 때 동의어 관계, 그리고 서로 반대되는 의미일 때 반의어 관계라고 한다.

1. (   )(이)란 문장이나 표현들의 언어적 의미를 연구하는 언어학의 하위 분야이다. 어휘의미론과 조합의미론으로 나뉜다.

2. 어떤 단어 표현의 의미를 손으로 가리켜 지시할 수 있는 실제 세상에 존재하는 (   )를 말한다.

3. 의미론의 하위 분야들로, (   )이란 단어들의 의미를 다루는 반면에 (   )이란 구나 문장들의 의미를 다룬다.

4. (   )란 언어 표현 전체의 의미는 그것을 구성하는 부분들의 의미와 부분들의 결합으로 결정되는 원리이다. 다른 말로 (   )라고도 한다.

5. (   )란 세상에 존재하지 않아 지시할 수는 없으나, 의미가 존재하는 지시체 이상의 언어 의미를 가리킨다.

6. (   )란 하나의 개념이 다른 개념을 포함할 때이며, 상위 개념을 가지는 단어를 (   ), 하위 개념을 가지는 단어를 (   )라고 정의한다.

7. (   )란 같은 의미를 가진 다른 단어를 말하는 반면에 (   )란 어떤 단어들이 서로 정반대 의미를 가진 것을 말한다.

8. (   )란 하나의 단어가 여러 개의 뜻을 가지는 낱말을 말한다.

9. (   )란 단순히 발음이 같고 의미가 다른 것을 말한다.

10. (   )란 언어가 사고를 지배한다는 사피어와 워프의 이론으로 언어의 의미를 심적 표상으로 본다.

정답 : 1. 의미론, 2. 레퍼런스(지시체), 3. 어휘의미론, 조합의미론, 4. 조합성의 원리, 프레게의 원리, 5. 센스, 6. 상하관계/상의어/하의어, 7. 동의어/반의어, 8. 다의어, 9. 동음이의어, 10. 언어상대주의

1. 다음 진술은 어떤 이론에 기반을 둔 것인가?

> 어떤 언어가 두 가지 색채어를 사용한다면 '하양'과 '검정'이고, 세 가지 사용한다면 여기에 '빨강'이 추가된다.

2. 다음 단어 '푸들'과 '개'의 관계를 잘 설명하는 용어는?

① 다의어(polysemy)

② 반의어(antonymy)

③ 동의어(synonymy)

④ 하의어(hyponymy)

3. 다음 빈칸에 들어갈 언어학 용어를 쓰시오.

> (   )란 언어 표현 전체의 의미는 그것을 구성하는 부분들의 의미와 부분들의 결합으로 결정되는 원리이다. 일명 (   )라고도 한다.

4. 다음 문장은 참인가 거짓인가?

S : 연서가 웃는다

NP : 연서

VP : [준서, 민서, 연희]

정답 : 1. 언어 상대성(linguistic relativity), 2. ④, 3. 조합성의 원리/프레게의 원리(compositionality/Frege's Principle), 4. 거짓

1. 다음 각 문장은 중의적이다. 어떤 두 가지 의미가 가능한지 말해보고, 그 차이를 통사론적으로 설명하시오.

   a. Old men and boys

   b. My nose was running all night.

   c. That is a large man's hat.

   d. They are visiting relatives.

2. 다음 각 단어들 쌍은 어떤 의미적 관계에 있는지 적으시오.

   > **보기**　wide vs. narrow → 반의어 관계

   a. couch vs. sofa　→

   b. cat vs. feline　→

   c. smoking vs. nonsmoking →

   d. wife vs. husband →

   e. animal vs. dog →

3. 다음 보기의 문장은 참인가 거짓인가?

   > **보기**　S = Robert walks.

   NP : {Robert}

   VP : {Sandy, Steve, Robin, Kim}

정답 : 1. a. 구조적 중의성(structural ambiguity)에 해당되며, 형용사 'old'가 'men'만을 수식할 경우로 (i)처럼 통사구조상 [[Old men] and boys]]로 표시하고 수형도에서도 'old'는 'men'과만 결합된 명사구이다. 영어 의미로 'boys of undetermined age and old men'이다.

'Old men and boys'의 두 가지 의미

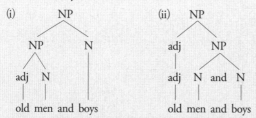

b. 어휘적 모호성(lexical ambiguity)에 해당되며, 동사 'running'이 중의적인 의미로 사용되어 두 가지 의미가 가능하다. 하나는 '달리다' 또는 '걷는 것보다 빨리 움직이다'는 의미와 다른 하나는 '(콧물이) 흐르다'로 해석이 가능하기 때문이다.

c. (i) [a large man's] hat, (ii) a large [man's hat]
　　'사람이 큰 것'　　'모자가 큰 것'

d.

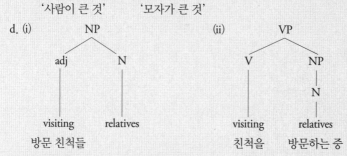

2. a. 동의어, b. 동의어, c. 반의어, d. 반의어, e. 하의어, 3. 동사구(VP) 집합에 Robert가 없기 때문에 '거짓'이다.

화용론은 대화를 할 때 실제 상황에서 발화 차원의 의미를 이해하도록 돕는다.

화용론 :
발화 의미

🗨 **학습목표**

- 화용론이 무엇인지 정의할 수 있다.
- 의미론과 화용론의 차이를 말할 수 있다.
- 발화에서 상황과 맥락을 설명할 수 있다.
- 화행을 정의하고 종류를 말할 수 있다.
- 대화의 원리를 설명할 수 있다.

🗨 **시작하기**

1. 화용론이란?
2. 화용론은 의미론과 어떤 차이가 있는가?
3. 맥락이란? 언어적 맥락과 상황적 맥락이란?
4. 화행이란 무엇을 의미하는가?
5. 대화의 격률은 무엇인가?

화용론이란

음성학과 음운론에서 둘 다 말소리를 연구하지만, 음성학은 실제 발화될 때 나오는 구체적인 말소리를, 음운론은 화자의 머릿속에 내재되어있는 추상적인 말소리를 연구하는 차이를 가진다고 하였다. 의미론과 화용론도 이와 유사하다. 둘 다 의미를 연구하지만, 의미론은 '문장의 언어적인 의미'를 연구 대상으로 하는 반면에, 화용론은 '발화 의미'를 연구 대상으로 한다. 화용론과 의미론과의 차이를 이해하기 위해서는 우선적으로 문장과 발화의 개념을 명확히 이해해야 한다. 표준국어대사전에 따르면, 문장과 발화의 정의는 다음과 같다.

- 문장(sentence) : 생각이나 감정을 말과 글로 표현할 때, 완결된 내용을 나타내는 최소의 단위
- 발화(utterance) : 소리를 내어 말을 하는 현실적인 언어 행위 또는 그에 의하여 산출된 일정한 음의 연쇄체

발화는 반드시 소리를 내어 언어 행위를 하는 것을 일컫지만, 문장에서 의미는 그렇지 않다. 발화 의미는 문장이 실제로 발화되어 맥락이나 상황을 고려해서 의미가 최종적으로 결정되지만 문장 의미는 그렇지 않다. 어떤 언어 표현의 의미를 제대로 이해하기 위해서는 언어 화자와 청자와 발화 배경 또한 함께 이해해야 한다. 발화를 **담화**(discourse)라는 단어로 사용하기도 하는데, 담화는 둘 이상의 문장이 연속되어 이루어지는 말의 단위로 서로 이야기를 주고받는 언어 행위(대화나 연설문 등)를 가리키므로 발화와는 구분된다.

화용론(pragmatics)은 화자, 청자, 시간이나 장소, 상황 따위로 구성되는 주어진 맥락과 관련하여 발화 의미를 체계적으로 연구하는 학문이다. **맥락**(context)이란 어떤 발화가 산출되었을 때와 그와 관련된 상황들의 집합을 가리킨다. 맥락은 언어적인 문장으로 표현될 수도 있고, 대화 상황일 수도 있고, 또는 두 대화자가 처해있는 물리적 공간일 수도 있다(직시어와 맥락 참조). 실제 대화에서 사람들이 어떻게 언어를 사용하는지에 초점을 맞추며, 주어진 맥락에서 언어의 형식과 사용의 관계를 연구하는 분야가 바로 화용론이다. 화용론을 연구하는 학자들을 **화용론자들**(pragmatcists)이라고 하며, 특정 발화가 적절한지 그렇지 않은지에 관해서 맥락이 어떻게 도움을

주는지, 맥락의 변화가 문장의 의미를 어떻게 변화시키는지 등을 연구한다. 화용론자를 폭넓게 대화 분석가(conversational analysts) 또는 담화 분석가(discourse analysts)라고도 칭한다. 언어 파일(Language files, 2016 : 274)은 화용론과 화용론자를 다음과 같이 정의하였다.

> 화용론은 사람들이 실제 대화에서 언어를 어떻게 사용하는지 그 방법에 대한 연구이다.
> 화용론자들은 맥락이 어떤 발화가 적절한지 아닌지에 대해 결정하거나 맥락의 변화가
> 문장의 의미를 어떻게 변화시키는지를 연구한다.

인간이 의사소통하는 데 있어서 언어에서 가장 중요한 역할을 담당하는 것 중의 하나가 바로 화자가 말한 것을 청자가 제대로 이해하고 답하는 것이다. 말한 것의 의미를 제대로 이해하지 못하고 답을 할 경우, 동문서답이 되어 의사소통이 제대로 이루어지지 못할 수 있다. 지금까지 언어학은 인간과 인간 간의 발화에 초점을 두었다. 하지만 이제는 인간과 인공지능(AI)과의 대화도 가능한 시대이다. 물론 아직까지는 간단한 질문에 답하는 정도의 초급 수준에 불과하고 동문서답을 하는 경우가 많지만, 현재의 추세로 간다면 더 많은 데이터 구축을 기반으로 인간과 인공지능과의 대화는 훨씬 더 안정화되고 정교해지리라 믿는다. 궁금한 점은 인공지능이 문장의 의미가 아닌 화용론에서의 발화 의미까지도 의사소통이 가능할까 하는 점이다. 인공지능이 문장 자체의 의미를 넘어선 발화가 갖고 있는 일련의 상황들까지를 고려해서 의미를 파악하기란 좀처럼 쉽지 않을 것이다. 여기서 의미론적인 문장의 의미와 화용론적인 발화 의미의 차이가 뚜렷해질 수 있다. 발화 의미는 기계가 결코 이해할 수 없는 의미의 세계인 셈이다. 그렇게 된다면 화용론적인 의미는 오로지 인간 대 인간의 대화에서만 가능할 수 있는 의미로 존재할 것이다.

의미론과 화용론의 차이는 다음 예시에서 매우 명확해진다.

(1) '시원하다'가 발화되는 맥락
   a. (큰 소리를 치니 속이) 시원하다.
   b. (목욕탕 뜨거운 욕조 안에서) 시원하다.
   c. (화장실에서 볼 일을 본 후) 시원하다.
   d. (뜨거운 국물을 먹으면서) 시원하다.
   e. (목욕을 한 후에) 시원하다.

f. (얄미운 사람이 야단맞으니 속이) 시원하다.

만약 누군가에게 '시원하다'라는 문장을 주고 의미를 말하라고 하면 어떨까? 아무런 생각 없이 단어 그대로 '시원하다'라고 해석하고, 영어로는 'It's cool'이라고 말할 수 있다. 하지만 '시원하다'라는 말이 쓰인 맥락이 다르다면 어떨까? 동일한 말이라도, 어떤 맥락에서 사용되느냐에 따라, 각기 다른 의미를 가질 수 있다. 즉, 문장 의미는 동일하더라도, 발화 의미는 각기 다르다. 문장에서 괄호는 '시원하다'가 어떤 맥락에서 사용되었는지를 알게 하는 단서이다. 맥락을 전혀 고려하지 않을 때, '시원하다'는 언어적인 의미에만 국한되지만, 실제 발화에서 '시원하다'의 의미는 사용된 맥락에 따라 화용론적으로 서로 다른 의미를 가진다.

대부분의 화용론적 의미는 발화와 관련된 배경지식이 필요하다. 이런 지식을 **전제** (presupposition)라고 하며, 전제는 화자와 청자가 서로 알고 있거나 받아들임으로써, 해당 발화에 대한 의미를 이해할 수 있는 사전 지식이다. (1)의 문장들은 모두 괄호 안의 상황을 전제로 했을 때, 비로소 화용론적인 의미가 성립된다. 전제는 또한 함축과 명제라는 개념과 밀접하게 연관이 있다.

함축과 명제

언어적인 문장의 의미가 단어들의 결합으로 인한 문장 그대로의 의미를 말한다면, 화용론적인 문장의 의미는 상황적 맥락에서 의미가 함축되어 있다. 시험을 치른 후 집에 돌아온 아이가 '엄마, 나 망했어'라고 할 때, '아이가 시험을 치렀다'는 것이 전제된다. '망하다'라는 단어에는 '시험을 잘 치루지 못했다' 또는 '시험이 어려웠다' 등의 의미를 함축한다. **함축**(implicature)이란 어떤 발화로부터 추론할 수 있는 의미로, 발화에서 직접적으로 표현된 것은 아닐지라도 의사소통에서 실제 의미를 결정지을 수 있다.

철학자 **그라이스**(Paul Grice, 1913~1988)는 대화에서 함축의 중요성을 그의 '논리와 대화'(Logic and conversation 1975)라는 논문에서 "발화는 어떤 명제를 내포 (entails)하며, **명제**(proposition)는 실제 발화에선 표출되진 않지만 대화상 이미 내포되어있는 진술인 함축이다"라고 언급하였다. 상기한 '시원하다'의 예를 통해, 동일한 표현이 맥락에 따라 서로 다른 의미를 가지는 것은 바로 여러 가지 다른 의미가 함축되어있기 때문이다. 이런 함축적인 의미는 실제 대화에서 매우 흔하다. A라는 사람이 B를 보고 '여기 너무 덥네'라고 했다면, 상대방에게 더우니까 창문을 열던지, 밖에 나가던지 하는 등의 함축적인 의미를 가지고 발화할 수 있다. 또는 부부가 다음과 같이 대화를 할 경우, 여러 함축된 의미들을 추측할 수 있다.

(2) 남편 : 에구, 속이 너무 쓰리네.
　　부인 : 이거 드세요.

대화를 통해 함축할 수 있는 의미들은 다음과 같다. 첫째, 대화 시간은 아침일 수 있다. 둘째, 남편은 술을 많이 마셨다. 셋째, 부인이 해장국을 끓였거나 꿀물을 준비했다. 비록 대화상 함축적 의미는 직접 말로 표현되지 않아도, 대화를 통해 얼마든지 의미가 함축되어 있음을 알 수 있다. 다음 대화를 살펴보자.

(3) 화자 A : 엄마, 학교 다녀올게요.
　　화자 B : 우리 딸 조심해서 잘 다녀와요.

짧은 대화지만 많은 내용이 함축되어 있다. 먼저, 두 화자의 사회적 관계이다. 엄마와 딸이라는 호칭을 통해서 모녀지간임을 알 수 있다. 다음으로 대화 시간이다. 엄마가 아침에 딸을 배웅하는 상황임을 짐작할 수 있다. 마지막으로 직업이다. 화자 B의 직업이 학교에 다니는 학생임을 알 수 있다.

의미론과 화용론을 잘 구분하기 위해서, 문장(sentence)과 발화(utterance)에 대한 차이 외에 **명제**에 대해 알아야 한다. 의미론에서 살펴본 명제(문장의 의미가 참인지 거짓인지)와 유사하게 화용론에서도 명제는 실제 언어가 사용된 상황에서 참과 거짓인 의미를 결정한다. 다음 문장을 살펴보자.

(4) 오늘 날씨가 많이 춥네!

언급한 내용은 추상적일 수도 구체적일 수도 있다. 누군가 오늘 날씨가 춥다는 것을 실제로 언급했다면 구체적인 발화지만, 실제 발화가 아닌 글로 쓰인 문장이라면 그 의미는 매우 추상적이다. 문장이 갖는 의미는 주로 문법적인 의미에 국한된다. 문장 (4)를 분석하면, 4개의 단어로 구성되고, 그중 '오늘'이라는 부사형으로 인해 현재

시제이고 날씨에 대해 언급하고 있음을 알 수 있을 뿐이다. 하지만 실제 발화된 문장이라면, 구체적인 문장이므로 말한 내용에 대해 참과 거짓을 판별할 수 있게 된다.

상기한 문장이 참인지 거짓인지 그 진리치(truth value)를 가리는 것이 바로 명제이다. 언어적으로만 쓰인 문장에 대해서는 참인지 거짓인지 진리치를 가리기 어렵다. 문장이 언제 쓰였는지, 날씨가 어떤지에 대한 정보를 전혀 알 수 없기 때문이다. 하지만 소리를 내어 그 문장을 발화하게 되면 사정이 다르다. 어떤 사람이 실제로는 날씨가 춥지도 않은데, 날씨가 춥다고 했다면 '거짓'이 되지만, 실제로 오늘 날씨가 춥다면 '참'인 문장이다. 이렇게 발화된 의미는 참인지 거짓인지의 진리치를 결정할 수 있기 때문에 하나의 명제가 될 수 있다.

지금까지 내용을 요약하면, 의미론은 문장의 의미를 연구하는 학문인 반면에, 화용론은 발화 의미를 연구하는 학문이다. 발화는 실제 구두로 전달하는 내용인 말의 구체적인 일부인 반면에 문장은 추상적인 문법상의 요소로서 발화에서 음성을 제거한 것이라고 할 수 있다. 화용론에서는 발화되지 않은 내포된 함축적 의미와 더불어 실제 발화에서 얻을 수 있는 화용론적인 의미와 정보를 연구한다. 화용론을 잘 이해하기 위해서는 실제로 언어가 사용되는 상황과 맥락을 먼저 이해해야 하며, 발화에 내포되어있는 함축적인 의미와 정보를 이해해야 하며, 화자와 청자 간의 사회적 관계 등을 이해해야 한다. 또한 어떤 발화가 적절한지 아닌지를 결정하는 데 중요한 요소인 맥락의 역할과 맥락이 바뀔 때 문장의 의미가 어떻게 변화하는가를 이해해야 한다. 즉, 맥락과 의미 사이의 관계를 알아야 한다.

직시어와 맥락

맥락과 밀접하게 관련된 개념으로 영어의 'this, that, these, those, now, then' 등과 같이 시간, 장소, 상황을 가리키면서 화자에 따라 지시 대상이 바뀌는 어휘들을 **직시어**(deixis)라 한다. 한국어의 '여기, 저기, 거기, 그곳, 그 사람' 등의 표현들과 '대명사, 지시어, 시제어' 등이 대표적인 직시어이다. '너'란 단어는 화자가 누군가에 따라 지시 대상이 달라지고, '여기'란 단어도 장소가 어딘가에 따라 의미가 달라진다.

직시어는 그 의미 내용이 맥락에 의해 결정된다고 할 수 있다. 직시어의 의미는 맥락을 알지 못하고는 전혀 이해할 수 없다. 다음 문장 (5)에서 직시어의 사용을 살펴보자.

(5) 화자 A : <u>그 사람</u>이 <u>지금</u>도 <u>거기</u>에 있어?

　　 화자 B : 응, 그럴 거야.

(5)의 화자 A와 B 간의 대화에서 '그 사람', '지금', '거기' 표현들을 직시어라고 한다. 문장에서 직시어 '그 사람'이 누구인지, '지금'이 언제인지, '거기'가 어디인지 알 도리가 없다. 하지만 화자 B는 직시어가 의미하는 바를 모두 정확히 알고 있으며, 그에 대해 답을 하고 있다. 상대방이 알고 있다는 전제하에 직시어는 대화에서 사용되고 있는 것이다.

직시어의 사용은 **맥락**(context)을 전제로 한다. 이들이 포함된 문장은 대화에서 상대방이 이들 직시어가 의미하는 바를 이미 알고 있다는 전제로 발화된 것이다. 즉, '그 사람'이 누구를 가리키는 것인지, '지금'이 언제인지, '거기'가 어디인지를 청자가 이미 알고 있다는 전제하에 화자는 발화한 것이다. 이런 상황을 맥락이라고 하며, 화자와 청자 간에 처한 맥락을 고려하지 않으면 결코 의미를 알 수 없다. 이렇듯 반드시 맥락을 필요로 하는 표현을 직시적인 표현(deitic expressions)이라고 부른다. 다음 문장 (6)도 마찬가지이다.

(6) <u>거기</u> 물 좀 줄래?

(6)에서 '거기'라는 직시적 표현을 포함하는 발화 또한 흔하게 사용된다. 상대방이 물을 가져다 줄 수 있는 맥락과 '거기'가 어디를 말하는지 알고 있다는 것을 전제로 발화하는 것이다. 맥락은 화자와 청자가 서로 암묵적으로 이해하는 배경인 것이다.

맥락이란 어떤 발화가 산출되었을 때와 관련된 상황들의 집합으로, 의미를 결정하는 데 중요한 역할을 한다. 맥락은 어떻게 사용되느냐에 따라 언어적 맥락, 상황적 맥락, 그리고 사회적 맥락, 세 가지 유형으로 구분할 수 있다. **언어적 맥락**(linguistic context)은 말 그대로 언어적으로 예측 가능한 질문과 답변과 관련이 있다. 예를 들어, '너 고양이 좋아하니?'라고 물으면, 우리는 '응' 또는 '아니'로 단순하게 대답한다. 언어적 맥락은 문법적 측면에서 충분히 예측 가능하다.

상황적 맥락(situational context)은 어떤 문장이 발화된 상황이나 맥락에 대한 정보와 관련되어 있다. 구체적으로 화자와 청자 간에 믿음이나 물리적 맥락, 시간, 날짜 등에 대한 구체적인 정보 등을 말한다. 다음 문장을 살펴보자.

(7) 화자 A : I didn't see Ted earlier at this office.

　　화자 B : He was out to lunch. He is there now.

대화를 통해 두 화자는 'Ted' 대해 서로 알고 있다는 점, 화자 B는 'Ted'가 왜 사무실에 없었고, 지금 어디에서 점심을 먹고 있는지에 대한 정보를 갖고 있음을 알 수 있다. 직시어 'he', 'there', 'now'의 사용은 상황적 맥락에서 주로 사용된다.

마지막으로 **사회적 맥락**(social context)은 말하는 사람 사이의 사회적 관계에 대한 정보나 그들의 역할이 무엇인지에 대한 정보와 관련이 있다. 다음 대화를 살펴보자.

(8) 화자 A : Can you take out the trash?

　　화자 B : Yes, sir.

위 대화를 통해 우리는 화자 A가 뭔가를 시킬 수 있는 사람의 위치이고, 화자 B는 그것을 수행해야 하는 사람의 위치임을 알 수 있다. 두 사람의 사회적 관계를 대화를 통해 알 수 있다. 이에 대한 정보가 바로 사회적 맥락이다. 사회적 맥락은 'Yes, sir'라고 말하는 것이 일종의 존중의 표시이거나 또는 비꼬는 표시임을 알게 한다. 상기한 세 가지 맥락은 발화가 무엇을 의미하는지에 대한 결정적 정보를 제공한다.

화행

인간은 살면서 여러 가지 다양한 활동을 한다. 밥을 먹고, 잠을 자고, 운동을 하고, 춤을 추는 등 다양한 육체적 활동(physical acts)뿐 아니라 생각을 하고, 토론하고, 지식을 쌓고, 판단하는 등의 인지적 활동(mental acts)을 한다. 이외에도 말로 인사를 하거나, 사과를 하거나, 요청을 하거나 등의 많은 언어적인 활동을 하는데, 이를 가리켜 언어로 하는 행위, 즉 **화행**이라고 한다.

화행(speech acts)이란 화자가 말을 함으로써 행해지는 행동을 의미한다. 화용론이 언어의 사용을 다루기 때문에 언어 행위, 즉 화행은 화용론에서 매우 중요한 연구 주제 중 하나이다. 화행은 의사소통과 관련된 모든 언어 행위를 말한다. 예를 들면, 일상적으로 누군가에게 인사(greeting)를 하거나, 사과(apology)를 하거나. 불평(complaints)을 하거나, 초대(invitation)를 하거나, 칭찬(compliment)을 하거나, 거절

(refusal)을 하거나 등이다. 미안함을 표시하는 화행은 'I'm sorry'라는 한 문장으로도 이루어질 수도 있고, 'I'm sorry I forgot your birthday'라는 여러 개의 단어나 문장으로도 이루어질 수도 있다.

화행은 실생활에서 인간 간의 상호작용과 밀접하게 관련되어있으며, 언어에 대한 지식을 포함할 뿐 아니라, 해당 문화에서 그 언어를 적절하게 사용하는 것을 포함한다. 사람들이 일상생활을 통해 매일 들을 수 있는 화행의 예들을 살펴보면 다음과 같다.

(9) 인사 : 안녕하세요? 좋은 아침이에요.

　　사과 : 화나게 해서 미안해요.

　　불평 : 책이 배달되기를 기다린 지 벌써 2주가 지났어요.

　　초대 : 이번 주말에 파티가 있는데 저희 집으로 오실래요?

　　칭찬 : 힘든데 열심히 공부했구나.

　　거절 : 가고 싶은데 일이 많아서 못 갈 것 같아요.

이외에도 다음 (10)의 예시들처럼, 진술을 하거나, 질문을 하거나, 정보를 전달하거나, 무언가를 요청하거나, 명령을 하거나, 약속을 하거나, 위협을 하거나, 경고를 하거나 등 일상적으로 행해지는 많은 화행이 있다.

(10) 단언 : 민희가 8시에 학교에 간다.

　　　질문 : 누가 내 아이스크림을 먹었니?

　　　명령 : 지금 당장 여기로 와.

　　　요청 : 창문 좀 열어줘.

　　　위협 : 다시 또 그렇게 하면 혼낼 거야.

　　　경고 : 그렇게 다니면 위험해요.

　　　내기 : 이번 시합에서는 내가 꼭 이긴다.

　　　충고 : 부모님께 자주 안부 인사를 드려야 해.

상기한 문장 (10)은 단지 말을 조금 다르게 했을 뿐인데 여러 가지 다른 종류의 화행이 가능함을 보여준다. "창문 좀 열어줘"라고 요청하는 말을 들으면 곧 바로 창문을 여는 행동을 할 수 있다. 말로 하지 않고 다른 수단을 써서 창문을 열게 할 수는

표 7-1 화행의 종류와 기능

화행	기능
단언	정보를 전달한다.
질문	정보를 이끌어내기 위해 묻는다.
요청	(정중하게) 행위나 정보를 이끌어낸다.
명령	행동을 (일방적으로) 요구한다.
약속	화자가 행동하게 한다.
위협	청자가 원하지 않은 행동을 화자가 하게 한다.

있지만(수화 또는 몸짓), 말로 하는 것이 편리하고 효율적이다. 이렇듯 언어 행위는 인간이 정상적인 삶을 영위하는 데 매우 중요한 활동에 속한다. (9)와 (10)에서 기술한 여러 가지 화행 중에서 그 기능에 따라 공통적인 화행을 몇 가지 간추리면 다음과 같다.

이들 중 특정 화행들은 의사소통에서 중요한 문법적 기능을 담당하므로 문장의 종류와 연관 지을 수 있다. 예를 들어, 단언이라는 화행은 평서문(declarative)으로, 질문이라는 화행은 의문문(interrogative)으로, 그리고 명령이나 요청이라는 화행은 명령문(imperative)으로 연관 지을 수 있다. 이들 문법적인 문장의 종류와 화용론에서 사용되는 화행 간의 이름을 혼동하지 않아야 한다. 화행은 어떤 동사를 사용하느냐 또는 직접적이냐 간접적이냐에 따라 수행적, 직접, 그리고 간접 화행으로 구분할 수 있다.

수행적 화행

화행 중에서도 말이 떨어지기가 무섭게 바로 행동에 옮겨야 하는 **수행적 화행**(performative speech acts)이 있는데, 이들은 'assert, ask, order, request, threaten, warn, bet, advise' 등의 수행동사(performative verbs)를 함께 수반한다. 상기한 (10)의 예들을 수행동사를 추가하여 (11)로 다시 적어보았다. (10)과 (11)의 문장에 어떠한 차이가 있는지 비교해 보자.

(11) 나는 민희가 8시에 학교에 간다고 단언한다.
     나는 누가 내 아이스크림을 먹었냐고 묻는다.

나는 너에게 창문 좀 열어주라고 요청한다.

나는 너에게 다시 또 그렇게 하면 혼낸다고 협박한다.

나는 그렇게 다니면 위험하다고 경고한다.

나는 이번 시합에서는 내가 꼭 이긴다고 내기한다.

나는 부모님께 자주 안부 인사를 드리라고 충고한다.

나는 앞으로 더 열심히 공부하기를 약속한다.

(10)의 문장들이 (11)에서 단언, 질문, 요청, 협박, 경고, 내기, 충고, 약속 등과 관련된 수행동사들을 수반함으로써 일반적인 화행이 수행적인 화행으로 변경된 것을 알 수 있다. 예를 들어, "창문 좀 열어줘"라는 문장에서 '요청한다'라는 수행동사를 사용하여 "나는 창문을 좀 열어주기를 요청해요"라고 말함으로써, 요청이 행동으로 옮겨지는 것을 알 수 있다.

직접 화행 vs. 간접 화행

화행은 직접적이냐 간접적이냐에 따라 두 가지 유형으로 구분할 수 있다. 상기한 (11)에서처럼 수행동사를 사용한 수행적 화행은 어떤 행동이 직접적으로 말 그대로 수행됨에 따라 **직접 화행**(direct speech acts)에 속한다. 즉, 어떤 육체적인 활동을 수행하도록 말로 직접 하는 행위이다. 언어 행위 중에서는 직접적으로 말하지는 않더라도 육체적으로 활동하게 만드는 언어 행위가 있는 데, 이들을 **간접 화행**(indirect speech acts)이라고 한다. 앞서 공부한 공통적인 화행에 속하는 질문과 요청을 직접 화행과 간접 화행으로 기술할 수 있다.

표 7-2 직접 화행 vs. 간접 화행

화행	직접	간접
질문	a. 영희가 밥을 먹었니? b. 영희가 밥을 먹었는지 아닌지 물어본다.	a. 영희가 밥을 먹었는지 모르겠어. b. 영희가 밥을 먹었는지 알고 싶다. c. 영희가 밥을 먹었는지 아니?
요청	a. 쓰레기 좀 버려줘. b. 쓰레기를 버려주라고 요청한다.	a. 쓰레기를 아직 안 버렸네. b. 너가 쓰레기 좀 버렸으면 해. c. 쓰레기를 버릴 수 있니? d. 쓰레기를 버려주라고 해도 괜찮을까요?

직접 화행 예시에서는 말 그대로 정보를 직접 묻고 요청하고 있는 반면에, 간접 화행 예시에서는 화자가 알고 있는 지식에 대한 정보를 주거나 요청을 하거나 또는 질문을 통해 청자가 어떤 활동을 간접적으로 수행하도록 하고 있다.

적정 조건

언어로 하는 모든 행위는 적절한 자격을 가진 사람이 적절한 맥락에서 적절한 말을 할 때 완성된다. 대부분의 언어 행위는 이런 조건을 배경으로 이루어진다. 하지만 간혹 그렇지 못한 언어 행위들도 많다. 예를 들어, 어떤 사람이 길을 걸어가는 사람을 붙잡고 갑자기 "당신은 아주 나쁜 사람이야"라고 말한다면 아마도 미친 사람 취급을 당할 것이다. 또는 학교에서 선생님이 갑자기 "너희들 모두 가만두지 않겠다"라고 아무런 이유 없이 학생들을 협박한다면 역시 적절한 화행이 아닐 것이다. 어떤 화행이 제대로 이루어지기 위해서는 미리 충족되어야 할 조건들이 있는데, 이들 조건을 가리켜 **적정 조건**(felicity condition)이라고 부른다. 적정 조건은 앞서 언급했던 명제에서의 진리조건과는 또 다른 개념이다. 보통의 평서문 또는 단언문은 세상의 모습에 비추어 참과 거짓을 말할 수 있다. 다음 (12)와 같은 문장의 예이다.

(12) a. 대한민국의 수도는 서울이다.

　　 b. 서울은 아름답다.

첫 번째 문장 (12a)가 참이 되려면 '서울'이 갖는 여러 가지 특징들 중의 한 가지가 '대한민국의 수도라'는 사실이 포함되어야 한다. 두 번째 문장 (12b) 역시 참이 되려면, '아름답다'라는 특징을 가진 도시들 중에서 '서울'이라는 도시가 포함되어야 한다. 이 문장들은 어떤 경우에 참이 되는가인 진리조건을 제시함으로써 참된 의미를 기술할 수 있다. 그러나 다음 (13)과 같은 화행을 수반하는 문장들은 조금 다르다.

(13) a. 나는 누가 내 아이스크림을 먹었냐고 묻는다(질문).

　　 b. 나는 너에게 오늘 집에 빨리 들어오라고 요청한다(요청).

질문과 요청 등과 관련된 문장 (13)은 참과 거짓을 논할 수 없고, 적절히 사용되었는지를 논할 수 있다. 즉, 진리 조건을 논할 수 없고, 언어 표현이 제대로 사용되기 위한 조건, 즉 적정 조건만을 기술할 수 있다. 적정 조건이란 화행이 제대로 수행될 수 있는지를 만족하는 일련의 조건들을 말한다. 질문과 요청하는 화행이 성립되기 위한 적정 조건들을 살펴보면 다음과 같다.

(14) 질문하기 위한 적정 조건

a. 나는 누가 아이스크림을 먹었는지 모른다.

b. 나는 누가 아이스크림을 먹었는지 알고 싶다.

c. 나는 상대방이 질문에 답할 수 있을 거라고 믿는다.

(15) 요청에 대한 적정 조건

a. 나는 행위가 아직 이루어지지 않았음을 믿는다.

b. 나는 행동이 일어나기를 원한다.

c. 나는 상대방이 행동을 수행할 수 있을 거라 믿는다.

> **연습**
>
> 다음 문장에 대해 문장 형태(평서문, 의문문, 명령문)를 말하고, 어떤 화행에 해당되는지(명령, 요청, 약속 등)와 직접 화행인지 간접 화행인지를 말하시오.
>
> a. 소금 줘!
> b. 철수가 영희와 결혼한 거 아니?
> c. 너를 동물원에 데려가기로 약속해.
>
> **정답** : a. 명령문, 명령, 직접(imperative, order, direct), b. 의문문, 질문, 간접(interrogative, question, indirect), c. 평서문, 약속, 직접(declarative, promise, direct).

대화의 규칙

인간은 사회적 동물이다. 사회생활을 하면서 수많은 규칙이 존재한다. 원만한 사회생활을 위해서는 이 규칙들을 마땅히 준수해야 한다. 학교에 다니면 학교 규칙을 따라야 하고, 도로에서는 교통 규칙을 따라야 하며, 운동을 할 때에도 운동 종목에 따른 규칙을 반드시 준수하여야 한다. 이와 마찬가지로 언어를 사용할 때도 언어 규칙이 존재한다. 누군가와 대화를 할 때 상호간에 지켜야 할 규칙이 필요하며, 의사소통이 원만히 이루어지기 위해 필요한 여러 가지 **대화의 규칙**(rules of conversation)이 있다. 예를 들어, 대화할 때 기본적으로 서로 협력한다는 마음가짐을 가지고 있으며,

그에 따라 원칙적으로 거짓말을 하지 않고, 상대방의 말을 경청하는 규칙이다. 철학자 그라이스는 대화에서 이러한 **협동의 원리**(cooperative principle)가 준수되고 있음을 언급하였고 이것을 좀 더 구체화함으로써, 다음과 같은 **대화의 격률**(maxims of conversation)을 제안하였다.

(16) 대화의 격률

1. 질의 격률

   (i) 거짓이라고 믿는 것은 말하지 말라.

   (ii) 충분히 근거가 있지 않은 것은 말하지 말라.

2. 양의 격률

   (i) 대화에서 요구되는 것만큼 충분히 정보를 제공하라.

   (ii) 대화에서 요구되는 것 이상의 정보를 제공하지 말라.

3. 관련성의 격률

   관련된 말을 하라.

4. 양태의 격률

   (i) 모호함을 피하라.

   (ii) 중의성을 피하라.

   (iii) 간결하게 말하라.

   (iv) 순서적으로 말하라.

이러한 대화의 격률을 준수하면서 대화를 할 때, 대화에서 사용되는 표현들은 그 표현이 제공하는 의미 이상인 함축된 의미를 전달하고 있음을 잘 설명할 수 있다. 이 함축된 의미를 **대화상의 함축**(conversational implicature)이라고 한다. 즉, 직접적으로 단어로 표현하지 않더라도 이미 알고 있는 정보인 셈이다. 다음 대화 (17)에서 함축은 어떤 것인지 알아보자.

(17) 화자 A : 커피 마시고 싶은데.

　　　화자 B : 왜 저쪽에 Joe라고 불리는 곳 있잖아.

(17)에서 화자 B는 'Joe'가 파는 커피숍을 마음에 두고 이야기하고 있음을 알 수 있다. 즉, 커피숍을 정확히 표현하지 않더라도 의미상 커피숍을 함축해서 관련된 정보

를 제공하고 있는 것이다. 대화를 할 때 상기한 대화의 격률을 준수하기 마련인데, 이를 준수하지 못할 때 대화의 격률 중 어떤 것을 위반했는지 알 수 있다. 예를 들어, 다음 대화 (18)을 살펴보자.

(18) 화자 A : 저녁 식사 하셨어요?

　　　화자 B : 날씨가 좋군요.

대화 (18)에서 화자 B는 대화의 격률 중 질문한 내용과는 전혀 관련성이 없는 대답을 함으로써 '관련된 말을 하라'라는 관련성을 위반하고 있는 것처럼 보인다. 반면에 다음 대화 (19)에서는 화자 B의 말은 '거짓이라고 믿는 것을 말하지 말라'는 '질의 격률' 중 (i)를 위반하고 있다.

(19) 화자 A : 한국의 수도는 서울이다.

　　　화자 B : 그러면 서울은 미국에 있다.

연 습　　다음 대화는 그라이스의 대화상 격률의 어떤 항목을 위반하고 있는가?

화자 A : 화용론이 뭐예요?

화자 B : 언어학은 언어를 연구하는 학문이고, 언어학의 세부 분야에는 음성학, 음운론, 형태론, 통사론, 의미론, 화용론 등이 있고, 음성학은…….

정답 : 대화 규칙에서 '화용론이 무엇이냐'는 질문에 대한 대답으로는 너무 많은 정보를 주고 있어, '양적 원리(ii)'를 위반한다.

앞서 형태론에서 TMI라는 용어를 공부한 바 있다. 'Too much information'이라는 뜻으로 요사이 젊은이들 간에 많이 사용되는 약간의 유머가 담긴 두자어 중 하나이다. TMI가 바로 '필요 이상의 정보를 제공하지 말라'는 대화상의 격률의 양적 원리를 위반한 셈이다. 그라이스의 대화상의 격률은 평범한 일상의 대화에서 일어나는 복잡한 양상을 간단한 원리로서 명쾌하게 밝혔다는 의의를 가지고 있다.

이 장에서는 화용론과 관련된 기본적인 지식과 개념을 살펴보았다. 화용론의 정의, 의미론에서 다루는 의미와 화용론에서 다루는 의미가 어떻게 다른지에 대해, 화용론에서 중요한 개념인 함축, 전제, 맥락, 화행, 그리고 대화의 규칙에 대해 개괄적으로 살펴보았다. 다음 장에서는 언어 습득에 대해 살펴보고자 한다.

1. 화용론이란 실제로 언어를 사용하는 상황에서 의미가 결정되는 발화 차원의 의미를 연구하는 학문이다. 사람들이 실제 대화 또는 맥락에서 언어를 어떻게 사용하는지와 그들이 왜 그런 식으로 언어를 사용하는지에 대해 연구한다. 시간이나 장소 그리고 화자와 청자와의 관계가 대화에 어떻게 영향을 미치는지를 조사한다.

2. 화행은 말로 하는 활동 또는 행위를 가리키며, 언어가 없으면 할 수 없는 행위이다. 화행의 종류로는 단언, 선언, 질문, 응답, 명령, 요청, 약속, 제안 등이 있다. 수행동사를 사용하는 수행적 화행이 있고, 직접화행 그리고 간접화행이 있다.

3. 대화의 격률은 대화의 질, 대화의 양, 관련성, 그리고 양태 등을 포함한다. 대화의 질은 (i) 거짓이라고 믿는 것은 말하지 말라, (ii) 근거가 없는 것은 말하지 말라. 대화의 양은 (i) 대화에서 요구되는 것만큼 충분히 정보를 제공하라, (ii) 대화에서 요구되는 것 이상의 정보를 제공하지 말라. 대화의 관련성은 관련된 말을 하라. 마지막으로 양태는 (i) 모호함을 피하라, (ii) 중의성을 피하라. (iii) 간결하게 말하라, (iv) 순서에 맞게 말하라.

1. (   )이란 실제 대화에서 사용하는 언어 의미, 즉 발화 차원의 의미를 연구하는 언어학의 하위 분야이다.

2. (   )이란 생각이나 감정을 말과 글로 표현할 때, 완결된 내용을 나타내는 최소의 단위인 반면에 (   )란 소리를 내어 말을 하는 현실적인 언어 행위 또는 그에 의하여 산출된 일정한 음의 연쇄이다.

3. (   )이란 둘 이상의 문장이 연속되어 이루어지는 말의 단위로 서로 이야기를 주고받는 언어 행위(대화나 연설문 등)를 가리키므로 발화와는 구분된다.

4. (   )이란 문장에서 '여기, 저기, 거기, 그, 이, 저' 등을 말한다.

5. (   )이란 어떤 발화가 말해진 상황들의 집합을 말한다. 언어적 맥락, 상황적 맥락, 사회적 맥락으로 구분된다.

6. (   )이란 대화에서 질문과 답변이 언어적으로 예측 가능한 상황이다.

7. (   )이란 어떤 문장이 발화된 상황이나 맥락에 대한 정보로 대화가 이루어진다.

8. (   )이란 대화하는 사람 사이의 관계나 역할에 대한 정보를 포함한다.

9. (   )이란 육체 활동과 비교하여, 말을 사용하는 언어 행위이다. 동사에 의한 수행적 화행과 직접화행 그리고 간접화행으로 구분한다.

10. (   )이란 말이 떨어지자마자 바로 수행해야 하는 언어활동을 말한다. 수행동사를 수반한다.

11. (   )이란 어떤 화행이 제대로 이루어지 위해서 미리 충족되어야 할 조건을 가리킨다.

12. 대화(격률)규칙 의사소통이 원만히 이루어지기 위해 필요한 규칙으로 질, 양, 연관성, 그리고 양태로 구성된다.

13. 함축 대화에서 직접 표현하지 않지만 대화 속에 내포되어 있는 숨은 의미이다.

정답 : 1. 화용론, 2. 문장/발화, 3. 담화, 4. 직시어, 5. 맥락, 6. 언어적 맥락, 7. 상황적 맥락, 8. 사회적 맥락, 9. 화행, 10. 수행적 화행, 11. 적정조건, 12. 대화의 격률, 13. 함축

1. 다음 진술은 참인가? 거짓인가?

> 의미론은 사람들이 맥락에서 어떻게 언어를 사용하는지 그리고 그들이 왜 특정 방식으로 언어를 사용하는지를 연구한다. 실제 대화에서 사람들이 언어를 사용하는 방식에도 관심이 있다.

2. 다음 빈칸에 들어갈 적절한 개념을 고르시오.

> (   ) describes the use of speech with a focus upon the speakers' intentions and the possible or intended effects upon the hearers.

① Pragmatics　　　　　　　② Speech acts

③ Felicity conditions　　　　④ Cooperative principle

⑤ Deixis

3. 다음 빈칸에 해당하는 개념을 적으시오.

> (   )이란 의사소통이 원만히 이루어지기 위해 필요한 규칙으로 질, 양, 연관성, 그리고 양태로 구성된다.

4. 화용론의 연구 내용으로 옳지 <u>않은</u> 것은?

① 맥락에서 전달되는 의미 발생을 연구한다.

② 대화에서 사용되는 직시어를 연구한다.

③ 상황적 맥락을 바탕으로 언어 사용의 원리를 연구한다.

④ 시간이나 공간 등의 비언어적 요소를 고려한다.

⑤ 의미를 센스와 지시체로 구분한다.

정답 : 1. 거짓(→ 화용론), 2. ②, 3. 대화의 격률, 4. ⑤

1. 다음 각 문장은 어떤 화행(speech act)에 속하는지 보기에서 고르시오.

> **보기**   인사, 사과, 불평, 초대, 칭찬, 거절

   a. 공부를 열심히 하는구나.　　　　　(　　　)
   b. 생일날 꼭 오세요.　　　　　　　　(　　　)
   c. 화나게 해서 미안해요.　　　　　　(　　　)
   d. 많이 바빠서 갈 수 없어요.　　　　(　　　)
   e. 산 옷이 사이즈가 작아요.　　　　　(　　　)

2. 다음 각 문장은 어떤 화행에 속하는지 보기에서 고르시오.

> **보기**   단언, 질문, 명령, 요청, 위협, 경고, 내기, 충고

   a. 누가 내 아이스크림을 먹었니?　　　(　　　)
   b. 그렇게 다니면 위험해요.　　　　　(　　　)
   c. 화용론을 열심히 공부해야 해.　　　(　　　)
   d. 다시 또 그렇게 하면 혼낼 거야.　　(　　　)
   e. 창문 열어!　　　　　　　　　　　(　　　)
   f. 영희는 공부를 하는 학생이에요.　　(　　　)

3. 다음 문장 형태(sentence form)와 화행(speech act)을 적으시오.

> **보기**   Is he a student?

   문장 형태/화행 (　　　　/　　　　)

4. 다음 문장 중에서 수행적 화행이 <u>아닌</u> 것을 고르시오.
   ① 문 좀 닫아주세요.
   ② 문 좀 닫아주라고 요청한다.
   ③ 문 좀 닫아주라고 명령한다.

④ 5시까지 오기로 약속한다.

⑤ 식당에 데려가도록 단언한다.

5. 다음 문장 중에서 간접 화행이 아닌 것을 고르시오.

① 존이 메리와 결혼했는지 모른다.

② 쓰레기통이 아직 비워지지 않았다.

③ 나는 존이 메리와 결혼했는지 너에게 묻는다.

④ 쓰레기통 좀 비워줄 수 있어요?

⑤ 존이 메리와 결혼했는지 너 아니?

6. 다음 대화에서 B의 답변은 구체적인 정보를 제공하기를 원하지 않는다는 것을 함
   축한다. 이와 관련되는 그라이스의 개념을 두 개 고르시오.

> A : 하루 매출이 얼마나 되나요?
> B : 좀 됩니다.

① 양의 격률

② 적정 조건

③ 관련성의 격률

④ 양태의 격률

⑤ 질의 격률

정답 : 1. a. 칭찬, b. 초대, c. 사과, d. 거절, e. 불평, 2. a. 질문, b. 경고, c. 충고, d. 위협, e. 명령, f. 단언, 3. 의문문/질문, 4. ①, 5. ③, 6. ①, ④ (해설, 충분한 정보를 제공하지 않고(양의격률), 모호 하게 답하고 있다(양태의 격률)

"언어 습득은 우리 중 어느 누구든지 수행토록 요구받는 가장 위대한 지적 위업 중 하나이다."
– Leonard Bloomfield(1933)

언어 습득

- 언어 습득에 대해 말할 수 있다.
- 언어 습득 이론에 대해 설명할 수 있다.
- 보편문법과 결정적 시기에 대해 설명할 수 있다.
- 아이가 모국어를 어떻게 습득하는지 설명할 수 있다.

시작하기

1. 언어 습득이란?
2. 보편문법이란?
3. 결정적 시기란?
4. 옹알이는 무엇을 의미하는가?
5. 어린아이는 어떻게 언어를 습득하는가?

언어 습득이란

언어는 가장 적은 단위인 말소리로부터 가장 큰 단위인 문장에 이르기까지 무수히 많은 규칙들로 이루어진 의사소통 체계이다. 제1장에서 "언어는 인간에게만 허용되며 인간으로 하여금 의미 있는 발화를 구사하고 이해하게 하는 추상적인 인지 체계이다"라고 정의하였다. 인간이 동물과 다른 것은 바로 언어를 습득할 수 있는 능력을 가지고 태어나는 것이다. 동물들은 서로 소통하기 위해 신호를 보내거나 소리를 냄으로써 교류하지만, 인간은 동물들의 단순한 의사소통 체계와는 비교가 안 될 정도로 매우 복잡하고 수준 높은 언어 체계를 가진다. 그렇다면 인간은 어떻게 이런 복잡한 체계를 획득할 수 있는가? **언어 습득**(language acquisition)에서는 인간이 언어를 어떻게 습득하는지 일련의 과정을 연구한다. 구체적으로 언어와 관련된 단어, 구조, 규칙, 표현 등의 습득을 의미한다. 성공적으로 언어를 사용할 수 있는 능력에는 이 책에서 이미 다룬 음성학, 음운론, 형태론, 통사론, 의미론, 그리고 화용론적 지식은 물론 광범위한 어휘를 포함한 일련의 규칙들을 습득하는 것이 요구된다.

정상적인 인간이라면 누구나 최소한 하나 이상의 언어를 말할 수 있다. 그렇다고 태어나면서 바로 말을 할 수 있는 인간은 없다. 또한 어떤 언어에도 노출되지 않았는데, 언어가 자동적으로 습득되는 것은 더욱 아니다. 아이가 모국어를 습득하기 위해서는 반드시 해당 언어 환경에 노출되어야 하고, 의식적이면서 동시에 무의식적인 노력이 함께 수반되어져야 한다. 언어적인 환경은 마치 아이가 신체 발달을 위해 필요한 자양분과 같다. 아이가 말을 습득하는 일련의 과정을 떠올려보면, 처음에는 알아듣기 힘든 옹알이 소리를 하다가 한 단어로 말하고 차츰 단어의 길이가 길어지다가 어느 사이 문장으로 말한다. 또 어느 순간에는 폭발적으로 언어를 구사할 수 있게 된다. 일반적으로 아이는 생후 4~5년이라는 비교적 짧은 기간에 매우 복잡하고 추상적인 언어의 기본 구조와 기능을 습득한다. 유치원이나 학교를 입학하기 전에 **제1언어 습득** 또는 **모국어 습득**(first-language acquisition or native language acquisition)은 이미 완성되는 셈이다. 언어 습득을 연구하는 학자들은 아이의 그런 언어 습득 능력을 어떻게 해석해야 할지 그리고 아이가 모국어를 어떻게 습득해가는지에 대해 관심을 가진다.

언어 습득은 모국어 습득 외에도 **이중 언어 습득**, **제2언어 습득** 그리고 제3언어 습득을 모두 포함한다. 아이든 성인이든 누구나 원하는 언어를 학습함으로써 해당 언어를 습득할 수 있는 것이다. 하지만 외국어를 습득하는 것은 모국어를 습득하는 것과 매우 다르다. 모국어는 생후 2~3년만 지나도 유창하게 발화할 수 있는 반면에, 외국어는 10년을 넘게 학교 교육을 통해 체계적인 학습을 하는 데로 불구하고 유창하게 구사하지 못한다. 왜 그럴까? 이런 차이로 인해 둘을 구분하여, 모국어는 습득(acquire)한다고 하고, 외국어는 학습(learn)한다고 구분지어 말하기도 한다(Lenneberg 1967). **습득**(acquisition)은 모국어처럼 무의식적으로 익혀지는 일련의 행위인 반면에, **학습**(learning)은 외국어를 의식적으로 배우는 행위인 것이다. 습득은 지능이 높거나 낮거나 상관없이 가능하지만, 학습은 지능에 따라 결과물이 달라질 수 있다. 정상적인 인간이라면 지능에 상관없이 누구나 모국어를 습득할 수 있기 때문이다. 하지만 간혹 습득과 학습의 구분이 모호한 경우가 발생한다.

어떤 사람은 두 가지 이상의 언어를 마치 모국어처럼 자유자재로 구사할 수 있기 때문이다. 이는 인간에게 단 하나의 언어만이 모국어처럼 유창하게 말할 수 있는 능력이 있는 것이 아니라, 최상의 조건(즉, 언어적 환경)만 갖추어진다면 한 개 이상의 언어를 얼마든지 유창하게 말할 수 있음을 보여주는 증거이다. 이들의 언어 습득은 또 어떻게 설명할 수 있을까? 또는 모국어를 습득한 후에 제2 언어를 습득하려고 할 때, 왜 모국어처럼 유창하게 되지 못하는 걸까? 일례로 많은 영어 학습자들은 오랫동안 영어를 공부했음에도 불구하고 영어로 의사소통하는 데 어려움을 토로한다. 이런 점은 또 어떻게 설명할 수 있을까? 언어 습득을 연구하는 학자들은 이들 질문에 대한 해답을 구하기 위해 끊임없이 연구한다. 이와 같은 노력은 인간이 언어를 어떻게 습득하는 지에 대한 다양한 언어 습득 이론을 통해서도 알 수 있다.

언어습득이론

인간이 언어를 습득하는 것은 참으로 경이롭고 창조적인 과정이다. 인간은 태어나면서 거의 백지 상태이다. 말하지 못할 뿐 아니라 걷지도, 생각하지도, 제대로 느끼지도 못한다. 전적으로 미완성인 인간이 시간이 흐르면서 말을 하게 되고, 걷게 되고, 생각하게 되고, 제대로 느끼게 되면서 점차 완성된 인간으로 된다. 놀라운 사실은 아이들이 체계적으로 의식적으로 배우지 않았음에도 불구하고 생후 3년 정도면 모국어를 거의 완벽하게 구사할 수 있게 된다. 인간의 이러한 놀라운 언어 능력과 습득을 설명하기 위해 많은 학자들이 다양한 언어습득이론을 내 놓았다.

언어 습득의 초창기 이론들은 1950년에 유행한 행동주의 심리학의 영향을 받은 모방이론이나 강화이론이었다. 이들은 소위 직접 관찰할 수 있는 인간의 행동을 중요시함으로써 언어를 일종의 말로 하는 행동으로 여기고, 아이들은 어른들의 말을 모방하거나 강화와 같은 과정에 의해 언어를 학습한다고 제안했다. 행동주의적인 견해를 대표하는 학자인 **스키너**(Skinner)는 다른 모든 행동과 마찬가지로 언어 역시 경험의 결과라고 하고, 조작적인 조건 형성 및 모방의 결과로 언어가 습득되는 것으로 보았다. 이러한 견해의 장점은 언어 습득에서의 환경의 중요성을 인정한 것으로 주위 성인과의 상호작용을 통해서 모국어를 습득한다는 점을 강조한 점이다. 하지만 유아를 수동적인 존재로 보았다는 점과 두 단어 이상을 발화하는 시기가 되면, 유아가 문법과 어휘 습득에서 나타내는 창의적 활용성을 설명하지 못하는 한계점을 보인다.

행동주의 견해를 비판하고 등장한 이론이 바로 촘스키의 생득주의 이론이다. 그는 "언어 습득은 생득적 능력에 의한 것이다"라고 주장하였다. 그는 문법적 규칙과 세밀한 의미 등은 너무나 다양하고 복잡하기 때문에 강화와 모방만으로 언어는 학습될 수 없고, 강화와 모방의 과정만으로는 영아들이 한 번도 들어보지 못한 표현 등을 만들어내는 것을 설명할 수 없다고 비판하였다. 다음에서 소개할 언어생득설은 언어습득이론을 대표하는 이론 중 하나이다.

언어생득설

언어생득설(innateness hypothesis)이란 인간이 태어날 때 언어 능력을 지니고 태어난다는 가설이다. 선천적인 능력(innate ability)으로 인간만이 언어를 습득할 수 있다는 가설이다. 이런 가설은 인간과 동물 간의 유전학적 그리고 신체 구조적인 차이로도 잘 입증된다. 유전학적으로 인간에게는 매우 중요한 언어 유전자의 핵심 부분이 침팬지나 다른 동물에는 없다는 사실이 밝혀졌다. 또한 발음 기관에서도 큰 차이를 가진다. 인간은 자음과 모음으로 분절되는 다양한 말소리를 발음할 수 있는데, 이는 인간의 발음 기관이 동물과는 다른 특유의 구조와 운용방식을 가졌기 때문이다. 특히 발성을 담당하는 인간의 후두는 동물의 후두와 다르다. 인간의 후두는 갓난아이 시기에는 목구멍과 비슷한 높이에 있다가, 자라면서 서서히 하강하여 더 아래쪽에 자리 잡는다. 반면에 같은 영장류인 침팬지나 오랑우탄의 후두는 목구멍 정도의 높이에 있다는 것이다. 가설은 인간과 가장 유사한 유인원의 언어 습득을 테스트한 실험을 통해서도 입증되었다. 영장류인 침팬지를 대상으로 실험한 결과 침팬지는 기본 모음인 [i], [a], [u]를 제대로 발음하지 못하였다. 주된 이유는 후두가 목구멍 아래쪽에 자리 잡은 인간과 달리, 침팬지나 오랑우탄의 후두는 목구멍 정도의 높이에 있어 모음을 발음하거나 분화하기 어려운 구조를 가지기 때문이다. 인간의 조음 기관과는 달리 이들은 자음과 모음을 산출할 수 있는 기관을 가지지 못한다.

언어생득설은 촘스키에 의해 체계적으로 발전되고 완성되었다. 언어는 정해진 특정 언어가 아니라 어느 언어든지 모두 해당된다. 흥미로운 사실은 아이가 특정 언어만을 구사할 수 있는 능력만을 가지고 태어나는 것이 아니라는 점이다. 그렇다면 아이는 어떻게 자신의 언어인 모국어를 습득하는 것일까? 이 질문에 대해 촘스키는 모든 언어에는 공통적인 속성이 있으며, 이를 가리켜 **언어 보편성**(linguistic universals)이라고 하였다. 예를 들면, 모든 언어가 가진 자음과 모음 또는 명사와 동사, 아버지와 어머니라는 단어 등의 기본적이며 핵심적인 요소들이다. 인간은 어떤 언어든 구사할 수 있는 언어 보편성을 가지고 태어나며, 모든 자연 언어가 가지고 있는 문법적 속성을 가리켜 **보편문법**(universal grammar)이라고 하였다. 촘스키는 인간이 선천적으로 갖고 태어난 언어의 문법적 구조를 획득할 장치가 있다고 하였고 이를 **언어 습득 장치**(language acquisition device, LAD)라고 칭하였다. 이런 장치를 장착한 아이는 생후 몇 년 동안 자신의 모국어 문법에 노출된 후에는 이 보편문법을 습득하여 특정 언어의 문법(language-specific grammar)으로 걸러진다고 하였다. 언어 생득설은 유아의 문법적 활용성(창의성)을 설명할 수 있을 뿐만 아니라 인생 초기에 이루어지는 언어 능력의 급격한 변화를 효과적으로 설명할 수 있는 장점을 가진다. 하지만 언어 습득 능력의 선천성, 보편성이 인정되더라도 이러한 능력이 언어 습득 장치를 통해 구체적으로 어떻게 개개인의 언어 습득 능력으로 구체화되는지를 설명하지 못한 한계를 지닌다.

언어 생득설의 또 다른 대표적인 학자는 20세기 신경학자이면서 언어학자인 **레너버그**(Eric Lenneberg, 1921~1975)이다. 그는 언어의 생물학적 · 유전적 근거를 밝힌 인지심리학과 언어 습득의 개척자로, 언어를 습득과 학습으로 구분하였다. 그는 여러 실험을 통해서 동물들에게는 학습으로 얻어지는 행동이 보이지 않음을 입증하였고, 걷거나 말하는 능력은 인간에게만 내재되어 있는 능력임을 보여주었다. 그는 또한 말하는 것은 피아노를 배우거나, 자전거를 배우는 것과는 달리 걷는 것과 유사한 행동임을 비유하였다. 말하는 것과 걷는 것은 반드시 학습하지 않아도 되는 반면에, 피아노나 자전거는 반드시 배워야 하는 학습 행동으로 구분하였다. 즉, 전자는 유전적으로 내재화된 능력에 속하며, 후자는 전자와는 차별화된 학습 능력으로 구분한 것이다.

레너버그는 더 나아가 아이의 선천적인 능력의 결과로 표출된 행동들은 그들의 출현과 관련한 결정적 시기가 존재한다고 주장하였다. 언어 능력이 유전적으로 정해져 있더라도, 인간이 적절한 언어 환경에 노출되지 못할 때 언어 습득이 어려울 수 있다는 것이다. **결정적 시기**(critical period)란 어떤 행동을 습득하는 데 있어서 정해진 시기를 일컫는 용어이다. 이 시기를 놓치게 되면 목표하는 행동을 습득하는 데 문제가 발생할 수 있다. 다시 말해, 언어를 습득해야 하는 시기를 놓치면 자연스럽게 언어를 듣고 발화하지 못함에 따라 언어 습득이 어렵게 됨을 의미한다. 결정적 시기는 태어나서부터 약 사춘기까지를 가리키며 이들은 그림 8-1과 같이 두 단계로 구분된다.

만약에 결정적 시기가 지난 후에 언어에 처음으로 노출된다면 어떤 일이 벌어질까? 레너버그는 실제로 이 질문에 대해 다음 아이들의 사례를 통해, 아이들이 결정적 시기 이후에 언어에 노출될 경우, 언어를 모국어처럼 완벽하게 구사하기 어렵다는 증거로 제시하였다.

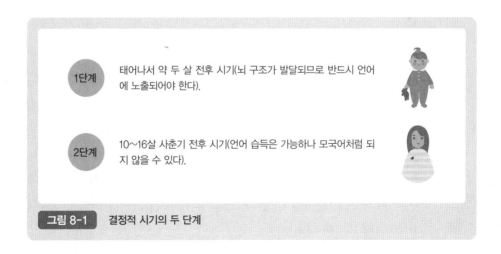

1단계 태어나서 약 두 살 전후 시기(뇌 구조가 발달되므로 반드시 언어에 노출되어야 한다).

2단계 10~16살 사춘기 전후 시기(언어 습득은 가능하나 모국어처럼 되지 않을 수 있다).

그림 8-1 결정적 시기의 두 단계

a. 지니 : 20개월에 고립되어 14살에 발견되었고 어떤 언어도 구사하지 못했으며 발견된 이후부터 언어를 학습하였으나 정상적인 언어 습득이 어려웠다.

b. 이사벨 : 6개월 만에 발견되었고 엄마는 귀머거리였고 말을 못했다. 처음에는 배우는 것이 느렸지만 2년이 지나자 지능과 언어 사용이 완전히 정상인에 가까워졌다.

상기한 지니의 사례는 결정적 시기 이전에 모국어에 노출되지 못해, 모국어 습득에 실패했음을 보여준다. 반면에 결정적 시기 이전인 6개월 정도에 발견된 이사벨은 언어 노출 후, 정상인에 가깝게 언어를 구사할 수 있었다.

외국어 조기 교육은 바로 이러한 결정적 시기에 그 이론적 근거를 갖고 있다. 아이들이 언어를 사춘기 이전에 학습할 경우 잘 습득하지만, 이후에 학습할 경우에 훨씬 더 어려워지기 때문이다. 결정적 시기 가설은 언어 습득이 '빠르면 빠를수록 좋다 (The earlier, the better)'는 가정에 힘입어 한국에도 영어 조기 교육의 붐이 일어나기도 하였다. 문제는 모국어 습득이다. 외국어인 영어를 어린 시기에 과도하게 노출시키고 스트레스를 줄 경우 오히려 역효과를 볼 수 있다. 자연스러운 언어 노출이 아닐 경우에, 언어 학습이 주는 스트레스와 부작용은 아이가 성인보다 훨씬 더 클 수 있다. 언어 혼란으로 인해 모국어와 영어가 뒤바뀔 수도 있고, 모국어 습득에 문제가 있거나, 심한 경우 언어 장애와 같은 부작용이 생길 수 있기 때문이다. 영어 습득이 아무리 중요해도 더 중요한 것은 때를 놓치지 않고, 아이가 모국어를 결정적 시기 이전에 자연스럽게 습득하도록 돕는 것이다.

모방이론

언어를 습득하는 것이 인간의 타고난 능력에 의해 가능하다는 언어생득설은 매우 그럴싸하게 들리지만 아이들이 언어를 실제로 어떻게 습득하는가에 대해서는 구체적으로 말해주지 못한다. **모방이론**(Imitation Theory)은 말 그대로 아이들이 어른의 말을 그대로 따라해 모방하면서 언어를 습득한다는 가설이다. 아이가 셀 수 없이 많은 단어나 문장을 듣고 따라하고 암기하면서, 어른의 말을 모방하면서 언어를 습득하는 것은 부분적으로 사실일 수 있다. 생후 몇 개월 된 아이가 어떻게 말을 습득하는지 장면을 떠올려보면 이해하기 쉽다.

맨 처음에 엄마는 아이에게 "엄마", "엄마 따라해 봐"라고 하면서, 아이가 따라하든 따라하지 못하든 수백 번 또는 수천 번을 아이를 앞에 두고 말을 할 것이다. '아빠', '우유' 그리고 '아가' 등의 다른 단어도 마찬가지이다. 그렇게 듣고 따라 하기를 수없이 반복하다가 어느 순간 아이가 "음마"라고 발음할 때, 엄마는 주체할 수 없는 기쁨을 느낄 것이고, 아이를 칭찬하면서 '음마'라는 발음을 '엄마'라고 발음해서 올바로 모방하도록 제대로 할 때까지 수없이 반복할 것이다.

이렇듯 모방이론에서는 아이가 들은 대로 반복하여 모방하면서 언어를 습득한다는 가설이다. 모방이론은 한편으로 어떤 언어에 노출되었느냐에 따라 해당 언어를 습득한다는 점에서 설득력이 있는 이론이다. 예를 들어, 언어 습득이 유전적인 것과 무관하다는 것을 입증하기 때문이다. 아이가 어떤 언어를 모방했는가에 따라 아이는 해당 언어를 습득하게 된다. 이 점이 바로 미국인 부모를 가진 아이일지라도 한국에서 태어나고 자란다면 한국어를 유창하게 습득하게 되는 이유이다. 다른 한편으로 모방이론에서 설명하기 어려운 점이 있다. 흥미로운 사실은 아이가 어른의 말을 그대로 수동적으로만 모방하지 않는다는 점이다. 어떤 경우에는 이전에 들어본 적도 없고, 가르치지도 않은 단어나 문장을 능동적으로 구사한다. 다음 예는 모방이론에 대한 반증의 사례이다.

(1) 엄마 : 이건 비누야.
　　아이 : 찌무, 찌무
　　엄마 : 이건 바나나야.
　　아이 : 나나, 나나

(1)에서 아이는 '비누'나 '바나나'라고 그대로 모방하지 않고 가르치지도 않은 '찌무' 또는 '나나'를 발음한다. 단어뿐만이 아니라 아이가 두 살 또는 세 살 정도 말문이 트일 때 자세히 들어보면 아이는 이전에 전혀 가르친 적이 없는 문장들을 창의적으로 발화하는 것을 알 수 있다.

모방이론의 반증으로 자주 인용되는 영어 예시는 불규칙 과거형이다. 처음에 규칙적으로 동사에 '-ed'가 붙는 것으로 학습한 후에 아이들이 부모가 불규칙형(held)으로 모방하게 해도 한참 동안은 '-ed(holded)'를 붙여서 문장을 만들기도 한다. 모방이론이 설명할 수 없는 점은 아이가 어른이 말한 대로 따라하지 않을 뿐 아니라, 어느 경우에는 스스로 들어보지도 않은 단어나 문법규칙을 만들어서 사용한다는 것이다. 모방이론은 아이들이 능동적으로 들어보지도 못한 것을 스스로 발화한다는 점을 설명하지 못하는 한계점이 있다.

강화이론

강화는 모방에서 한 걸음 더 나아간다. **강화이론**(Reinforcement Theory)이란 아이가 맞게 말했을 때 긍정적으로 강화를 받고, 틀린 말을 구사했을 때 부정적으로 강화를 함으로서, 끊임없이 자기 교정 과정을 통해 언어를 습득한다는 이론이다. 긍정적인 강화는 칭찬이나 상 또는 금전적 보상이 될 것이며, 부정적인 강화는 벌, 꾸중, 또는 야단 등이 될 것이다. 이는 저명한 행동주의 심리학자였던 스키너가 주장한 인간의 행동발달이나 학습활동을 설명하는 자극-반응이론(행동주의 이론)의 핵심을 이루는 강화와 밀접하게 관련된다.

촘스키는 아이들이 짧은 시간에 체계적인 학습 없이도 생전 처음 듣는 문장들을 구사할 수 있는 것은 스키너의 강화이론으로 설명되지 않는다고 반박하였다. 아이들이 언어를 배울 때, 자세히 관찰해 보면 무수히 많은 문법적 실수를 저지른다. 한국어의 경우 조사를 빼먹는 것은 보통이고, 명사의 경우에도 앞의 예에서처럼 '찌무'나 '나나'처럼 자기가 들은 대로 편하게 발음한다. 예를 들어, "아빠, 학교에 가세요?"라는 문장을 말할 때, 아이는 "으빠 학교" 정도로 발화한다. 강화이론의 반례로 자주 인용되는 자료를 살펴보자.

> (2) 아이 : Nobody <u>don't</u> like me.
>
> 엄마 : No, say "nobody <u>likes</u> me."
>
> 아이 : Nobody <u>don't</u> like me. (8번 반복)
>
> 엄마 : Now listen carefully! Say, "Nobody <u>likes</u> me."
>
> 아이 : Oh, Nobody <u>don't</u> like me.

(2)에서 엄마는 아이의 문법적인 오류를 고치도록 반복해서 강화하고 있음에도 불구하고, 아이는 계속해서 동일한 오류를 고집하면서 발화한다. 엄마의 강화가 전혀 효과가 없음을 잘 보여주는 예시이다. 아이가 말하는 문장을 살펴보면, 아이는 나름대로 부정형 'not'을 규칙적으로 사용하고 있음을 알 수 있다. 'nobody'는 단어 자체

가 부정의 의미를 가지기 때문에, 'not'을 서술문에 다시 써 줄 필요가 없지만, 아이는 이전에 배운 부정문과 동일하게 부정어 'not'을 일관성 있게 사용하는 것이다. 아이와 엄마의 대화에서 알 수 있듯이, 엄마는 아이가 틀리게 한 것을 고쳐서 올바로 말하도록 강화해 주지만, 아이는 그런 엄마의 강화와는 상관없이 자신이 말하고 싶은 대로 계속해서 말하고 있다. 아이의 이런 행동은 강화이론의 한계성을 여실히 보여준다. 아이는 강화받은 그대로 수동적으로 말하지 않고, 자신이 세운 규칙에 따라 능동적으로 대처하고 있기 때문이다.

능동적 문법구축이론

아이의 능동적인 발화를 설명하지 못하는 강화이론의 한계점을 보완하기 위한 이론이다. 언어생득설과 더불어 언어 습득에서 영향력 있는 이론으로, 아이들이 실제로 자신들의 문법 규칙을 구축한다는 **능동적 문법구축이론**(Active Construction of a Grammar Theory)이다. 규칙을 생성하는 능력은 보편문법에 의해 타고나면서 내재화되었다고 가정하는 이론이 있지만, 언어를 사용하는 실질적인 규칙들은 아이들이 듣고 말하게 되는 언어에 의존한다는 것이다. 이것은 아무리 언어 능력이 선천적이라 하더라도, 아이가 어떤 특정 언어에 노출되지 않고는 어떠한 언어 산출도 없다는 것을 의미한다. 즉, 영어로 말하면 'No Input, No output'이다.

아이들이 언어를 습득하는 초기 단계에서 무수히 많은 실수를 끊임없이 저지르고, 고치기를 반복한다. 강화이론에서는 아이들이 자신의 실수를 스스로 깨달아 고쳐나가는 능동적인 과정을 설명하지 못하는 반면에, 능동적인 문법 이론에서는 아이들이 자신의 발화에서 뭔가 잘못되었는지를 발견하고 능동적으로 수정해 나갈 수 있음을 설명한다. 예를 들어, 아이들은 과거시제를 만들 때, 동사에 '-ed'를 붙여 'loved, walked, needed'처럼 규칙형을 먼저 배운다. 이런 규칙을 다른 동사에도 일률적으로 적용하여 'goed, eated. holded'라는 올바르지 않은 과거형을 스스로 만들어 발화한다. 사용하는 중에 이 형태들이 올바르지 않다는 것을 깨닫고, 스스로 규칙을 고치고 더해서 잘못된 형태인 'goed, eated, holded'를 'went, ate, held' 등으로 능동적으로 고쳐 사용한다는 이론이다.

연결이론

연결이론(connectionist theory)에서는 언어를 습득할 수 있는 능력은 뇌를 이루는 신경세포에서부터 시작된다고 보는 신경–생물학적 관점에서 출발한다. 아이들이 언어를 배울 때, 뇌 속에 있는 신경 연결망(neural connection)을 새로 만들어냄으로써 배우는 것을 가정한다. 아이들은 특정 언어에 노출되어 해당 언어를 사용함으로써 그런 연결을 구축할 수 있다. 이들 연결망을 통해 아이는 단어와 의미 그리고 음의 연속체 간의 연관성을 배운다. 예를 들어, 아이가 '엄마'라는 단어를 서로 다른 상황에서 듣더라도 그 단어를 들을 때마다 매번 신경 연결망에 있는 정보를 통해 의미를 파악한다는 것이다. 신경 연결망이 구축하는 것은 '엄마'라는 단어 자체일 수도 있고, 발음일 수도 있고, 엄마에 대한 이미지일 수도 있다. 모든 어휘는 이런 신경 연결망에 저장되어 있다가 필요할 때 끄집어내어 사용할 수 있다는 것이다. 연결이론은 뇌 속에 신경 연결망이 구체적으로 언어 습득과 어떻게 연관되는지는 말해주지 못한다.

사회적 상호작용이론

사회적 상호작용이론(social interaction theory)에서는 언어 습득에서의 유아 자신의 의도적 참여와 사회적 상호작용을 통한 의미 구성을 강조한다. 타인은 또래일 수도 있고, 더 나이 든 아이들일 수도 있고, 어른일 수도 있다. 아이가 언어를 습득하는데, 이러한 상호작용은 언어 발달에 매우 중요하다는 이론이다.

보통 아이를 돌보는 사람들이 아이에게 하는 말(child-directed speech)은 대개가 느리고, 높은 어조를 가지며, 많은 반복을 포함하고, 단순화된 통사론과, 과장된 억양 그리고 단순하고 구체적인 어휘 등이 특징이다. 문법적으로도 매우 단순하다. 예를 들어, 엄마가 아이에게 '맘마'라고 하는 것은 '밥 먹자'는 문장을 단순화한 것이고, '응가'하는 것은 '화장실에 가서 일을 보자'하는 문장을 단순화한 것이다. '맘마', 나 '응가', '코 자' 등은 아이에게만 사용하는 전형적인 어휘다.

상호작용이론은 아이와의 상호작용이 중요한 만큼 굳이 단순화된 단어와 문장들을 일부러 사용하기보다는 말을 정상적으로 많이 하고 제대로 된 단어와 문장을 사용하는 것이 아이가 상호작용을 통해서 제대로 언어를 습득할 수 있음을 암시한다. 상호작용이론은 앞서 언급한 연결이론이나 능동적 문법 구축이론과 더불어 아이의 언어 습득을 설명하는 데 중요하다. 지금까지 배운 이론을 요약하면 다음 표 8-1과

표 8-1 언어습득이론과 의미와 한계

이론	의미	한계
언어생득설	언어 습득능력은 선천적이다.	구체적이지 못하다.
모방이론	성인의 말을 모방하면서 언어가 습득된다.	자발적인 발화를 설명하기 힘들다.
강화이론	조작적 조건형성 및 강화의 결과로 언어가 습득된다.	강화받은 대로 발화하지 않는다.
능동적 문법구축이론	아이들이 문법 규칙을 능동적으로 구축한다.	노출된 언어에만 의존한다.
연결이론	언어 습득 능력은 뇌를 이루는 신경세포에서 시작된다.	구체적이지 못하다.
사회적 상호작용이론	유아 자신의 의도적 참여와 사회적 상호작용을 통해 언어를 습득한다는 이론이다.	상호작용만으로 설명할 수 없는 발화들을 한다.

같다.

언어 습득은 한 가지 이론만으로 완벽하게 설명되지 않기 때문에 상기한 이론들을 복합적으로 이해하는 것이 필요하다 하겠다.

제1언어 습득(모국어 습득)

신체적 요건

인간이 지닌 선천적인 언어 능력이란 언어를 구사할 수 있는 잠재적인 능력을 가지고 태어남을 말하는 것이지 이미 언어를 유창하게 구사하는 능력을 말하는 것은 아니다. 잠재적인 언어 능력은 말을 하는 데 필요한 정상적인 신체 구조를 동반해야 언어 습득이 가능해진다. 말소리를 들을 수 있는 청각 기관은 물론 말소리를 만들어낼 수 있는 조음 기관을 갖추어야 한다. 선천적으로 이들 기관에 장애를 가지고 태어날 경우 정상적인 발화를 하지 못하게 되는 것이다.

백지 상태로 태어난 아이들은 잠재적인 언어 능력으로 인하여 자신의 모국어의 말소리를 접하고, 음소와 이음소의 차이를 인지하고 발음할 뿐만 아니라, 음을 결합해서 음절을 만들고, 음절을 결합해서 단어를 만들고, 단어를 결합해서 구와 문장을 만들어간다. 처음에는 매우 더디게 습득하는 것 같지만, 어느 순간이 되면 아이는 폭발적으로 자신의 모국어를 습득해 가는 것을 알 수 있다. 모국어 습득에서 가장 먼저 살필 단계는 아이들이 말소리를 들을 수 있고, 이해할 수 있고, 만들어내는 단계이다.

소리 식별과 산출

말소리를 내기 위한 선행요건은 말소리를 들을 수 있어야 한다. 어느 시기에 어떤 말소리를 알아들을 수 있는지를 가리기 위한 여러 유형의 청취 실험이 유아를 대상으로 실시되었다. 실험 결과는 매우 놀라웠다. 단지 4~6개월 된 유아들이 음소와 이음소의 차이를 구분할 수 있는 인지 능력을 갖추고 있음을 보여주었다. 유아를 대상으로 한 실험은 그 실험 방법에서 매우 특이하다. 몇 가지를 소개하면 다음과 같다.

- 고진폭 빨기(High Amplitude Sucking, HAS) : 일명 HAS 실험은 아이들의 입에 특별한 고무젖꼭지를 물려주고 소리가 들릴 때, 아이가 젖꼭지를 빨게 함으로써, 들리는 소리에 민감하게 반응하는지 여부를 알아보기 위한 실험이다. 주로 6개월 정도의 아이들을 대상으로 실시되었는데, 아이들은 처음에는 새로운 소리에 민감하게 반응하여 젖꼭지를 빨지만, 익숙한 소리에 빠는 비율이 차츰 느려지는 것이 관찰되었다. 아이들이 동일한 소리일 경우에 빠는 속도가 빠르지 않고, 서로 다른 소리를 들려줄 때 빠는 속도가 빨라진 것이다. 실험은 유아가 젖꼭지를 빠는 속도와 소리 간의 상관관계를 규명한 것으로, 실험 결과를 통해, 6개월 된 아이가 동일한 말소리(이음)와 서로 다른 말소리(음소)를 구분할 수 있는 청취 능력을 가졌음을 보여준다. 결과는 어린 유아라도 듣는 행위가 직접적으로 말소리와 구체적으로 관련됨을 보여주는 좋은 증거이다.
- 조건화된 고개 돌리기(Conditioned Head-Turn Procedure, HT) : HT 실험은 생후 5~18개월 유아를 대상으로 실시하였으며, 조건화(conditioning)와 시험(testing) 두 가지로 구성된다. 조건화 국면에서 유아들은 부모의 무릎에 앉아서 소리를 듣고 있다가 소리를 다르게 한 바로 직후에 시각적 자극물을 보여준다. 시각적 자극물은 인형이나 그림으로 구성된다. 이 국면에서 유아들은 소리 변화와 시각적 자극물을 연계할 수 있는지 여부를 알아보는 것이다. 시험 국면에서는 유아가 소리 변화를 감지하고, 시각적 자극물을 보려고 고개를 돌릴 수도 있고 돌리지 않을 수 있다. 고개를 돌려 시각적 자극물을 볼 때, 유아들이 두 가지 다른 소

리를 구분할 수 있다고 해석하고, 유아가 소리의 변화에도 불구하고 시각적 자극물을 보지 않을 때는 두 가지 서로 다른 말소리를 구분하지 못하는 것으로 해석한다.

상기한 실험 결과를 통해, 유아들이 어떤 시기에 어떤 음의 차이를 구분할 수 있는지 알 수 있다. 구체적인 예를 들면, 4개월 된 유아가 모음 [a]와 [i]를 구분할 수 있음을 보여주었다. 유아들이 모음의 차이를 구분하는 능력 외에도 자음을 다르게 말할 수 있음을 아래 음향 단서를 통해 보여준다.

- **성대진동 개시 시간**(Voice Onset Time, VOT) : VOT란 자음을 방출하는 시점부터 모음이 시작되기(즉, 성대진동) 전까지의 길이(milliseconds, ms)를 말하고 양수 VOT(+ , positive)와 음수 VOT(− , negative)로 구분한다(Lisker & Abramson, 1964). VOT는 유성음과 무성음을 구분하는 주요한 음향단서(acoustic cues)로 세상 언어의 폐쇄음, 특히 유성음과 무성음을 구분하는 데 널리 사용되고 있다. 예를 들면, /pat/을 발음할 때, 보통 무성음 [pʰ]로 발음될 때 /p/를 위한 방출에서부터 /a/가 시작되기 전의 길이로 약 +60ms를 가진다. /bat/을 발음할 때, 영어 /b/가 완전하게 유성음으로만 발음될 때는 약 −90ms를 보여주거나, 무성음화된 [p]로 발음될 때는 +20ms를 보여준다. 한국어 폐쇄음의 경우에, 음성학적으로 모두 무성음인 +VOT로 실현되며, 최근 연구에서 '탈'과 '달'의 자음의 VOT가 유사해지는 병합현상이 일어나고 있으며, '딸'보다 훨씬 더 길다고 보고되었다(70~90ms vs. 5~10 ms)(Kim, 2014, 2019; Silva, 2006).

VOT를 이용해서, 유아들이 무성음과 유성음을 구분할 수 있는지 여부를 알아보기 위해 청취 실험이 실시되었다. 실험 결과, 생후 6개월 된 유아들이 +20 ms인 /b/와 +40ms인 /p/의 사소한 차이까지도 구분할 수 있음을 보여주었다. 하지만 생후 12개월 된 유아들의 경우 −60ms VOT와 −20ms VOT인 유성 양순 폐쇄음의 차이를 구분하지 못했다. 즉, 태어나자마자 생후 6개월까지는 모국어에 상관없이 미세한 말소리의 차이를 구분할 수 있는 반면에, 나이가 들수록 모국어에 존재하지 않는 말소리의 차이를 구분하지 못한 것으로 결론지었다.

상기한 실험결과는 듣는 능력이 말하는 능력에 앞선다는 사실이다. 아이가 말소리를 듣고 구분하기 시작한 후, 생후 몇 주 후에는 소리를 내기 시작하는 것이다. 아이가 태어날 때, 의사가 아이의 발바닥을 쳐서 아이가 울도록 한다. 이는 아이가 소리를 낼 수 있는지를 확인하는 꼭 필요한 절차이다. 정상적인 아이라면 누구나 자신의 모국어를 듣고 말할 준비를 가지고 태어난다.

옹알이

정확히 어떤 말소리를 내는 것은 아니지만 모든 아이들이 말소리를 내기 전 거치는 단계가 바로 옹알이 단계이다. 옹알이 바로 직전에 거의 알아듣기 힘든 소리를 내는데, 이를 초기 구구소리(cooing)라고 한다. 이후 거의 모든 아이들은 약 4~6개월 정도에 옹알이를 시작한다. **옹알이**(babbling)란 말을 전혀 못하는 아기가 혼자 입속말처럼 자꾸 소리를 내는 짓을 말한다. 옹알이는 언어 습득의 초기 단계로 간주하며, 보통 생후 6개월 정도에 시작된다. 옹알이는 대체로 자음과 모음의 연속체로 구성된다. 주로 모음 [a]로 시작하면서 비음이 섞인 소리(예 : '아'나 '앙')를 반복해서 산출한다. 반복적이면서 형태가 잡힌 옹알이(repeated or canonical babbling)는 7~10개월 정도에 시작하여 [마마마마마] 같은 음절로 계속 반복하는데, 이런 반복은 아이들로하여금 비음[m]과 모음[a]을 연습하는 것을 돕는다. 이후 약 10~12개월에 아이들은 자음과 모음이 결합된 다양한 말소리들을 산출하기 시작한다.

옹알이가 차후 언어 습득과 직접적으로 관련이 있는지에 관해서는 정확히 밝혀지지 않았지만, 심리학자들과 언어학자들은 옹알이가 적어도 두 가지 기능-차후 말에 대한 연습과 사회적 보상-을 가진다고 제안한다. 첫째 기능은 옹알이가 차후 언어를 위한 예비적인 연습을 제공한다는 것이다. 옹알이를 하면서 아이들은 자음과 모음의 연속체를 무수히 많이 반복한다. 이는 실제 말소리를 제대로 내기 위한 예행연습이다. 두 번째 기능은 옹알이를 함으로써, 사회적 보상을 받는다는 것이다. 옹알이를 할 때, 부모나 돌보는 사람은 그에 대해 미소나 말 또는 다른 옹알이로 대꾸를 해주면서 계속하도록 격려를 받기 때문이다. 옹알이에 대한 이러한 보상적 반응은 아이들이 계속해서 무엇이든지 소리를 낼 수 있도록 강화 역할을 하는 셈이다. 이들 보상이 적거나 아예 없을 경우 아이들은 말이 늦어질 수도 또는 아예 말을 안 할 수도 있는 상황이 발생할 수 있다.

음운 습득

아이는 10~12개월 사이에 자음과 모음으로 결합된 음절들을 반복해서 산출하기 시작하는데, 자음 중에서 가장 먼저 발음하기 시작하는 음은 [m]이다. 이런 과정은 음운 습득(phonological acquisition)이 시작되는 징조이다. 이후에 발음하는 음은 [p]이다. 이는 두 가지 이유에서이다. 하나는 대부분의 언어에서 엄마라는 단어가 [m]으로 시작하고, 아빠라는 단어는 [p]로 시작한다. 예를 들면, 영어는 'mother'이고, 중국어는 'ma'이다. 아이들은 '엄마'와 '맘마'를 산출하고, 이어서 '아빠'나 'pappa' 또는 'dadda' 등을 산출한다. 다른 이유는 조음하기 쉽다는 점이다. 여러 자음들 중에서 조음할 때, 윗입술과 아랫입술만 떼서 발음하는 [m]과 [p]가 아이들이 가장 쉽게 발음할 수 있는 자음이다. 그리고 유성음보다 무성음을 먼저 습득한다. 이유는 무성음이 유성음보다 조음적으로 더 산출하기 쉽기 때문이다.

한국어의 경우, 세 자음 'ㅂ', 'ㅍ', 'ㅃ' 중에서 'ㅃ'를 가장 먼저 습득하고, 'ㅍ'을 습득하고, 'ㅂ'을 가장 늦게 습득한다고 밝혀졌다(김미령, 2007). 영어의 경우, 무성음 [p]가 유성음 [b]보다 더 앞서 습득된다. 아이들이 음소를 습득하는 순서는 언어별로 완전히 다르기보단 보편적인 순서가 존재한다(예 : 폐쇄음 → 마찰음).

아이들이 들리는 모든 단어를 정확히 발음하기 어렵다. 특히 긴 단어들은 자신이 발화할 수 있는 CV 음절로 짧게 발음하는 경향이 있다. 처음은 하나의 음절로 모든 사물을 지칭하다가 차츰 자음을 달리하기도 한다. 예를 들어, 처음에는 '마'로만 말을 했다가 차츰 '엄마, 맘마'를 '마'로, '물'을 '무'로, '아빠, 오빠'를 '빠'로, '젖이나 우유'를 '쭈'로 CV 음절에서 첫 자음을 서로 다르게 바꾸면서 산출하기 시작한다. 이때 서로 다른 의미로 대치되는 자음들이 바로 음소인 셈이다.

형태론과 통사론 습득

약 12개월 전후부터 아이는 습득한 단어들을 일관성 있게 산출하기 시작하는데, 음운 습득에 이어 아이의 언어 발달에서 형태론과 통사론의 발달이 보이는 단계이다.

단어를 말하기 시작하는 첫 단계는 **한 단어 또는 일어문 단계**(holophrastic stage)이다. 단어 하나만을 사용해서 문장의 의미를 전달한다. 예를 들어, 'up'이라는 단어를 사용해서 'I want you to pick me up'이란 문장의 의미를 전달하는데, 이 외에도 'no, gimme, mine, allogene, whisht' 등은 뭔가 원하지 않을 때는 'no'로, '뭘 달라'고 할 때는 'gimme'로, '이것은 내 거야'라는 의미로 'mine'으로, '모두 가버렸어'의 의미로 'allogene'으로, 'What's that?'의미는 'whisht'으로 한 단어로 문장의 의미를 대신한다.

두 단어 또는 **전보식 단계**(telegraphic stage)라고도 하는 이 단계에서는 약 18~24개월 사이에 아이들이 한 단어 + 한 단어를 연결해 두 단어 발화를 시작한다. 이 단계에서 아이들은 발화의 의미를 결정하는데, 모국어에 중요한 어순을 준수한다. 예를 들어, 엄마에게 밥을 달라고 청할 때 '엄마 맘마'라고 말하지 '맘마 엄마'라고는 하지 않으며, 영어에서도 'mommy book'이라고 하지 'book mommy'라고는 하지 않는다. 의미적 관계를 고려해 순서를 따르며, 여러 단어를 나열하지 못하기 때문에 핵심이 되는 중요한 단어들만을 산출해서 '전보식 발화'라고도 한다.

이후 단계는 세 단어로 구성된 발화들로 두 단어 발화의 결합형이나 확장형의 단계이다. 예를 들어, '엄마 밥'과 '밥 주세요'라는 두 단어들이 결합되어 '엄마 밥 주세요'라는 세 단어로 구성된 문장이 탄생한다. 엄밀하게는 언어 습득에서 세 단어 단계라고 명명하지 않는데, 그 이유는 일단 두 단어 이상을 결합해서 발화가 만들어지면 아이들이 세 단어, 네 단어, 그 이상의 긴 단어들도 거의 동시에 산출할 수 있기 때문이다. 언어학자들은 아이들의 모국어 습득이 어느 순간에는 폭발적으로 늘어나 배우지도 않은 많은 문장들까지도 창의적으로 만들어낸다고 하였다. 이 시기에 아이들은 형태론적인 차이를 습득하기 시작한다. 영어에서는 'she walking'과 'she walks'의 차이를 구분하고, 한국어에서는 '내가 엄마를 사랑해'와 '엄마가 나를 사랑해'의 차이를 구분한다. 이 단계에서는 또한 긴 문장들을 발화하기 시작하면서, 문장을 평면적으로 단순히 결합하는 단계에서 벗어나 문장을 위계적인 통사 구조로도 만들어내는 능력을 가진다.

아이들은 차츰 복수형 형태소 '-s'를 습득하고, 이후에 불규칙적인 복수형들도 점차적으로 습득한다. 또한 긍정문에서 'no'을 사용해 부정문을 사용하는데, 처음에는 모든 문장에 'no'만을 사용하다가(예 : I no drink milk) 점차 not을 사용하기 시작하여 (예 : I not thirsty) 차츰 올바른 부정형을 사용해 간다. 의문문은 'mommy up?' 또는 'more ride?' 등으로 서술문의 끝을 올려 사용하다가 약 세 살 정도이면 질문을 올바르게 'yes-no' 질문에서 조동사 'can'이나 'will' 등을 사용하고, 적절한 어순으로 질문을 한다. 예를 들어, "Are you sad?"라고 물을 수 있지만 Wh-의문사를 사용해서 "Why you are sad?"라고 하므로 적절한 어순으로 질문하기에 아직 이른 감이 있다. 아이들이 어른들이 가르치지도 사용하지도 않은 어휘나 문장을 사용하는 것을 보면 아이들이 단순히 어른들의 말을 모방하지만은 않는다는 명백한 증거들(예 : foots, I don't know something, 또는 where he is going? 등)이 존재한다. 아이들이 틀리게 하는 것을 어른들은 실수라고 인지하고 해석하지만, 이는 무작위적인 것이 아니라 아이들이 자신들의 규칙을 이용해서 발화를 능동적으로 구축해가는 과정인 것이다.

단어 의미의 습득

아이가 단어의 의미를 습득하는 데 걸리는 시간과 반복은 헤아릴 수 없을 정도이다. '엄마'와 '맘마'라는 단어를 습득하는 과정을 생각해보자. 태어나서 맨 처음으로 아이는 '엄마'라는 소리를 들을 것이고, '엄마'를 들을 때마다 앞에 엄마라는 사람이 자신을 보고 있을 것이다. '엄마'라는 말을 할 수 있기 전에, 아이는 '엄마'라는 의미가 무엇인지를 이미 터득한다. 엄마와 더불어 가장 많이 듣는 단어는 '맘마'라는 단어이다. 아이에게 먹을 것을 주면서 '맘마'라는 단어는 수없이 반복될 것이고, '맘마 = 밥'이라는 의미를 습득한 후, 아이는 배가 고프면 '맘마'라고 할 것이다. 이런 식으로 아이는 차츰 새로운 단어를 듣고, 의미를 깨닫고, 반응하는 과정을 수없이 반복한다. 아이들은 완전한 발화 이전에 이미 많은 단어들을 습득하게 된다. 무수히 반복된 시행착오 과정을 통해 보통의 정상적인 아이라면, 한 살 정도에 많은 단어를 산출할 수 있게 되며, 약 6살 정도의 나이에 1만 4,000개 정도의 어휘를 습득할 수 있게 된다. 물론 아이마다 개인차는 매우 크다. 말이 빠른 아이가 있는가 하면 말이 느린 아이가 있기 때문이다. 통계상으로 아이들은 첫 생일을 맞이할 때부터 시작해서 하루에 거의 10개 정도의 새로운 단어를 습득하고, 형태론이나 통사론에 비해 더 체계적으로 어휘를 습득한다.

아이가 단어 의미를 습득하는 양상을 고려할 때, 몇 가지 유형으로 구분할 수 있다.

복합적 개념(complexive concepts)이란 하나의 단어의 의미를 여러 대상의 의미로 복합적으로 사용하는 개념이다. 예를 들어, 일반적으로 '개'라는 단어의 속성을 인지할 경우에, 진돗개든 셰퍼드든 어떤 종류의 개든지 간에 모두 개라는 의미로 이해한다. 하지만 복합적 개념을 사용하는 아이는 'doggie'라는 단어를 '개'로만 이해하지 않고, 털이 있는 새나 움직이는 장난감 자동차의 의미로도 이해한다. 의미 습득에서 이런 현상을 가리켜 복합적인 개념이라고 한다. 즉, 어떤 단어의 개념을 원래 의미와는 다른 단어의 개념에도 복합적으로 활용한다는 뜻이다.

과대 확장(overextension)이란 어떤 단어의 의미가 가지는 범위를 확장해서 단어를 사용하는 개념이다. 예를 들어, '달'이라는 의미인 'moon'을 '케이크'나 '철자 o'나, 또는 '도장' 등의 둥근 모양을 가진 모든 사물에 확대해서 사용한다.

과소 확장(underextension)이란 과대 확장과 반대되는 개념이다. 어떤 단어의 의미가 가지는 범위를 축소해서 제한적으로 사용하는 현상이다. 예를 들어, 'ball'이란 단어는 어떤 종류의 공이든 다 포함하여 공이라고 할 수 있다. 아이는 '공'을 그런 의미로 사용하지 못하고, 유독 '배구공'만을 '공'이라고 하고, 다른 '축구공'이나 '야구공'은 '공'이라고 생각하지 않는 현상이다. 또는 '과일'이라는 단어가 모든 종류의 과일을 함의한다는 것을 이해를 하지 못하고, '특정 과일'로만 생각하는 현상이다.

개념의 본질적 복잡성(The intrinsic complexity of concepts)이란 단어들 중 어떤 개념은 본질적으로 매우 복잡함을 의미한다. 예를 들어, 비교적 쉬운 개념인 고유명사를 생각해 보자. 아이들은 'John' 같은 이름이나 'daddy' 같은 호칭은 쉽게 빨리 이해한다. 고유명사에 비해 약간 복잡한 개념을 지닌 '크거나 작은' 등의 관계를 지칭하는 개념은 의미를 이해하기 더 어렵다. 비교가 되는 대상이 있어야 하고, 정확히 어떤 것이 크고 작은지에 대한 개념을 이해하는 데는 더 많은 시간이 필요하기 때문이다. 또는 지시적 표현 같은 것도 본질적으로 복잡한 개념에 속한다. '이것', '저것', '여기', '저기' 등에 대한 지시적 표현은 아이들이 시공간이나 거리 감각을 이해해야 하는 어렵고 복잡한 개념이다. 이들 개념들을 완전히 이해하기 위해서 아이들은 무수히 많은 과정들을 거치고 연습을 해야 할 것이다.

운동 발달과 언어 발달

지금까지 옹알이에서부터, 음운 습득, 형태론, 통사론 그리고 단어 의미의 습득에 이르기까지 모국어 습득에 대해 자세히 살펴보았다. 언어 발달은 대개 신체적인 운동 발달과 함께 일어난다. 아이가 정상적인 신체 발달과 언어 발달을 확인할 수 있는 지표가 있다면 더 없이 좋을 것이다. 다음은 레너버그(Lenneberg)의 **언어의 생물학적 기초**(1967)에서 발췌한 영어가 모국어인 아이의 연령대별 신체 발달과 더불어 언어 발달을 보여주는 표이다. 이들 지표는 아주 오래전에 만들어졌음에도 불구하고, 아동 언어 발달에서 여전히 사용되고 있다. 도표에 덧붙일 수 있는 사실은 급속하게 디지털 문명으로 접어들면서, 영유아 교육이 앞당겨지고, 아이들의 운동 발달과 언어 발달도 전보다 훨씬 더 빨라져 가고 있는 추세이다. 더욱이 아이에 따라 어떤 환경을

표 8-2 연령대별 운동 발달과 언어 발달

연령	운동 발달	언어 발달
12주	엎어져서 고개를 가누고, 팔꿈치로 무게를 지탱함; 손은 열림; 움켜쥐는 반사 없음	8주차보다는 덜 울고 말할 때 고개를 움직임; 구구소리를 약 15~20초 정도 유지; 구개음 [j]나 [n] 같은 모호한 소리를 발성
16주	딸랑이를 가지고 놀고 스스로 머리를 지탱하며 단조로운 목 움직임	사람 소리에 반응; 머리를 돌림; 눈은 말하는 사람을 찾음; 낄낄 웃음소리 : 모음 [i]와 [a]를 구분
20주	지탱해서 앉음	모음 같은 옹알이 소리를 자음과 함께 발성 시작
6개월	스스로 앉음; 앞으로 숙이고 지지하기 위해 손 사용; 서 있을 때 무게 지탱, 지지 없이 설 수 없음; 잡음; 다른 사람에게 주기 위해 블록을 놓음	옹알이 소리; 한 음절 발화; 모음도 자음도 규칙적인 반복은 아님; [ma], [mu], [da], [di] 등 빈번히 발화
8개월	서서 유지함; 쥘 수 있음; 엄지와 손가락 끝으로 알갱이를 주움	반복적인 소리; 뚜렷한 억양 패턴; 말로 강조하고 감정을 신호로 보냄
10개월	효율적으로 기어 다님; 옆걸음을 걷다; 붙잡다; 서서 잡아당김	목구멍 소리로 거품 같은 소리를 결합하여 발성; 소리 모방 시도; 다른 소리들 간에 차이를 구분함
12개월	한 손으로 잡아주고 걸음, 발과 손으로 걸음; 무릎이 공중에; 물체를 입에 대는 것을 멈춤; 마루에 스스로 앉음	동일한 소리 연속체들을 반복; mama나 papa 같은 단어들 출현; 단어를 이해하고 '이리 쥐' 같은 단순 명령을 이해함
18개월	꼭 잡고, 푸는 것이 완전히 발달; 건들거리는 걸음, 추진력, 곤두박질; 의자에 앉고 계단을 뒤로 기어 내려오고; 3개의 블록 탑을 쌓는 것을 어려워함	3~50개 이하 단어들로 재잘거림이 많아지고 여러 음절과 복잡한 억양으로 발화; 'thank you'나 'come here' 같은 말을 하고 빠르게 나아지는 것이 엿보임
24개월	달리지만 갑작스러운 턴은 하지 못함; 앉고 서고를 재빨리 함; 한 발로 기대면서 계단에 오르고 내려감	50개 이상의 어휘를 2개 단어로 형성된 구로 연결; 모든 구들을 자신의 구로 새롭게 만듦; 의사소통 행위와 언어에 관심 증가
30개월	두 발로 공중으로 점프; 한 발로 2초 정도 서고; 발꿈치로 몇 초 걷고 손과 손가락을 협력; 독자적으로 움직임; 물체조작개선; 6개 블록을 쌓음	매일 많은 수의 새로운 어휘를 증가함; 상대방이 이해 못하면 좌절; 옹알이는 사라짐; 적어도 두세 단어 심지어 다섯 단어로 구성된 발화; 아동 문법 특징; 명료하진 않고 아이들 간의 변이 큼; 듣고 자신에게 지시된 모든 것을 이해함
세 살	발꿈치로 걸음; 빠르게 느리게 달림; 어려움 없이 예리하고 빠른 커브와 협력; 발을 번갈아가며 계단을 오름; 조금 멀리 점프; 세 발 자전거 가능	약 1,000여 개의 어휘 구축; 심지어 낯선 사람의 말조차도 80% 이해 가능; 실수가 있지만 문법적으로 복잡하고 일상적인 성인어로 발화 가능
네 살	줄 위로 점프; 오른발로 뜀; 팔로 볼을 잡음; 줄타기함	언어 잘 구축; 어른이 하는 형태와 다른 것들은 문법적으로 고쳐짐

제공받느냐에 따라 연령대별 개인차가 아주 심할 수 있다.

평균발화길이

아동언어 습득 및 발달에 대한 연구가 중요시되면서 아동들의 언어 발달을 측정하는 수단이나 방법이 절실히 필요하게 되었다. 1970년대 이전에는 상기한 바와 같이 연령에 따른 운동 발달과 언어 발달 지표를 만들어 사용하였으나 같은 연령이라 할지라도 언어 발달 단계가 같을 수는 없는 것이 현실이었다. 아동들이 상당히 다양한 속도로 언어를 학습하고 있다는 사실을 근거로 브라운(Brown, 1973)은 연령을 기준으로 하지 않고 **평균발화길이**(Mean Length of Utterance, MLU)를 근거로 하여 아동 언어 발달단계를 표시하고 있다. MLU란 아동들이 실제 인식하고 있는 형태소(morpheme) 수를 세어서 발화 수로 나눈 것이다.

$$MLU = 각 발화 형태소 수의 합 \div 총 발화의 수$$

브라운은 아동언어 발달 시기를 MLU를 근거로 5단계로 나누어 MLU가 같은 아동은 같은 언어 발달 단계에 있으므로 비교가 가능하다고 하였다. 다섯 발달 단계는 아래와 같다.

단계	MLU
I	1.75
II	2.25
III	2.75
IY	3.50
V	4.00

MLU가 증가하면 언어 발달도 함께 증가하는 것을 단계별로 보여준다. MLU는 아동의 표현 발달 지표뿐 아니라, 언어장애 아동을 진단하고 평가하거나 연구집단을 설정하는 기준으로 지금까지도 유용하게 사용되어왔다. MLU는 생활연령과 상관도가 매우 높을 뿐만 아니라 초기 언어 발달 단계에서 표현 언어 발달의 척도가 될 수 있다는 많은 연구 결과가 있다(Brown, 1973; Miller, 1981 외 다수). 하지만 서로 다른 언어 유형에 일괄적으로 적용하기에는 다소 문제가 있고, 같은 자료를 주고 측정

하라고 했을 때 서로 다른 결과를 낼 수 있어 매우 주관적이라는 비판과 더불어 아동의 구문이나 의미에 대한 이해력은 제대로 측정하지 못한다는 문제가 제기되었다. 형태소의 개수만을 고려한 본래의 MLU를 한국어에 적용시켜 본 결과도 많은 문제점을 시사함(Hahn 1980)에 따라 보다 더 타당한 언어 발달 지표(구문과 의미 양면에 근거를 둔)가 연구되어야 하겠다.

이중 언어 습득

21세기 글로벌 시대에 접어들면서 1개의 모국어만을 말할 수 있는 단일 언어 화자(monolinguals)보다는 모국어 외에 다른 언어들을 유창하게 말할 수 있는 이중 언어 화자(bilinguals) 또는 다중 언어 화자(multilinguals)가 많이 생겨나기 시작했다. 두 개 언어를 습득할 때 이를 이중 언어 습득(bilingual language acquisition)이라고 한다. 미국이나 영국 등의 선진국에서는 단일 언어 화자가 많은 반면에, 그 외 국가에서는 영어를 배워야 하는 필요성에 의해 2개 또는 3개 국어 화자의 수가 계속 증가하는 추세이다.

이중 언어 화자에 대한 정의는 학자마다 조금씩 다르다. **블룸필드**(Bloomfield, 1933)는 이중 언어 화자는 두 언어 모두 모국어처럼 유창한 수준으로 구사할 수 있어야 한다고 하였고, **맥나라마**(Mcnamara, 1969)는 한 언어에 대해 유창한 수준이고, 다른 언어는 조금 읽을 수 있는 정도라고 정의하였다. 이들 정의는 다소 극단적이다. 이중 언어 화자가 완벽하게 두 언어를 모국어처럼 구사하기란 거의 불가능하지만 그렇다고 영어는 모국어처럼 유창한데, 프랑스어를 조금 읽을 수 있는 수준인 사람을 이중 언어 화자라고 부를 수 없다.

따라서 **이중 언어 화자**는 두 언어를 단지 읽은 것에 그치지 않고, 적어도 자유롭게 의사소통이 가능한 사람이어야 할 것이다. 문제는 어느 정도로 유창해야 하는지다. 이 책에서는 이중 언어 화자를 2개 국어를 편하게 하고 싶은 말을 할 수 있는 정도로 정의하고자 한다.

이중 언어 화자를 두 부류로 구분이 가능하다. 태어나서부터 2개 국어에 동시에 노출되어 습득할 경우 동시적인 이중 언어 화자(simultaneous bilingualism)라고 부르고, 모국어를 배운 후에 다른 언어를 순차적으로 습득할 경우 순차적인 이중 언어 화자(sequential bilingualism)라고 부른다. 전자의 경우 2개 국어에 자연스럽게 노출된다. 예를 들어, 부모의 언어가 다르거나 지역사회에서 2개 국어를 동일하게 사용할 경우이다. 캐나다 퀘백시 같은 지역에서 성장한다면 영어와 프랑스어에 동시에 노출되어 두 언어의 동시 습득이 자연스럽게 가능할 수 있다. 순차적인 이중 언어 화자의 경우에는 이민자 가정을 생각하면 쉽게 이해된다. 예를 들면, 한국인 부모가 이민을 가서 아이를 미국에서 양육하는 경우이다. 학교에 취학하기 전까지 아이는 부모로부터 자연스럽게 한국어를 습득하게 된다. 그리고 학교를 다니면서 영어 또한 자연스럽게 습득하면서 순차적인 이중 언어 습득이 가능하게 된다. 부모가 이민자인 아이들은 외국에서 자라나면서 이중 언어 화자가 될 경우에 순수한 제2언어 학습자와 구분하기 위하여 이들을 가리켜 **교포 학습자**(heritage learners)라고 부른다.

이중 언어나 다중 언어를 구사하는 아이들의 발화에서 발견되는 전형적인 특징은 **언어 혼용**(language mixing or code-mixing)과 양층 언어(diglossia)이다. 언어 혼용(코드 전환, code switching)은 이중 또는 다중언어 사회에서 대화할 때, 2개 이상의 언어를 자유로이 교체하면서 사용하는 현상을 말한다. 이런 현상은 심지어 단일 문장 안에서도 빈번히 일어난다. 또한 사회적인 환경에 따라 언어를 선택해서 사용하기도 한다. 예를 들어, 한국인 교포 2세들의 경우 가정에서는 한국어만 사용하고, 학교나 밖에서는 영어를 사용한다. 이러한 언어의 선택은 사회적인 환경에 의해 주로 좌우되며, 서로 다른 기능을 위해서 다른 언어나 방언이 사용되는 상황을 가리켜 양층 언어라고 부른다.

2개 국어를 유창하게 모국어처럼 구사하기는 결코 쉬운 일이 아니다. 많은 사람들이 외국에 거주하는 한국인 교포 자녀들은 한국어와 영어 2개 국어를 쉽게 습득할 수 있다고 생각하기 쉽다. 그렇지 않다. 필자는 미국에 있는 대학교에서 박사과정 시절에 약 4년 동안 외국인 또는 교포 학생들에게 한국어를 가르쳤다. 이들을 통해 2개 국어를 유창하게 잘하는 것은 교포 자녀에게도 결코 쉬운 과업이 아님을 알 수 있었다. 한국 가정에서 태어나고 자라난 학생임에도 불구하고, 한국어를 전혀 못하는 학생들이 많았다. 주된 이유는 한국어를 체계적으로 교육하는 기관의 부재였다. 특히 한국어를 학교에서 배울 수 없다는 사실이다. 지금에야 K-한류의 열풍으로 조금씩 늘어나고는 있지만, 당시만 해도 한국어를 제2외국어로 선정하는 학교는 거의 찾아보기 힘들고, 고작해야 교회 선데이 스쿨에서 한두 시간 정도 한국어를 접하는 것이

전부였다. 그리고 학교에 가거나 친구를 만나거나 내내 영어를 사용하게 된다. 일하는 부모들이 아이에게 한국어를 집에서 규칙적으로 가르치기란 여간해서 쉽지 않다. 부모가 잠깐 신경을 안 쓰는 사이에 아이들은 부쩍 커버리고 사춘기 이후에 한국어를 배우려고 할 때는 이미 한국어는 모국어가 아닌 외국어로 습득하게 되어 더 어려워진다. 특별히 부모가 많은 신경을 써서 의식적으로 노력하고 연습하지 않는 한, 한국어 습득은 여간 어려운 게 아니다. 부모와 아이 모두의 노력 없이는 한국어-영어 이중 언어 화자가 되기란 결코 쉽지 않다.

이중 언어 화자가 되기 위해서 아이들은 2개 국어에 계속해서 자연스럽게 노출되는 것이 필요하다. 성공할 수 있는 요인은 개인의 노력보다 지역 사회의 노력에 의존한다. 사례는 캐나다 퀘벡시를 들 수 있다. 그곳에 사는 아이들의 경우 대부분이 영어와 프랑스어를 자유자재로 유창하게 할 수 있다. 이유는 그 지역에서 영어를 공용어(official language)로 사용하고, 프랑스에서 이주해온 이민자들이 많기 때문에 지역 주민들이 여전히 프랑스어를 사용하기 때문이다. 또한 벨기에나 스위스 일부 지역들에서도 이중 언어 환경이 잘 조성되어 있어 여기에서 자란 아이들은 자연스럽게 이중 언어 화자로 성장할 수 있다. 또는 홍콩이나 인도 등 일부 나라들에서도 집에서 사용하는 언어와 학교에서 사용하는 언어가 달라 이중 언어 화자가 많은 편이다. 이들 모두 개인의 노력보다 지역 사회의 노력이 있을 때 결과적으로 더 효과적임을 알 수 있는 사례들이다.

제2언어 습득

2개 국어를 구사할 수 있는 또 다른 방법은 모국어 외에 제2언어(또는 L2)나 제2외국어로 언어를 학습하는 것이다. 보통 영어가 제2언어로 채택된 나라에서는 ESL(English as a second language)이라고 부르고, 그렇지 않고 제2외국어로 배우는 나라에서는 EFL(English as a Foreign Language)이라고 부른다. 전자는 인도나 홍콩 등 제2언어로 영어를 채택하여 공용어로 사용하는 경우이며, 후자는 한국이나 일본 등에서 영어를 제2외국어로 선택하는 경우가 해당된다. 이런 이유로 제2언어 습득 또는 **제2외국어 습득**(Second-Language Acquisition)이라고 구분해서 부른다.

글로벌 언어로 자리 잡은 영어의 경우 세계 많은 나라에서 영어를 제2언어 또는 외국어로 지정해서 학교에서 정규 교육과정을 통해 저학년부터 교육시킨다. 또는 많은 나라들에서 제2외국어 외에도 필요에 의해서 선택으로 배울 수 있는 제3언어, 제4언어의 학습이 이루어진다. 한국의 아이들만 해도 영어는 거의 필수로, 중국어나 일본어 또는 스페인어 등을 선택하여 배운다.

제2언어를 어린 시절부터 노출되어 모국어와 함께 자연스럽게 습득할 경우 이들을 이중 언어 화자라고 할 수 있는 반면에, 어린 아이라 할지라도 제2언어를 일상적으로 사용하지 않은 환경에서 단지 (사)교육을 통해 학습하거나 사춘기가 지나서 새로운 언어를 학습하려고 할 때, 이렇게 학습되는 언어를 제2언어 습득이라고 하고, 그런 사람을 가리켜 **제2언어 학습자**(Second language learner 또는 L2 학습자)라고 부른다.

성인이 되어 학습을 시작하는 언어의 경우 발음에서나 문법 구사에서 결코 모국어처럼 되지 못한다. 특히 대부분의 제2언어 학습자들은 모국어 영향을 받은 발음이나 **외래 억양**(foreign accent)으로 발음하며, 이런 발음과 억양은 나이가 들수록 고쳐지기 힘들다. 외국어 습득은 모국어 습득과는 다르게 거의 대부분 모국어 화자처럼 완전한 수준에 이르기가 어렵다. 외국어 습득 과정 중에 나타나는 현상 중에는 통사적 오류나 어휘적 오류 그리고 발음적 오류가 언어 능력의 한 부분으로 영구적이고 지속적으로 나타나는 경우가 있다. 이러한 현상을 가리켜 **화석화**(fossilization)라고 부른다.

하지만 발음의 경우 동일한 환경에서 동일한 정도의 노출이 있다 하더라도 개인차는 존재한다. 어떤 이는 모국어 화자처럼 발음하는가 하면, 어떤 이는 모국어 악센트를 그대로 포함한 영어를 구사하기도 한다. 이를 **개인적 변이**(individual variation)라고 부른다. 모국어에 있는 발음이나 문법 등을 제2언어에 옮겨서 그대로 잘못 사용할 때 **전이**(transfer)되었다고 말하고 이를 부정적인 측면에서 **모국어 간섭**(L1 interference)이라고 한다.

영어 학습자들의 발화에서 모국어 간섭은 아시아 언어에 더 두드러진다. 한국어 간섭을 가진 영어를 Konglish, 일본어 간섭을 가진 영어를 Janglish, 중국어 간섭을 가진 영어를 Chinglish라고 칭할 정도이다. 앞서 음운론에서 소개한 바와 같이, 일본인은 일본어 음절 구조상 자음과 자음이 연결되었을 때, 그냥 발음하지 못하고 반드시 모음을 삽입해서 발음해야 하는 간섭을 보인다. 유명한 예로, 'McDonald'를 영어식으로 발음하지 못하고 '매크도나르도'로 라고 발음한다. 이것이 바로 모국어 음절 구조로부터 전이된 모국어 간섭의 예이다.

이러한 전이는 한국인 영어 학습자에게도 비슷하게 발생한다. 단어 'strike'는 1음절인데, 한국인이 발음하는 음절은 '스.트.라.이.크'로 5음절로 발음한다고 하였다. 이런 현상 또한 한국어 음절 구조로 인한 전이현상에 속한다. 한국어의 음절 또한 일본어처럼 자음 연속체를 허용하지 않기 때문에, 불필요한 모음 '으'를 자음과 자음 사이에 삽입하는 규칙이 필요하다. 발음으로 인한 부정적인 간섭은 실제 의사소통을 방해하는 주된 요소이다.

모국어 간섭은 한국인 영어 학습자가 영어로 영작을 할 때 단어를 그대로 번역해서 사용하는 경우에도 잘 나타난다. 예를 들어, '나 지금 가고 있어요'라는 영작을 'I'm going'으로, '갔다 올게'라는 영작을 'I went and came back'으로, '시험 잘 봤니?'라는 영작을 'Did you see the test well?'로 하기 쉽다. 이들 표현들 모두 단어에 입각하여 번역한 한국식 영어 표현에 속한다. 이외에도 '핸드폰', '사이다', '노트북' 등 실제 영어 단어가 아님에도 불구하고 마치 영어처럼 영어 문장에 잘못 사용하고 있어 의사소통을 방해한다. 한국인 영어 학습자가 주의할 점은 영작하거나 말을 할 때, 단어를 그대로 옮기는 것보다는 문장의 쓰임이 실제로 사용되는가와 의미가 전달되는가에 더 주의해야 한다.

모국어 간섭과는 반대로, 제2외국어 환경에 또는 학습에 노출되었을 때, 제2외국어가 모국어에 미치는 영향 또한 존재한다. 예를 들어, 영어 단어 'pat'을 발음할 때 /p/는 기식음화된다. 프랑스어 단어에서도 기식음화되는 /p/가 존재하지만 프랑스어 /p/는 영어 /p/에 비해 기식음의 길이가 훨씬 짧게 발음된다. 하지만 영어를 배운 프랑스어 화자의 경우, 프랑스어를 모국어로 하는 화자가 발음하는 /p/보다 더 길게 발음하는데 그 이유는 바로 제2언어인 영어의 영향이다(Fowler et al. 2008). 이런 영향은 영어에 유창한 한국인 영어 학습자의 발음에도 존재한다(Kim, 2019).

중간언어

중간언어(Interlanguage)란 외국어를 학습 중인 사람이 표현하는 언어체계로서, 관련 외국어 요소와 학습자의 모국어 요소가 혼합된 형태를 말한다. 1970년대 미국의 **셀**

링커(Selinker)가 중간언어라는 말을 사용하면서 시작되었다. 언어에 따라 다르고, 개인에 따라 달라질 수 있다. 예를 들어, 한국인 영어 학습자의 경우, 한국어에는 관사가 없어서 관사를 붙이는 것을 잊어버리고 언어를 사용하는 것으로, 이러한 현상은 자주 일어난다. 이와 같이 원래의 영어 문법과는 다른 학습자 자신에 의해 만들어진 체계적인 규칙을 가진 언어를 일컫는다. 한 사람, 한 사람의 중간언어는 다르며, 동일인이라고 할지라도 시간이 지남에 따라 중간언어는 변할 수 있다. 중간언어에 대해서는 학자마다 이견이 많다.

발화 오류와 인지 오류

말을 할 때, 누구나 본의 아니게 또는 잘 몰라서 실수를 저지를 수 있다. 오류는 크게 두 종류, 말을 할 때 생기는 발화 오류(production error)와 말하는 것을 잘못 이해한 데서 오는 인지 오류(perception error)가 있다. 발화 오류는 다른 말로 '말실수'라고도 한다.

말실수

말실수(slip of the tongue)란 화자가 말을 할 때 의도치 않게 발생하는 결함들을 가리키는데, 이런 실수들은 발화 오류에 속한다. 발화 오류에 속하는 유형들로는 기대, 유지, 전위, 첨가와 삭제, 그리고 대치가 있다. 영어 예시들은 언어 파일(2016)에서 인용되었다.

- **기대**(anticipation)란 말을 하면서 소리를 잘못 대치하거나 첨가하는 오류이다 (예 : splicing from one tape vs. splacing from one tape; M.U. values vs. M. view values).
- **유지**(preservation)란 앞에서 나온 소리를 뒤에 잘못 대치하거나 더 하는 현상이다(예 : pale sky vs. pale skay; John praised the man vs. John praised the pan).
- **전위**(metathesis)란 2개의 다른 소리를 실제 말할 때 교체하는 현상이다. 다른 말로, 두음전환(spoonerism)이라고도 한다(예 : dear old queen vs. queer old dean; fill the pool vs. fool the pill; a heap of junk vs. a hunk of jeep).

- **첨가와 삭제**(addition and omission)란 원래 없던 소리를 첨가하거나 생략하는 현상이다(예 : spic and <u>span</u> vs. spic and <u>splan</u>; chrysanthemum <u>plants</u> vs. chrysanthemum <u>pants</u>).

상기한 오류들 외에도 원래 있던 소리를 음성적으로 유사하지만 다른 소리로 **대치**(replacement)하는 현상으로 음성학적 자질의 변화를 초래한다. 예를 들어, 원래 하려는 발음은 clear blue sky인데 glear plue sky로 c → g로, b → p로 대치한다(예 : Cedars of <u>Lebanon</u> vs. Cedars of <u>Lemadon</u>; a <u>floor</u> full of <u>holes</u> vs. a <u>hole</u> full of <u>floors</u>; Freudian <u>slip</u> vs. fleudian <u>shrip</u>, <u>cooked a roase</u> vs. <u>roasted a cook</u>).

인지오류

발화 오류는 말실수이고, **인지오류**는 귀의 실수(slip of the ear)이다. 즉, 상대방의 말을 잘못 알아듣는 것이다. 듣는 것을 잘못 들어서 의사소통이 제대로 안 되는 것은 일상생활에서 매우 흔한 일이다. 의사소통이 제대로 이루어지려면 청자가 화자의 말을 제대로 이해하는 것은 말하는 것 이상으로 매우 중요하다. 다음 예는 A로 말했는데 B로 잘못 알아들은 것이다.

화자 A	청자 B
dea<u>th</u> in Venice	dea<u>f</u> in Venice
what are those <u>sticks</u>?	what are those <u>ticks</u>?
give them an <u>ice</u> bucket	give them a <u>nice</u> bucket
of thee I <u>sing</u>	of the <u>icing</u>
the stuffy <u>nose</u>	the stuff <u>he knows</u>
the biggest <u>hurdle</u>	the biggest <u>turtle</u>
some <u>others</u>	some <u>mothers</u>
a <u>coke</u> and a danish	a <u>coconut</u> danish

이 장에서는 언어 습득과 관련된 기본적인 개념과 이론을 살펴보았다. 언어의 특성이 특정 언어에 국한되지 않는 언어의 보편적 성질을 지닌 보편문법, 언어 습득에 중요한 결정적 시기, 모국어 습득 시 꼭 거치는 단계인 옹알이와 더불어, 모국어 습득, 제2언어 습득, 이중 언어 습득, 그리고 발화 오류와 인지 오류에 대해서 개괄적

으로 살펴보았다. 다음 장에서는 언어 습득과 밀접하게 관련된 학문인 심리언어학과 신경언어학에 대해 살펴보고자 한다.

정리하기

1. 인간이 언어를 습득하는 능력은 타고난 능력이다. 하지만 태어날 때 말을 할 줄 알고 태어나는 아이는 없다. 생후 언어 환경에 자연스럽게 노출됨으로써 비로소 모국어를 습득하게 된다.

2. 아이가 생후에 모국어를 습득하기 위해 언어에 반드시 노출되어야 하는 시기를 결정적 시기라고 하며, 아이는 생후 6개월 전후에 시작하여 의미 없는 자음과 모음의 연속체인 옹알이를 한다.

3. 이중 언어 화자는 2개 국어를 편안하게 의사소통할 수 있는 능력을 가진 화자를 가리킨다. 자라면서 2개 국어에 동시에 노출되어 자연스럽게 습득하는 동시적인 이중 언어 화자와 한 언어를 습득한 후 다른 언어를 습득하는 연속적인 이중 언어 화자와 교포 학습자가 있다.

1. (   )에서는 언어를 어떻게 습득하고 배우는지 연구한다.

2. (   )이란 인간이 언어를 습득할 수 있도록 내재적인 능력을 가지고 태어난다는 가설이다.

3. (   )이란 모든 언어에 공통적으로 존재하는 기본적인 속성은 언어보편성이며, 이를 포함하는 문법을 가리킨다.

4. (   )란 언어를 습득하는 정해진 시기를 가리키며, 태어나면서부터 사춘기 이전까지를 말한다. 이 시기를 놓치면 모국어 습득이 실패할 수 있다.

5. (   )이란 언어를 습득할 때 모방하면서 습득한다는 이론이다.

6. (   )이란 틀린 것을 발화할 때 고쳐주고, 맞은 것을 발화할 때 칭찬하고 보상해주는 행위로 인해 언어를 습득한다는 이론이다.

7. (   )이란 가장 영향력 있는 이론으로 아이들이 실제로 자신들이 문법 규칙을 능동적으로 구축한다는 이론이다.

8. 연결이론 언어를 배울 때, 뇌 속에 신경연결망을 만들면서 배운다는 이론이다.

9. (   )이란 또래아이들과 어른과의 상호작용을 통해서 언어를 습득한다는 이론이다.

10. (   )란 아이들이 말을 하기 전에 자음과 모음의 연속체를 소리 내어 산출하는 행위이다.

11. (   )란 아동들이 실제 인식하고 있는 형태소 개수를 세어서 발화 수로 나눈 것이다.

12. (   )이란 본래 단어의 의미를 확장해서 단어를 사용한다.

13. (   )이란 이중 또는 다중언어 사회에서 대화 시에 2개 이상의 언어를 교체하면서 사용하는 현상을 말한다.

14. (   )란 모국어에 있는 발음이나 문법을 제2언어를 구사할 때, 그대로 잘못 사용하는 것을 말한다.

15. (   )란 모국어를 사용할 때 부주의하게 나오는 실수를 말한다.

정답 : 1. 언어 습득, 2. 언어생득설, 3. 보편문법, 4. 결정적 시기, 5. 모방이론, 6. 강화이론, 7. 능동적 문법구축이론, 8. 연결이론, 9. 상호작용이론, 10. 옹알이, 11. 평균 발화 길이, 12. 과대 확장, 13. 코드 전환, 14. 전이, 15. 말실수

1. 다음 진술은 참인가? 거짓인가?

> 제1언어 습득이란 성인 화자들이 그들의 모국어의 어휘와 문법 규칙을 습득해 가는 과정을 말한다.

2. 제2언어 습득에 있어 '결정적 시기 가설(Critical Period Hypothesis)'은 어떤 요소와 관계 있는 가설인가?

① 태도   ② 연령

③ 환경   ④ 성별

⑤ 인종

3. 다음 빈칸에 들어갈 언어학 개념을 영어로 쓰시오.

> One typical feature of bilingual children's speech is (   ), using more than one language in a conversation or even within a phrase.

4. 다음 연결이 옳지 <u>않은</u> 것은?

① 촘스키 – LAD

② 레너버그 – 결정적 시기

③ 스키너 – 강화

④ 셀링커 – 중간 언어

⑤ 블룸필드 – 언어 생득설

정답 : 1. 거짓, 2. ②, 3. Language mixing or code-switching. 4. ⑤

1. 다음 각 진술은 어느 이론인지 말하고 진술이 참인지 거짓인지 쓰시오.

> 모방이론(I), 강화이론(R), 능동적 문법구축이론(ACG)

a. 아이들은 들은 것을 다시 발화하고 들음으로써 언어를 배운다.

b. 아이들이 완전한 형태를 배우기 전에 틀린 형태를 사용한다(예 : 'feet'나 'men' 대신 'foots'나 'both mans')

c. 부모가 고쳐주기 때문에 아이들이 올바른 형태를 배운다.

d. 고등학생들은 부모처럼 말하지 않고 친구처럼 말하기를 좋아한다.

e. 아이들이 사실대로 말하는 경향이 있다.

2. 다음 2살 아이(모국어 화자)의 발음을 살펴보고, 각 질문에 답하시오.

a. 아이 발음 [s]에 대한 일반화 및 규칙을 적으라.

단어	발음	단어	발음
sun	[sʌn]	snake	[neɪk]
see	[si]	sky	[kaɪ]
spoon	[pun]	stop	[tap]

일반화 : ＿＿＿＿＿＿＿＿＿＿＿＿＿＿＿＿＿＿＿＿

음운규칙 : ＿＿＿＿＿＿＿＿＿＿＿＿＿＿＿＿＿＿

b. 아이 유 · 무성 발음의 일반화 및 규칙을 적어보시오.

단어	발음	단어	발음
bed	[bɛt]	but	[bʌt]
wet	[wɛt]	buzz	[bʌs]
egg	[ɛk]	man	[mæn]
rake	[reɪk]	door	[dɔr]
tub	[tʌp]	some	[sʌm]
soap	[soʊp]	boy	[bɔɪ]

일반화 : _____

음운규칙 : _____

3. 언어를 습득하는 데 결정적 연령이라는 것이 있는가? 이 이론은 누구에 의해 처음 거론되었나? 사례를 들어 말하시오.

정답 : 1. a. I(거짓), b. ACG(참), c. I(참) and R(거짓), d. I(참), e. no theory(참). 해설 : c. 모방이론은 "아이가 들음으로써 형태를 배운다"고 하고, 강화이론은 "아이 모방이 효율적이지 않다"고 말한다. d. ACG 또한 답이 될 수 있다. 속어(slang) 같은 새로운 표현을 능동적으로 배운다. e. 맞는 진술이지만 어떤 이론도 이를 설명하지 못한다. 강화이론은 부모들이 아이들이 사실을 말하게 하지만, 아이들이 왜 그러는지 설명하지 못한다.

2. a. 일반화 : 아이는 자음 앞에서만 [s]를 발음하지 않는다. 그 외 모음 앞에서는 [s]를 모두 발음한다.

   삭제 규칙(deletion) : s → ø / ___C

   b. 일반화 : 모든 어말 폐쇄음인 유성음일 때는 무성음화되지만, 폐쇄음이 아닐 때는 무성음화되지 않는다.

   무성음화 규칙(Devoicing) : /b, d, g/ → [p, t, k]/__#

3. 레너버그, 사춘기 이후 발견된 지니의 예는 언어 습득이 어려움.

제9장

심리언어학과 신경언어학을 통해 언어가 어떻게 표현되고 마음에 처리되는지, 뇌의 어떤 영역이
언어 처리에 사용되는지 알 수 있다.

심리언어학 및
신경언어학

🗨️ 학습목표

- 심리언어학과 신경언어학을 정의할 수 있다.
- 두 언어학 간 차이가 무엇인지 말할 수 있다.
- 언어와 뇌와의 밀접한 관련성에 대해 설명할 수 있다.
- 브로카 실어증과 베르니케 실어증에 대해 설명할 수 있다.
- 대뇌 좌우의 기능 분화와 대측성의 기능 분화를 말할 수 있다.

🗨️ 시작하기

1. 심리언어학과 신경언어학이란?
2. 언어와 뇌와의 관계는?
3. 언어 장애란?
4. 브로커 실어증과 베르니케 실어증이란?
5. 대뇌 좌우 및 대측성의 기능 분화란?

심리언어학이란

언어학이 인간의 언어를 연구한다면, 심리학은 인간의 마음을 연구한다. 두 학문은 인간의 본질을 이해한다는 측면에서 필연적인 상호의존 관계를 유지한다. 이러한 유대관계로 심리언어학이라는 새로운 영역이 창조되었다. **심리언어학**(psycholinguistics)은 심리학과 언어학의 이론 및 경험적 수단과 방법에 근거하여 언어 습득 및 언어 사용의 내적·정신적 과정(mental process)을 과학적으로 연구하는 학문이다(Slobin 1979). 언어 처리의 매커니즘을 행동과 기능적 측면에서 연구하는 학문으로, 인간의 언어 처리에 관한 모든 것을 연구하는 분야이다. 인간이 언어를 학습하고 처리할 때, 인간의 마음속에서 무엇이 진행되는가를 탐구하고, 관련 가설들을 테스트하는 실험적인 지식 분야이다. 언어 습득에서 모국어 습득뿐만이 아니라 외국어 습득을 포함하고, 언어 처리 과정에서 발생하는 오류들을 분석하고, 언어 처리와 관련된 모든 분야를 폭넓게 탐구한다.

심리언어학의 역사적 배경은 1950년대 언어를 연구하는 방법으로 크게 두 가지 독립적인 방법론에서 출발한다. 그 하나는 행동주의 심리학에 근거를 둔 방법이고 다른 하나는 구조주의 언어학에 근거를 둔 방법이었다. 이런 방법은 언어의 양면성, 즉 언어의 추상적인 면과 물리적·구체적인 면과 직접적으로 연관된다. 언어의 추상적인 면은 언어를 일련의 부호와 규칙으로 표시되는 습관의 체계를 말하고, 언어의 구체적인 면은 화자가 실제로 발성한 한정된 발화자료를 언어라고 생각할 때 이해가 가능하다. 행동주의 심리학의 견해에서는 전자를, 구조주의 언어학의 견해에서는 후자를 따랐다. 이런 서로 다른 두 가지 견해 차이를 조정하기 위해서 언어학과 심리학 간의 상호교류가 필요하게 된 것이다. '심리언어학'이란 용어는 1954년 Osgood과 Sebeok의 저서 **심리언어학**(*Psycholinguistics*)에서 처음 사용되었다.

심리언어학은 인간이 언어를 사용하는 것을 배우고 또 언어를 사용하기 위해서 갖고 있음에 틀림이 없는 언어에 대한 내적인 지식에 관심을 두고 있다. 이러한 내적인 지식이란 눈에 보이지 않는 추상적인 것이므로 구체적인 언어 수행을 자세히 분석을 통해서 추측할 수밖에 없다 하겠다. 심리언어학자의 관심사는 언어에 대한 내적 구조와 과정을 선정하여 인간의 언어 행위에서 나타나는 제 현상을 설명하는 것이다. 언어 수행은 사실 심리적·물리적 요인이 작용할 수 있다. 언어 수행 모형을 기술하는 것이 심리언어학자의 임무라면 심리언어학의 영역은 다음과 같다. 첫째, 언어 능력에 해당하는 문법의 현실성의 문제를 해결하기 위해, 심리실험을 통한 언어 이론의 증명을 수행하는 것이다. 둘째, 모국어 습득에서 아이들이 어떤 발달단계를 거쳐 언어를 습득하고 수행하느냐 아동 언어 습득 및 발달에 대해 연구한다. 셋째, 언어 행위를 지배하는 인간의 두뇌와 관련된 문제를 연구한다. 넷째, 언어가 인간의 생각을 표현하는 방식이라는 점에서 언어와 인지의 관계 그리고 언어와 사고의 관계 등의 문제를 연구한다.

심리언어학의 제반 영역에 대해 이 책에서 모두 다루기에는 그 범위가 너무나 방대하다(박경자, 1984; Clark & Clark, 1977). 여러 가지 유형의 문법들에 대해서 기술해야 하고, 문법의 심리적 현실성을 다룬 실험들에 대해 기술해야 하며, 언어 습득을 다룬 많은 이론들에 대해 기술해야 하고, 아동 언어 습득과 발달에 대해, 언어와 인지에 대해 그리고 언어와 뇌에 대해 기술해야 한다. 또한 이들 영역 중 일부는 앞서 기술한 바 있다. 이 책에서는 심리언어학이 무엇이고, 어떤 배경으로 생겨났는지, 그리고 어떤 영역을 포함하는지에 대한 지식으로 충분하다 하겠다.

신경언어학이란

신경언어학은 폭넓게 심리언어학의 일부로 간주하기도 한다. 두 분야는 서로 밀접하게 연관되지만, **심리언어학**은 언어와 인간의 마음(language and the mind)을 대상으로 연구하는 반면에, **신경언어학**(neurolinguistics)은 언어 처리를 관장하는 뇌 영역 (language and the physical brain)을 대상으로 연구한다. 심리언어학이 인간의 언어를 처리하는 것과 관련된 모든 지식을 포괄적으로 연구하는 반면에, 신경언어학은 언어 장애와 언어 사용과 그에 관련된 뇌의 여러 부위와의 관계를 취급하는 분야이다. 각 분야가 연구하는 대상이 인간의 심리와 인간의 뇌로 초점을 달리해서 분리해서 논의할 수 있다.

신경언어학(neurolinguistics)은 언어 능력과 뇌의 관련성, 즉, 뇌의 어떤 영역이 언어의 산출과 이해, 그리고 장애에 어떻게 관여하는지를 연구한다. 인간의 뇌는 컴퓨터로 치면 중앙처리장치(Central Processing Unit, CPU)에 속한다. 뇌에서 언어활동은 물론 모든 정신과 신체활동을 조종하기 때문이다. 인간의 언어활동이 뇌와 관련되는지를 어떻게 알게 되었을까? 이 질문에 대한 해답은 뇌손상 환자들을 통해 알게 되었다. 뇌의 특정 영역이 손상되었을 때, 언어도 함께 상실되는 것을 발견한 것이다. 예를 들면, 뇌의 좌반구를 손상한 환자들은 그렇지 않은 환자들에 비해 언어를 이해하거나 산출하는 데 더 어려움을 호소하였다. 좌반구 손상과 언어 능력 상실과의 밀접한 연관성은 **실어증 환자**(aphasia)나 **열뇌 환자**(split-brain patients) 그리고 이분법적 청취 실험(dichotic listening experiments) 등을 통해서 밝혀졌다. 뇌의 일정 부분에서 언어를 담당한다는 사실을 보여주는 또 다른 증거는 희귀한 내분비 질환인 **윌리엄스 증후군**(Williams syndrome)을 앓고 있는 환자를 통해서였다(Bellugi et al, 1993). 이 증후군 환자는 심각한 인지 결핍을 겪으며, 심장질환과 함께 정신지체를 가지고 있어, IQ가 정상인에 비해 낮다. 그들은 정상적인 아동과 달리 스스로 옷을 입고, 일상적인 것들을 기억하고, 돈을 다루고, 공간적 방향 감각과 그림을 그리는 데 어려움을 겪는다. 읽고 쓰는 것이 힘들고, 간단한 수학 문제도 풀지 못하는데, 언어는 유창하게 구사하여 외국어를 잘할 수 있다. 전반적으로 낮은 인지 능력과는 무관하게 그들은 비범한 언어 능력을 보여준다. 이는 일반적인 추론이나 수학 능력을 담당하는 뇌의 영역과는 별도로 언어 능력을 담당하는 뇌의 특정 영역이 있음을 말해준다.

뇌에서 언어 처리를 담당함에 따라, 뇌를 직접 관찰하고 연구하여 언어 처리의 구조를 밝히려는 분야가 바로 신경언어학이다. 반면에 뇌와 신경을 직접 관찰 대상으로 삼지 않고, 언어 처리의 구조를 행동과 기능적 측면에서 연구하는 것이 심리언어

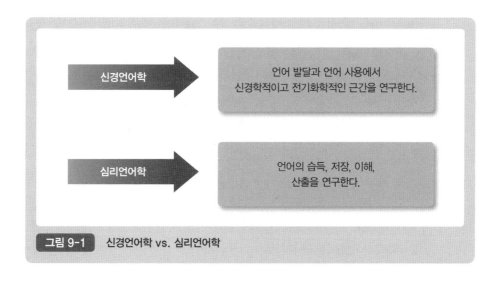

그림 9-1 신경언어학 vs. 심리언어학

신경언어학 → 언어 발달과 언어 사용에서 신경학적이고 전기화학적인 근간을 연구한다.

심리언어학 → 언어의 습득, 저장, 이해, 산출을 연구한다.

학이다.

언어와 뇌의 관계에 대한 연구가 언어학적인 측면에서 관심을 갖고 활발히 이루어진 계기가 된 것은 20세기 이후 레너버그가 그의 저서 **언어의 생물학적 기초**(1967)를 발표한 이후부터였다. 이전의 연구가 임상의학자에 의한 사후 부검과 환자에 대한 연구를 바탕으로 한 데 반해, 그의 연구는 새로운 방법으로 언어의 생물학적 근거를 재조명하고자 하였다. 그는 언어의 생물학적 유전에 근거를 밝히는 데 운동기술 발달과 언어 발달 사이의 상호관계가 있음을 지적하고 이러한 상호관계는 이 두 가지 능력의 발달이 뇌의 지배를 받기 때문이라고 설명하고 뇌 성숙이 완료되는 시기가 바로 이 두 가지 능력이 완성되는 시기라고 설명하였다. 이 시기를 언어 습득의 결정적 시기라고 하였다(제9장 참조).

언어와 뇌 : 뇌의 물리적 속성

인간의 언어 처리의 기반이 뇌이므로, 뇌에 관한 물리적 속성을 대략적으로 파악하는 것이 필요하다. 약 1,100여 개의 세포와 100억 개의 신경세포(neuron, 뉴런)로 이루어져 있는 인간의 두뇌는 부드러운 치즈와 같은 농도의 견실성이 있으며, 주름 잡혀 있는 이랑 모양으로 물결치는 듯한 모습을 하고 있는 커다란 무른 호도처럼 보인다(박경자, 1984). 또한 신경세포를 연결하는 수십억 개의 섬유세포(fiber)를 가진다. 뇌의 표면은 회색이고 여기에 신경세포가 있다. 뇌의 표면 밑에 있는 흰색 부분이 섬유세포가 있는 곳이다. 언어 지식을 표상하는 부분은 뇌의 표면인 회색질 부분에 있다.

인간의 뇌는 크게 대뇌(cerebrum), 뇌간(brainstem), 소뇌(cerebellum)로 구성되며, 이 중 대뇌는 뇌에서 가장 크고 핵심적인 부분이다. 대뇌의 표면은 회색질의 층(grey matter)으로 구성된 대뇌 피질(cerebral cortex)이다.

그림 9-2에서 볼 수 있듯이 울퉁불퉁하게 생긴 **피질**(cortex)은 인간이 동물들과 다르게, 수학을 하거나 언어를 사용하는 등의 높은 인지기능을 수행하는 기능을 담당한다. 피질은 그 위치와 기능이 서로 다르다. 대뇌 표면은 울퉁불퉁한 주름 모양으로 실제 보이는 부분은 대뇌 피질의 3분의 1 정도이며 나머지 3분의 2는 안쪽으로 접혀들어가 있다. 이러한 주름은 좁은 공간에 표면적을 증가시킬 수 있다. 주름 중 볼록한 부분은 이랑(gyrus)이라 하고, 이랑 사이에 파인 얕은 홈을 고랑(sulcus)이라 하며,

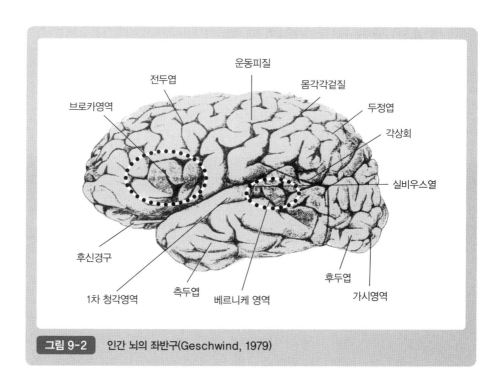

그림 9-2 인간 뇌의 좌반구(Geschwind, 1979)

깊게 패인 주름을 열(fissure)이라고 한다. 열 중에서 가장 두드러진 것은 **실비우스열**(sylvian fissure)로 뇌의 전두엽과 측두엽을 분리하는 중요한 기능을 담당한다. 고량과 열은 뇌를 반구와 엽(lobe)으로 나눈다.

　뇌를 위에서 보았을 때, 2개의 반구(우반구와 좌반구)가 분리되어 있음을 알 수 있다. 인간의 좌우반구는 다른 동물의 것(즉, 대칭적)과 비교하여 볼 때 두 반구가 구조상 그리고 기능상 비대칭적(asymmetrical)이다. 좌반구(left hemisphere)는 신체의 오른쪽 부분을 지배하고, 우반구(right hemisphere)는 신체의 왼쪽 부분과 감각과 운동을 관장한다. 즉, 각 반구는 신체의 반대편으로부터 정보를 입수하게 되는 신경계의 속성을 가지고 있다. 대체로 우반구보다는 좌반구가 언어 능력과 언어처리에 관계가 있다고 알려진다. 대뇌반구 각각이 독특한 기능과 역할을 수행하기 때문에 언어를 지배하고 있는 좌반구가 우월하고 중요한 부분이라고 생각하는 것은 무리라고 볼 수 있으며, 두뇌의 각 반구는 상호 보충적인 역할을 하며, 상호 보완적인 면으로 전문화되어 있다고 생각하는 것이 옳을 것이다. 좌우반구의 상호보완적 현상은 다음에서도 잘 나타난다(박경자, 1984, p. 517).

표 9-1 좌우반구의 상호보완적 기능과 역할

좌반구	우반구
우측 시야	좌측 시야
말	종합적 인식
글자	전체적 처리과정
시간적 순서 판단	입체인지(감각)
언어	비언어적 환경음
읽기	시공간적 기술
연합적 사고	비언어적 사고
계산	멜로디 인식과 기억
분석적 처리과정	

　　좌우 반구의 차이는 입력의 근원이나 본질에 있다기보다는 오히려 입력이 어떻게 처리되느냐 하는 방법에 있다는 사실이 밝혀짐으로써 좌반구는 분석적 능력과 우반구는 종합적 능력과 전체적 인식능력(즉, 얼굴 알아보기, 패턴 알아보기, 심상 등)에 전문화되어 있다는 사실이 밝혀졌다.

　　뇌 표면의 각 영역은 신체의 어떤 부분의 지각과 운동을 관장한다. 예를 들어, 안면 근육의 운동과 관련되는 부분과 시각적 자극을 처리하는 부분이 다르다. 언어도 뇌의 일정한 부분에서 담당한다. 각 반구는 더 나아가서 **엽**(lobes)이라고 불리는 4개의 영역(전두엽, 두정엽, 측두엽 및 후두엽)으로 나뉜다. **측두엽**(temporal lobe)은 청각적 자극물을 인지하거나 인식하는 일을 담당하고, **전두엽**(frontal lobe)은 높은 사고력과 언어 산출과 관련되며, **후두엽**(occipital lobe)은 시각적 측면과 연관되고, **두정엽**(parietal lobe)은 언어 인지와 산출과 관련된다.

　　뇌의 2개의 반구는 **뇌량**(corpus collosum)으로 연결되어 있다. 인간의 좌우 대뇌사이에 위치해 이들을 연결시켜주는 신경 세포 집합이다. 따라서 뇌량은 좌우 대뇌 반구를 연결하는 신경 섬유 다발이 반구 사이의 세로 틈새 깊은 곳에 활 모양으로 밀집되어 있다. 뇌량은 2개의 반구가 서로 의사소통하도록 하여, 사람이 받는 여러 가지 다양한 시각적 · 촉각적 · 청각적 · 후각적, 구두로 하는 자극물들로부터 단일하면서 일치되는 그림을 그리게 하는 기능을 한다. 뇌량이 손상되면, 좌반구의 정보를 우반구로 반대로, 우반구의 정보를 좌반구로 옮기는 의사소통체계가 무너지게 된다.

측두엽에 위치한 **청각적 피질**(auditory cortex)은 청각적 신호를 받아들이고 인식해서 그것들을 뇌의 다른 곳으로 전달시키는 역할을 한다. 후두엽에 위치한 **시각적 피질**(visual cortex)은 시각적 자극물을 받아들여 해석하고 이미지와 영상을 저장하는 곳이다. 전두엽에 위치한 **운동 피질**(motor cortex)은 얼굴이나 턱, 혀를 포함한 근육을 움직이도록 신호를 보내는 역할을 담당한다.

대뇌 피질의 좌반구에는 언어의 생성 및 이해를 관장하는 특정 부위인 **언어 중추**(language center)가 있다. 언어 중추에서는 상대방으로부터 들은 소리를 의미있는 언어로 이해하고, 자신의 생각에 상응하는 단어를 찾은 후, 문장 형태를 결정하고 문장을 형성한 후, 이를 소리로 전환시키는 과정을 담당한다. 오른손을 사용하는 90% 이상의 사람이 그리고 왼손을 사용하는 70% 이상의 사람이 좌반구에 언어를 담당하는 언어 중추가 관찰되었다.

언어 중추에 자리를 잡은 첫 번째 장소가 **브로카 영역**(broca's area)이다. 운동 피질 기저에 자리 잡고 있는 이 영역은 언어를 조음하는 역할과 말할 때 운동 피질을 움직이게 하는 역할을 담당한다. 즉, 말할 때, 얼굴이나 턱과 혀를 움직이게 하는 것과 관련된다. 또한 어법상 형태소를 사용하거나 단어나 문장을 형성하는 것과 관련된 중요한 기능을 한다. 따라서 언어 중추에서 언어 산출을 담당하는 곳이 '브로카 영역'이다.

또 다른 언어 중추는 **베르니케 영역**(wernicke's area)으로 청각 피질 뒤쪽에 위치하여, 단어나 문장을 이해하거나 어휘부로부터 단어를 선택하는 기능을 주로 담당한다. 브로카 영역과 다르게 **언어를 인지하고 이해하는 것**을 책임진다. 이들 영역이 손상될 경우에, 서로 다른 언어장애(브로카와 베르니케 실어증)를 유발한다. 베르니케 영역과 브로카 영역은 궁형속(arcuate fasciculus)이라는 섬유다발로 연결되어있는 데, 마치 좌반구와 우반구를 연결하는 뇌량처럼 상호 정보를 공유해서 정상적인 언어를 산출하게 만든다.

언어 정보의 흐름

앞서 언급한 뇌의 물리적 영역들이 언어를 처리할 때 어떻게 함께 일하는지 알아보자. 이들 영역은 어떤 언어 처리를 하느냐에 따라, 각기 다른 기능을 수행한다. 먼저, 단어를 말할 때, 어휘부로부터 단어를 선택해야 하는데, 어휘부에 접근하려면 베르니케 영역이 활성화되어 어휘를 해석하고 단어의 의미를 이해하고 어떻게 발음하는지를 알아야 한다. 발음하는 음성정보는 궁형속을 경유해서 브로카 영역으로 전달되고, 브로카 영역은 다양한 조음자들이 결합해서, 단어를 실제로 발음하게 하고 운동피질에 지시해서 근육을 움직이게 함으로써 단어를 말하게 한다.

단어를 말할 때
베르니케영역 : 어휘부에 접근 시 활성화되며 어휘부를 해석
궁형속 : 베르니케영역에서 브로카영역으로 음성정보를 전송
브로카영역 : 궁형속에서 받은 정보를 해석하고 조음정보를 운동피질로 전송
운동피질(motor cortex) : 조음을 위해 근육의 움직임을 지휘

단어를 말할 때와는 반대로 단어를 들으려고 할 때는 귀를 통해 청각피질로 청각 자극물이 들어오고, 자극물이 무엇인지 어휘부에서 해석하는 것은 베르니케 영역에서 담당한다.

단어를 들을 때
청각피질(auditory cortex) : 귀로 들은 정보를 처리
베르니케영역 : 청각 자극물을 해석해서 정보를 어휘부와 연계

단어를 읽을 때는 우선 쓰인 것을 눈으로 인식한 정보가 시각적 피질로 보내지고 쓰인 단어와 그 의미를 각상회(angular gyrus)에서 연결시키고, 베르니케 영역에서 단어의 의미와 발음을 이해하게 한다. 각상회는 청각, 시각 등의 감각을 언어화시키는 영역으로, 이 부분이 손상되면 실어증을 유발한다.

단어를 읽을 때
시각피질(visual cortex) : 눈으로 인지된 정보를 처리
각상회(angular gyrus) : 문자와 어휘부를 연계

베르니케영역 : 어휘 접근 동안 활성화되며 단어의 의미를 이해하고 발음을 가능케 함

대뇌 좌우 및 대측성의 기능 분화

단어 'lateral'은 'side'라는 의미로 반구가 각기 기능을 분담할 때, 대뇌 좌우 기능 분화라고 한다. 단어 'contralateral'은 'opposite side' 의미로 기능 분화가 반대로 된다는 의미이다. **대뇌 좌우 기능 분화**(lateralization)란 뇌 반구의 각각이 다른 인지기능을 담당한다. 좌반구는 주로 분석적인 이유나 시간적 순서, 수리, 언어 처리를 담당한다. 반면에 우반구는 음악을 처리하거나 비언어적인 소리들, 시각적이고 공간적인 기술이나 패턴 인식을 필요로 하는 임무를 수행한다. 어린 시절에 기능 분화가 손상되면 중요한 기능을 상실할 수 있으나, 어렸을 때 좌반구가 손상되면 우반구가 그 기능을 일부 담당할 수 있다. **대측성의 기능 분화**(contralateralization)란 몸의 오른쪽은 좌반구에 의해, 몸의 왼쪽은 우반구에 의해 통제된다.

이름 명명하기 과업

이러한 대측성의 기능분화는 단절두뇌(split-brain) 환자를 통해 증거를 찾을 수 있다. 예를 들어, **이름 명명하기 과업**(object naming task)을 보여주는 그림 9-3처럼 눈을 감고 오른손에 물체를 잡았을 때, 물체 이름을 말하지만, 왼손에 물체를 놓았을 때, 말하지 못한다. 우반구와 좌반구는 뇌량을 통해 연결되어 있지만, 분할 뇌 환자의 경우에는 뇌가 분할되어 뇌량이 손상을 입어, 우반구에서 인지한 물체에 대한 지식을 좌반구로 옮기지 못한다.

그림 9-3은 단절 두뇌 환자에게 눈을 감게 하고 오른손에 물체를 잡게 한 후, 이름을 말하게 할 때는 물체 이름을 제대로 말을 한다. 하지만 왼손에 물체를 놓았을 때는 물체 이름을 말하지 못한다. 이유는 뇌량이 손상되어 좌반구로 전달되지 못하기 때문에 일어나는 현상이다.

이분청취법

좌우 반구의 독립된 기능을 검증하는 또 다른 방법은 **이분청취법**(dichotic listening)이

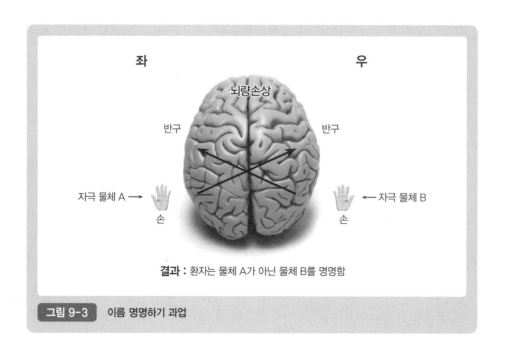

결과 : 환자는 물체 A가 아닌 물체 B를 명명함

그림 9-3 이름 명명하기 과업

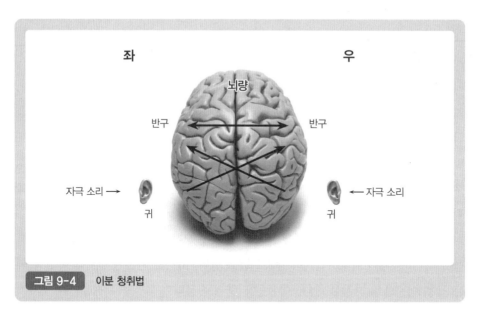

그림 9-4 이분 청취법

다. 피험자는 이어폰을 통해 양쪽 귀로 동시에 다른 소리를 듣는다. 예를 들면, 왼쪽 귀로는 'curl'이란 단어를, 오른쪽 귀로는 'girl'이란 단어를 듣게 한다. 그러면 피험자는 오른쪽 귀에 단어와 음절과 같은 언어적인 소리를 들려주었을 때, 더 정확하게 듣

고, 왼쪽 귀에는 음악, 자연소리 등과 같은 비언어적인 소리를 들려주었을 때, 더 정확하게 알아듣는다. 이러한 결과는 충분히 예측되는 것으로, 오른쪽 귀로 들어간 소리는 왼쪽 두뇌로 보내지고, 왼쪽 귀로 들어간 소리는 오른쪽 두뇌로 보내지기 때문이다. 왼쪽 두뇌는 언어를 관장하고, 오른쪽 두뇌는 음악과 기타 기능을 담당한다.

언어장애

언어 능력과 뇌 조직의 관련성 연구는 주로 비정상적인 조건(뇌손상, 뇌 수술 등)하에서 이루어져 왔으며, 이 중에서도 언어장애자들의 뇌를 사후에 부검함으로써 언어장애의 원인을 밝히는 작업에서 시작되었다. 이때 뇌 손상으로 인한 언어장애(language disorders)를 **실어증**(aphasia)이라고 칭하며, 이는 주로 뇌 혈관의 파열로 발생한다. 뇌 손상으로 인해 언어를 이해하지도 산출하지도 못하게 된다. 주요 장애로는 브로카 실어증, 베르니케 실어증과 전도 실어증 등이 있다.

브로카 실어증

뇌의 언어 중추에 관한 최초의 발견은 1861년 프랑스의 외과 의사이자 신경 해부 학자였던 **폴 브로카**(P. Broca)에 의해 이루어졌다. 그는 자신이 몇 년 동안 진료해 오던 환자의 뇌를 부검했다. 이 환자는 '탄'이라는 말만 할 수 있었기 때문에 '탄'이라는 별명으로 불리던 사람이었다. 사후 이 사람의 뇌를 부검한 결과, 대뇌 피질 좌측반구의 특정 부위가 손상된 것을 발견했다.

이후 브로카는 언어가 상실되거나 손상된 환자를 여럿 관찰하고 그들이 죽은 후 뇌를 부검하여, 모두 뇌의 비슷한 부위가 손상되었음을 발견하였다. 이들 사례를 토대로 대뇌 피질 왼쪽 반구의 특정 영역에서 음성 언어를 담당한다고 주장했다. 브로카의 이름을 따서 뇌의 이 부분을 브로카 영역이라 하고, 이 영역의 손상으로 인해, 말할 때 장애를 가지는 병을 **브로카 실어증**(broca's aphasia)이라고 부른다. 브로카 실어증 환자는 귀에 들리는 말을 잘 이해할 수 있으나 입으로 말을 하는 데 어려움을 겪고, 단어를 찾아내는 데 많은 시간이 걸리며, 전치사나 조동사 같은 기능어들을 사용하지 못할 뿐 아니라, 어순이 뒤죽박죽이다. 다음에서 브로카 실어증 환자의 실제 발화를 살펴보자. 이 환자의 말은 전체적으로 전보문과 같은 인상을 준다.

브로카 실어증 환자의 예

조사자 : Tell me, what did you do before you retired?

환자 : Uh, uh, uh, pub, par, partender, no,

조사자 : carpenter?

환자 : (shaking head yes) carpenter, tuh, tuh, tenty year

위의 예에서 알 수 있듯이, 브로카 실어증 환자는 매우 힘들여 말을 하고 단어를 잘 기억해내지 못한다.

베르니케 실어증

브로카 이후 약 10년 뒤인 1873년 독일의 신경학자 **베르니케**(C. Wernicke)는 왼쪽 뇌의 뒷부분을 다친 환자가 브로카 실어증 환자와는 다른 종류의 언어장애를 가짐을 발견하였다. 이 환자들은 브로카 실어증 환자들과는 달리 겉으로는 유창하게 말을 하는 듯이 보인다. 하지만 많은 말을 하는데도 전혀 무슨 말인지 내용이 없고, 어휘 선정에 문제가 있으며, 언어를 이해하는 데 특히 어려움을 보인다. 이러한 환자들을 **베르니케 실어증**(wernicke's aphasia) 환자라고 하며, 베르니케 실어증과 관련된, 왼쪽 뇌의 뒷부분을 베르니케 영역(wernicke's area)이라고 한다. 베르니케 실어증 환자의 구체적인 발화 예를 살펴보자.

베르니케 실어증 환자의 예

조사자 : Do you like it here in Kansas city?

환자 : Yes, I am.

조사자 : I'd like to have you tell me something about your problem.

환자 : Yes, I, ugh, can't hill all of my way. I can't talk all of the things I do, and part of the part I can go alright, but I can't tell from the other people. I usually most of my things. I know what can I talk and know what they are, but I can't always come back even though I know they should be in, and I know should something eely I should know what I'm doing….

위 환자의 경우 무슨 말을 하는지 조사자가 요구하는 것과는 상관없는 문장들을 많이 발화하고 있음을 알 수 있다. 말을 많이 하지만, 의미에 상통하지 않은 문장들을 만들어낸다. 두 부류의 실어증 환자를 비교하면 브로카 실어증 환자는 단어를 더 듬거리면서 첫음절을 반복하고 정상적으로 산출하지 못하고, 베르니케 실어증 환자는 수용장애를 가져 다른 사람의 말을 이해하는 데 어려움을 가진다.

언어장애의 또 다른 유형은 **전도 실어증**(conduction aphasia)이다. 브로카와 베르니케를 연결하는 궁형속(arcuate fasciculus)의 손상으로 인한 전도 실어증 환자는 베르니케 실어증 환자처럼 유창하지만 의미 없는 말을 지껄인다던가, 브로카 실어증 환자처럼 발화를 이해는 하는데 제대로 말하지는 못한다. 브로카 영역과 베르니케 영역이 서로 정보를 교환하지 못함에 따라 결과적으로 의사소통에 장애를 가지는 것이다.

기타 언어장애

실어증 이외에도 다른 종류의 언어장애들이 있다. **심한 말더듬**(stuttering)도 언어장애의 일종이다. 2002년 독일의 바일러 박사는 의학 전문지에 발표한 논문에서 말더듬 환자 15명과 정상인 15명을 대상으로 뇌 조직 구조를 자기공명영상(MRI)으로 관찰한 결과를 발표하였다. 그는 말더듬은, 뇌 좌반구 조직의 구조 결함으로 언어를 관장하는 뇌 부위들 간의 신경 연결에 끊김이 발생하기 때문이라는 것을 밝혀냈다.

말더듬 환자는 언어의 기획을 관장하는 조직과 발음을 관장하는 조직을 서로 연결하는 섬유로에 결함을 가진 환자이다. 이 섬유로에 결함이 있으면, 언어를 관장하는 뇌 조직 간의 신호 전달에 끊김이 발생하여 말이 물 흐르듯 이어지지 못하게 된다. 어느 정도 말을 더듬는 것은 누구에게나 있을 수 있는 일이다. 병적일 정도로 심한 말더듬은 치료가 반드시 필요하지만, 대부분은 살아가는 데 별 문제가 없는 정도이다. 말더듬을 가진 유명한 사람들로는 미국의 루즈벨트 대통령과 부시 대통령이 있다.

각상회(angular gyrus)는 후두엽에 위치하며 실비우스구의 상단에 있는 부위를 말하며, 측두엽, 후두엽, 두정엽 등의 교차점이라 할 수 있는 대뇌의 열구(sulcus) 맨 뒤편에 위치하여 위쪽 측두회를 중간 측두외와 분리시키는 영역이다. 이 영역은 후두엽, 두정엽의 다른 부분뿐만 아니라 측두엽 및 전두엽 언어 영역과 서로 연결된 섬유질이 많으므로 언어에 관련된 중요한 부분이다. 이 영역의 장애는 읽기와 쓰기의 손상, 즉 **실독증**(alexia)과 **실서증**(agraphia)을 초래한다. 쓰기의 손상은 아마도 읽기의 손상에 기인하는 것 같은데 그 이유는 쓰기 과정에 작용하는 시각적인 재생 때문인 것 같다. 언어를 구사하고 이해하는 것은 문제가 없지만 글을 읽을 수 없는 **난독증**(dyslexia)이라고 부른다. 실독증은 사고나 심장마비 등에 의해 각상회가 손상되는 특이한 장애로 읽기 능력을 회복하기 힘들지만, 난독증의 경우 특별한 훈련을 통해 정상적으로 읽고 쓸 수 있다. 오히려 난독증 때문에 오는 어려움을 이기기 위해, 집중력과 끈기를 단련하여 나중에 훌륭하게 된 사람들이 많이 있는데 이 중에 발명왕 에디슨, 인기 영화배우 톰 크루즈, 100여 권의 추리소설을 쓴 애거사 크리스티는 난독증을 가지고 태어난 사람들이다.

청각장애

언어발달장애와 관련하여 가장 널리 연구된 분야는 청각장애이다. 일반적으로 언어는 소리와 의미의 결합을 말하므로, 소리를 직접적으로 듣지 못하는 것은 개인의 언어 발달에 큰 영향을 미칠 것이다. 음성 언어의 발달은 반드시 소리를 듣는 것을 기반으로 해야 하기 때문이다. 청각장애가 있는 사람은 비음성 언어로 의사소통이 가능하다.

청각장애(hearing impairment or deafness)란 귀로 소리를 듣는 데 어려움이 있는 상태를 포괄하는 용어이다. 장애는 소리를 전혀 듣지 못하는 사람도 있고, 부분적으로 들을 수 있는 사람도 있고, 양쪽 귀 모두 장애를 가질 수 있고, 한쪽 귀에서만 발생할 수도 있고, 일시적일 수도 있고, 영구적일 수도 있는 등, 그 종류는 매우 다양하다. 어린이에게 청각 문제는 언어 발달을 지연시킬 수 있고, 성인에게는 업무와 관련된 문제를 발생시킬 수 있다. 노인에게 발생하는 청각장애는 고독감을 느끼게 한다. 청각장애는 유전, 노화, 소음, 일부 감염, 출산 합병증, 귀의 외상, 특정 약물이나 독극물 등 다양한 원인으로 발생할 수 있다.

청력 시험에서 하나 이상의 귀가 25데시벨 이하의 소리를 들을 수 없을 때 청각장애로 진단되며, 모든 신생아들에게 청력 시험이 권장되고 있다. 청각장애의 정도는 관점에 따라 여러 종류의 단계 구분이 있다. 교육의 입장에서는 소리를 전혀 들을 수 없거나 잔존 청력이 있다 하더라도 소리만으로는 의사소통이 불가능한 경우를 농이라 하고, 보청기와 인공와우 같은 기구의 도움으로 잔존 청력을 사용하여 의사소통이 가능한 경우를 **난청**(가는귀먹기)이라 한다. 최근 연구에서 **인공와우이식**(cochlear implants)의 유용성은 청각장애 아동들이 언어를 사용할 수 있게 하는 방법들과 관련된 논의들이 많다. 이것은 청각 신경을 자극하고 청각적인 도움을 받지 못하는 청각 장애 아동들이 소리를 들을 수 있도록 전기적인 장치를 이식하는 것이다. 인공와우이식을 받은 아동은 그렇지 않은 아동에 비해 소리를 더욱 정확하게 만들어 내고, 어휘를 더욱 빠르게 발달시키며, 대화를 하기 위해 음성을 더욱 많이 사용할 뿐만 아니라 이야기를 구성하는 전략을 평균적으로 더 잘 발달시킨다고 하였다(Schauwers et al., 2005).

청각장애인의 의사소통에는 잔존 청력과 독순술에 의해 일반인의 음성 언어를 이해하고 말로 표현하는 구화법과 자연 수화, 문법적 수화, 지화 등을 이용한 시각적 방법에 의한 의사소통이 있다. 이 밖에 글을 써서 의사소통을 하는 필담이 사용되기도 한다. 청각장애를 진단하고, 재활을 돕는 전문가를 가리켜 **청능사**(또는 청각사)라고 하고, 청각, 청각의 균형, 또는 그와 관련한 질병을 연구하는 학문을 **청각학**이라고 한다(제10장 참조).

시각장애

시각장애(visual impairment)를 가진 아동은 청각장애를 가진 아동보다 언어 발달에 미치는 영향이 덜 할 수 있지만 장애물들은 제한적으로 보이거나 전혀 보이지 않는 사람에게도 역시 존재한다(Mills 1993). 정상 아동의 언어 발달과 맹인 아동의 언어 발달을 비교해 볼 때, 시력장애는 언어발달의 지체를 초래할 수 있다. 생후 어린 아기와 부모 사이의 대부분의 의사소통은 시각을 이용한다. 부모는 아이와 눈을 마주치며 말을 걸고, 물건을 보여주면서 단어를 말하고, 먹을 것을 보여 주면서 영아들의 시선을 살피고, 영아들은 대화의 초점이 될 수 있는 물체에 손을 뻗거나 가리킨다. 이런 시각적인 자극의 결핍은 성인들이 그들의 맹인 영아들과 의사소통하기 위해서는 다른 방법들을 찾아야 하는 것을 의미한다.

연구 결과들은 옹알이에서는 맹인 아동이 정상 아동과 질적 차이를 보이지 않았지만, 이후 말소리의 생산 단계에서는 차츰 차이를 보인다고 보고하였다. 예를 들면, 맹인 아동들은 시각화할 수 있는 말소리의 생산 시 시력을 가진 아동들에 비해 비교적 더 많은 실수를 했다. 조음 위치를 볼 수 있는 것을 그 소리를 학습하는 것을 용이하게 해 주기 때문이다. 맹인 아동들은 앞이 보이는 아동들보다 동물에 대한 어휘를 더 적게 습득했다. 아마도 그림책이나 TV를 통해 다른 많은 동물들을 보지 못했기 때문일 것이다. 또한 맹인 아동들은 대화에 충분히 참여하기 위해 그들의 방법을 찾아야 했는데, 앞이 보이는 아동들보다 더 많은 질문을 하고, 더 많이 말하고, 대화의 주제를 더 자주 바꾸고, 더 길게 미소 짓고, 대화하고 싶은 사람을 만지거나 꼬집는 것과 같은 주의를 끌기 위한 다양한 장치를 사용하는 것이 관찰되어 왔다. 잠시라도 눈을 감고 대화에 참여해 보자. 눈을 뜨고 이야기했을 때와 비교해서 어떤 점이 가장 어려웠는지를 평가해 보자. 이런 활동은 시각장애를 가진 아동이나 성인이 갖는 의사소통의 어려움을 조금이라도 이해하는 데 도움이 될 것이다.

실험적 접근

심리언어학과 신경언어학은 이론을 만들고, 이론에 입각해서 가설을 세우고, 가설의 옳고 틀린 것을 입증하기 위해, 실험적인 방법으로 접근하는 학문이다. 신경언어학자들은 피험자들을 대상으로 어떤 과업을 시키고 피험자가 과업을 수행하는 동안 뇌의 움직임을 관찰하기 위해 MRI(magnetic resonance imaging) 단층촬영법이나 뇌파 전위기록술 EEG(electroencephalography)를 이용해 뇌를 직접 촬영하여 조사하기도 한다. 심리언어학자들은 가설을 테스트하기 위해, 언어 산출 실험을 하거나 언어 지각 실험을 한다. 실험적으로 접근하는 언어학은 지금까지 우리가 배운 이론과는 또 다른 새로운 영역에 속한다. 실험을 하기 위해서는, 무엇을 조사하고, 어떤 방법으로, 어떤 이론에 입각해서 어떤 가설을 테스트할지를 계획해야 하는 복잡한 지식과 과정을 필요로 한다. 학부에서 이루어지기보다는 주로 대학원의 석사나 박사 과정에서 이루어진다. 언어학이지만 실험을 통해 사실을 규명하는 방법을 취하기 때문에 매우 과학적이다.

필자의 경우 언어학 분야 중 실험 음성학을 전공하여 산출실험(speech production)과 지각 실험(speech perception)을 직접 수행하여 박사 논문을 완성하였다(Kim, 2000). 두 실험은 매우 다르다. 산출실험에서는 피험자를 모집하여 음성자료를 녹음시킨 후, 조사하고자 하는 음향단서(예 : VOT, f0, intensity etc.)를 측정해서 분석한다. 필자는 한국어와 영어 단어를 실험 자료로 비교하고 분석하였다. 인지실험은 녹음된 발화물을 토대로 청취 실험을 위한 인지자극물(perceptual stimuli)을 구축해야 한다. 자극물은 자연적인 자극물(natural stimuli)과 인공적인 자극물(synthetic stimuli)

이 있는데, 필자의 경우 전자를 가지고 실험하였다. 청취 실험은 두 가지 종류가 있다. 하나는 두 가지 소리를 들려주고 같은지 다른지를 청취 피험자에게 구분하게 하는 식별 실험(discrimination test)과 다른 하나는 하나의 소리만 들려주고 셋 중에 어떤 소리를 들었는지를 고르게 하는 인식실험(identification test)이다. 실험 결과는 양적이며 체계적이고 과학적인 절차를 바탕으로 하여 음성학적 사실을 규명하는 데 중요한 의의를 가진다.

이 장에서는 심리언어학과 신경언어학과 관련된 기본적인 개념과 뇌의 좌반구 손상 시 겪을 수 있는 언어장애의 유형과 뇌의 기능분화, 청각장애와 시각장애 등을 살펴보았다. 다음 장에서는 언어장애와 청각장애와 관련된 언어병리학 그리고 언어학과 관련된 제반 분야와 언어학을 공부할 경우에 취업할 수 있는 가능한 직업군을 살펴보고자 한다.

정리하기

1. 신경언어학은 뇌에서 언어를 담당하는 영역을 직접 관찰하고 조사함으로써 언어 처리의 구조를 연구하는 분야이고, 반면에 심리언어학은 이런 구조를 인간의 정신과, 행동 그리고 기능적 측면에서 연구하는 분야이다. 심리언어학을 인간의 언어 처리에 관한 모든 것을 연구하는 분야로 넓게 규정한다면, 신경언어학은 언어와 뇌를 집중적으로 다뤄 심리언어학의 일부로 간주한다.

2. 언어 영역을 담당하는 뇌의 좌반구의 특정 영역이 손상되어 나타나는 언어장애를 실어증이라고 한다. 왼쪽 뇌의 앞부분인 언어 중추를 담당하는 브로카 영역의 손상으로 말할 때 장애를 가지는 병을 브로카 실어증이라 하고, 왼쪽 뇌의 뒷부분을 다쳐 말을 이해하는 데 장애를 가지는 병을 베르니케 실어증이라고 한다.

3. 대뇌 좌반구와 우반구는 각각 기능이 분화되어있다. 좌반구는 주로 분석적인 이유나 시간적 순서, 수리, 언어 처리를 담당한다. 반면에 우반구는 음악을 처리하거나 비언어적인 소리들, 시각적 공간적 기술이나 패턴 인식을 필요로 하는 임무를 수행한다.

1. (   )이란 언어 처리와 언어 학습에 대한 가설을 시험하는 실험적 분야이다.

2. (   )이란 뇌에서 언어를 담당하는 영역을 연구한다. 언어 발달과 사용의 신경학적 그리고 전기화학적 근간을 연구한다.

3. (   )는 대뇌피질의 좌반구에 있으며, 언어의 생성 및 이해를 담당하는 뇌의 영역이다.

4. (   )은 운동피질 기저에 자리 잡고 있는 영역으로 언어를 조음하는 역할과 말할 때, 운동피질을 움직이게 하는 역할을 담당한다. 말할 때 얼굴, 턱, 혀를 움직이게 하는 것과 관련된다.

5. (   )은 청각피질 뒤쪽에 위치하여 단어나 문장을 이해하거나 어휘부로부터 단어를 선택하는 기능과 관련되어있다. 브로카 영역과 다르게 언어를 인지하고 이해하는 것을 책임진다.

6. (   )란 뇌 반구의 각각이 다른 인지기능을 담당한다. (   )는 주로 분석적인 이유나 시간적 순서, 수리, 언어 처리를 담당하며, (   )는 음악을 처리하거나 비언어적인 소리들, 시각적 공간적 기술이나 패턴 인식을 필요로 하는 임무를 수행한다.

7. (   )란 몸의 오른쪽은 좌반구에 의해 통제되며, 몸의 왼쪽은 우반구에 의해 통제된다.

8. (   )이란 뇌 손상으로 인해 언어를 이해하거나 처리하거나 산출할 수 없는 장애를 가리킨다.

9. (   )이란 대뇌 피질 왼쪽 반구에서 음성 언어를 담당하는 브로카 영역이 손상되어 생기는 질병이다.

10. (   )이란 왼쪽 뇌의 뒷부분인 베르니케 영역이 손상된 질병으로 주로 어휘 선정과 언어 이해에 문제가 있다.

11. (   )이란 브로카와 베르니케를 연결하는 궁상열기의 손상으로, 의미 없는 말을 지껄인다던가, 이해는 하는 데 반복하지는 못한다.

12. (   )란 귀로 소리를 듣는 데 어려움이 있는 상태를 포괄하는 용어이다.

정답: 1. 심리언어학, 2. 신경언어학, 3. 언어중추, 4. 브로카 영역, 5. 베르니케 영역, 6. 대뇌좌우 기능분화, 좌반구, 우반구, 7. 대측성의 기능분화, 8. 실어증, 9. 브로카실어증, 10. 베르니케실어증, 11. 전도실어증, 12. 청각장애

1. 다음 진술은 참인가? 거짓인가?

> 신경언어학은 언어의 습득, 저장, 이해, 그리고 산출에 관한 연구이고, 심리언어학
> 은 언어 발달과 언어 사용에 관한 신경학적 그리고 전기화학적 근간을 연구한다.

① 참   ② 거짓

2. 다음을 설명한 적합한 용어를 고르시오.

> 신체의 오른쪽은 좌반구에 의해 통제되고, 신체의 왼쪽은 우반구에 의해 통제된다.

① 대측성 기능분화(contralateralization)

② 대뇌 좌우 기능분화(lateralization)

③ 반구화(hemisphere)

④ 실어증(aphasia)

⑤ 언어장애(speech disorder)

3. 다음 빈칸에 들어갈 언어학 용어를 고르시오.

> (   )은 뇌 손상으로 인해 언어를 인지하지도, 처리하지도, 산출하지도 못하는
> 장애를 가리킨다.

① 실어증(Aphasia)

② 브로카 실어증(Broca's Aphasia)

③ 베르니케 실어증(Wernicke's Aphasia)

④ 실독증(alexia)

⑤ 실서증(agraphia)

정답 : 1. ②, 2. ①, 3. ①

1. 다음 그림에서 브로카 영역과 베르니케 영역을 표시하시오.

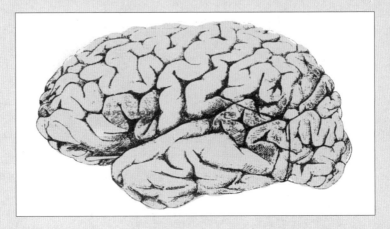

2. 다음 보기 진술은 어떤 장애를 갖고 있는 환자인가?

> 대화나 설명 시 표현능력의 저하되며 심한 경우 무의미한 음절이나 모음만 반복하고, 청각적 이해력은 유지되나 대체로 말하는 능력이 저하되는 장애 환자이다.

정답 : 1. 그림 9-2 참고, 2. 브로카 실어증

제 10 장

언어 연구는 다른 연구 분야와 밀접하게 관련되어 있다.

(Lenneberg, 1967)

언어학 연계 분야와
적용

언어학 연계 분야

지금까지 언어학의 뼈대가 되는 주요 분야들인 음성학, 음운론, 형태론, 통사론, 의미론, 화용론과 언어 습득, 그리고 심리언어학과 신경언어학을 살펴보았다. 이들 분야 외에도 언어학은 타 학문과 연계하여 융합적으로 연구할 수 있다. 이 장에서 소개할 인류언어학, 사회언어학, 컴퓨터언어학, 역사언어학, 언어병리학, 응용언어학, 코퍼스언어학 등이다. 이들 분야 외에도 언어학은 인류학, 심리학, 철학, 사회학, 역사를 다루는 인문학과 연계할 뿐 아니라 인공지능(AI), 컴퓨터, 공학, 사회과학 그리고 의학 등 이학 분야와도 연계한다. 이 장에서는 언어학과 연계한 학문 분야에 대해 살펴보고, 언어학을 공부한 후, 어떤 직업 분야에서 일할 수 있는지에 대해 살펴보고자 한다.

인류언어학

언어와 문화와의 밀접한 관련성은 제1장에서 이미 기술한 바 있다. 인류학자들은 인간을 연구할 때, '인종, 언어 그리고 문화라는 세 가지 척도에서 연구를 수행한다'고 하였고, 19세기 언어학자 사피어는 '언어는 문화 없이 존재하지 못한다'고 하였다. 언어와 문화 그리고 사회 구조와의 상호작용을 연구하는 학문을 일컬어 **인류언어학**(anthropological linguistics)이다. 인류언어학자들은 사회 조직과 문화적인 의미가 주어진 언어의 구조와 어휘 그리고 관습에 어떻게 영향을 미치는가에 관심을 가진다. 언어는 인간과 다른 살아있는 생명체를 구분하는 핵심적인 특징 중 하나로, 오늘날 우리가 살고 있는 사회를 형성하게 한 매개체이기 때문이다. 인류언어학에서는 언어가 인류와, 사회 그리고 문화에 어떤 식으로 영향을 주고받는지에 대해 깊은 관심을 가진다.

이해를 돕기 위해 어떤 문화적인 가치들이 언어에 직접적으로 반영되는지에 대해, 한국어와 영어의 예를 들어 비교해보자. 첫 번째 예시는 친족을 나타내는 용어(kinship terms)들의 차이다. 친족을 일컫는 용어들이 영어에 비해 한국어에 훨씬 더 많다. 두 언어는 '할아버지, 할머니, 아버지, 어머니, 형제, 자매' 등의 공통적인 단어가 있다. 하지만 한국어에는 '형, 누나, 오빠, 언니' 등의 단어가 있는 반면, 영어에는 이들을 세부적으로 구분하지 않고 'brother'와 'sister'의 두 단어만 있다. 또한 한국어에 '고모, 이모, 삼촌, 외삼촌, 외숙모' 등의 구분이 없고, 영어에는 이들 모두 'uncle'

과 'aunt'로 칭한다. 영어에 비해, 한국어에 복잡한 친족 용어가 더 많은 이유는 오랫동안 뿌리 깊은 친족 중심의 사회를 반영한 문화적인 차이에서 비롯된 것이다.

두 번째 예시로, 공손함을 표현하는 언어 표현의 차이이다. 외국인들이 한국어를 배울 때, 가장 난감해 하는 것 중의 하나가 그들의 언어에는 없는 공손한 표현이 너무 많기 때문이라고 한다. 영어에서 'How are you?'란 인사는 지위고하 세대 간 막론하고 모두 쓸 수 있는 인사지만, 한국어에는 친구들 사이에서 말할 수 있는 '안녕'에서부터, 조금 격식을 차린 '안녕하세요', 더 정중하고 공손한 인사말로 '안녕하십니까' 등 연령, 지위, 거리감 등의 사회적 친밀도와 연령의 차이에 따라 서로 다른 인사말이 있다. 이는 한국이 동방예의지국이라 불릴 정도로 예절을 중시하는 문화적인 차이를 언어에 반영하기 때문이다.

세 번째 예시는 상대방을 부르는 호칭의 차이이다. 한국에서는 누군가를 부를 때 반드시 직함을 부르고(예 : 교수님, 사장님, 대표님 등), 직함을 모를 경우 대체로 '선생님'이라는 호칭을 사용한다. 선생님이 아닌데도 불구하고 '선생님'이란 호칭은 언젠가부터 보통 사람들에게 적용하는 직함이 되어버렸다. 한국 사회에서는 비슷한 연령대에서 매우 친밀한 관계를 제외하고는 어떤 사람의 이름만을 부르는 일은 매우 드물다. 이는 미국 문화와는 매우 다른 측면이다. 필자가 미국 유학시절 받았던 문화적인 충격(culture shock) 중 하나가 바로 호칭이었다. 필자보다 서른 살이 더 많은 연령의 여성과 친구가 되어, 'Jo'라는 이름으로 불렀다. 또한 지도교수의 성과 이름(full name)이 'Patrice Beddor'와 'San Duanmu'였는데, 그들을 부를 때도 'Pam'과 'San'이라는 이름을 사용했다. 연령에 상관없이, 이름을 부르는 문화는 그곳에서는 매우 평범한 일상이다. 하지만 한국 문화에서는 나이가 더 많은 사람이나 교수님을 이름으로만 부르는 것은 상상도 할 수 없는 일이다. 이는 유교사회 질서를 중시했던 한국의 문화적인 배경을 언어에 반영하는 관습에서 비롯된 것이다.

상기한 세 가지 외에도 언어의 많은 측면이 실질적으로 그 나라의 역사적 배경과 문화를 밀접하게 반영한다. 의식주와 관련되어, 한국어의 많은 단어들이 영어에는 아예 없다. 예를 들면, '한복', '김치', '고추장' 이나 '된장' 등 한국의 전통적인 문화는 서구의 문화와 크게 달라 어휘적인 측면에서 크게 차이를 지닌다. 물론 반대로 영어에 있는 단어들이 한국어에 없는 경우도 많다. 이는 그 나라의 역사, 정치, 사회, 문화 등이 언어에 그대로 반영되기 때문이다.

사회언어학

사회언어학은 언어 변이와 언어에 대한 태도와의 상관성을 연구하는 학문이다. **언어변이**(language variation)란 지역이나, 사회적 계층, 성별, 연령 등의 사회적 요인에 따라 동일한 의미가 다른 맥락에서 사용될 때 다른 방식으로 표현하는 언어적 속성이다. 언어를 사회와 관련지어 언어 사용의 양상을 연구하는 **사회언어학**(sociolinguistics)은 사회학과 관련된 언어학의 연계 분야로, 언어가 사회적 요인에 의하여 어떻게 다르게 나타나는가를 다룬다. 언어의 변이를 야기시키는 사회적 요인은 사회계층(social class), 연령(age), 성별(gender), 직업(job)이나 방언(dialect)으로 구성된다. 문화적인 척도나 기대, 언어가 사용되는 맥락을 포함하여 사회와 관련된 모든 측면에 대한 기술적인 연구이다. 이는 사회에 미치는 언어의 효과에 초점을 맞추는 언어의 사회학(sociology of language)과는 다르다. 하지만 사회언어학은 언어 맥락을 연구하는 화용론과도 중복될 뿐만 아니라, 언어와 인류, 문화 간의 상관성을 중시하는 인류언어학과도 밀접하게 연관된다. 사회언어학자들은 특별히 사회적인 변수들로 인해, 언어가 어떻게 다르게 쓰이는지에 관한 변이에 관심을 가진다.

이들 언어 변이에 관한 연구방법론을 정립시키고 사회언어학의 기틀을 완성한 학자는 **윌리엄 라보프**(William Labov)이다. 그는 미국의 언어학자로 흔히 사회언어학의 태두로 간주된다. 사회언어학이야말로 언어학이며 기존 언어학은 순수언어학이라 불러야 한다고 믿었고, 언어 구조에 관한 연구는 반드시 언어공동체의 사회적 맥락 속에서 이루어져야 한다고 주장했다. 인터뷰 녹음을 통한 독창적인 변이연구 방법론에 기반을 둔 그의 논문 '뉴욕시 영어의 사회적 계층화(The Social Stratification of English in New York City)'(1966)에서 서로 다른 사회계층이 주 고객인 뉴욕시 3개 백화점을 방문하는 손님을 대상으로 한 연구로 상류층 대상 백화점의 경우 응답자의 [r](예 : fourth floor) 사용 빈도가 높았음을 보고하였다. 이 논문은 발표 이후 음운 변이 연구의 초석이 되었다. 그는 인터뷰 녹음과정에서 주민들이 특정 발음을 하게끔 유도하는 질문을 던지는 방법을 사용하였다. 특별히 'r' 발음, 'ɵ' 발음, 'ð' 발음을 조사한 결과 상위계층으로 갈수록 표준발음을 할 뿐만 아니라, 좀 더 격식 있는 대화로 갈수록 표준발음을 사용한 것을 조사했다. 이는 발음과 계층 간의 밀접한 상관성을 밝혀줌으로써, 사회방언학(social dialectology)의 토대를 마련하였다. 그의 연구 결과는 사람들이 일상적으로 대화할 때도 쉽게 적용할 수 있다. 형식적인 자리에서 좀 더 표준어를 구사하지만, 친밀한 사이에서 비표준적인 악센트나 자신의 고유 방언을 구사기 때문이다.

이외에도 라보프는 언어 변화를 이끄는 주체로서 남성보다는 여성의 역할을 중시하였다. 라보프는 사회적 요인들에 따른 언어 변화를 다루는 그의 저서 **언어 변화의 원리 : 사회적 요인**(*Principles of linguistic change : Social factors*, 2001)에서 언어 변화를 이끄는 주요 요인들은 연령, 성별, 계층, 대중성, 그리고 상위계층에 대한 유동성이라고 하였다. 특히 여성은 남성에 비해 언어 변화를 주도하는 전파자(propagator)로 기술하였다.

최근 많은 실험에서 자음 길이와 모음 고저의 변화를 보여주는 한국어 음 변화(sound change)가 진행 중임을 보였다. 음 변화는 연령, 방언, 성별 등에 따라 다르다. Silva(2006)는 연령대가 많은 층보다는 젊은 층에서, Oh(2011)는 남성보다는 여성이 변화를 주도함을 보였다. Kim(2014)은 유사한 연령대라도 여성이 음 변화를 주도함을 보였다. 또한 Kim(2017)은 서울 표준어에서는 음 변화가 일어나고 있는 반면에, 지역 방언에서는 일어나지 않음을 보여주어, 음 변화가 방언별로 차이가 있음을 밝혔다. 이외에도 많은 연구 결과물에서 라보프의 주장은 지지되었다.

피진어와 크레올어

사회언어학적 연구와 밀접하게 관련된 언어 간 접촉을 통해 새로운 모습으로 변형된 언어도 생겨난다. **언어 접촉**(language contact)이란 서로 다른 언어 집단의 화자들이 접촉하는 상황을 말한다. 사람들은 아주 옛날부터 무역 거래와 상업적 교류를 위해 다른 지역의 사람들과 접촉을 해 왔다. 서로 다른 언어를 사용하는 사람들은 상호 의사소통을 위해 어떤 한 언어를 공동의 언어로 사용하였는데, 이것을 **링구아프랑카**(lingua franca)라고 부른다. 현대 시대의 링구아프랑카는 당연히 국제어로서의 위치를 점점 더 확고히 해 가고 있는 영어이다. 아프리카 지역에서는 스와힐리(Swahili)가 그 지역의 수많은 부족과 국가에서 통용되는 링구아프랑카이고, 다양한 언어가 사용되는 서부 아프리카 지역에서는 하우사어(Hausa)가 이 지역 사람들의 의사소통을 위해서 사용되는 링구아프랑카이다. 아시아 지역은 1,000가지 이상의 언어들이 존재하는 인도에서는 영어와 힌디어(Hindi)가, 파키스탄에서는 우르두어(Urdu)가 링구아프랑카이다.

이와 같이 한 언어가 링구아프랑카로 사용되기도 하지만, 어떤 경우에는 언어 간 접촉 과정에서 한 언어가 아주 간소화된 형태로 변형되어 단지 특정 목적만을 위해 사용되기도 하는데 이것을 **피진어**(pidgin)라고 한다. 이것은 서로 다른 언어를 사용하는 화자들 간에 의사소통을 위해 사용되는 아주 단순한 언어 시스템으로 어휘 수도 작고 복잡한 문법 규칙도 없는 기초적인 언어 형태로 완전한 언어라고 보기 어렵다. 피진어는 모국어로 기능하지 못하고, 무역에서와 같이 단순하고 제한된 방식으로 교류하는 사람들만이 사용하는 주변 언어인 셈이다. 하지만 피진어가 광범위하게 사용되면서 세대에 걸쳐 언어로 정착될 때 이를 **크레올어**(creole)라고 부른다. 크레올은 실제 모국어로 기능하기 때문에, 피진어보다 더 많은 문법과 단어를 포함하여 완전한 언어로 분류된다. 대표적인 예로 영어에 기반을 둔 자메이카 크레올(Jamaican Creole)과 프랑스어에 기반을 둔 헤이티 크레올(Haitian Creole) 등이 있다.

전산언어학

전산 또는 **컴퓨터 언어학**(computational linguistics)은 전산학과 언어학에 밀접하게 관련된 학제 간 학문으로, 전산적인 관점에서 자연언어의 통계적인 모형과 논리적인 모형을 다루는 분야이다. 이때 모형은 언어학의 특정 하위 분야에 제한되지 않는다. 전산언어학자들은 초기에는 대부분 전산학자들로 컴퓨터를 이용한 자연언어처리를 전공한 학자들이었지만, 최근에는 이전에 예상했던 것보다 언어의 구조가 훨씬 더 복잡하다는 것을 깨달은 후에 언어학자들과 전산학자들의 공동 연구가 이루어지고 있다. 전산언어학은 언어학자, 전산학자뿐만 아니라 인공지능(artificial intelligence, AI), 인지심리학(cognitive psychology), 논리학 등의 여러 학제 간 분야의 전문가들의 참여를 필요로 한다. **자연언어처리**(Natural Language Processing, NLP)는 컴퓨터로 하여금 자연언어를 분석하고, 해석하고, 생성하는 능력을 기르고, 이로 인해 인간으로 하여금 형식적인 컴퓨터 언어를 사용하는 대신에 자연언어를 사용하는 컴퓨터와 상호작용하는 것을 허용하게 하였다.

전산언어학은 인공 지능을 전제하는 분야로 종종 다루어진다. 시발점은 1950년대 미국에서, 외국어, 특히 러시아어의 과학 잡지를 영어로 자동 번역하려는 노력으로부터 시작되었다. 컴퓨터는 인간보다 수리적 능력이 더욱 빠르고 정확하다고 입증되었기 때문에, 기술적 세부사항에서 컴퓨터가 인간처럼 언어를 처리할 능력을 갖게

될 수 있는 것은 단지 시간 문제라고 생각되었다. 기계 번역(machine translation)이 정확한 번역을 즉시 해내는 것에 실패했을 때, 인간 언어 자동화 프로세싱은 원래 여겨지던 것보다 더욱 복잡한 것으로 인식되었다. 전산언어학은 언어 데이터를 지적으로 처리할 수 있는 산술과 소프트웨어의 발달에 힘입어 새로운 학문 분야의 이름을 가지고 탄생했다. 1960년대에 접어들면서, 인공지능(AI)이 인간 수준의 이해를 다루고 자연 언어를 만들어낼 수 있게 됨에 따라, 전산언어학은 인공지능의 하위 분야가 되었다. 한 언어를 다른 언어로 번역하기 위해서, 각각의 언어의 형태론과 통사론을 포함한 문법을 이해해야 했다. 통사론을 이해하기 위해서는, 의미론과 사전학(또는 어휘)과, 심지어 화용론에 대해서도 이해해야 했다. 따라서 전산언어학은 언어학적인 측면과 컴퓨터를 이용한 자연 언어 처리 사이를 번역하기 위한 노력으로써 시작되었다고 볼 수 있다.

코퍼스 또는 말뭉치 언어학

언어와 컴퓨터를 이용한 언어 연구는 코퍼스 언어학 또는 말뭉치 언어학의 관점에서도 살펴볼 수 있다. **코퍼스 언어학**(corpus linguistics)이란 특정 목적을 위해, 코퍼스의 설계와 주석을 구축하고, 그것을 기반으로 언어에 관한 이론 연구와 응용 연구를 하는 분야이다. 여기서 언어 코퍼스(복수형 copora)란 수집되어진 언어 자료를 총칭하는 것으로, 말이나 글 등이 자료에 해당된다. 언어 코퍼스는 언어 빅데이터와 상응한다. **빅데이터**(big data)란 특정 목적을 위해 엄청난 양의 수집된 자료를 가리키며, 자료가 크면 클수록 통계적인 힘은 커지고 설득력은 높아지는 효과를 가질 수 있기 때문에 현대 여러 학문 분야에서 많이 이용되고 있다. 언어를 수집한 빅데이터도 이와 마찬가지이다.

2019년 국립국어연구원은 국내 인공지능 전문기업과 손잡고 '국어 말뭉치 구축사업'을 시작했다. 한국어의 말뭉치 데이터가 다른 언어에 비해 부족한 실정이기 때문이다. 한국어 말뭉치 데이터양은 총 2억 어절이다. 총 2,000억 어절을 보유한 영어의 0.1% 수준이고, 800억 어절의 말뭉치 데이터를 갖고 있는 중국보다도 적다. 이 사업을 통해 '한국어 데이터베이스'를 마련하는 게 목적이다. TV와 라디오 등 구어 원 자료와 드라마, 연극 대본 등의 준 구어 원 자료를 수집해, 말뭉치를 구축하고 저작권 이용 계약까지 체결해 민간 활용 가치를 극대화하는 게 골자다. 말뭉치는 컴퓨터가 쉽게 가공, 처리할 수 있게끔 텍스트를 데이터 형태로 정리한 것으로 각종 언어학 연구와 텍스트 기반 분석에서 원재료로 쓰일 수 있다.

응용언어학

응용언어학(applied linguistics)은 언어와 관련된 실제 생활에서 발생할 수 있는 문제들을 파악하고, 조사하고, 해결하는 학제 간 분야이다. 응용언어학과 관련된 학문 분야들로는 교육, 심리학, 의사소통연구, 인류학, 그리고 사회학 등이 있으며, 응용언어학의 주요 분야로는 이중 언어, 다중 언어, 대화분석, 대조언어학, 수화언어학(sign linguistics), 언어평가, 문자학, 담화분석, 언어 교수, 제2언어 습득, 언어 계획, 정책, 중간 언어학(interlinguistics), 문체학, 언어교수, 번역론, 법의학적 언어학 등 다양한 영역들을 포함한다.

언어와 법의 상호 관련성을 연구하는 분야인 **법의학적 언어학**(forensic linguistics)에서는 구체적으로 법정에서 사용되는 언어와 관련된 증거, 문서 작성자에 대한 추정, 발화자의 추정, 법률 문서의 가독성과 이해 가능성, 재판과 관련한 아이의 인터뷰, 법정에서의 담화, 법정에서의 통번역, 경찰이 피의자에게 말한 경고의 이해 가능성 등을 연구 대상으로 한다.

응용언어학은 처음에는 언어학을 근간으로 하여, 관련 원리와 실제에 관여해 '언어학을 응용한다(linguistics-applied)'는 언어학적인 개념으로 출발하였다. 하지만 1960년대에 들어서면서, 응용언어학은 언어 평가, 언어 정책 그리고 제2언어 습득을 포함하는 영역으로 확장되었다. 그리고 1970년에는 이론 언어학과 다르게 실세계에 존재하는 언어와 관련된 문제들을 해결하는 분야로 발전하였다. 1990년대에 응용언어학은 비평적인 연구들과 다중 언어 문제로 확장시켜갔다. 용어에서처럼 실세계에서 언어가 주된 이슈가 되는 문제들에 대한 이론적 그리고 경험적 조사로 옮겨 간 것이다. 미국에서도 응용언어학은 처음에는 좁은 의미로서 외국어 교수에만 적용되었는데, 이를 수행한 학자로는 군대에서 특화된 훈련 프로그램을 고안한 구조주의 언어학자 블룸필드(Leonard Bloomfield, 1887~1949)와 미시간대학교 영어 협회(English Language Institute, ELI)를 설립한 프라이즈(Charles C. Fries, 1887~1967)였다. 그러다가 1948년 미시간대학교 연구협회에서 응용언어학 저널을 최초로 만들면서 '응용언어학'이라는 독자적인 이름이 알려지게 되었고, 1960년대 후반에 들어서면서 실세계 언어 문제들과 관련된 학제 간 분야로 굳어졌다.

언어병리학

언어병리학(speech-language pathology)은 청각학과 더불어 의사소통장애를 연구하는 학문이다. 의사소통장애란, 유전적, 생리적, 심리적 또는 환경적인 원인으로 인하여, 정상적인 의사소통을 할 수 없는 상태를 일컫는데, 말 산출 장애를 다루는 언어치료학과와 말 이해 장애를 다루는 청각학 등을 포함하는 총체적인 개념이다. 이들 분야들에 대한 전문가를 가리켜 **언어재활사** 또는 **언어치료사**(speech-language pathologists, SLPs)라고 하고, 후자를 **청각사** 또는 **청능사**(audiologist)라고 한다. 이들 직업에 대해서는 이후 자세히 설명하였다.

언어 치료가 말 산출(speech Arodution)과 관련된다면, 청각학은 말 지각(speech perception)과 밀접하게 관련된다. 청능사는 청력이 손실된 환자들을 치료하거나 청력 관련 손상을 미리 예방한다. 여러 가지 관련 테스트들을 거쳐 청력이 정상인지 아닌지를 검사해야 하고, 청력 손실이 확인되면 청력의 어떤 부분이 손상되었는지를 결정해야 한다. 또한 손상 정도가 어느 정도인지도 진단해야 한다. 귀의 어떤 부분이 어떻게 손상되었는지를 정확하게 판단해야 그에 맞는 치료를 수행할 수 있기 때문이다. 진단 외에도 이명(tinnitus), 청각과민증(hyperacusis or misophonia), 청각처리장애(auditory processing disorders), 달팽이관이식 사용(cochelar implant use), 청력보조기구 사용(hearing aid use)의 재활을 돕는다.

언어병리학자(language pathologist)들은 의사소통장애(communication disorders), 인지-의사소통장애(cognitive-communication disorders), 음성장애(voice disorders), 삼킴장애(swallowing disorders)의 평가, 진단, 치료를 담당하며, 소아과 의사와 심리학자와 함께 자폐증 장애(autism spectrum disorder)의 진단과 치료를 수행한다.

이들 장애를 진단하고 치료하기 위해서 반드시 선행되어야 하는 필수적인 공부가 바로 언어학이며, 그중에서도 특히 음성학과 음운론은 매우 중요한 기초지식을 제공한다. 음성학을 좀 더 과학적으로 접근하여, 음성과학 또는 말 과학(speech science)이라고 하며, 말 생성에 대해 심도 있게 다룬다. 말 생성과 관련된 음성학 분야는 발성(phonation), 공명(resonance), 주파수(frequency), 억양(intonation), 피치(pitch), 음성(voice) 등이 포함되고, 언어학 분야로는 음운론, 형태론, 통사론, 의미론, 그리고 화용론 등이 포함된다. 언어장애를 심도 있게 공부하기 위해 이들 언어학의 제반 분야를 미리 학습해야 한다.

언어학 관련 직업군

지금까지 많은 사람들이 언어학을 공부하여 관련된 직업에 종사하고 있다. 필자도 그중 한 사람으로서 이미 기술하였듯이 대학 교육과정에 있는 통사론을 공부하면서 문장을 수형도로 그리는 재미에 푹 빠져서 언어학을 좋아하기 시작했다가, 몬태규 형식의미론(Montague's formal semantics)의 매력에 빠져서 석사학위를 취득하고, 영어교수법과 심리언어학으로 국내에서 박사를 수료했고, 미국으로 유학을 가서 음성학과 음운론을 심도 있게 공부하면서 말 생성과 말 지각으로 세부전공을 정해 박사학위를 취득하였다. 필자처럼 언어학 박사를 받아 한국에서 영어과 교수가 될 수도 있지만, 이제 갓 대학에서 언어학을 전공하는 학생에게 언어학사를 받아서 어디에서 무엇을 할 수 있을지는 의아해 할 수 있다. 더욱이 한국의 경우 외국 학사과정과는 달리 언어학과가 독립적으로 존재하기보다는 문학과 어학을 함께 전공해 국어국문학과, 영어영문학과, 중어중문학과 등으로 존재한다. 이런 시스템은 특정 언어를 전공하면서 어학과 문학을 동시에 공부하기 때문에 깊이 있게 공부를 할 수는 없으나, 다양하게 공부를 할 수 있고, 취업의 폭이 더 넓어질 수 있다는 이점이 있을 수 있다. 하지만 언어학만을 전공한 후에도 실제로 적용할 수 있는 직업의 폭이 매우 넓다는 것을 알 수 있다. 다음에서 언어학과 또는 어학을 전공할 경우 어떤 직업을 선택할 수 있을지 국내외적으로 살펴보고자 한다.

언어교육자

인간이 태어나 자연스럽게 부모로부터 자신의 모국어를 습득한다. 하지만 언어 습득은 모국어에서 그치지 않고 성장하면서 또는 어른이 된 이후에도 필요에 따라 외국어를 계속해서 학습하게 된다. 특히 영어의 경우 영어를 모국어로 하는 모국어 화자보다 모국어로 하지 않는 외국어 화자가 더 많은 실정이다. 그만큼 영어는 글로벌 언어로 성장하고 있다. 우리나라의 경우에도 영어 광풍의 시대를 맞이할 정도로 남녀노소 가릴 것 없이 영어를 한국어에 이어 필수적으로 해야만 했다. 영어는 언어로서

만이 아니라 학문적 지식을 축적하는 데도 필수적이다. 언어학을 비롯해 대학교육과정에서 공부하는 많은 전문적인 지식이 영어 원서에서 출발하며 그들의 강의에서 비롯되었다.

디지털과 인터넷 시대가 도래하면서 인문, 과학, 공학, 교육, 사업 등 각계각층의 전문가들의 아이디어와 다양한 정보를 영상으로 보면서 영어로 직접 들을 수 있다. 계속해서 새로운 영상이 올라오는 대표적인 웹사이트로 TED(www.ted.com) 사이트를 들 수 있다. 유명한 석학은 물론 일반인들도 직접 강사로 참여해서 15분 정도 길이의 강연을 하는데, 매우 영향력 있는 사이트로 강연은 인터넷이 되는 곳은 어디에서든지 전 세계적으로 시청 가능하다. 그들이 사용하는 언어는 다름 아닌 영어이다. 영어는 이제 국경을 넘어 전 세계의 언어가 되었다고 해도 과언이 아니다. 한국에만 해도 많은 영어 교사들이 학교. 학원. 또는 사설기관 등에서 영어를 가르친다.

영어에 이어 중국어 또한 아주 중요한 언어로 자리 잡았다. 10억이 넘는 인구와 값싼 노동력 그리고 전 세계에 흩어져 있는 중국 이민자들은 중국어에 대한 필요성을 안겨주었다. 한국에도 중국어에 대한 열풍이 영어 못지않다. 한국의 많은 주요 기업들이 중국 현지에 공장을 두고 있고, 중국인들과 사업을 하기 위해서는 어느 정도의 중국어 능력을 갖추는 것이 필요하게 되었다. 한국에 영어를 가르치는 외국인 교사 못지않게, 중국어를 가르치는 중국어 교사가 많아지는 이유이다.

영어와 중국어 못지않게 세계인들의 한국어에 대한 열정도 대단하다. 전 세계를 휩쓴 K-한류와 방탄소년단의 인기는 외국인들로 하여금 한국의 언어와 문화, 음식, 역사 등에 관심을 갖게 하였고, 외국의 많은 대학들이 한국어학과를 개설하기에 이르렀다. 한국어를 외국에서 가르칠 때, 언어학적 지식 배경은 필수적이다. 예를 들어, 외국인들은 한국어 자음 중 평음(ㄱㄷㅂ)이나 경음(ㄲㄸㅃㅉ) 발음을 잘하지 못하는데, 이유는 영어나 다른 외국어에 유사한 자음이 단어 초에 나오지 않기 때문이다. 또는 중국어가 모국어인 학생이 영어 발음을 왜 중국식으로 발음하는지 또는 한국어나 일본어가 모국어인 학생이 왜 한국식이나 일본식으로 발음하는지 그 차이와 이유를 설명할 수 있다. 발음뿐만이 아니라 문법적인 구조나 차이 또한 잘 설명할 수 있다. 한국어를 외국인들에게 가르치고 싶은 학생이라면, 언어학 공부를 반드시 해야 하는 이유이다.

이렇듯 한국어, 영어, 중국어 등 글로벌 언어를 가르치는 언어 교사들은 유치원에서, 중학교, 고등학교, 대학교, 사설교육기관, 회사나 학원 등 매우 다양한 환경에서 풀타임 또는 시간제 근무로 일할 수 있다. 한국의 경우 중학교나 고등학교 정교사가 되기 위해서는 사범대학을 졸업해야 하고 임용고시를 합격해야 하는데, 사범대학의 교육과정에 언어학이나 음성학, 통사론, 형태론 등의 교과목이 대부분 포함되어있다. 이는 언어교사가 되기 위해서는 언어학의 기초적인 지식이 반드시 필요하기 때문이다. 정교사 또는 사설 학원의 교사가 되기 위해서, 목표어 관련 학과를 졸업하거나 해당 자격증을 취득한 후 가르칠 수 있다. 언어를 학습하는 가장 큰 목표가 해당 언어로 의사소통하는 것이라고 할 때, 이런 목표를 달성하기 위해 언어학적 지식을 가진 교사는 그렇지 않은 교사에 비해 훨씬 더 계획적이고 효율적으로 언어를 가르칠 수 있다.

언어치료사와 청능사

인간의 수명이 계속해서 점점 늘어감에 따라 전 세계적으로 노인 인구가 증가하는 추세에 있다. 이런 추세와 더불어 언어장애와 청각장애를 치료해 줄 언어재활사나 청능사의 수요 또한 날로 증가하고 있는 실정이다. **언어재활사**는 생애 발생할 수 있는 의사소통에 어려움이 있는 대상자들의 중재 및 재활을 담당하는 전문가를 말하고, **청능사**는 청각장애와 관련된 중재 및 재활을 담당하는 전문가를 말한다. 현재 한국에는 사설기관, 복지관, 대학부설기관, 병원 등에 언어치료실과 청각센터가 개설되어 있으며, 그 대상은 학령전기 영유아부터 노년기의 언어 장애인을 모두 포함한다. 언어재활사는 언어 습득 과정이나 언어처리 과정에 결함을 보임으로써, 다른 사람과 원활한 의사소통을 하기 어려운 사람들에게 전문적인 진단과 훈련을 실시하는 전문가이다. 언어치료는 언어발달장애, 조음 · 음운 · 음성장애, 유창성장애, 음성장애, 그리고 신경언어장애 등의 세부 분야로 나뉘어 전문적인 교육이 이루어진다.

전문적인 언어치료사나 청능사가 되기 위해서 가장 먼저 해야 할 일은 대학의 관련 전공학과에서 체계적인 이론과 지식을 습득하여야 하며, 충분한 실습교육을 통해 습득한 전공 지식을 임상에서 어떻게 적용할 지를 배워야 한다. 또한 전공 이론교육과 실습과정을 통해 자신의 적성과 소양이 적합한 지 여부를 스스로 깨달아야 한다. 사람을 대상으로 치료와 상담을 해야 하기 때문에 단순한 직업 정신만 갖고는 성공적인 언어치료사나 청능사가 될 수 없다. 예를 들어, 모든 일에 비관적이고 타인에 대한 배려가 전혀 없는 사람이 상대방에 대해 헌신적인 마음을 가지고 치료에 임할 수 없기 때문이다. 타인에 대한 배려와 더불어 중요한 것이 인내심이다. 더욱이 공부가 결코 쉽지 않을 것이다. 어려운 전문 용어와 개념이 많으며, 이를 이해할 뿐 아니라 실제로 임상에서 활용해야 하기 때문에 인내심을 가지고 성실히 임해야 한다. 이 분야들 중에서 음성장애와 말장애는 음성 또는 말의 생성에 영향을 미치는 다양한 변인들을 다루는 분야로 언어학의 하위 분야인 음성학의 기초적인 지식을 바탕으로 한다. 엄밀한 의미에서 음성학은 크게 말의 생성, 전달, 그리고 지각을 다루는 학문으로, 언어치료학 뿐 아니라 청각학의 기초가 되는 지식을 제공한다. 이들 공부를 완벽하게 소화하기 위해서는 끊임없는 노력과 인내심이 요구된다. 인내심은 또한 환자를 치료하는 자세에도 필수적이다. 언어장애의 경우, 결코 단기간에 치료되기 힘들기 때문에 인내심을 가지고 환자의 치료에 임해야 한다. 관련 전공을 공부하고 실습을 마쳤다고 해서 자동적으로 언어치료사가 되지 않는다. 관련 전공 이론과 실습을 마친 후에 두 번째로 해야 할 일은 자격검정을 통하여 '전문가다움'을 검증받아야 한다. 자격검정은 가능한 한 객관적이고도 타당성 있는 검정기준, 검정과목 및 검정방법을 바탕으로 실시되어야 하며, 자격검정은 공인된 검정기관을 통하는 것이 가장 바람직하다. 국내외 자격 검정에 대해 아래 덧붙이고자 한다. 자격증을 획득하고 언어치료사가 된 후에 세 번째로 해야 할 일은 정기적인 보수교육을 통하여 자신의 지식 및 기술을 계속적으로 연마해야 한다.

언어치료사되기 위한 공식적인 과정은 자격검정시험이다. 대학에서 이론적인 교과목들과 실습을 모두 이수한 후 국가시험원(국시원, http://kuksiwon.or.kr)에서 실시하는 '언어재활사' 국가자격증 시험에 합격해야 한다. 국가자격증은 '법령에 따라 국가가 신설하여 관리, 운영하는 자격'으로 가장 공신력 있는 자격 유형으로 법인이나 단체 또는 개인이 관리하고 운영하는 민간자격증과는 다르다. 시험을 준비하고 치르기 위해서는 시험 당사자가 시험자격과 검정과목 그리고 시험일자등은 시험을 주관하는 국가의 소관부처가 공지하는 사항을 해당년도에 잘 숙지하여야 한다. 관련 이론 및 실습과목을 마치고 한국보건의료인 국가시험원을 통한 국가고시 합격 후 해당학위 취득시 **'2급 언어재활사'** 국가자격증을 취득할 수 있다. 이외에도 물리치료사, 작업치료사, 그리고 간호 분야의 간호사는 국가자격으로 주무부는 보건복지부이며, 모두 한국 보건의료인 국가 시험원에서 관리가 이루어진다.

언어치료사와는 달리 청능사 자격증은 민간자격증이다. 대학의 관련학과에서 이론 교과목과 실습을 모두 이수해야 하는 것은 언어치료사와 유사하다. 하지만 시험 검정은 별도로 없다. 자격증 취득을 위해 청능사 자격증을 주관하는 협회(청능사자격검정원, http://www.audiologykorea.or.kr/)에서 제공하는 자료를 수시로 참고하여 준비해야 한다. 청능사를 취득하기 위해서는 청능사자격검정원에서 2018년 개정한 규정 제21조에 따라 교과목 36학점(필수33학점)과 실습 240시간을 청각전공학과에서 이수하고 검정원에서 제공하는 수련교육과 수련보고서를 제출한 후 '청능사' 자격증을 취득할 수 있다. 자격증 취득 후에도 의무적으로 정해진 시간 내에 보수교육을 마쳐야만 자격증을 계속 유지할 수 있다. 교과목을 비롯해 자격요건이 변경되기 때문에 수시로 점검하는 것이 필요하다. 청능사는 청각재활을 돕는 전문가로 의료기관(병원 이비인후과), 사설센터 및 연구소(청능재활 연구소, 난청재활센터), 복지관(장애인 복지관, 노인복지관) 기업체(보청기회사, 인공와우회사)등 다양한 곳에서 일할 수 있을 뿐 아니라 국내 대학원을 진학하거나 국외 대학원으로 유학을 갈 수도 있다.

국외 언어치료사는 한국에 비해 언어치료사나 청능사 자격의 취득이 훨씬 더 어렵다. 어려운 만큼 매우 안정적이고 높은 보수를 보장받는다. 언어치료사의 자격을 획득하기 위하여 기본적으로 요구되는 학위수준은 나라마다 다양한 편이며, 검정수준은 전체적으로 비교적 높은 편이다. 미국이나 캐나다 그리고 호주나 영국 등 선진 국가들의 학회나 협회에서는 2005년에 상호인정조약을 체결하였다(김향희, 2007). 하지만 상호인정조약으로 상대국의 자격증이 자동적으로 수여되는 것이 아니라, 자국의 자격기관에서 요구하는 자격을 충족할 시에 자격증을 신청할 수 있다는 것을 의미한다. 예를 들어, 캐나다 언어치료사 자격증 소지자가 미국의 자격증을 취득하기 위해서는 소정의 임상수련과정을 거치도록 명시하고 있다. 이들 나라들에서는 이미 상당히 많은 수의 치료사나 청능사들을 확보하고 있으며, 이들에 대한 엄격한 관리와 더불어 충분한 보수를 받고 있어 각광받는 직업군중 하나로 선정되었다. 이들 나라 중 대표적으로 미국의 검정기준(학위조건), 검정과목(교과과정), 그리고 검정방법을 알아보기 위해서는 자격의 관리 및 운영을 책임지고 있는 미국 언어와 청각 협회 ASHA(American Speech-Language and Hearing Association, http://www.asha.org)를 방문하면 된다.

어디에서 어떤 시험을 준비하든지 간에 시험을 준비하기 전에 필요한 정보를 직접 해당 인터넷 사이트를 방문해서 철저히 수집한 후 준비에 착수해야 한다. 더욱이 시험이나 필수 교육과정 등의 자격요건이 수시로 변하기 때문에 준비하는 시점이나 준비 중이라도 필수요건을 항상 체크하는 게 중요하다. 특히 한국이 아닌 외국에서 거주하여 그곳에서 시험을 준비할 경우 가장 기본적인 자격은 영어실력과 더불어 언어학적 기본 지식과 해결능력을 어느 정도 갖추고 시작하는 것이 매우 중요하다. 모든 교육과정이 영어 원서로 되어있는데다가 처음 접하는 어려운 용어들이 많기 때문에 영어실력이 갖추어지지 않은 채로 준비할 경우, 아무래도 부담스럽고 중도에 포기하기 쉽다. 특히 언어학 과목에서 음성학이나 음운론 등은 언어치료나 청각학을 들어가기 전에 선수과목으로 반드시 들어야 하는 과목들이다. 외국에 거주하더라도 영어나 언어학을 편리하게 공부할 수 있는 가장 좋은 방법은 한국에 온라인 대학 등(예 : 숭실사이버대학교 영어전공 www.kcu.ac)에서 관련과목들을 공부를 한 후에 국외 대학원을 입학하는 것이 가장 바람직하다. 그럴 경우 원서로 공부를 하더라도 이미 배웠던 낯익은 용어나 개념들을 다시 영어로 복습하기 때문에 훨씬 수월하게 접근할 수 있다.

언어공학자

언어학이 언어를 연구하는 학문이라면, 언어공학은 언어와 공학을 결합하여 연구하는 융합적인 학문으로, 언어 관련 자료와 이론을 공학적으로 분석하고자 접근하는 것이다. 언어공학에 종사하는 연구자가 언어공학자(language engineer)이다. 21세기에 접어들면서 우리가 사는 현대 사회는 디지털 혁명의 시대가 임박했다. 우리가 사용하는 많은 물건들이 급격하게 인공지능(AI)화 하고 있다. 혼자 돌아가는 스마트한 청소기 가전에서부터 집 밖에서도 집안을 모니터할 수 있는가 하면 전자기기를 작동할 수 있게 되었고, 기본적인 대화를 주고받을 수 있는 AI 등 생활에 필요한 거의 모든 정보를 우리 손 안의 세상인 스마트폰으로부터 받을 수 있다. 이런 시대적 배경은 언어와 공학의 융합 전공을 탄생시켰다. 인공지능의 개발을 위해 빅데이터를 이용한 심층학습(deep learning)이 강조되는 시점에서 언어 자원의 기반을 체계적으로 자료화하고 실용화하는 작업이 필요한 세상이다.

언어공학은 자연언어처리와 전산언어학과도 구분되는 독자적인 학문 분야로, 주요 연구 분야는 거대한 규모의 실용적인 과제들을 해결하고 양적 향상 평가에 초점을 맞추는 것을 포함해서 다양한 범위의 기술을 포함한다. 언어 공학의 최근 트렌드는 기계로 처리할 수 있는 언어자료를 만들고, 보관하고, 처리하고, 저장하는 의미망 기술(semantic web technology)을 사용하는 것이다. 최근 한국의 모 대학교에서 종래의 영어학과를 ELLT(English Linguistics & Language Technology) 영어학과로 바꾸고 언어공학연구소를 설립하였다. 연구소에서는 해당 대학교가 보유하고 있는 풍부한 다국어 언어 자료를 활용하여 텍스트/음성 자원의 적절한 관리를 위한 데이터베이스를 구축하고, 나아가 여러 가지 실용적인 시스템을 개발하는 데 목적을 두었다. 언어공학을 위한 교과목들로는 프로그래밍, 통계 및 데이터 분석, 자연어처리, 그리고 음성언어처리 등이 있다.

언어학의 주요 분야로 음성학이 있듯이, 언어공학의 주요 분야로 음성공학(speech engineering)이 있다. 음성공학 연구에 종사하는 학자를 **음성공학자**(speech engineer)라고 한다. 소리와 관련해서 공학적으로 접근하는 학문으로, 넓게는 음성학(phonetics)과 음성과학(speech sciences)과도 연관되며, 좁게는 소리를 좀 더 공학적으로 접근한다는 점이다. 음성공학은 인간과 컴퓨터가 음성대화를 통해서 자연스럽게 상호작용을 하면서 사용자의 목적을 달성할 수 있게 해주는 음성언어 정보처리 소프트웨어를 개발하는 것을 목적으로 한다. 또한 음성 인식기 및 음성 합성기의 엔진 개발뿐만 아니라 음성학과 음운론, 형태론을 바탕으로 음성언어의 음향 모델과 어휘 모델을, 코퍼스 언어학을 바탕으로 언어 모델을, 통사론과 의미론, 화용론, 담화론을 바탕으로 문장이해와 대화처리 모델을 개발하는 연구를 한다. 음성 언어 처리는 언어학의 기초이론을 계산 모델화하거나, 더 나아가 이를 바탕으로 소프트웨어로까지 구현하는 언어학, 인지과학 및 공학의 학제 간 연구이다. 음성공학의 관련 교과목들은 음성학, 음성과학과 더불어 상기한 언어공학의 교과목들이다.

언어학자

마지막으로 언어학을 전공해서 언어학자로 관련 직업군에 종사하는 것이다. 직업은 크게 학계와 산업체 두 범주로 나눌 수 있다. 예전에는 언어학을 전공해서 산업체에서 일하기 힘들었으나, 요즈음은 커뮤니케이션이나 음성과 관련된 산업체들이 많아져서 언어학 전공자를 특별히 우대하기도 한다. 언어학을 전공해서 할 수 있는 일은 국내보다는 국외에서 더 다양하다. 이런 이유로 국내에서는 대학교에 언어학과를 가진 곳은 서너 곳에 불과하다. 언어학과만으로 독립적인 학과보다는 대상 언어 교육 과정에 문학과 어학을 함께 묶어서 영어영문학과, 국어국문학과, 불어불문학과 등으로 존재한다. 즉, 대상 언어를 한정해놓고 어학과 문학을 공부하기 때문에 취업에 좀 더 유리할 수 있다는 장점이 있는 반면 문학을 함께 공부해야 하기 때문에 언어학을 깊이 있게 공부하기는 어렵다. 언어학을 공부했다고 해서 여러 나라 언어를 모두 말할 수 있는 게 아니라, 언어라는 공통적인 분모에서 어떤 언어든지 언어학적으로 분석할 수 있다는 점에서 언어학을 독립적으로 전공하는 것은 매우 중요하다.

전문적인 언어학자가 되는 길은 대개 석사, 박사를 취득한 후, 교수로 일하거나 연구소에서 연구원으로 일할 수 있다. 언어학자라고 해서 모든 언어를 다 알 필요가 없으며, 관심을 가지고 연구하고 싶은 언어를 하나 또는 두 가지를 선정해서 언어학의 여러 다양한 분야 중에서 관심있는 특정 분야를 선택해서 전공할 수 있다. 특정 분야로 깊이 있는 공부를 하려면 대학원 과정이 필수적이다. 국내에서는 석사과정 2년, 박사과정 3년이 소요되며, 국외에서는 석사과정 2년, 박사과정 5년 정도 시간이 소요되지만 논문을 완성하여 마치는 시간은 개인차가 매우 크다. 특히 석박사 통합과정이 있는 대학교를 선택할 경우에 시간을 더 단축할 수도 있고, 상황에 따라 10년이 되도 박사를 마치지 못하는 경우도 발생한다. 국내 대학원을 진학할 시에 대학원 시험을 통과해야만 입학할 수 있으나 국외 대학원의 경우 TOEFL 점수와 GRE 점수를 제출하고 지도교수의 추천서 등의 서류심사를 통해 입학할 수 있다. 국내 대학원을 진학할 경우 반드시 관련학과를 졸업하고 대학원을 가는 게 정석이지만, 국외 대학원의 경우 관련학과가 아니더라도 언어학과 대학원에 지원할 수 있다. 예를 들어, 미국 대학원의 경우, 법대를 나온 사람도 언어학과 대학원을 입학할 수 있다는 점에서 언어학 공부는 누구나에게 열려있는 셈이다.

이 장에서는 언어학과 관련된 학제 간 분야들과 언어학을 공부한 후 할 수 있는 몇 가지 직업군에 대해 살펴보았다. 언어학은 사회학, 인류학, 공학, 의학 등 여러 다른 학문과 학제 간 연구가 가능하며, 언어재활사와 청능사가 되기 위한 기초적인 지식을 제공하는 분야임을 살펴보았다. 언어학을 공부함으로써 언어적인 지식과 개념은 물론 학제 간 연구를 통해 융합적인 학문을 추구하는 실용적이고 과학적인 토대를 획득할 수 있다.

1. 언어학과 관련된 연계 학문 분야로는 사회언어학, 역사언어학, 응용언어학, 인류언어학, 전산언어학, 언어병리학 등이 있다.

2. 언어병리학은 청각학을 포함하여, 의사소통장애의 진단, 예방, 치료와 관련된 이론 및 임상에 대하여 연구하는 학문이다. 청각학은 청각, 청각의 균형, 또는 그와 관련한 질병을 연구하는 학문이다. 이들 분야들에 대한 전문가를 가리켜 전자를 언어재활사 또는 언어치료사라고 하고, 후자를 청각사 또는 청능사라고 한다.

3. 언어학을 공부한 후에 진로는 크게 교육계와 산업계로 나눌 수 있다. 교육계로는 언어를 가르치는 교사가 되거나 대학원을 진학해서 교수나 연구원으로 일할 수 있다. 산업계로는 언어나 통신 또는 음성인식이나 인공지능과 관련된 직종에 취업이 가능하며 언어장애와 청각장애 분야를 더 공부한 후, 언어재활사나 청능사로 취업이 가능하다.

1. (   )이란 의사소통 장애의 진단, 예방, 치료와 관련된 이론 및 임상에 대하여 연구한다.

2. (   )이란 언어와 관련된 실제 상황에 발생할 수 있는 문제들을 파악하고, 조사하여, 해결을 제공하는 연구 분야이다.

3. (   )이란 언어가 사회적 요인(계층, 연령, 성별, 직업)에 의하여 어떻게 변이되어 나타나는가를 다루는 언어학의 한 분야이다.

4. (   )란 사회적 요인에 따라 동일한 의미가 다른 맥락에서 사용될 때 다른 방식으로 표현하는 언어적 속성이다.

5. (   )는 언어변이에 관한 연구방법론을 정립시키고 사회언어학의 기틀을 완성한 미국의 언어학자로 사회언어학의 태두로 알려졌다.

6. (   )이란 서로 다른 언어집단의 화자들이 접촉하는 상황이다.

7. (   )란 서로 다른 언어를 사용하는 사람들은 상호 의사소통을 위해 어떤 한 언어를 공동의 언어로 사용할 때 부른다.

8. (   )란 언어들의 접촉 과정에서 한 언어가 아주 간소화된 형태로 변형되어 무역이나 상업거래 등 특정 목적만을 위해 사용되는 단순한 체계를 지닌 주변언어이다.

9. (   )란 피진어가 광범위하게 사용되면서 세대에 걸쳐 정착되어 자연어가 된다.

10. (   )이란 언어를 전산적인 관점에서 자연언어의 통계적인 모형과 논리적인 모형을 다루는 분야이다.

11. (   )이란 언어학의 하위 분야로 특정 목적을 위한 코퍼스(말뭉치)의 설계와 주석을 구축하고 그것을 기반으로 언어에 관한 연구를 하는 분야이다.

12. (   )이란 법정 담화나 재판과 관련된 인터뷰 등 재판이나 법에서 사용되는 언어와 관련된 증거를 연구하는 분야이다.

13. 소리와 관련해서 공학적으로 접근하는 연구를 하는 학자는 (   )이다.

정답 : 1. 언어병리학, 2. 응용언어학, 3. 사회언어학, 4. 언어변이, 5. 라보프, 6. 언어접촉, 7. 링구아 프랑카, 8. 피진어, 9. 크레올어, 10. 전산언어학, 11. 코퍼스 언어학, 12. 의학적 법언어학, 13. 음성공학(자)

1. 다음은 무엇에 대한 설명인가?

> 의사소통 장애의 진단, 예방, 치료와 관련된 이론 및 임상에 대하여 연구하는 학문
> 이다.

2. 사회언어학의 연구 대상이 <u>아닌</u> 것은?
① 대학생과 직장인의 약어 사용의 차이
② 남녀 성별에 따른 상대높임법 실현의 차이
③ 지역에 따른 식물 관련 어휘 사용의 차이
④ 중세한국어와 현대한국어의 시제 체계의 차이
⑤ 사회 계층 간 언어 차이

3. 다음 빈칸에 들어갈 말은?

> (   )이란 특정 목적을 위해 코퍼스의 설계와 주석을 구축하고 그것을 기반으로
> 언어에 관한 이론 연구와 응용 연구를 하는 분야이다.

① 전산언어학
② 말뭉치언어학
③ 응용언어학
④ 이론언어학
⑤ 인류언어학

정답 : 1. 언어병리학, 2. ④, 3. ②

부록

실전모의고사 제1~4회

실전모의고사 제1회
(범위 : 제1~4장)

점수 :   /100

[1~5] 다음 빈칸에 들어갈 말을 보기에서 골라 쓰시오.(주관식_각2점)

> **보기** 언어, 언어학, 음성학, 음운론, 형태론, 통사론, 의미론, 화용론, 음소, 이음(변이음), 형태소, 이형태소, 음절, 말소리, 언어 능력, 언어 수행, 조음음성학, 음향음성학, 청음음성학, 음소배열제약

1. (   )는(은) 의미나 문법적 기능을 가지는 가장 작은 언어 단위이다.

2. (   )는(은) 모국어 화자가 모국어에 대해 알고 있는 무의식적이고 내재화된 지식을 가리킨다.

3. (   )는(은) 음의 산출을 담당하는 분야로 화자가 말소리를 어떻게, 어디에서 발음하는가를 연구한다.

4. (   )는(은) 말소리 체계를 연구하는 학문이고, (   )는(은) 실제 발음되는 말소리를 연구하는 학문이다.

5. 단어 'pat'과 'bat'에서 'p'와 'b'는 의미의 차이를 주는 (   )이다.

6. 언어의 속성에 대한 설명으로 옳지 **않은** 것은?(3점)

   ① 의미성 : 의사소통을 하는 모든 신호는 의미를 가진다.

   ② 자의성 : 단어 형태와 의미는 논리적으로 서로 연관되어있다.

   ③ 창조성 : 이전에 들어본 적이 없는 새로운 문장을 생성할 수 있다.

   ④ 문화적 전승 : 언어는 유전적으로가 아니라 문화적으로 전승된다.

   ⑤ 이동성 : 시공간을 초월해서 존재하지 않은 것을 이야기할 수 있다.

7. 다음 문장은 사용할 수 없다(* = ungrammatical). 이것을 판단하는 모국어 화자가 지닌 언어학적 지식은?(3점)

> **보기** *Likes Bill Jill.

① 음성학　　　　　② 음운론　　　　　③ 형태론

④ 통사론　　　　　⑤ 의미론　　　　　⑥ 화용론

8. 영어 단어 'unhappiness'에 대해 각 질문에 답을 쓰시오.(주관식_각 2점)

8-1. 몇 개 단어와 몇 개의 형태소로 구성된 것인가?

8-2. 형태소 중 자립형태소는? 의존형태소는?

8-3. 어간은 무엇이고 접사는 무엇인가?

8-4. 접사는 접두사인가? 접미사인가?

8-5. 접사는 파생접사인가? 굴절접사인가?

9. 다음 중 한 언어의 음소 설정에 대한 설명으로 옳지 <u>않은</u> 것은?(3점).

① 최소대립쌍을 이루는 두 단어의 의미를 분화시켜주는 두 소리는 각기 독립적인 음소이다.

② 음운론에서 관심을 가지는 말소리는 추상적인 음소이다.

③ 상보적 분포를 이루는 두 소리는 서로 다른 음소이다.

④ 대조적 분포를 이루는 두 소리는 다른 음소의 이음(변이음)이다.

⑤ 자유변이를 이루는 두 소리는 한 음소의 이음(변이음)이다.

10. 다음 중에서 'cap'에서 첫 자음을 설명한 것으로 옳지 <u>않은</u> 것은?(3점)

① 발음기호는 [c]이다.　　　　② 무성음이다.

③ 연구개음이다.　　　　　　　④ 폐쇄음이다.

⑤ 구강음이다.

11. /n/ 발음이 /b/ 발음 앞에서 [m]으로 발음된다. 이런 현상은?(3점)

> **보기** ca<u>n</u> bake → ca<u>m</u> bake

① 구개음화　　　　　　　② 비음화

③ 불파음화　　　　　　　④ 유기음화

⑤ 동화

12. 조음 위치가 같은 것끼리 연결한 것은?(3점)

① 영어의 thigh /θ/ – 한국어 '달'의 /ㄷ/

② 영어의 vase /v/ – 한국어 '방'의 /ㅂ/

③ 영어의 cat /k/ – 한국어 '강'의 /ㅇ/

④ 영어의 love /l/ – 한국어 '말'의 /ㅁ/

⑤ 영어의 fat /f/ – 한국어의 '팔'의 /ㅍ/

13. 다음 중에서 최소대립쌍이 <u>아닌</u> 것은?(3점)

① pie–spy   ② spy–sty   ③ dean–teen

④ 딸–탈   ⑤ ken–gen

14. 파생접사와 굴절접사의 차이를 설명한 것으로 옳지 <u>않은</u> 것은?(3점)

① 파생접사는 품사를 바꿀 수 있으나 굴절접사는 그렇지 않다.

② 파생접사는 굴절접사에 비해 생산성이 낮다.

③ 파생접사는 굴절접사보다 어근에 가까이 위치하는 경향이 있다.

④ 파생접사의 의미는 규칙적이지만 굴절접사의 의미는 예측하기 어렵다.

⑤ 파생접사는 접두사이거나 접미사이지만 굴절접사는 접미사만 있다.

15. 다음에서 초분절음(suprasegments) 요소에 들어가지 <u>않은</u> 것은?(3점)

① 장단(length)   ② 모음(vowels)   ③ 강세(stress)

④ 성조(tone)   ⑤ 고저(pitch)   ⑥ 억양(intonation)

16. 모음의 분류 기준에 대한 설명으로 옳지 <u>않은</u> 것은?(2점)

① 혀의 높낮이에 따라 고모음, 중모음, 저모음으로 나뉜다.

② 입술 모양에 따라 원순모음과 평순모음으로 나뉜다.

③ 입술의 긴장도에 따라 긴장모음과 이완모음으로 나뉜다.

④ 혀가 입안의 어디에 위치하느냐에 따라 전설, 중설, 후설로 나뉜다.

⑤ 모음은 혀의 높이, 혀의 위치, 입술의 원순성, 긴장성으로 구분한다.

17. 단어 첫소리를 설명하는 것을 보기에서 모두 고르시오.(복수정답_3점)

> **보기**   **말** : 유성음, 무성음, 양순음, 순치음, 치경음, 구개음, 구강음, 비음, 폐
> 쇄음, 마찰음, 근접음, 파찰음

18. 단어의 모음을 설명하는 것을 보기에서 모두 고르시오.(복수정답_3점)

> **보기** bit : 고모음, 중모음, 저모음, 전설모음, 중설모음, 후설모음, 긴장모음, 이완모음, 원순모음, 평순모음

19. 언어의 유형론적 분류에 관한 설명으로 옳지 <u>않은</u> 것은?(3점)

① 언어유형론은 형태소들이 어떤 방식으로 결합해서 단어를 만드는지에 따라 언어를 분류한다.

② 중국어는 고립어 특성이 강하다.

③ 언어는 유형론적으로 크게 종합어와 분석어로 분류할 수 있다.

④ 헝가리어와 한국어는 포합어적 특성이 강하다.

⑤ 단어들이 모두 자유형태소로만 구성되어 있는 언어는 고립어이다.

20. 다음 언어 자료를 보고 각 질문에 답하시오.(각 2점)

> **보기** 한국어
>
> 산 [san] 'mountain'   신호 [ʃinho] 'signal'
> 소설 [sosəl] 'novel'   십삼 [ʃipsam] 'thirteen'
> 솜 [som] 'cotton'   실수 [ʃilsu] 'mistake'
> 손 [son] 'hand'   시합 [ʃihap] 'game'
> 색 [sɛk] 'color'   맛이 [maʃi] 'delicious'

20-1. [s]와 [ʃ]를 포함하는 최소 대립쌍은 있는가? (있다, 없다)

20-2. [s]와 [ʃ]는 동일한 음소의 이음인가? 다른 음소의 이음인가?

20-3. [s]와 [ʃ]는 어떤 분포를 이루고 있나?

20-4. [s]와 [ʃ]는 영어와 같은가 다른가? 만약 다르다면 어떻게 다른가?

21. 다음 두 단어의 밑줄 친 [p]는 서로 어떤 관계인가?(3점)

> **보기** pot vs. spot

① 대조적 분포   ② 상보적 분포   ③ 자유변이

④ 변별적 분포   ⑤ 상대적 분포

22. 다음 조음방법에 대한 설명이다. 옳지 <u>않은</u> 것은?(3점)

① 폐쇄음 : 공기흐름이 차단되었다가 한꺼번에 파열되면서 나는 소리이다.

② 마찰음 : 공기흐름이 부분적으로 차단되고 마찰이 일어나는 소리이다.

③ 파찰음 : 파열음과 마찰음이 연속적으로 발음되는 소리이다.

④ 근접음 : 공기가 자유롭게 입 밖으로 흘러나면서 나는 소리이다.

⑤ 장애음 : 공기의 흐름이 자유롭게 나가며, 비음, 근접음이 해당된다.

23. 밑줄 친 단어의 소리를 설명하는 것 중 옳지 <u>않은</u> 것은?(3점)

> **보기**   [f] in cou<u>gh</u>

① 양순음   ② 마찰음

③ 구강음   ④ 무성음

24. 다음은 어떤 형태론적 과정을 말하는 것인가?(3점)

> **보기**   m<u>a</u>n ~ m<u>e</u>n;wom<u>a</u>n~wom<u>e</u>n

① 접사화   ② 합성어   ③ 교체

④ 보충법   ⑤ 융합

25. 다음 멕시코 언어인 아즈텍(Michoacan Aztec) 자료에 대해 질문에 답하시오.

> **보기**
>
> | | |
> |---|---|
> | nokali 'my house' | mopelo 'your dog' |
> | nokalimes 'my houses' | mopelomes 'your dogs' |
> | mokali 'your house | ipelo 'his dog' |
> | ikali 'his house' | nokwahmili 'my cornrfield' |
> | kalimes 'houses' | mokwahmili 'your cornfield' |
> | | ikwahmili 'his cornfield' |

25-1. 다음 영어 의미에 해당되는 형태소를 적으시오.

① house _____   ② dog _____   ③ cornfield _____

④ 복수형 _____   ⑤ my _____   ⑥ your _____

⑦ his _____

25-2. 만약 'friend'가 [mahkwa]라면 'my friends'는?

① momahkwa   ② imahkwas   ③ momahkwames

④ momahkwaes   ⑤ nomahkwames

25-3. 'his cornfields'에 해당되는 형태소는?

25-4. [ipelomes]는 어떤 의미인가?

26. 다음은 무슨 개념에 대한 설명인가?(주관식_3점)

> **보기** "어떤 언어든지 가능한 음의 연결에 대한 제약으로 예를 들어 영어에서
> 는 *[pk]는 단어 첫 자음으로 가능하지 않다."

(   )

27. 다음 진술은 참인가? 거짓인가?(2점)

> **보기** "동물들의 의사소통체계는 **폐쇄적**이지만 인간의 의사소통체계는 **개방적**
> 이다."

① 참   ② 거짓

28. 다음 진술은 참인가? 거짓인가?(2점)

> **보기** 'top, stop, water'에서 발음되는 /t/는 동일한 음소의 **변이음**이다.

① 참   ② 거짓

29. 다음 중 유성음으로 시작하는 단어는 몇 개인가?(3점)

> **보기** pat, bat, tab, dab, cap, gap, sip, zip, nun, mom

① 4   ② 5   ③ 6   ④ 7   ⑤ 8

30. 다음 빈칸에 들어갈 단어를 영어로 쓰시오.(2점)

> **보기** _____ refers to the study of Human language. A _____ is
> someone who studies the structure of language and its use.

실전모의고사 제2회
(범위 : 제1~4장)

점수 :   /100

[1~5] 다음 빈칸에 들어갈 말을 보기에서 고르시오.(주관식_각 2점).

> **보기** 언어, 언어학, 음성학, 음운론, 형태론, 통사론, 의미론, 화용론, 음소, 이음소, 형태소, 이형태소, 음절, 말소리, 언어 능력, 언어 수행, 조음음성학, 음향음성학, 청음음성학, 음소배열제약

1. (　　　)는(은) 단어의 내적 구조와 형성을 연구하는 학문이다.

2. (　　　)는(은) 인간만이 지닐 수 있는 유일한 능력으로, 인간으로 하여금 의미있는 발화를 이해하고 산출하게 하는 추상적이고 인지적인 체계이다.

3. (　　　)는(은) 언어를 구사할 때 사용하는 자음, 모음, 초분절음(강세, 장단, 성조, 억양) 요소를 포함한다.

4. (　　　)는(은) 언어의 말소리의 체계를 연구하며 음성학과 구분된다.

5. (　　　)는(은) 동일한 음이 음성 환경에 따라 다르게 발음되는 음소의 서로 다른 변이음이다.

6. 음성학과 음운론 대한 설명으로 옳지 <u>않은</u> 것은?(3점)
① 둘 다 말소리를 연구하는 학문이다.
② 말소리 체계에 대해 연구하는 학문은 음운론이다.
③ 음이 어떻게 조음되는지 연구하는 학문은 음성학이다.
④ 음소는 추상적인 반면에 음은 구체적이다.
⑤ 말소리의 물리적 속성에 대해 연구하는 학문은 음운론이다.

7. 다음은 모국어 화자의 언어학적 지식 중 어느 것에 해당되는가?(3점)

> **보기** '달과 탈을 다르게 발음할 수 있다.'

① 음성학   ② 음운론   ③ 형태론

④ 통사론   ⑤ 의미론   ⑥ 화용론

8. 영어 단어 'deactivations'에 대해 각 질문에 답하시오.(주관식_각 2점)

8-1. 모두 몇 개의 형태소인가? (　　　)개

8-2. 형태소 중 자립형태소는? (　　　) 의존형태소는? (　　　)

8-3. 어간은? (　　　), 접사는? (　　　)

8-4. 접사 중 접두사는? (　　　), 접미사는? (　　　)

8-5. 접사 중 파생접사는? (　　　), 굴절접사는? (　　　)

9. 형태소에 관한 설명으로 중 옳지 **않은** 것을 고르시오(3점).

① 영어의 복수를 의미하는 '-s'는 자립형태소이다.

② 한국어의 '개'와 영어의 'cat'은 내용형태소이다.

③ 영어 과거시제 '-ed'의 세 가지 이형태소를 가진다.

④ 단어 'cats, catty'의 어간은 'cat'이다.

⑤ 단어 'ungentlemanliness'는 5개의 형태소이다.

10. 다음 중에서 'this'에서 첫 자음을 설명한 것으로 옳지 **않은** 것은?(2점)

① 발음기호는 [t]이다.   ② 유성음이다.

③ 치음이다.   ④ 마찰음이다.

⑤ 구강음이다.

11. 다음과 같이 발음되는 음운규칙은?(3점)

> **보기** [d] → [dʒ](Did you eat?), 같이 → 가치

① 구개음화   ② 비음화

③ 불파음화   ④ 유기음화

⑤ 동화

12. 다음 자음 쌍 중에서 조음위치의 간격이 가장 먼 것은?(3점)

① [p] - [t]   ② [ʒ] - [k]   ③ [m] - [g]

④ [ð] - [dʒ]   ⑤ [n] - [ʃ]

13. 다음 중에서 최소쌍이 아닌 것을 고르시오(3점).

① 딸-탈   ② pie-tie   ③ pit-pin

④ 달-이달   ⑤ spy-sty

14. 자음과 모음을 설명한 것으로 옳지 <u>않은</u> 것은?(3점)

① 자음과 모음 모두 유성음과 무성음으로 구분된다.

② 음절을 형성하는 주된 말소리는 모음이다.

③ 자음은 크게 구강음과 비음으로 나누어진다.

④ 음절 핵이 될 수 있는 것은 모음만 가능하다.

⑤ 발음할 때 공기의 흐름이 차단되는 음은 자음이다.

15. 다음 음성이 공통적으로 가지고 있는 속성은?

> **보기**   [p], [b], [m]

① 공명음   ② 마찰음   ③ 장애음

④ 유성음   ⑤ 양순음

16. 언어학의 하위 분야에 관한 설명으로 옳지 <u>않은</u> 것은?(2점)

① 음성학은 말소리의 체계와 기능을 연구하는 분야이다.

② 형태론은 단어의 형성과 구조를 연구하는 분야이다.

③ 통사론은 구, 절 또는 문장의 형성과 구조를 연구하는 분야이다.

④ 의미론은 기호와 의미의 관계를 연구하는 분야이다.

⑤ 음성학, 음운론, 통사론, 의미론, 화용론은 언어학의 핵심 분야이다.

17. 단어 끝 소리를 설명하는 것을 보기에서 모두 고르시오.(복수정답_3점)

> **보기**   **bag** : 유성음, 무성음, 양순음, 순치음, 치경음, 연구개음, 구강음, 비음,
> 폐쇄음, 마찰음, 근접음, 파찰음

18. 단어의 모음을 설명하는 것을 보기에서 모두 고르시오.(복수정답_3점)

> **보기** laugh : 고모음, 중모음, 저모음, 전설모음, 중설모음, 후설모음, 긴장모음, 이완모음, 원순모음, 평순모음

19. 언어 유형에 관한 설명으로 옳은 것을 모두 고른 것은? (3점)

> **보기** a. 고립어의 특징이 강한 언어는 중국어이다.
> b. 형태소의 결합 정도가 매우 복잡한 언어는 포합어이다.
> c. 헝가리어나 한국어는 교착어에 속한다.
> d. 접사들 간의 경계를 결정하기 용이한 언어는 교착어이다.

① a, b   ② a, b, c   ③ a, b, c, d

④ a, c   ⑤ b, d

20. 한국어의 자료에서 [p], [p*], [p^h]에 대해 각 질문에 답하시오.(각 2점)

> **보기** **한국어**
>
> | | |
> |---|---|
> | 1. pang 'room' | 7. pul 'fire' |
> | 2. ibang 'this room' | 8. ibul 'blanket' |
> | 3. p*ang 'bread' | 9. pangbang '방방' |
> | 4. ip*ang 'this bread' | 10. p^{h}ul 'grass' |
> | 5. p^{h}ang '팡' | 11. ip*al 'teeth' |
> | 6. ip^{h}ang '이 팡' | 12. p*ul 'horn' |

20-1. 최소쌍 또는 세 쌍은? 있으면 쓰시오.

20-2. 자료를 통해 알 수 있는 음소는 몇 개인가? 그 증거는?

20-3. 자료에서 [p]와 [b]는 어떤 관계인가?

20-4. 한국어와 영어 체계에서 [p], [p^h], [b]는? (같다 / 다르다)

21. 다음 단어의 [p^h]와 [p˺]는 어떤 관계인가?(3점)

> **보기** [map^h] vs. [map˺]

① 대조적 분포 ② 상보적 분포

③ 자유변이 ④ 변별적 분포

⑤ 상대적 분포

22. 다음 파생접사를 설명한 것으로 옳지 <u>않은</u> 것은?(3점)

① 접두사이거나 접미사일 수 있다.

② 굴절접사 앞에 위치한다.

③ 굴절접사에 비해 어근에 가까이 위치한다.

④ 굴절접사에 비해 매우 생산적이다.

⑤ 품사를 변화시킬 수 있다.

23. 밑줄 친 단어의 소리를 설명하는 것 중 옳지 <u>않은</u> 것을 고르시오.(3점)

[ʤ] in judge

① 구강음(oral) ② 파찰음(affricate)

③ 치경음(alveolar) ④ 유성음(voiced)

24. 다음은 어떤 형태론적 과정을 말하는 것인가?(3점)

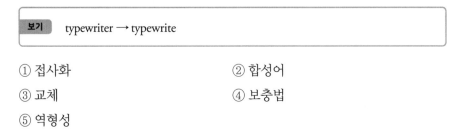

typewriter → typewrite

① 접사화 ② 합성어

③ 교체 ④ 보충법

⑤ 역형성

25. 다음 한국어 자료에 대한 각 질문에 답하시오.

어젯밤 형태론을 공부했다.

25-1. 단어는 모두 몇 개인지 적으시오.

25-2. 형태소는 모두 몇 개인지 적으시오.

25-3. 이형태소가 가능한지? 가능하면 어떤 것인지 적으시오.

26. 다음 설명에 해당하는 용어는?(주관식_3점)

> **보기** "하나 이상의 조음적 또는 청음적 속성을 공유하는 음성 집단을 일컫는다. 예를 들어, 자음을 장애음과 공명음으로 두 가지로 구분한다."

(   )

27. 다음 진술은 참인가? 거짓인가?(2점)

> **보기** 한국어와 영어의 말소리 모두 **폐장방출음**이다.

① 참   ② 거짓

28. 다음 진술은 참인가? 거짓인가?(3점)

> **보기** 언어마다 동일한 말소리가 존재하지만 음운체계는 매우 다르다.

① 참   ② 거짓

29. 다음 중 무성음으로 시작하는 단어는 몇 개인가?(3점)

> **보기** pay, bay, tay, day, kay, gay, say, jay, nay, may

① 4   ② 5   ③ 6   ④ 7   ⑤ 8

30. 다음 빈칸에 들어갈 단어를 영어로 쓰시오.(3점)

> **보기** _____ refers to the scientific study of speech sounds. A _____ is someone who studies how they are produced in the vocal tract, their physical properties, and how they are perceived.

실전모의고사 제3회
(범위 : 제5~10장)

점수 :   /100

[1~5] 다음 빈칸에 들어갈 말을 보기에서 고르시오.(주관식_각 2점)

> **보기** 통사론, 의미론, 화용론, 언어 습득, 심리언어학, 신경언어학, 동의어, 하의어, 화행, 반의어, 대화의 격률, 내재적 가설, 보편문법, 브로카실어증, 옹알이, 결정적 시기, 직시어, 전이, 화석화

1. (   )는(은) 모든 언어에 보편적으로 공유하는 속성을 말한다.

2. (   )는(은) 어떤 맥락이나 상황에서 사용된 문장의 의미를 연구한다.

3. (   )는(은) 물리적 행동처럼 언어로 하는 행동을 말한다.

4. (   )는(은) 문장에서 '여기, 저기, 거기, 그, 이, 저' 등을 말한다.

5. (   )는(은) 모국어에 있는 발음이나 문법을 제2언어를 구사할 때 그대로 잘못 사용하는 것을 말한다.

6. 직시적(deictic) 표현에 해당하지 <u>않는</u> 것은?(3점)

① 이동 표현 come, go   ② 시간 표현 Monday, Friday

③ 장소 표현 here, there   ④ 대명사 he, I, you

⑤ 지시사 this, that

7. 다음 문장이 비문법적인 것을 안다. 언어학적 지식 중 어느 것인가?(3점)

> **보기**   *like Syntax I.

① 음성학   ② 음운론

③ 형태론   ④ 통사론

⑤ 의미론   ⑥ 화용론

8. 다음 문장에 대해 각 질문에 답하시오.(주관식_각3점)

> **보기** '영희는 언어학을 좋아해요.'

8-1. 모두 몇 개의 어휘(lexical) 성분인가?　(　　　)개

8-2. 모두 몇 개의 구(phrase) 구성성분인가?　(　　　)개

8-3. 어순은 무엇인가? (SVO/SOV/OVS/VSO)

8-4. '언어학을'은 구조적으로 어느 것과 가까운가?(영희는/좋아해요)

8-5. 문장을 영어로 표현하면 어순이 달라지는가? (예/아니요)

9. 문장을 보기 각 질문에 답하시오.(각 3점)

> **보기** The man fell into the pond slowly.

9-1. 동사구(verb phrase)에 해당되는 것은?

① The man
② The man fell
③ The man fell into
④ fell into the pond
⑤ fell into the pond slowly

9-2. 다음 중 핵(head)이 아닌 것을 모두 고르시오.

① The
② man
③ fell
④ into
⑤ pond
⑥ slowly

10. 다음 중에서 비문법적인 문장을 모두 고르시오.(3점)

① Sally likes the cat.
② Sally likes Fluffy.
③ Sally gave cat some food.
④ Sally gave Fluffy some food.
⑤ The Fluffy was sleeping.
⑥ The cat was sleeping.

11. 다음 자료에 대한 설명 중 옳지 <u>않은</u> 것은?(3점)

> **보기**　[ram　angrezi　bol　sakta　he]
> 　　　　Ram　English　speak　able　is
> 　　　　"Ram can speak English"

① 어순은 SOV이다.　　　　② 핵−후행언어이다.

③ [ram]은 핵이다.　　　　④ Ram은 명사구이다.

⑤ 본동사가 조동사를 뒤 따른다.

12. 구 구조규칙(Phrase Structure Rule)으로 옳지 **않은** 것은?(3점)

> **보기**　　Sally liked her cute cat.

① S → NP VP　　　　　　② NP → N

③ NP → Det Adj N　　　　④ VP → V NP

⑤ VP → V Det N

13. 언어 습득에 관한 설명 중 옳지 **않은** 것은?(3점)

① 거의 모든 아이들이 약 4~6개월 정도에 옹알이를 시작한다.

② 옹알이 이후 자음과 모음이 결합된 음절을 시작한다.

③ 한 단어 단계는 'up'이라는 단어가 '나를 올려줘'를 의미할 수 있다.

④ 'mommy book'라고 하지 않고 'book mommy'라고 한다.

⑤ 어느 순간부터 폭발적으로 배우지 않은 발화를 하기 시작한다.

14. 수형도와 일치하지 **않은** 구 구조규칙은?(3점)

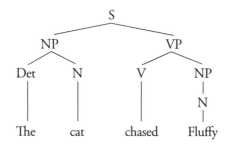

① VP → V N　　　　　　② NP → Det N

③ NP → N　　　　　　　④ VP → V NP

⑤ S → NP VP

15. 브로카 실어증에 대한 설명으로 옳지 **않은** 것은?(3점)

① 주로 왼쪽 뇌의 앞부분을 다친 환자들에게서 관찰된다.

② 자신의 말을 산출하는 데 문제가 없으나 이해하는 데 문제가 있다.

③ 프랑스 외과 의사인 폴 브로카에서 이름이 유래되었다.

④ 전치사나 조동사 같은 기능어휘들을 제대로 사용하지 못한다.

⑤ 단어를 찾아 발음하는 데 많은 시간이 필요하다.

16. 단어는 서로 어떤 관계에 있는가?(3점)

> **보기** 　개와 동물

① 상하관계 　　　　② 동의관계 　　　　③ 반의관계

④ 조합관계 　　　　⑤ 수직관계

17. 단어는 서로 어떤 관계에 있는가?(3점)

> **보기** 　smoking and nonsmoking

① 상하관계 　　　　② 동의관계 　　　　③ 상보적 반의관계

④ 점진적 관계 　　　⑤ 관계적 반의어

18. 문장이 참인가? 거짓인가?(3점)

> **보기** 　S: Lee walks.
> 　　　　NP: Lee
> 　　　　VP: {Robin, Park, Kim}

① 참 　　　　　　　　　　　② 거짓

19. 구조적 중의성(structural ambiguity)을 가진 문장을 고른 것은?(3점)

> **보기** 　a. The man fell slowly.
> 　　　　b. Robert shot the man with a telescope.
> 　　　　c. They went to the bank.
> 　　　　d. Flying airplanes can be dangerous.

① a, b 　　　② a, b, c 　　　③ a, b, c, d 　　④ a, c 　　　⑤ b. d

20. 화용론의 연구 내용으로 옳지 <u>않은</u> 것은?(3점)

① 주어진 맥락에서 전달되는 의미를 연구한다.

② 언어 표현의 의미를 그에 대응하는 지시체로 파악한다.

③ 상황 맥락을 바탕으로 언어 사용의 원리를 연구한다.

④ 대화 참여자, 시간, 공간, 발화의 목적 등 비언어적인 요소도 고려한다.

⑤ 의미론은 언어적 의미를 연구하고, 화용론은 발화상 의미를 연구한다.

21. 결정적 시기 가설에 관한 설명으로 옳은 것을 모두 고르시오.(3점)

> **보기**
> a. 반구 편중화가 끝나는 시기인 사춘기 이후에 처음으로 언어에 노출된다면 온전한 언어 습득은 거의 불가능하다고 본다.
> b. 어린 아이는 좌뇌에 손상을 입더라도 우뇌가 언어 기능을 일정 부분 담당하여 모국어를 습득할 수 있다고 본다.
> c. 13세까지 언어에 거의 노출되지 않았던 지니는 이후 집중적인 언어 교육을 통해 의사소통이 가능해졌다. 그러나 문법은 일반인의 수준까지 이르지 못하여 결정적 시기 가설에 대한 뒷받침이 되었다.

① a   ② a, b

③ b, c   ④ a, b, c

⑤ a, c

22. 언어와 뇌에 관한 설명으로 옳지 <u>않은</u> 것은?(3점)

① 대부분의 사람들의 언어 능력은 주로 좌반구에 편재되어 있다.

② 좌뇌의 앞부분에 손상을 입어서 말을 할 때 장애를 가지는 병을 브로카 실어증이라고 한다.

③ 베르니케 실어증 환자들은 겉으로는 유창하게 말을 하는 듯이 보이지만 언어 이해에 어려움을 보인다.

④ 기능적 자기 공명 영상 기법(fMRI)을 활용하여 언어 기능이 활성화되는 뇌의 위치를 파악할 수 있다.

⑤ 대뇌 우반구는 주로 분석적인 이유나 시간적 순서, 수리, 언어 처리를 담당한다.

23. 아이와 엄마와의 대화 예시는 어떤 이론에 기초하는가?(3점)

> **보기** "Children learn language by listening to the speech around them and
> reproducing what they hear."
> Adult : He doesn't want a drink.
> Child : He no want drink.

① 모방이론   ② 강화이론

③ 능동적 문법구축이론   ④ 연결이론

⑤ 상호작용 이론

24. 다음은 언어 습득의 어떤 현상을 설명하는가?(3점)

> **보기** 아이가 단어 '달'을 '케이크, 둥근 표시, 소인, 철자 O'를 의미하는 데 사
> 용한다.

① 복합적 개념   ② 과대확장   ③ 과소확장

④ 개념의 본질적 복합성   ⑤ 일반화

25. 다음 설명은 어떤 개념인가?(3점)

> **보기** '한국인 영어 학습자가 영어를 발음할 때 계속 스.트.라.이.크라고 발음
> 한다.'

① 화석화   ② 외래억양   ③ 전위   ④ 말 실수   ⑤ 전이

26. 어떤 문장 형태인지, 어떤 화행인지, 어떤 화법인지? 다음 문장에 해당되는 것을
모두 고르시오. (복수정답_3점)

> **보기** "Give me the mustard!"

① imperative   ② interrogative   ③ order

④ declarative   ⑤ request   ⑥ assertion

⑦ direct   ⑧ indirect

27. 다음 진술은 어떤 개념을 설명하는가?(3점)

> **보기** 몸의 오른쪽은 좌반구에 의해 몸의 왼쪽은 우반구에 의해 통제된다.

① 대뇌 좌우 기능분화(lateralization)
② 대측성의 기능분화(contralateralization)
③ 이분 청취법(dichotic listening)
④ 이름 명명 과업(object naming task)

28. 심리언어학의 연구 주제로 거리가 먼 것은?(3점)
① 이중언어 구사자의 발화산출 연구
② 언어 학습에 대한 가설들을 테스트
③ 어휘적 중의성의 해석 연구
④ 어순의 유형론적 연구
⑤ 언어 습득과 처리와 인간의 심리와 연관성 연구

29. 대화의 격률에 해당되지 않는 것을 모두 고르시오?(3점)

> **보기** a. 거짓이라고 믿는 것은 말하지 말라.
> b. 순서적으로 말하라.
> c. 대화에서 요구되는 것 이상의 정보를 제공하지 말라.
> d. 모호함을 피하라.
> e. 관련된 말을 하라.
> f. 간결하게 말하라.

① a, b   ② a, f   ③ b, c   ④ d   ⑤ 없음

30. 다음 ( )에 들어갈 용어로 옳은 것은?(3점)

> **보기** ( )는(은) 언어와 뇌를 연구하며 뇌가 언어의 산출, 인지, 그리고 습득에 어떻게 관여하는지를 연구한다.

① 심리언어학   ② 신경언어학   ③ 인지언어학
④ 뇌 언어학   ⑤ 인류언어학

점수 :   /100

[1~5] 다음 빈칸에 들어갈 말을 보기에서 고르시오.(주관식_각 2점)

> **보기** 심리언어학, 신경언어학, 사회언어학, 언어병리학, 화행, 대화의 격률, 내재적 가설, 보편문법, 브로카실어증, 옹알이, 결정적시기, 직시어, 전이, 화석화

1. (   )는(은) 언어 변화를 이끄는 사회적 요인(연령, 계층, 성별, 방언)을 밝히는 연구이다.

2. (   )는(은) 문장 구조를 연구하는 학문이다.

3. (   )는(은) 인간이 언어를 습득할 수 있도록 내재화된 능력을 가지고 태어난다는 가설이다.

4. (   )는(은) 의사소통 장애의 진단, 예방, 치료와 관련된 이론 및 임상에 대하여 연구한다.

5. (   )는(은) 아이들이 말을 하기 전에 자음과 모음의 연속체를 소리내어 산출하는 행위이다.

6. 어떤 문장이 적법한지(well-formed) 아닌지를 결정하는 것은?(3점)
   ① 의미론   ② 통사론   ③ 화용론   ④ 형태론   ⑤ 응용언어학

7. 〈보기〉 단어의 의미적 관계를 설명한 것은?(3점)

> **보기** couch vs. sofa
> cat vs. feline

① hyponymy   ② synonymy   ③ antonymy   ④ relational   ⑤ relatives

8. 다음 문장에 대해 질문에 답하시오. (주관식_각 3점)

> **보기** I met my friend at the school.

8-1. 모두 몇 개의 어휘(lexical) 성분으로 이루어졌는가? ( )개

8-2. 모두 몇 개의 구(phrase) 구성성분으로 이루어졌는가? ( )개

8-3. 어순은 무엇인가? (SVO/SOV/OVS)

8-4. 필요한 구 구조규칙을 모두 쓰시오.

8-5. 수형도(tree diagram)를 그려보시오.

9. 다음 질문에 답하시오. (각 3점)

> **보기** Bill met his friend at the park.

9-1. 문장에서 명사구(noun phrase)에 해당되는 것은?

① Bill   ② Bill met   ③ Bill met his

④ Bill met his friend   ⑤ at the park

9-2. 다음 중 핵(head)이 <u>아닌</u> 것은?

① Bill   ② met   ③ his

④ friend   ⑤ at   ⑥ park

10. 대화상의 규칙에 해당되지 <u>않은</u> 것은? (3점)

① 충분한 근거가 있지 않은 것은 말하지 말라.

② 관련된 말을 하라.

③ 예의를 갖추어서 말을 하라.

④ 대화에서 요구되는 이상의 정보를 제공하지 말라.

⑤ 모호한 표현을 피하라.

11. 다음 설명에 해당하는 용어는? (3점)

> **보기** 말을 더듬거리며 단어를 완성하는 데 매우 어려워하며 전보식 발화를 하고 기능어나 문법적인 굴절어를 빼고 말을 하는 경향이 있는 환자이다.

① 열뇌환자   ② 베르니케 실어증

③ 브로카 실어증   ④ 실서증

⑤ 실독증

12. 다음처럼 발화하는 것은 어떤 종류의 말 실수에 해당되는가?(3점)

> **보기**   Dear old queen → queer old dean

① 기대(anticipation)   ② 유지(preservation)

③ 삭제(deletion)   ④ 첨가(addition)

⑤ 전위(metathesis)

13. 결정적 시기에 관한 설명 중 옳지 <u>않은</u> 것은?(3점)

① 생물학자 레네버그에 의해 제안되었다.

② 말하는 것은 자전거를 배우는 것과 유사하다.

③ 태어나서 사춘기까지의 시기를 가리킨다.

④ 결정적 시기 이후에 언어를 습득하는 것은 어려울 수 있다.

⑤ 14살에 발견된 지니는 정상적인 언어 습득이 어려웠다.

14. 문장을 바꾸어 쓸 수 <u>없는</u> 것은?(3점)

① Bill likes the dog. = Bill likes Puppy.

② The dog is cute. = Puppy is cute.

③ The dog is sleeping. = The Puppy is sleeping.

④ Bill gave the dog some food. = Bill gave Puppy some food.

⑤ Puppy is Bill's dog. = Bill's dog is Puppy.

15. 통사론으로 설명할 수 <u>없는</u> 것은?(3점)

① 어순

② 문법성

③ 문장의 계층적 구조

④ 문장의 중의성

⑤ 상보적 분포

16. (a)의 단어와 (b)의 단어들이 갖는 어휘적 관계는?(3점)

보기	(a)	(b)
	아버지	어머니
	married	bachelor
	위	아래

① 상하관계   ② 동의관계   ③ 대립관계   ④ 반의관계   ⑤ 다의관계

17. 다음 학제 간 언어학 관련 용어에 대한 설명으로 옳지 <u>않은</u> 것은?(3점)

① 전산언어학은 언어를 전산적인 관점에서 자연언어의 통계적인 모형과 논리적인 모형을 다루는 분야이다.

② 응용언어학은 언어와 관련된 실제 상황에 발생할 수 있는 문제들을 파악하고, 조사하여, 해결을 제공하는 학제간 학문분야이다.

③ 사회언어학은 언어와 문화, 사회구조와의 상호작용을 연구한다.

④ 신경언어학은 뇌에서 언어를 담당하는 영역을 연구한다.

⑤ 언어병리학은 의사소통 장애의 진단, 예방, 치료와 관련된 이론 및 임상에 대하여 연구한다.

18. 문장이 참인가? 거짓인가?(3점)

보기	
	S : Sandy runs.
	NP : Sandy
	VP : {Robin, Sandy, Kim}

① 참   ② 거짓

19. 두 살짜리 폴이 사용하는 음운규칙은?(3점)

보기	단어	발음	단어	발음
	sun	[sʌn]	snake	[neɪk]
	see	[si]	sky	[kaɪ]
	spoon	[pun]	stop	[tap]

① 동화   ② 구개음화   ③ 삭제   ④ 첨가   ⑤ 무성음화

20. 수행적 화행(performative speech acts)에 해당되는 것은?(3점)

① 창문 닫아!   ② 창문을 닫으라고 요청한다.

③ 누가 나를 쳤지?   ④ 문 좀 닫아줘.

⑤ 나 좀 일으켜 줘.

21. 다음은 어떤 용어를 설명하는가?(3점)

> **보기**   왼쪽 뇌의 뒷부분이 손상된 질병으로 주로 어휘 선정과 언어 이해에 문
> 제가 있다.

① 열뇌환자   ② 브로카 실어증

③ 베르니케 실어증   ④ 대뇌 좌우 기능 분화

⑤ 대측성의 기능 분화

22. 언어와 뇌에 관한 설명으로 옳지 **않은** 것은?(3점)

① 대부분의 사람들의 언어 능력은 주로 우반구에 편재되어 있다.

② 좌뇌의 앞부분에 손상을 입어서 말을 할 때 장애를 가지는 병을 브로카 실어
증이라고 한다.

③ 베르니케 실어증 환자들은 겉으로는 유창하게 말을 하는 듯이 보이지만 언어
이해에 어려움을 보인다.

④ 몸의 오른쪽은 좌반구에 의해 통제되며, 몸의 왼쪽은 우반구에 의해 통제된다.

⑤ 대뇌 좌반구는 주로 분석적인 이유나 시간적 순서, 수리, 언어 처리를
담당한다.

23. 다음 아이와 엄마와의 대화는 어떤 습득 이론의 반증 예인가?(3점)

> **보기**   아이 : Nobody don't like me.
> 엄마 : No, say 'nobody likes me.'
> 아이 : Nobody don't like me (repeated 8 times)
> 엄마 : (no exasperated) now listen carefully! Say "nobody likes me."
> 아이 : Oh, Nobody don't like me.

① 모방이론　　　　　② 강화이론　　　　　③ 능동적 문법구축이론

④ 연결이론　　　　　⑤ 내재화 이론

24. 다음은 언어 습득의 어떤 현상을 설명하는가?(3점)

> **보기**　배구공만을 공이라고 하고 다른 축구공이나 야구공은 'ball'이라고 생각
> 하지 않는다.

① 복합적 개념　　　　　　　② 과대확장

③ 과소확장　　　　　　　　④ 개념의 본질적 복합성

⑤ 일반화

25. 다음은 습득의 어떤 현상인가?(3점)

> **보기**　외국어 습득 과정 중에 나타나는 현상으로 문법 오류나 어휘오류, 발음
> 오류 등이 영구적이고 지속적으로 나타나 굳어진 현상을 가리킨다.

① 화석화　　　② 외래억양　　　③ 전위　　　④ 말 실수　　　⑤ 전이

26. 어떤 문장형태인지, 어떤 화행인지, 어떤 화법인지? 다음 문장에 해당되는 것을
모두 고르시오. (복수정답_3점)

> **보기**　Where is the gas station?

① imperative　　　　　② interrogative　　　　　③ order

④ question　　　　　　⑤ request　　　　　　⑥ assertion

⑦ direct　　　　　　　⑧ indirect

27. 다음 설명에 해당하는 것은?(3점)

> **보기**　뇌 반구의 각각이 다른 인지기능을 담당한다.

① 대뇌 좌우 기능분화(lateralization)

② 대측성의 기능분화(contralateralization)

③ 이분 청취법(dichotic listening)

④ 이름 명명 과업(object naming task)

⑤ 언어 반구화(language hemisphere)

28. 화용론의 연구 주제로 거리가 먼 것은?(3점)

① 문장의 의미를 연구   ② 발화상 의미를 연구

③ 맥락과 상황을 중시   ④ 직시적 표현이 필요

⑤ 대화 차원의 의미를 연구

29. 다음 대화에서 B의 답변은 너무 많은 불필요한 정보를 제공하고 있다는 것을 함축한다. 이와 관련되는 그라이스(Grice)의 개념은?(3점)

> **보기**   A : 어제 나는 친구랑 밥을 먹고, 영화를 보고 커피를 마시고 그리고 아이스크림도 먹었어.
> B : TMI.

① 양(quantity)의 격률   ② 질(quality)의 격률

③ 이해(interest) 원리   ④ 적정 조건(felicity condition)

⑤ 정보(information)의 격률

30. 다음 ( )에 들어갈 용어로 옳은 것은?(3점)

> **보기**   소리와 관련해서 공학적으로 접근하는 학문이다.

① 응용공학   ② 언어공학

③ 음성공학   ④ 전산공학

⑤ 인지공학

실전모의고사 정답 및 해설

실전모의고사 제1회

1. 형태소　　　2. 언어 능력　　　3. 조음음성학
4. 음운론/음성학　　　　　5. 음소
6. ②　　　　　7. ④
8-1. 단어 : 1개; 형태소 : 3개
8-2. 자립형태소 : happy; 의존형태소 : un-, -ness
8-3. 어간 : happy; 접사 : un-, -ness
8-4. 접두사 : -un; 접미사 : -ness
8-5. 파생접사 : -un, -ness; 굴절접사 : 없음
9. ③　　　　　10. ①　　　　　11. ⑤
12. ③　　　　　13. ①　　　　　14. ④
15. ②　　　　　16. ③
17. 유성음/양순음/비음/폐쇄음
18. 고모음/전설모음/이완모음/평순모음
19. ④
20-1. 없다, 20-2. 동일한 음소의 이음, 20-3. 상
보적 분포, 20-4. 다르다.
21. ②　　　　　22. ⑤　　　　　23. ①
24. ③
25-1. ① -kali, ② -pelo, ③ -kwahmili, ④ -
mes, ⑤ no-, ⑥ mo-, ⑦ i-, 25-2. ⑤, 25-3.
ikwahmilimes, 25-4. his dogs
26. 음소배열론 또는 음소배열제약
27. ①　　　　　28. ①　　　　　29. ③
30. Linguistics, linguist.

---

6. 자의성 : 형태와 의미가 논리적으로 연관되어
　　있지 않다.

7. 영어 모국어 화자라면 주어, 동사, 목적어 어
　　순으로 와야 하는 것을 알고 있으며 이는 통사
　　론적 지식에 속한다.

9. ③ 상보적 분포를 이루는 두 소리는 한 음소의
　　서로 다른 이음(변이음)이다.

10. [c]라는 발음기호는 존재하지 않으며, 철자 'c'
　　에 대한 발음기호는 [k]이다.

11. 원래 치경음 /n/이 양순음 /b/ 앞에서 양순음
　　/m/으로 바뀌는 위치동화현상이다.

12. /θ/는 치음, /ㄷ/은 치경음, /v/는 순치음, /
　　ㅂ/은 양순음, /k/와 /ㅇ/은 연구개음, /l/은
　　치경음, /ㅁ/은 양순음, /f/는 순치음, /ㅍ/은
　　양순음이다.

13. ①은 서로 다른 음성 환경이므로 최소쌍이 될
　　수 없다. ③은 철자는 다르지만 모음이 동일하
　　여 /d/와 /t/를 제외하고는 동일한 음성 환경
　　이므로 최소쌍이다.

14. ④ 영어의 굴절접사는 모두 8개로 주로 문법
　　적임에 따라 의미를 예측할 수 있으나 파생접
　　사는 헤아릴 수 없을 정도로 많아 그 의미는
　　예측하기 어렵다.

15. 자음과 모음은 분절음(segments)에 속한다.

16. ③ 혀의 긴장도에 따라 긴장모음과 이완모음
　　으로 나뉜다.

17. 한국어의 'ㅁ'은 영어의 [m]에 해당된다.

18. 'bit'의 모음은 [ɪ]이다.

19. ④ 헝가리어와 한국어는 교착어적 특성이 강
　　하다.

20-4. 영어에서는 두 음 [s]와 [ʃ]가 각기 다른 음

소의 이음이지만 한국어에는 동일한 음소의 이음이다.

22. ⑤는 공명음을 설명하는 것이다.

23. ① 양순음(bilabial) → 순치음(labiodental)

24. 모음이 변화하는 것을 교체라고 한다.

29. bat, dab, gap, zip, nun, mom.

실전모의고사 제2회

1. 형태론　　2. 언어　　3. 말소리
4. 음운론　　5. 이음소　　6. ⑤
7. ①
8-1. 6개, 8-2. 자립형태소 : act; 의존형태소 :
나머지 모두, 8-3. 어간 : act; 접사 : 나머지 모두,
8-4. 접두사 : de-; 접미사 : 나머지 모두, 8-5.
굴절접사 : -s; 파생접사 : 나머지 모두
9. ①　　　　10. ①　　　　11. ①
12. ③　　　　13. ④　　　　14. ①
15. ⑤　　　　16. ①
17. 유성음/연구개음/구강음/폐쇄음
18. 저모음/전설모음/이완모음/평순모음
19. ③
20. ① 세 쌍은 1, 3, 5번과 7, 10, 12번 ② 3개, ③
상보적 분포관계, ④ 다르다.
21. ③　　　　22. ④　　　　23. ③
24. ⑤
25-1. 3개 : 어젯밤, 형태론, 공부하다; 25-2. 8
개 : 어제, 밤, 형태, -론, -을, 공부, -했-, -다;
25-3. 가능하며 '-을' 대신 모음이 앞에 올 때 '-
를'로 대치된다.
26. 자연 부류　　27. ①　　　　28. ①
29. ①　　　　30. Phonetics/phonetician.

6. ⑤ 말소리의 물리적 속성에 대해 연구하는 학문은 음향음성학이다.

7. 단어를 다르게 발음하는 것은 언어학에서 음성학적 지식에 속한다.

8-1. de-act-ive-ate-tion-s

9. ① '-s'는 의존형태소이다. ⑤ un + gentle + man + li + ness

10. this의 첫소리 'th'의 발음기호는 [ð]이다.

12. 영어 자음 도표 참조.

13. 최소쌍은 동일 위치에 있는 하나의 음만 다르고 나머지 음성 환경이 동일해야 한다.

14. 모음은 유성음과 무성음으로 나누어지지 않으며 모두 유성음에 속한다.

15. 세 음은 양순음이며 폐쇄음이다.

16. ①은 음운론에 대한 설명이다.

18. 발음기호는 [æ]이다.

20. ② /p/, /pʰ/. /p*/ 서로 다른 세 가지 음소들의 이음소이다. 세 쌍의 대립이 증거이다. ③ /p/와 /b/는 결코 동일한 환경에서 나타나지 않고, [b]는 모음과 모음 사이에서만 나타나므로 서로 상보적이다. ④ 다르다. 한국어에서는 유기음과 무기음이 각기 다른 음소에 속하며, 영어는 동일한 음소에 속한다.

21. 어말 /p/가 유기음으로 발음되기도 또는 불파음으로 발음되기도 하여 자유변이 관계에 속한다.

22. ④ 굴절접사에 비해 매우 생산적이지 않다.

23. ③ 치경음 → 경구개치경음

24. 보통 동사에서 '-er'이 붙어 명사를 형성하는데 어떤 단어의 경우 그 반대 경우에 속한다 (editor → edit).

25-1. 3개의 어휘범주, 어젯밤(부사), 형태론(명사), 공부하다(동사)

25-2. 자립형태소 4개: 어제, 밤, 형태, 공

부; 의존형태소 4개: -론, -을, -했-, -
다.

25-3. '-을'의 이형태소는 '-를' (모음으로 끝날
때 '형태론을' vs '형태를')

29. 무성음은 성대가 진동하지 않고 나는 음을 가
리키며, pay, tay, kay, say에서 시작하는 음이다.

실전모의고사 제3회

1. 보편문법   2. 화용론   3. 화행
4. 직시어   5. 전이   6. ②
7. ④
8-1. 3개, 8-2. 3개, 8-3. SOV, 8-4. 좋아해요,
8-5. 예
9-1. ⑤, 9-2. ①, ⑥   10. ③, ⑤
11. ⑤   12. ⑤   13. ④
14. ①   15. ②   16. ①
17. ③   18. ②   19. ⑤
20. ②   21. ④   22. ⑤
23. ①   24. ②   25. ⑤
26. ①, ③, ⑦   27. ②   28. ④
29. ⑤   30. ②

6. ② 직시적 표현의 영어 예는 go, come, here,
there, now, then, this or that이다. **7.** 별표*는
통사적으로 비문법적이라는 의미이다. 이렇
게 쓰면 안 됨을 아는 통사론적 지식이다.

8. ① 어휘 성분은 '영희, 언어학, 좋다'로 세 가
지다. ② 구 성분은 '영희는(NP), 언어학을
(NP), 언어학을 좋아해요(VP)'로 세 가지다.
③ SOV(Subject + Object + Verb)이다. 목적
어 '언어학을'은 동사구(동사 + 명사구)에 속

하는 명사구이므로, 동사 '좋아해요'와 더 가
깝다. ⑤ 영어의 어순은 SVO이다.

9-1. 명사구(The man) + 동사구(fell into the
pond slowly)가 결합하여 문장(S)을 구성한다.

9-2. 핵이란 구에서 꼭 있어야 하는 성분으로 명
사구의 핵은 명사(man, pond), 동사구의 핵은
동사(fell), 전치사구의 핵은 전치사(into)이다.

10. The cat = Fluffy가 성립하며, ③ cat → the cat
으로 ⑤는 The Fluffy → Fluffy로 되어야 문법
적이다. 고유명사 앞에는 관사를 붙일 수 없으
나 보통명사 앞에는 반드시 한정사 'the'가 필
요하다.

11. ⑤ 본동사_조동사 순서로 나온다.

12. 고유명사 Sally는 명사이면서 동시에 명사구이
다. 명사구는 명사 하나(Sally)로 구성되거나,
한정사 + 형용사 + 명사(her cute cat)로 구성
된다.

13. ④ 주어가 먼저 오는 순서를 지켜 mommy
book이라고 한다.

15. ② 다른 사람의 말을 잘 이해할 수는 있으나
말을 산출하는 데 문제가 있다.

16. 개는 동물에 포함되므로 상하관계에 있다.

17. 담배를 피우는 사람은 담배를 피지 않는 사람
에 포함되지 않으므로 서로 상보적인 반의어
관계에 있다.

18. ② VP에 집합의 구성원에 Lee가 포함되어 있
지 않으므로 거짓인 문장이다.

19. a는 중의성이 없는 문장이고, b는 with a
telescope가 명사 the man을 수식하느냐 동사
shot을 수식하느냐에 따라 두 가지 의미가 가
능하다. c는 bank가 은행이나 제방 등으로 어
휘적 중의성을 가진다. d는 비행기들이 위험
할 수도, 나는 행위가 위험할 수도 있다는 두
가지 의미가 가능하다.

20. ②는 의미론에서의 연구 내용에 속한다

22. ⑤ 대뇌 좌반구에 대한 설명이다.

23. 아이가 들리는 소리를 듣고 그대로 따라하려고 애쓰면서 배운다는 모방이론이다.

23. 어떤 단어는 여러 개를 포함할 수 있다는 인식을 하지 못한다.

28. ④는 형태론에 대한 설명이다.

실전모의고사 제4회

1. 사회언어학　　2. 통사론　　3. 내재적 가설
4. 언어병리학　　5. 옹알이　　6. ②
7. ②
8-1. 6개, 8-2. 5개, 8-3. SVO, 8-4. 해설 참고,
8-5. 해설참고
9-1. ①, 9-2. ③　　　　　　　10. ③
11. ③　　　　　12. ⑤　　　　　13. ②
14. ③　　　　　15. ⑤　　　　　16. ④
17. ③　　　　　18. ①　　　　　19. ③
20. ②　　　　　21. ③　　　　　22. ①
23. ②　　　　　24. ③　　　　　25. ①
26. ②, ④, ⑦　　27. ①　　　　　28. ①
29. ①　　　　　30. ③

8-4. 구 구조규칙
　　　S → NP VP
　　　NP → (DET) N
　　　VP → V NP PP
　　　PP → P NP

8-5. 수형도

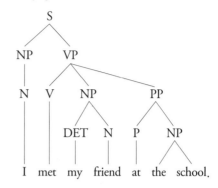

9-1. 고유명사 Bill은 명사이면서 동시에 명사구이다. his friend도 명사구(NP)이고, at the park는 전치사구(PP)이다.

9-2. 명사구의 핵은 명사(BIll, friend, park)이고, 동사구의 핵은 동사(visited)이고, 전치사구의 핵은 전치사(at)다.

12. 앞소리를 서로 바꾸어서 발음하는 현상을 전위라고 한다.

13. 말하는 것은 걷는 것과 유사하며 학습해서 배워야 하는 피아노나 자전거와는 다르다.

14. 고유명사 Puppy는 관사를 필요로 하지 않고, 보통명사 dog는 관사를 필요로 한다.

15. ⑤는 음운론에서 변이음을 설명하는 용어이다.

16. 반의어 중에서도 관계적 반의어에 속한다.

17. ③은 인류언어학에 대한 정의이다. 사회언어학은 언어 변화를 이끄는 사회적 요인(연령, 계층, 성별, 방언)을 밝힌다.

18. Sandy가 동사구에 포함되므로 참이 된다.

19. 폴은 발음할 때 자음 앞에서 [s]를 삭제하는 /s/삭제규칙(/s/ → ø/C)을 적용한다.

20. 반드시 수행동사(단언하다, 묻는다, 요청한다, 협박한다, 경고한다, 충고한다, 약속한다)를 사용해서 나타내는 화행을 말한다. ①은 명령형, ③은 의문문, ④, ⑤는 요청형이다.

22. ① 대부분의 사람들의 언어 능력은 주로 좌반구에 편재되어 있다.

23. 계속해서 반복해서 아이의 잘못된 발화를 고쳐주려고 하는 행위는 강화에 의한 습득을 말한다.

24. 과소 확장 또는 미 확장이라고 한다. 단어의 의미를 축소해서 사용하는 현상이다.

28. ①은 통사론의 연구 주제이다.

29. TMI는 Too Much Information의 약어로 말이 너무 많거나 불필요한 내용을 제공할 때 양의 격률을 위반한다.

제1장

사피어 인류언어학자로, 저서 언어(1921)에서 인류, 언어, 문화 간의 밀접한 상관성을 기술하였다.

언어 인간만이 지닌 유일한 능력으로, 인간으로 하여금 의미 있는 발화를 구사하고 이해하게 하는 추상적인 인지 체계이다. 문자언어와 구분하여 음성언어 또는 구어를 가리킨다.

모국어 인간은 타고나면서 누구나 언어를 구사할 수 있는 능력을 가지고 태어난다. 태어난 후 자신의 부모로부터 습득한 언어를 말한다. 제1언어라고도 한다.

외국어 학습을 통해 습득하는 제2언어 또는 제3언어를 가리킨다.

조어 조상이 되는 언어이다. 영어의 경우 독일어(low German)에 포함되고, 독일어의 조상은 인도-유럽어족이다.

수화언어(수어) 음성 대신 손으로 의사소통이 가능한 언어이다.

언어학 언어를 과학적으로 연구하는 학문이다. 언어학의 하위 분야인 음성학, 음운론, 형태론, 통사론, 의미론, 화용론이 있다.

언어학자 언어와 언어학과 관련된 연구를 하는 학자이다.

일반언어학 언어 자체에 대한 학문이며, 인간의 언어에 보편적인 사실을 다룬다.

개별언어학 개별 언어에 대하여 연구하는 학문, 즉, 한국어학, 영어학, 중국어학, 프랑스어학 등의 총칭 내지 통치 명칭이다. 언어학에 귀속되며 독립된 학문에 속하지 않는다.

다중 언어화자 여러 개의 언어를 유창하게 말할 수 있는 사람이다.

국제어 일명 'global language'라고 부르며 영어를 가리킨다.

이중 언어 사용자 2개 국어로 의사소통할 수 있는 사람이다.

파니니 기원전 4세기경에 고대 인도의 산스크리트 문법을 정리하고 완성한 언어학의 아버지이다.

내성문법 13~14세기의 중세기 문법으로 그때까지 기술된 라틴어 문법의 철학적 정당성을 추구하였다. 인간 정신의 탐구라는 철학적 목적을 위한 언어 연구는 차후 촘스키로부터 출발한 현대 언어학으로 이어졌다.

비교언어학 같은 기원을 가진 언어들의 관계와 시간이 지남에 따라 일어나는 언어의 변화를 역사적(통시적)으로 비교하여 다루는 학문이다.

역사언어학 공통의 조어에서 갈라진 여러 언어의 계통을 연구하고 원시 조어를 재구성하기도 하는 데, 같은 조어에서 갈라진 여러 언어들을 통틀어 한 어족이라 한다.

구조주의 언어학 20세기 초 소쉬르에 의해 시작되어 20세기 전반 언어학계를 지배했던 언어 철학 및 연구 방법론이다. 공시적 연구와 언어 구조, 언어 개별성보다는 언어 간의 관계를 중요시하였다.

소쉬르 20세기 초 구조주의 언어학의 창시자이며, 공시적 연구를 중요시하였고, 언어를 랑그와 파롤의 두 가지 측면으로 기술하였다.

랑그 언어를 인간이 가지는 하나의 거대한 의사소통 시스템으로 보고 사회 구성원들이 공유하는 언어 체계는 랑그로 보았다. 차후 언어 능력에 해당된다.

파롤 언어를 개개인이 지닌 사적인 체계로 보고, 개인의 구체적인 발화 양상을 파악하는 언어 체계는 파롤로 보았다. 차후 언어 수행에 해당된다.

통시적/공시적 통시적 연구는 언어 변화를 역사적으로 조명하고, 공시적 연구는 한 시대의 언어 상태와 변화 등을 기술한다.

통시언어학 시간의 흐름에 따라 언어가 변화하는 모습을 연구한다.

공시언어학 일정한 시기의 언어 상태를 연구한다.

자의성 언어가 지닌 중요한 속성으로, 단어 형태와 의미가 논리적으로 상호 간의 아무런 관련이 없이 자의적이다.

(변형)생성문법 1950년대 말에 촘스키가 창안한 문법으로 유한한 수의 단어로 무한한 수의 문장을 계속적으로 만들어내는(generate) 일종의 규칙들의 집합이다.

촘스키 변형생성문법의 창시자이며, 현대 언어학 발전에 크게 기여한 위대한 언어학자이다.

언어 능력 언어화자가 지닌 무의식적이고 내재화된 언어에 대한 지식이다.

언어 수행 구체적인 상황에서 실제로 언어가 사용되는 행위이다.

자의성 형태와 의미가 논리적으로 서로 연관되어 있지 않고 독립적임을 가리킨다.

인공 언어 자연적으로 생성된 자연어와 달리 한 사람이나 여러 사람의 의도와 목적에 따라 만든 언어를 말한다.

제2장

음성학 말소리를 연구하는 언어학의 하위 분야이다. 음성학의 세 분야에는 조음음성학, 음향음성학, 청음음성학이 있다.

말소리 언어를 구사할 때, 사용하는 자음, 모음, 초분절음(강세, 장단, 고저. 성조, 억양) 요소를 포함한다.

음철법 문자를 배우기 시작하는 학습자에게 발음과 문자 그리고 철자와의 관련성을 가르쳐 읽기 훈련을 시키는 교수방법의 일종이다.

분절음 자음과 모음을 가리킨다.

초분절음 분절음과 함께 오는 말소리의 요소로 강세, 장단, 성조, 고저, 리듬, 억양을 가리킨다. 운소 또는 비분절 음운이라고도 한다.

조음음성학 말소리의 산출을 담당하는 음성학의 한 분야로, 화자가 말소리를 어떻게 어디에서 발음하는가를 연구한다.

음향음성학 말소리의 물리적 특성을 연구하는 음성학의 한 분야이다. 물리적 특성은 성대 진동 시간, 기본 주파수, 길이, 강도 등이 있다.

청음음성학 말소리의 지각을 담당하는 음성학의 한 분야로, 청자가 말소리를 어떻게 식별하는지 여부를 연구한다.

폐장 배출음 폐에서 나오는 공기의 움직임이 성도를 통해 밖으로 배출되는 내쉬는 호흡으로 말소리가 만들어지는 음이다.

자음 발음할 때, 공기의 흐름이 차단되거나 마찰을 일으키는 등과 같이 입안에서 장애를 받으며 내는 음이다.

모음 입안에서 공기의 흐름이 어떠한 장애도 받지 않고 자유롭게 혀의 중앙을 통해 조음되는 음이다.

국제음성기호 세계의 언어의 발음을 표기하여 국제적으로 통용하는 기호로 약자로 IPA(International Phonetic Alphabet)이다.

구강음 발음할 때, 공기의 흐름이 입을 통해 나가면서 생성되는 음이다.

비음 발음할 때, 공기의 흐름이 코로 빠져나가면서 생성되는 음이다.

음절 언어음을 분석하거나 기술하기 위해 연속 상태의 운율 단위나 범주로 분류할 때 사용되는 단위를 말한다. 모음은 음절 핵에 속하면 음절에 반드시 필요한 존재이다.

조음장소 자음을 조음할 때, 말소리가 입안 어디에서 발음되는지에 대한 위치를 말한다.

조음방법 자음을 조음할 때, 공기의 흐름이 어떤 방식으로 방해를 받는지를 말한다.

성대 목 후두에 있는 근육의 주름으로 붙어서 진동하거나, 떨어져서 진동하지 않는다.

유성음 성대가 붙어서 진동하면서 나는 음이다.

무성음 성대가 서로 떨어져서 진동이 없이 나는 음이다.

양순음 두 입술로 만드는 소리이다.

순치음 윗니와 아랫입술로 만들어지는 소리이다.

치음 혀끝을 이 사이에 끼어서 내는 소리이다.

치경음 혀끝을 치경에 대고 내는 소리이다.

경구개치경음 혀 중간 부분을 치경과 경구개 사이에 이르는 부분에 놓고 적은 공간으로 공기의 마찰이 생기면서 나는 소리이다.

경구개음 혓몸을 경구개에 접근해서 나는 소리이다.

연구개음 혀의 뒷부분이 연구개에 닿거나 접근하여 나는 소리이다.

성문음 성문에서 만들어지는 소리이다.

파열음(폐쇄음) 공기 흐름이 차단되었다가 한꺼번에 파열되면서 나는 소리이다.

마찰음 공기 흐름이 부분적으로 차단되고 마찰을 일으키면서 나는 소리이다.

파찰음 파열음과 마찰음이 연속적으로 발음되는 소리이다.

접근음 공기가 자유롭게 입 밖으로 흘러나면서 나는 소리이다.

고모음 혀가 구강의 높은 지역에서 나는 소리이다. 중간 지역에서 나는 중모음과 낮은 지역에서 나는 저모음이 있다.

전설모음 혀의 제일 높은 부분이 입안의 앞쪽에 위치해서 나는 소리이다. 중간에 위치해서 나는 중설모음과 뒤쪽에 위치해서 나는 후설모음이 있다.

긴장모음 혀가 긴장되면서 입술이 벌어지면서 나는 소리이다. 이완모음은 긴장모음에 비해 더 짧고 더 중앙에서 발음된다.

단모음 조음할 때 혀의 위치가 거의 변화하지 않으면서 처음부터 끝까지 같은 소리로 발음된다.

이중모음 조음을 하는 중간에 혀가 한 위치에서 다른 위치로 이동하면서 발음된다.

리듬 강세 음절과 비강세 음절이 규칙적으로 반복되면서 만들어진다.

강세 음절의 특징으로, 강세 음절이 그렇지 않은 음절에 비해 더 강하고, 더 높고, 더 길게 발음되는 특징이 있다.

음장 어떤 음이 다른 음에 비해 더 길게 나는 소리이다.

성조 모음에 수반되는 음의 높낮이를 가리킨다. 자음과 모음이 동일한데, 성조만 달라짐으로써 의미의 차이를 가져오는 언어를 성조언어라고 부른다.

억양 문장에서 말소리의 높낮이 변화에 따라 의미가 변화하는 특징이다.

제3장

음운론 말소리의 체계와 기능을 연구하는 언어학의 하위 분야이다. 음성학이 실제 발화되는 말소리의 물리적 속성을 연구하는 반면에 음운론은 추상적인 말소리 체계를 연구하는 학문이다.

유기음(기식음) 발음할 때, 공기가 입 밖으로 방출되면서 나는 소리이다(⇔무기음).

음소(음운) 단어의 뜻을 구분해 주는 소리의 가장 작은 단위이다. 음성학적인 차이에도 불구하고, 모국어 화자가 같은 소리로 인식한다.

(변)이음 의미에 차이에 기여하지 못해 잉여적인 소리에 속하며, 하나의 음소에 속하는 서로 다른 소리이다.

최소(대립)쌍 단어를 구성하고 있는 나머지 요소는 모두 같고 오직 한 가지 요소에 의해서만 의미가 구별되는 단어의 짝이다.

불파음 공기가 방출되지 않으면서 나오는 소리이다. 주로 어말 소리가 해당된다.

탄설음 영어 't'를 어중에서 발음할 때, 혀가 재빨리 치경돌기를 치고 제자리에 돌아오면서 나는 소리이다.

성문폐쇄음 폐에서 올라오는 공기를 성문에서 완전히 막았다가 압축된 공기가 성문을 열면서 나는 소리이다.

대조적 분포 최소쌍을 이루고, 말의 뜻을 구분하는 두 음은 대조적 분포에 있다.

상보적 분포 두 음이 결코 같은 환경에서 나타나지 않을 때, 그 음들은 서로 상보적 분포를 이룬다.

자유변이 동일한 단어의 음이 화자에 따라 다르게 발음될 때, 두 음은 자유변이이다.

음운 규칙 추상적인 음소가 어떻게 구체적인 이음으로 발음되는지를 말해준다(X → Y / C_D).

자연 부류 하나 이상의 조음적 또는 청음적 속성을 공유하는 음성 집단을 일컫는다.

장애음(저해음) 공기의 흐름이 장애를 받으면서 나는 음을 가리키며, 폐쇄음, 마찰음, 파찰음 등이 해당된다.

비음 조음할 때, 공기의 흐름이 코를 통해 발음되는 소리이다.

구강음 조음할 때, 공기의 흐름이 입을 통해서 나가는 소리이다.

공명음 공기의 흐름이 장애를 받지 않고 나는 음을 가리키며, 비음, 접근음(유음과 전이음)이 해당된다.

치찰음 공기의 흐름이 심하게 마찰을 내면서 나는 소리인 [s, z, ʃ, ʒ, ʧ, ʤ/]이다.

동화 어떤 음이 인접하는 음의 속성과 유사하게 바뀌는 현상이다. 위치동화, 구개음화, 비음화 등이 있다.

위치동화 앞 또는 뒤에 나타나는 음의 조음 장소와 유사하게 변한다.

구개음화 자음과 모음이 결합할 때, 뒤에 오는 모음 /i/의 영향으로 자음이 원래 위치보다 경구개 쪽으로 접근하여 발음되는 현상이다.

비음화 원래 구강음이 주변의 비음의 영향을 받아서 비음으로 발음된다.

이화 어떤 음이 인접하는 음과 다르게 변화하는 현상이다.

전위 자음과 모음이 뒤바뀌는 현상이다.

개방음절 어말이 모음으로 끝나는 음이다(⇔폐쇄음절)

음소배열제약 자음이나 모음의 결합이 무제한적

으로 올 수 없으며, 언어별로 가능하게 올 수 있는 제약을 말한다.

음절 음소가 모여 이루어진 소리의 단위로서, 발음할 때 한 뭉치를 이루는 소리의 덩어리를 음절이라고 한다.

제4장

형태론 단어의 내적 구조와 형성을 연구하는 언어학의 하위 분야이다.

형태소 의미나 문법적인 기능을 가진 가장 작은 언어 단위이다.

이형태소 형태소의 서로 다른 변이형들을 말한다.

파생 원래 단어에 어떤 형태소가 붙음으로써 그 단어의 어휘 범주나 의미를 변화시켜 새로운 단어를 만드는 과정이다. 이들 형태소들을 파생 접사라고 부른다.

굴절 어떤 형태소가 붙음으로써 해당 단어의 문법적 기능과 정보를 부여하는 과정이다. 이들 형태소들을 굴절 접사라고 부른다.

접사 어근 앞이나 뒤에 붙어 단어의 어휘 범주나 의미를 변화시키거나 또는 문법적 정보를 제공하는 형태소이다. 종류로는 단어 앞에 붙는 접두사, 단어 끝에 붙는 접미사, 단어 중간에 붙는 접요사로 구분된다.

파생접사 새로운 단어를 만들어내는 접사로, 단어의 품사나 의미를 변화시키는 접사이다.

굴절접사 문법적 기능을 담당하는 접사이다. 영어에는 8개의 굴절접사가 있다.

자립형태소 홀로 쓰일 수 있는 형태소로 어간이나 어근이 해당된다(⇔ 의존형태소).

의존형태소 독립적으로 쓰일 수 없어, 어근이나 다른 형태소에 항상 붙어서만 사용할 수 있는 형태소이다.

어간 어근을 포함한 1개 이상의 형태소로 구성되어, 단어의 주요한 의미를 가지는 형태소이다.

어근 단어에서 실질적 의미를 가지는 중심 부분이다. 어근은 항상 자립적으로 쓰일 수 없지만, 어간은 항상 자립적으로 사용된다. 자립어근과 의존어근으로 구분된다.

어휘(내용)형태소 형태소 자체가 독자적이고 구분된 의미를 가진다.

기능(문법)형태소 전치사, 한정사, 대명사, 접속사를 포함하는 자립 어근과 모든 굴절 접사를 포함하는 기능어이다.

신조어 새로 생긴 단어로, 정치, 경제, 사회, 교육, 문화적인 측면에서 일련의 변화나 사건에 의해 만들어진다. 이들은 세대나 연령을 반영한다.

팬데믹 전염병의 대유행이란 의미로 세계 보건기구(WHO)에서 나누는 6단계의 전염병 경고 단계이다.

조어 형성 과정 신조어가 만들어지는 과정이다.

접사화 어근이나 어간에 접사가 붙어서 단어를 형성하는 과정이다. 형태소가 단어 앞에 붙는 접두사화, 단어 뒤에 붙는 접미사화, 가운데 삽입되는 접요사화가 있다.

합성어 2개 이상의 단어가 결합하여 새로운 단어를 만드는 과정이다.

중첩 단어가 반복되어 만들어지는 완전중첩과 부분중첩이 있다.

교체 형태소 내부 모음을 교체함으로써 새로운 단어를 형성하는 조어과정이다.

보충법 원래의 어근 형태와 상관없이 새로운 단어를 형성하는 조어과정이다.

융합 단어 일부분이 합쳐지거나 생략되기도 하는 조어과정이다.

두자어 단어의 첫 글자 또는 첫음절을 결합해서

단어를 만드는 조어과정이다.

인공지능 컴퓨터시스템이며, 인간의 지능을 기계 등에 인공적으로 시연(구현)한 것이다.

절삭 단어의 일부분을 없애고 단어를 만드는 조어과정이다.

역형성 일반적 파생순서와 반대로 단어가 생겨나는 현상이다.

언어유형론 형태소들이 어떤 방식으로 결합해서 단어를 만드는지를 연구하는 분야이다.

분석어(고립어) 단어들이 모두 자유형태소로만 구성되는 언어이다.

종합어 접사들이 붙는 형태론적 과정을 지닌 언어로 교착어, 융합어, 포합어가 있다.

교착어 형태소의 결합 정도가 느슨하여 접사들 간의 경계가 명확한 언어이다.

굴절어(융합어) 어간과 접사들의 결합이 융합되어 그들을 분리하기가 용이하지 않은 언어이다.

포합어 어간들과 접사들 여러 개가 함께 결합되어 단어를 형성하는 복잡한 언어유형이다.

제5장

통사론(구문론) 인간이 지닌 잠재적인 지적 능력과 문법을 의미한다. 단어보다 더 큰 단위인 구, 절, 또는 문장의 형성과 구조를 연구하는 언어학의 하위 분야이다.

문법(말본) 언어의 요소들과 규칙을 포함하는 체계이다.

규범문법 일명 학교문법으로 특정 언어에 대한 규범을 제시하며, 비표준적인 문장의 사용을 지양한다.

전통문법 또는 기술문법 고대에서 19세기 소쉬르 이전의 문법을 가리키며, 규범을 중시하고 언어의 구조를 기술하는 데 중점을 둔다.

구조문법 과학적이고 객관적인 관찰에 기초를 연구방법을 지향하여, 언어는 말하는 그대로를 분석해야 한다고 주장한다. 문장의 구조와 그 의미 사이에 필연적이고 비례적인 관계가 있다고 전제한다.

(변형)생성문법 유한 수의 문장으로 무한 수의 문장을 생성해 내는 인간의 언어 능력을 지칭하는 문법으로 촘스키의 문법이론이다. 정신문법을 배경으로 한 보편문법(제8장 용어)을 추구한다.

LAD(Language Acquisition Device) 촘스키가 제안하였고, 모든 인간은 뇌 속에 언어 습득장치를 장착하고 태어남에 따라 보편적인 하나의 언어를 구사할 수 있다는 가설이다.

문법성(적법성) 모국어 화자는 모국어에 대해 문장이 올바른지 아닌지에 대한 직관이 있다.

어순 문장에서 주어, 목적어, 동사가 나오는 순서이며, 언어 간 차이를 설명하는 중요한 척도이다. 어순의 종류에는 SOV, SVO, VSO, OSV, OSV 등이 있다.

어휘 범주 단어 구성소를 말하여, 명사, 동사, 형용사, 부사, 전치사, 한정사 등이 있다.

구범주 단어와 단어의 결합된 형태로, 명사구, 동사구, 전치사구가 있다.

절 범주/문장 통사 범주의 가장 큰 범주에 속하며, 주어, 동사, 목적어, 보어 등을 포함한다.

핵 구는 반드시 구의 중심 요소인 핵을 포함한다. 명사구의 핵은 명사이고, 동사구의 핵은 동사이며, 전치사구의 핵은 전치사이다.

구 구조규칙 어휘적 표현들이 통사적으로 결합하는 데 사용되는 규칙이다.

수형도 이차원적 나뭇가지 그림을 그려 문장을 계층적으로 나타낸다.

중의성 동일한 형태의 단어가 두 개의 의미로 사용될 수 있는 어휘적 중의성과 동일한 문장이 두 개의 의미를 가질 수 있는 구조적 중의성이 있다.

어순유형론 통사적인 구성성분들이 나오는 순서가 언어마다 다른 유형을 가진다. 한국어는 주어－목적어－동사 순으로 영어는 주어－동사－목적어 순으로 온다.

핵－선행언어 핵이 수식어 앞에 오는 언어이다. 동사구의 핵인 동사가 명사구에 앞선다.

핵－후행언어 핵이 수식어 뒤에 오는 언어이다. 명사구의 핵인 명사가 수식하는 형용사 뒤에 온다.

제6장

의미론 문장이나 표현들의 언어적 의미를 연구하는 언어학의 하위 분야이다. 어휘의미론과 조합의미론으로 나뉜다.

어휘의미론 단어들의 의미를 다룬다.

조합의미론 구나 문장들의 의미를 다룬다.

조합성의 원리 언어 표현 전체의 의미는 그것을 구성하는 부분들의 의미와 부분들의 결합에 의해 결정되는 원리이다. 일명 프레게의 원리라고도 한다.

레퍼런스(지시체) 어떤 단어 표현의 의미를 손으로 가리켜 지시할 수 있는 실제 세상에 존재하는 지시체를 말한다.

센스 세상에 존재하지 않아 지시할 수는 없으나, 의미가 존재하는 지시체 이상의 언어 의미를 가리킨다.

상하관계 하나의 개념이 다른 개념을 포함할 때이며, 상위 개념을 가지는 단어를 상의어, 하위 개념을 가지는 단어를 하의어라고 정의한다.

동의어 같은 의미를 가진 다른 단어를 말한다.

반의어 어떤 단어들이 서로 정반대 의미를 가진 것을 말한다.

다의어 하나의 단어가 여러 개의 뜻을 가지는 낱말을 말한다.

동음이의어 단순히 발음이 같고 의미가 다른 것을 말한다.

언어상대주의 언어가 사고를 지배한다는 사피어와 워프의 이론으로 언어의 의미를 심적 표상으로 본다.

색채어 특정 색깔을 지칭하는 단어나 구를 말한다.

제7장

화용론 실제 대화에서 사용하는 언어 의미, 즉 발화 차원의 의미를 연구하는 언어학의 하위 분야이다.

문장 생각이나 감정을 말과 글로 표현할 때, 완결된 내용을 나타내는 최소의 단위이다.

발화 소리를 내어 말을 하는 현실적인 언어행위 또는 그에 의하여 산출된 일정한 음의 연쇄이다.

담화 둘 이상의 문장이 연속되어 이루어지는 말의 단위로 서로 이야기를 주고받는 언어 행위(대화나 연설문 등)를 가리키므로 발화와는 구분된다.

맥락 어떤 발화가 말해진 상황들의 집합을 말한다. 언어적 맥락, 상황적 맥락, 사회적 맥락으로 구분된다.

직시어 문장에서 '여기, 저기, 거기, 그, 이, 저' 등을 말한다.

언어적 맥락 대화에서 질문과 답변이 언어적으로 예측 가능한 상황이다.

상황적 맥락 어떤 문장이 발화된 상황이나 맥락에 대한 정보로 대화가 이루어진다.

사회적 맥락 대화하는 사람 사이의 관계나 역할

에 대한 정보를 포함한다.

화행 육체 활동과 비교하여, 말을 사용하는 언어 활동이다. 동사에 의한 수행적 화행과 직접화행 그리고 간접화행으로 구분한다.

수행적 화행 말이 떨어지자마자 바로 수행해야 하는 언어활동을 말한다. 수행동사를 수반한다.

직접화행 어떤 행동이 말하는 것을 직접 수행하는 언어활동으로 수행적 화행이 속한다.

간접화행 직접적으로 말하지 않고 하게 하는 언어활동이다.

적정조건 어떤 화행이 제대로 이루어지 위해서 미리 충족되어야 할 조건을 가리킨다.

대화(격률)규칙 의사소통이 원만히 이루어지기 위해 필요한 규칙으로 질, 양, 연관성, 그리고 양태로 구성된다.

함축 대화에서 직접 표현하지 않지만 대화 속에 내포되어 있는 숨은 의미이다.

제8장

언어 습득 인간이 언어를 이해하는 능력을 습득하고 소통을 위해 단어와 문장을 만들고 사용하는 과정이다. 언어 습득에서는 언어를 어떻게 습득하고 배우는 지 연구한다.

언어생득설 인간이 언어를 습득할 수 있도록 내재적인 능력을 가지고 태어난다는 가설이다.

보편문법 모든 언어에 공통적으로 존재하는 기본적인 속성이 언어보편성이며, 이를 포함하는 문법을 가리킨다.

결정적 시기 언어를 습득하는 정해진 시기를 가리키며, 태어나면서부터 사춘기 이전까지를 말한다. 이 시기를 놓치면 모국어 습득이 실패할 수 있다.

모방이론 언어를 습득할 때 모방하면서 습득한

다는 이론이다.

강화이론 틀린 것을 발화할 때 고쳐주고, 맞은 것을 발화할 때 칭찬하고 보상해 주는 행위로 인해 언어를 습득한다는 이론이다.

능동적문법구축이론 가장 영향력 있는 이론으로 아이들이 실제로 자신들이 문법 규칙을 능동적으로 구축한다는 이론이다.

연결이론 언어를 배울 때, 뇌 속에 신경연결망을 만들면서 배운다는 이론이다.

상호작용이론 또래아이들과 어른과의 상호작용을 통해서 언어를 습득한다는 이론이다.

성대진동 개시시간 자음 파열 부분부터 모음 시작 전까지 길이이다.

옹알이 아이들이 말을 하기 전에 자음과 모음의 연속체를 소리 내어 산출하는 행위이다.

일어문단계 아이들이 단어 하나만으로 모든 의미를 전달한다.

전보식 단계 두 단어 단계로 18~24개월 사이에 두 단어 발화로 어순을 지키며 문장의 의미를 전달한다.

평균발화길이 아동들이 실제 인식하고 있는 형태소(morpheme) 수를 세어서 발화 수로 나눈 것이다(Mean length of Utterance, MLU = 각 발화 형태소 수의 합 ÷ 총 발화의 수).

과대확장 본래 단어의 의미를 확장해서 단어를 사용한다.

과소확장 본래 단어의 의미보다 축소해서 단어를 사용한다.

코드전환 이중 또는 다중언어 사회에서 대화 시에 2개 이상의 언어를 교체하면서 사용하는 현상을 말한다.

화석화 외국어 습득 과정 중에 나타나는 현상으로 문법 오류나 어휘 오류, 발음 오류 등이 영구적이고 지속적으로 나타나 굳어진 현상을 가리킨다.

전이 모국어에 있는 발음이나 문법을 제2언어를 구사할 때, 그대로 잘못 사용하는 것을 말한다.

발화오류 말을 할 때 나오는 말실수로, 기대, 유지, 전위, 첨가와 삭제 등이 있다.

말실수 모국어를 사용할 때, 부주의하게 나오는 실수를 말한다.

인지오류 상대방의 말을 잘못 알아들어서 나오는 오류이다.

제9장

심리언어학 언어 습득과 언어 사용 시 작용하는 인간의 내재적 · 정신적 과정을 과학적으로 연구하려고 설명하려는 학문이다.

신경언어학 뇌에서 언어를 담당하는 영역을 연구한다. 언어발달과 사용의 신경학적 그리고 전기화학적 근간을 연구한다.

언어중추 대뇌피질의 좌반구에 있으며, 언어의 생성 및 이해를 담당하는 뇌의 영역이다.

브로카 영역 운동피질 기저에 자리 잡고 있는 영역으로 언어를 조음하는 역할과 말할 때, 운동피질을 움직이게 하는 역할을 담당한다. 말할 때 얼굴, 턱, 혀를 움직이게 하는 것과 관련된다.

베르니케 영역 청각피질 뒤쪽에 위치하여 단어나 문장을 이해하거나 어휘부로부터 단어를 선택하는 기능과 관련되어있다. 브로카 영역과 다르게 언어를 인지하고 이해하는 것을 책임진다.

대뇌좌우기능분화 뇌 반구의 각각이 다른 인지기능을 담당한다. 좌반구는 주로 분석적인 이유나 시간적 순서, 수리, 언어 처리를 담당하며, 우반구는 음악을 처리하거나 비언어적인 소리들, 시각적 · 공간적 기술이나 패턴 인식을 필요로 하는 임무를 수행한다.

대측성의 기능분화 몸의 오른쪽은 좌반구에 의해 통제되며, 몸의 왼쪽은 우반구에 의해 통제된다.

실어증 뇌 좌반구 손상으로 인해 언어를 인지하지도, 처리하지도, 산출하지도 못하는 언어장애이다.

브로카실어증 대뇌피질 왼쪽 반구에서 음성 언어를 담당하는 브로카 영역이 손상되어 생기는 질병으로 언어 산출에 문제가 있다.

베르니케실어증 왼쪽 뇌의 뒷부분인 베르니케 영역이 손상된 질병으로 주로 어휘 선정과 언어 이해에 문제가 있다.

전도 실어증 브로카와 베르니케를 연결하는 궁형속의 손상으로, 발음을 더듬거나, 의미 없는 말을 지껄이거나, 이해는 하는데 제대로 말하지 못한다.

청각장애 귀로 소리를 듣는 데 어려움이 있는 상태를 포괄하는 용어이다.

제10장

인류언어학 언어와 문화, 사회구조와의 상호작용을 연구한다.

사회언어학 언어가 사회적 요인에 의하여 어떻게 변이되어 나타나는가를 연구한다. 언어의 변이를 일으키는 사회적 요인에는 사회계층, 연령, 성별, 직업 따위가 있다.

언어 변이 사회적 요인에 따라 동일한 의미가 다른 맥락에서 사용될 때 다른 방식으로 표현하는 언어적 속성이다.

라보프 언어 변이에 관한 연구방법론을 정립시키고 사회언어학의 기틀을 완성한 미국의 언어학자로 사회언어학의 태두로 알려졌다.

언어 접촉 서로 다른 언어집단의 화자들이 접촉하는 상황이다.

링구아 프랑카 서로 다른 언어를 사용하는 사람들은 상호 의사소통을 위해 어떤 한 언어를 공동의 언어로 사용할 때 부른다.

피진어 언어들의 접촉 과정에서 한 언어가 아주 간소화된 형태로 변형되어 무역이나 상업거래 등 특정 목적만을 위해 사용되는 단순한 체계를 지닌 주변 언어이다.

크레올어 피진어가 광범위하게 사용되면서 세대에 걸쳐 정착되어 자연어가 된다.

전산언어학 언어를 전산적인 관점에서 자연언어의 통계적인 모형과 논리적인 모형을 다루는 분야이다.

자연언어처리 컴퓨터가 자연언어를 분석하고, 해석하고 생성하는 능력을 가르치는데, 이로 인해 인간에게 형식적인 컴퓨터 언어를 사용하는 데신 자연언어를 사용하여 컴퓨터와 상호작용하는 것을 허용한다.

코퍼스 언어학 언어학의 하위 분야로 특정 목적을 위한 코퍼스(말뭉치)의 설계와 주석을 구축하고 그것을 기반으로 언어에 관한 연구를 하는 분야이다.

응용언어학 언어와 관련된 실제 상황에 발생할 수 있는 문제들을 파악하고, 조사하여, 해결을 제공하는 학제 간 학문분야이다.

언어병리학 의사소통 장애의 진단, 예방, 치료와 관련된 이론 및 임상에 대하여 연구한다.

언어재활사(언어치료사) 언어장애 전반에 대해 치료하는 전문가를 말한다.

청각학 청각, 청각의 균형 또는 그와 관련한 질병을 연구한다.

청각사(청능사) 청각학에 대한 전문가를 말한다.

언어공학(자) 언어공학은 언어와 공학을 결합하여 연구하는 융합적인 학문이며, 연구자는 언어공학자이다.

음성공학(자) 소리와 관련해서 공학적으로 접근하는 연구를 하는 연구자는 음성공학자이다.

강옥미. (2003). 한국어 음운론. 서울: 태학사.

강옥미. (2009). 언어여행. 서울: 태학사.

강범모. (2005). 언어: 풀어쓴 언어학 개론. 한국문화사.

고병암역. (1985). 음운론의 이론과 분석 [Phonology: Theory and analysis by Larry M. Hyman]. 서울: 한신문화사.

국립국어연구원. (1999). 표준국어대사전. 서울: 두산동아.

국립국어연구원. (2001). 한국어문규정집. 서울: 국립국어연구원.

김미령. (2007). 한국어 폐쇄음 습득: 유아의 종적 사례연구. 언어 32(3), 385-408.

김미령. (2020). 한글 IPA 표기법에 대한 제언. 언어 45(4), 747-776.

김미령. (2021). 국어 유성장애음 가설을 위한 증거: 평음의 통시적 변천을 중심으로. 언어 46(3), 1-29.

김향희. (2007). 국외 언어치료사 및 국내 유관 분야의 자격제도에 대한 고찰. 언어청각장애연구 12(3), 394-411.

남기심, 이정민, 이홍배. (1988). 언어학 개론(개정판)(초판 1977년). 서울: 탑 출판사.

박경자. (1984). 심리언어학. 고려대학교 출판부: 신성인쇄사.

배주채. (1996). 국어음운론 개설. 서울: 신구문화사.

이호영. (1996). 국어 음성학. 서울: 태학사.

양창용, 윤원희, 정인식, 홍선호역. (2008). 교사들을 위한 언어학 입문 [Linguistic Perspectives on Language and Education by Anita K. Barry]. 서울: 한국문화사.

임지룡역. (2003). 언어학개론 [Linguistics by J. Aitchison]. 서울: 한국문화사.

장석진 외. (1994). 현대언어학 지금 어디로. 서울: 한신문화사.

장영준. (2014). 언어학 101. 서울: 한국문화사.

전상범 (1992). 형태론개론. 서울: 을유문화사.

전상범. (1998). 영어학개론. 서울: 한국문화사.

전상범. (2002). 영어음성학 개론. 서울: 을유문화사.

최현배 (1971). 우리말본 4판(초판: 1937). 서울: 정음사.

한종임. (2001). 영어음성학과 발음지도. 서울: 한국문화사.

허웅 (1995). 20세기 우리말 형태론. 서울: 샘 문화사.

허웅. (1965). 국어음운학. 서울: 정음사.

Allan, Keith. (2001). *Natural Language Semantics*. Oxford, Blackwell Publishers.

Beddor, Patrice Speeter. (2009). A coarticulatory path to sound change. *Language* 89(4), 785–821.

Bellugi, U., Marks, S., Bihrle, A., and Sabo, H. (1993). Dissociation between language and cognitive functions in Williams syndrome. In D. Bishop & K. Mogford (Eds.), *Language development in exceptional circumstances* (pp. 177–190). Hove, East Sussex Lawrence Erlbaum Associates.

Berlin, Brent and Paul Kay (1969). *Basic Color Terms: Their Universality and Evolution*. Berkeley and Los, Angeles: University of California Press.

Bloomfield, Leonard. (1933). *Language*. New York: Holt, Rinehart and Winston.

Brown, Roger. (1973). *The child's grammar from I to III*. In Ferguson, C. A. & D. I. Slobin(Eds), Studies of child *language development*, New York: Holt, Rinehart & Winston.

Chomsky, Noam. (1957). *Syntactic Structures*. Mouton & Co.

Chomsky, Noam and Morris Halle. (1968). *The sound pattern of English*. New York: Harper and Row.

Clark, H. H and E. V. Clark. (1977). *Psychology and Language: An Introduction to Pyscholinguistics*, New York: Harcourt Brace Jovanovich.

Crystal, David. (2008). *A dictionary of linguistics and phonetics*(6th edition). Wiley-Blackwell.

Dawson. Hope C. and Michael Phelan. (2016). *Language files: Materials for an Introduction to Language and Linguistics*(12th edition). The Ohio State University Press.

Dauer, Rebecca M. (1993). *Accurate English: A complete course in pronunciation*. Prentice Hall Inc.

Denes, Peter B. and Elliot N. Pinson. (1963). *The Speech Chain: the physics and biology of spoken language*. Bell Telephone Laboratories.

Duanmu, San. (2009). *Syllable structure: The limits of variation*. Oxford University Press.

Fromkin, Victoria, Robert Rodman, and Nina Hyams. (2003). *An Introduction to Language*(7th edition). Boston: Heinle.

Fowler, C. A., Sramkim V., Ostry, D. J., Rowland, S. A. and Halle. P. (2008). Cross-linguistics phonetic influences on the speech of French-English bilinguals. *Journal of Phonetics* 36, 649–663.

Geschwind, N. (1979). *Specializations* of the human brain. Scientific American 241 (3): 180–199.

Gleason, H. A. (1961). *Introduction to Descriptive Linguistics*. Orlando, FL: Holt, Rinehart and Winston.

Grice, Paul H. (1975). Logic and Conversation. In *Syntax and Semantics*, (Eds. P. Cole and J. Morgan). Academic Press.

Hahn, Kyung-Ja Park. (1981). *The development of negation in one Korean child*. Unpublished Dissertation. Univ. of Hawaii.

Hockett, Charles F. (1966). The problem of universals in language. In *Universals of language*, (Eds. J. H. Greenberg). Cambridge, MA: MIT Press.

Hyman, Larry M. (1975). *Phonology: Theory and Analysis*. Holt, Rinehart and Winston.

Katamba, Francis and John Stonham. (2006). *Morphology*(2nd edition). New York: Palgrave Macmillan.

Kim, H.-S. and J.-I. Han (1998). Vowel length in modern Korean: an acoustic analysis, In *Proceedings of the 11th International Conference on Korean Linguistics*, ed. B.-S. Park, and James H.-S. Yoon. University of Hawaii Press, pp. 412–418.

Kim, Mi-Ryoung. (2000). *Segmental and Tonal Interactions in English and Korean: A Phonetic and Phonological Study*. PhD Dissertation. The University of Michigan.

Kim, Mi-Ryoung. (2011). The relationship between cross-language phonetic influences and L2 proficency in terms of VOT. *Phonetics and Speech sciences* 3(3), 3–11.

Kim, Mi-Ryoung. (2014). Ongoing sound change in the stop system of Korean: A three– to two–way categorization, *Studies in Phonetics, Phonology, and Morphology* 20(1), 51–82.

Kim, Mi-Ryoung. (2017). Dialectal variability on sound change in contemporary Korean. *Korean Journal of Linguistics* 42(3), 323–341.

Kim, Mi-Ryoung. (2019). A study of L1 phonetic drift in voice onset time for Korean learners of English with long L2 exposure. *Phonetics and Speech sciences* 11(4), 35–43.

Kim, Mi-Ryoung, Patrice Beddor, and Julie Horrocks. (2002). The contribution of consonantal and vocalic information to the perception of Korean initial stops. *Journal of Phonetics* 30(1), 77–100.

Kim, Mi-Ryoung and San Duanmu. (2004). "Tense" and "lax" stops in Korean. *Journal of East Asian Linguistics* 13, 59–104.

Labov, William. (1966). *The social stratification of English in New York city*. [2nd edition, 2006]. Cambridge University Press.

Labov, William. (2001). Principles of linguistic change: Social factors. In the series, *Language in Society 29*. Malden, MA: Blackwell Publishers, Inc.

Ladefoged, Peter. (1975). *A course in Phonetics*(1st edition). New York: Harcourt Brace Jovanovic, Inc.

Ladefoged, Peter. (2016). *A course in Phonetics*(international version). Florence, Ky: USA.

Ladefoged, Peter and Ian Maddieson. (1996). *The sounds of the world's languages*. Oxford, UK: Blackwell Publishers.

Lenneberg, Eric H. (1967). *Biological foundations of language*. Wiley & Sons, Inc.

Levinson, Stephen C. (1983). *Pragmatics*. Cambridge: Cambridge University Press.

Lieberman, Philip and Sheila E. Blumstein. (1988). *Speech Physiology, Speech Perception, and Acoustic Phonetics*. Cambridge University Press.

Lisker, Leigh and A. S. Abramson. (1964). A cross-language study of voicing initial stops: acoustic measurements. *Word 21*, 384-422.

Lyons, John. (1995). *Linguistic Semantics: An Introduction*. Cambridge: Cambridge University Press.

Macnamara, John. (1969). How can one measure the extent of a person's bilingual proficiency? *Description and measurement of bilingualism*, ed. by L. G. Kelly, 80-97. Toronto: University of Toronto Press.

Matthews, P. H. (1991). Morphology(2nd ed). Cambridge: Cambridge University Press.

Miller, J. F. (1981). *Assessing language production in children*. Baltimore: University Park Press.

Mills, A. (1993). Visual handicap. In D. Bishop & K. Mogford (Eds.), *Language development in exceptional circumstances* (pp. 150-164). Hove, East Sussex Lawrence Erlbaum Associates.

Oh, Eun-Jin. (2011). Effects of speaker gender on voice onset time in Korean stops. *Journal of Phonetics 39*, 59-67.

Osgood, C. E. and T. A. Sebeok (1965). *Psycholinguistics: A survey of theory and research problems*. Indiana Univ. press

Parker, Frank and Kathryn Riley. (2005). *Linguistics for non-linguists*(4th edition). Walsh & Associates Inc.

Plag, Ing, Maria Braun, Sabine Lappe, and Mareile Schramm (2007). *Introduction to English Linguistics*(2nd edition). New York: Mouton de Gruyter.

Radford, Andrew. (1988). *Transformational Grammar*. Cambridge: Cambridge University Press.

Roach, Peter. (2002). *English Phonetics and Phonology*(th ed.). Cambridge University Press.

Sapir, Edward. (1921). *Language: An Introduction to the Study of Speech*. Harcourt, Brace and World, Inc.

Sapir, Edward. (1925). Sound patterns in language. *Language* 1, 37-51.

Schauwers, K., Gillis, S., and Govaerts, P. (2005) Language acquisition in children with a cochlear implant. In P. Fletcher & J. F. Miller (Eds.), *Developmental theory and language disorders* (pp. 95-119). Amsterdam: John Benjamins Publishing Company.

Silva, David J. (2006). Acoustic evidence for the emergence of tonal contrast in contemporary Korean. *Phonology* 23(2), 287-308.

Slobin, D. I. (1979). *Psycholinguistics*(2nd ed). Scott, Foresman and Company.

Truebetzkoy, N. (1939). *Principles of Phonology*. Originally published in German(*Grundzüge der Phonologie*). Translated by Christiane A.M. Baltaxe. Berkeley and Lose Angeles: University of California Press.

Yule, George. (2006). *The Study of Language*(3rd edition). Cambridge: Cambridge University Press.

인터넷 사이트

국립국어연구원 https://www.korean.go.kr/

국제언어기구(SIL International) https://www.sil.org/worldwide

국제음성기호(International Phonetic Alphabet, IPA) https://www.internationalphoneticalphabet.org/

독일 언어치료사협회 http://www.dlb-ev.de

미국언어학회(Linguistic Society of America, LSA) https://www.linguisticsociety.org/

미국 언어청각임상협회 http://www.asha.org

보건복지부 http://mohw.go.kr

세계의 언어(Languages of the world) https://www.ethnologue.com/

세계의 언어학자(Linguists in the world) https://linguistlist.org/

숭실사이버대학교 영어 전공 www.kcu.ac

언어 파일(Language files) https://linguistics.osu.edu/research/pubs/lang-files

언어학 용어(Glossary of linguistic terms) https://glossary.sil.org/

영국 언어치료사 왕립대학 http://www.rcslt.org

영어 발음 연습(이미지와 소리제공) https://soundsofspeech.uiowa.edu

유럽 언어치료사협의회 http://www.cplol.org/eng

음성분석 프로그램(Praat: doing phonetics by computer) http://www.praat.org

음성학 강의 책 자료(A course in phonetics) https://linguistics.berkeley.edu/acip/

일본 언어청각사협회 http://jaslht.gr.jp/e_top.html

프랑스 언어치료사협회 http://orthophonistes.fr

한국보건의료인 국가시험원 http://kuksiwon.or.kr

한국언어학회(Linguistic Society of Korea, LSK) http://www.linguistics.or.kr

호주 언어병리학전문인 http://speechpathologyaustralia.org.au

홍콩 언어치료학회 http://www.speechtheraphy.org.hk

청능사 자격원 http://www.audiologykorea.or.kr

TED: ideas worth spreading http://www.ted.com

김미령

숭실사이버대학교 교수
미국 미시간대학교 언어학 박사
(음성학/음운론/영어교육/스토리텔링 전공)
이메일 : kmrg@mail.kcu.ac

2000년 미국 미시간대학교 언어학 박사학위를 받았다. 이후 2003년부터 지금까지 숭실사이버대학교 실용영어학과 교수로 재직 중이다. 대학에서 20년 이상 언어학을 강의했으며, 주요 연구 분야로는 한국어와 영어의 음 변화와 성조 생성 그리고 스토리텔링의 효과 등이 있다.

주요 논문 및 저서

2000. *Segmental and Tonal Interactions in English and Korean: A phonetic and phonological study*. PhD dissertation. The University of Michigan.

2002. The contribution of consonantal and vocalic information to the perception of Korean initial stops(coauthored with P. Beddor and J. Horrocks). *Journal of Phonetics*, 30(1), 77–100.

2004. "Tense" and "lax" stops in Korean(coauthored with S. Duanmu). *Journal of East Asian Linguistics*, 13, 59–104.

2014. Attitudes to storytelling among adult ESL learners(coauthored with T. McGarry). *The Journal of Language Teaching and Learning*, 4(1), 15–36.

2015. 한국어-영어 이중 언어 화자들의 L1과 L2 영향에 관한 연구: VOT와 F0 관련해서. 말소리와 음성과학, 7(3), 13–26.

2020. 한글 IPA 표기법에 대한 제언. 언어, 45(4), 747–776.

2021. Voice onset time in English and Korean stops with respect to a sound change. 말소리와 음성과학, 13(2), 9–17.

2017. 영어 동화 읽기와 스토리텔링. 서울: 교보퍼플.

2019. TELL IT OUT LOUD: 해외실전영어(MP3). 서울: 넥서스.

2020. 실용영어(MP3). 서울: 교보퍼플.